Taariikhda Culimada Soomaaliyeed

Taariikhda Culimada Soomaaliyeed

MAXAMED XUSEEN MACALLIN

1445/2024

Printed & Distributed by
Looh Press
56 Lethbridge Close
Leicester, LE1 2EB,
England, UK
www.LoohPress.com
admin@LoohPress.com

Edited by:	Maxamed Gaanni iyo
Waxaa Tifaftiray:	Faarax Cali Yuusuf
Galka (Cover):	Looh Press
Naqshadaynta (Typesetting):	Kusmin (Looh Press)

ISBN: 978-82-693484-3-9

TUSMO

HIBEYN

Waxaan buuggan u hibeynayaa dhammaan culumadii geyigeena ku faafisey diinta iyo aqoonta Islaamka xilliyadii kale duwanaa ee aannu soo marney, kuwaas oo ujeedkooda ahaa oo kaliya Illaahey dartiis.

MAHADNAQ

Waxaa mahad aan la koobi karin u sugnaatey Allah oo isiiyey nimcooyin tiro badan oo aanan marna la koobi karin, isla markaana i waafajiyey in aan bilaabo buuggaan dabadeedna ii fududeeyey dhameestirkiisa iyadoo aanan wax dhibaato ah la kulmin. Waxaa kale oo ay mahadi u sugnaatey dhammaan dadkii aqoon yahanka ahaa ee ii fududeeyey dhameystirka buugga isla markaana igu caawiyey macluumaad iyo xog xiriir la leh taariikhda culumadii Soomaaliyeed, gaar ahaan Sheekh Maxamed Gaanni oo waqti badan galiyey saxidda iyo tifaftirka buugga, sidoo kale waxaa tifaftiray Faarax Cali Yuusuf, iyo Maxamed Cabdullaahi Cartan oo ah gudoomiyaha shirkadda Looh Press (Madbacadda Loox) oo isagana aad ugu dadaaley hagaajinta buugga, dabeedana dadaal badanna ku bixiyey daabacaadda buugga. Ugu danbeyntii waxaan halakan ugu mahad celinayaa xaaskeyga oo ii muujisey sabir iyo adkeysi badan intii aan ku mashquulsanaa cilmi baarista taariikhda iyo xadaaradda dalkeena Soomaaliyeed iyadoo dabooshey kaalin badan oo iiga aadaneyn waajibaadka qoyskeena isla markaana igu dhiiro gelin jirtey inaan ka gun gaaro himiladeyda ku aadan taariikhda dalka iyo dadka Soomaaliyeed.

AFEEF

Buuggaan waxaanu isku dayney inaan ku soo aruurino wixii inoo suuro galey oo culumadii Soomaaliyeed ahaa, taa macnaheedu ma aha in buuggu uu koobayo dhammaan culumadii Soomaaliyeed meel ay joogaanba iyo xilli ay noolaayeenba, ee waxaa dhici karta in ay soo baxaan kuwo kale oo aanaan ku sheegin magacooda iyo taariikhdooda buuggakan", waana hubaal in la heli doono culumo aan ku soo aroorin buuggagan, waxaanse oran karnaa waa billow fiican oo aanu rajeeneyno in halkaa laga sii anbaqaado.

HORDHAC

Waxaa xusid mudan in qorista buuggaan uu fadligeeda ama sababteeda leeyahay qoraaga weyn ee Soomaalyeed mudane Maxamed Sheekh Xasan mar aanu ku kulanney shirweyne aqooneed oo loogu dabaaldegeyey labaatan guuradii ka soo wareegtey qoristii farta maayga kaa oo lagu qabtey magaalada Toronto ee dalka Kanada intii u dhexeysey 2 - 4 november 2014. Qoraa Maxamed Sheekh Xasan maadaama uu u dhuun daloolo qorista buuggaag ay ka faa iideystaan bulshada Soomaaliyeed wax badanna ka qoray suugaanta iyo wixii raad ku leh horumarka cilmiga ayaa waxaa uu talo ku soo jeediyey iney banaan tahay bidhaaminta iyo in wax laga qoro culumadii Soomaaliyeed ee ka soo jeedey gayigeenii Soomaaliyeed, gaar ahaan waxaa uu hoos ka xariiqey in aan aniga kaalintaa qaato oo aan wax ka qoro si ay bulshadeena uga faa iideystaan.

Run ahaantii taladaa iyo dhiiro gelintaa qiimaha badan ayaa qasab ka dhigtey inaan soo dhaweeyo baaqa saaxiibkey qoraa

Maxamed Sheekh Xasan oo isuga qudhiisu yahay nin u dafa xaytey soo saarka dhaxalka dadkeena waqti ay bulshadeenu mashquul ku ahayd dhibaatada weyn ee ku habsatey. Waxay ahaataba waxaan go`aan ku gaarey anigoo talo saaranaya Allaah inaan qalinka u qaato baarista iyo qorista taariikhdii culumadeenii Soomaaliyeed, anigoo og ineysan arrinkaa aheyn mid aad u fudud, balse u baahan tahay qorayaal iyo aqoonyahano dhowr ah iney isku kaashadaan arrinkaa, waayo kuma filna qof ama qalin kaliya inuu wada koobo dhammaan culumadii iyo mashaa iqdii ka soo if baxay degaanada Soomaaliyeed ama ka soo jeedey taariikh ahaan geeska Afrika.

Waxaa xusid mudan in dadkii muslimiinta ahaa ee noolaa waayadii hore ay isku mid ahaayeen gaar ahaan kuwa ka hayaamey Geeska Afrika oo u boqooley dhulka barakeysan Xijaas ee Makka al Mukaram iyo Madiina al Munawara, si ay cibaadadii Alle ee xaj iyo cumro u soo gutaan, ama cilmi doonka ahaa. Waxaa iyane la mid ahaa kuwii iyana u safri jirey dhulalka Masar iyo Shaam (sida Siiriya) oo cilmi doonka ahaa, dadkaa dhammaantood waxaa loogu yeeri jirey ama loo yaqaaney Sayliciin ama Jabartiyiin, oo markii kutubta ka taariikheysa culumada ay ka war bixinayaan qolooyinkaa waxay ku sheegayaan ama ku tilmaamayaan inuu qofkaa yahay Saylici ama Jabarti taa oo ay ula jeedeen muslim ka soo jeeda geeska Afrika, taana waxay ku tusineysaa in muslimka xilliyadii horey ee ka soo jeeda gobolka uusan laheyn qobqob iyo isa sooc, waana arrinka aanu ku soo qaadan doono taariikhda culumadii qarniyadii hore.

Muxuu yahay buuggakan?

Sida aanu horey u soo sheegney buuggan waxaa uu ka hadlayaa oo kaliya raad raaca taariikhtii iyo kaalintii ay lahaayeen culumadii Soomaaliyeed ee ka soo baxay geyiga Soomaali degto iyo meelo kaleba, raadna ku yeeshey fidinta diinta Islaamka iyo aqoonta diinta Islaamka, sidaa derteed buugga waa taariikh nololeed xiriir la leh culumada Soomaaliyeed meel kasta oo ay joogaanba anaga oo aanan u fiirineynin jinsiyad iyo qobqobka siyaasadeed ee uu gumeystihii uu u kale qeybiyey dadka Soomaaliyeed, waxaana xusid mudan inaanu caddeeno in magacyada culumada oo aanu halkaan ku soo bandhigi doono ay ka kooban yihiin labo qeybood. Qeybta hore waxay ku saabsan tahay oo kaliya culumadii hore ee ka soo jeedey geeska Afrika, taxanahooda waxay u kala horeeyaan taariikh ahaan iyo waayaha ay noolaayeen. Qeybta labaad magacyada culumada waxa ay ku socdaan habka xarfaha u kala horeeyaan oo kaliya (abjadiyada ama abc) u kala horoeeyaan iyadoo aanan la tix gelineyn koofaarta ama laqabka caalumku leeyahay iyo naaneestiisaba ee muhimadu tahay oo kaliya magaca hore ee qofku leeyahay.

Marka aanu eegno kutubta raad raacda taariikhda culumada guud ahaan waxay qaarkood tilmaamaan culumadii ka soo jeedey dunida muslimka ee soo gaadhey dhanka waqooyi ee Soomaaliya gaar ahaan ku ka yimid dhanka Yaman, laakiin waxaa yaab leh inaan la haynin kutub ka hadleysa taariikhdii culumada Soomaaliyeed sida Sheekh Maxamed bin Warsame oo ka mid ahaa culumada waaweyn ee caanka ka ahaa dalka Soomaaliya sida uu tilmaamey taariikhyahanka Soomaaliyeed Sheekh Axmed Riiraash.[1]

Haddii aanu halakan ku soo aroorinney culumadii Soomaaliyeed ee caanka ka ahaa gudo iyo dibbadba taa macnaheedu ma aha iney tiradooda intaa ahayd waayo hawsha ma aheyn inaanu tiro koobeyney , gaar ahaan marka aanu ogaano in waxa aanu halkaan ku soo aurooriney aanu ka helney badankood kutubta iyo masaadirta reer Yaman oo ay meesha ka maqan tahay kutubtii kale ay muslimiinta ka

____
1   Sheekh Axmad Riiraash, bogga 77.

qoreen taariikhaha culumada muslimiinta, waayo dodyowga muslimka ma jirin dhexdooda kale faquuq iyo xuduudo kala celiya waayadii hore, sida darteed waxaa jira warbixino aad u tiro badan oo laga heli karo kuwo quseeya taariikhda iyo ilbaxnimada dalkeena iyo dadkeena waxayna arrinkaa u baahan tahay baaritaan laxaad leh oo si qoto dheer loo raad raaco waxyaalaha aanu tilmaamney.

Xataa haddii aanu eegno warbixinada ay tilmaameen kutubta taariikhyahanada Carbeed waxaanu arkeynaa iney tahay mid aad uga yar tirada dhabta ah ee ku aadaneyd kuwii ku noolaa dhulalka carbeed, laakiin waxaanu dhihi karnaa waxaa la gaari karaa qaar ka mid ah culumadii ka soo jeedey geeska Afrika oo ka muuqdey masraxa aqoonta iyo diinta hogaaminteeda.

Kutubtaana waxaa ka mid ah kuwa tilmaamey Sheekh Cali bin Maxamed bin Nuur al-Diin bin Ciise oo Soomaali ahaa kana soo jeedey magaalada Muqdisho, kaa oo u safrey Yaman kuna noolaa gaar ahaan mandaqada Murawacat. Sheekh Cali bin Maxamed waxaa uu ahaa nin caalim ah gaar ahaan caalim buuni ah oo looga harey cilmiga fiqiga kana tagey raad cilmiyeed uu ku sharxayey kitaabka manhaajka ee fiqiga shaafiyada kuwooda ugu muhiimsan lagu tiriyo, kitaabkaas oo lagu magacaabo: al-Aniiq Calaa Masaa'il al-Minhaaj al-Daqiiq. Kaas oo ahaa mid faafaahinaya Xaashiyat Calaa al-Minhaaj.

Waxaase layaab leh in caalimkaan oo kale aanan warbaxin badan laga haynin taa oo nasiib daro ah, waxaaana laga yaabaa in markii uu u hayaamey dalka Yaman uu cilmi badan uu faa iidaystey. Waxay ahaataba Sheekh Cali waxaa uu ku geeriyooday mandaqadii uu deganaa ee Marwacat sanadkii 857 hijriyada. [2]

---

2   Sheekh Axmad Riiraash, bogga 77-78

Waxaa xusid mudan marka aanu ka hadleyno culumadii hore ee ku soo aroorey qeybta hore ee buuggakan inaanu taariikhdooda kala soo baxney kutub hore ee ay taariikhyanadii muslimiinta ay qoreen in ay ku tilmaamayaan Saylici iyo Jabarti, taa oo ula jeedkoodu yahay iney yihiin culumo muslimiin ah oo ka soo jeeda geeska Afrika oo aan degaan gooni ku jaan go`neyn, waayo ereyga Saylac in kasta oo maanta loo yaqaano magaalo ka tirsan dalka Soomaaliya hadane waayadii hore waxay tilmaameysey dhul ka baaxad weyn Saylaca maanta, hadana waxay caan ku noqotey magaalo xeebeedka Soomaaliyeed oo ahayd meel furdo ama deked dAbiici ah oo xiriir qoto dheer la leh degaanada yaman iyo Xijaas ee Makkah iyo Madiina.

Sidoo kale ereyga Jabarti waxaa uu la mid yahay kii ka horeeyey ee Saylici, oo ma aha mid u gooni ah dal ama qalo meel kaliya degta inkastoo degaan Jabarti loo yaqaano uu ka mid ahaa dhulalkii hoos imaanayey dowladihii Islaamiga ahaa ee ka curtey geeska Afrika, hadane waxaanu arkeynaa in magaca Jabarti loogu yeerey dad badan oo kale duwan isla markaana ka kale yimi geeska Afrika meelo kale duwan soona gaarey dhulalka Carabta iyadoo la muujinayo iney dadkaa yihiin muslimiin ka yimi geeska Afrika oo aaney aheyn gaalo ayaa loogu yeeri jerey Jabarti ama Saylaci, waana midda keentey in dad badan oo kale duwan oo haddana dega geeska Afrika in loogu yeero Saylaci iyo Jabarti waayadii hore, laakiin waxaanu halkan ku xoojineynaa iney raacsan yihiin culumadaa hore degaanada Soomaali degi jirtey hadana qaarkeed degdo maadaama Soomaaliya noqotey dowladdii ugu horeysey ee dad muslimiin sameysteen oo geeska Afrika ka soo if baxdey, anaga oo og in dadyowga muslimka ineysan waayadii hore ayna u kale soocneyn sida aynu maanta nahay ama aynu dareensan nahay, isla markaana waxaa meesha ka xirneyn in ummaddaha muslimiinta ee wada dega geeska Afrika iney sheegan karaan culumada aanu halkaan ku soo bandhigi doono qaarkood waayo waa arrin dhaxal taariikh iyo ilbaxnimo leh oo ay wada leeyihiin muslimiinta geeska Afrika degta oo dhan.

Waxay ahaataba ugu danbeyntii waxaanu tilmaameynaa in magacyada aanu soo qaadaney ay wada yihiin oo kaliya rag ama lab oo aanan ku jirin culumadaa aanu ka taariikheyneyno dumar ama dhedig, taa macneheedu ma aha ineyna jirin haween ku xeel dheeraaday cilmiga iyo diinta Islaamka qeybna ka qaatey faafinteeda, laakiin aanan heynin raad cilmiyeed tilmaamaya doorkii haweenka Soomaaliyeed ee geeska Afrika, iyadoo ay jirtey kuwo ka soo muuqdey goobaha cilmiga waaweyn ee Makkah iyo Madiina gaar ahaan marka aanu ka hadleyno doorkii iyo kaalintii Saylaciyiinta iyo Jabartihiinta ka soo jeeda geeska Afrika, waxaana arrinkaa lagu sababeyn karaa ineysan jirin luqad ama af ay dadku leeyihiin oo ay wax ku qoraan, laakiin ay aheyd luqada Carabiga midda kaliya wax lagu qoro, taa qudheeda oo aan horumar weyn ka sameyn degaanada geeska Afrika badankood ee Soomaalidu degto oo aan laga helin wax tilmaamaya taariikhda culumadii rag iyo dumarba oo qoto dheer.

Waxaa muhim ah inaanu cadeyno culumada aanu halkaan ku soo qaadaney ay yihiin kuwii aanu awooda u helney raad raacooda oo aysan macneheedu aheyn in culumada Soomaaliyeed ay ku eg yihiin taxanaha magacyada buuggaan ku jiro oo kaliya, laakiin ay hubaal tahay iney ka maqan yihiin dad badanna tabin doonaan culumo kale oo aad u fara badan, taa oo aanu ula jeedno baarista iyo raad raaca ka taariikheynta culumadeenii waxay u baahan tahay qoraaalo iyo qorayaal dhowr ah iney ka qeyb qaataan, laakiin buuggaaan uu yahay billow ku aadan arrinkaa.

QAYBTA 1AAD: XILLIYADII HORE

TAARIIKHDA CULIMADA GEESKA AFRIKA: XILLIYADII HORE

IBOFUR

*I*nta aynaan gudagelin taariikhdii iyo habdhaqankii culimadii soomaaliyeed, waxaan doorbidney in aannu halkaan ku bidhaaminno doorkii culimada soomaayeed ay ka soo qaateen faafinta dacwada Islaamka iyo barashada aqoonta diiniga ah. Ujeedkeennu waa muujinta kaalintii culimadeennu ay kaga jireen degaannada carbeed ee aynu taariikh ahaan iyo ilbaxnimo ahaanba lahayn xiriir aad u fac weyn isla markaana qoto dheer.

Qarniyadii dhexe waxaa geyiga carbeed caan ka noqdey culimo asal ahaan ka soojeedda Geeska Afrika ee ay degaan dad ay ka mid yihiin Soomaalidu, kuwaa oo qeyb lixaad leh ka qaatey kaalimo kala duwan oo kaga aaddanayd horumarka bulshada, ha ahaato dhanka cilmiga iyo faafintiisa, ama dhanka garsoorka, tarbiyadda iyo gundhigga diinta Islaamka. Culimadaasi kuma aysan jaango'neyn degaan keliya e, waxay ku kala firirsanaayeen dhammaan geyiga carbeed, muddooyin kala duwan.

Raadraaca taariikhda culimada Soomaaliyeed ee waayadii hore waxaan ku ogaan karnaa heerka iyo baaxadda ay gaarsiisan tahay magaca iyo qiimaha ay ku lahaayeen bulshada Islaamka dhexdeeda, waxaana hubaal ah in aaney jirin magaalo ama goob ay bulshadu deggan tahay oo aanay goobjoog ka ahayn culimo ku xeel dheer diinta iyo cilmiga la xiriira.

Waxaa se nasiib xuma ah in uusan jirin buug lagu soo bandhigo taariikhda culimada Soomaaliyeed oo ka faalloonaya taariikhdooda keliya, afka uu rabo ha ku qornaadee, in kasta oo ay jirto in qorayaal badan ay isku dayeen inay wax uun ka xusaan culimada qaarkood iyo xaaladaha la xiriira oo ay ku dhex dareen cilmi-baarisyo kale oo laga sameeyay cilmiga iyo faafinta diinta ee dalka Soomaaliya. Laakiin marka la eego waddammada kale ee carbeed gaar ahaan kuwo ay Soomaaliya jaarka yihiin oo ku yaalla jasiiradda carabta, Ciraaq, dhulka loo yaqaano Shaam iyo

Masarba waxaa jira buuggaag aad u tiro badan oo u banbaxday qorista iyo raadraaca taariikhda culimadooda. Inkasta oo uusan arrinkaa si toos ah u khusaynin Soomaaliya, haddana waxaa inoo muuqday in buuggaagtaa qaar ka mid ah ay culimadii geeska Afrika wax ka qoreen ama ay wax ka xuseen taariikh nololeedkooda oo kooban, taana waxay noqotey mid faa'iido u leh cilmi-baarista la xiriirta taariikhdii hore ee geeska Afrika guud ahaan, iyo midda la xiriirta taariikhda culimada.

Sidaa darteed waxaan wax ka bidhaamin doonnaa qaar ka mid ah culimada gobolka ee caanka ka noqdey dhulalka carabta oo ay taariikhooda wax ka xuseen qorayaashii carbeed ee si guud ahaaneed u diiwaangeliyay taariikhda culimada islaamka, waayo? waayihii hore ma jirin kala soocnaan jinsiyadeed iyo qoloqolayn bulshada muslimiinta dhexdooda ah.

Waxaan halkaan ku xusaynaa culimmo waaweyn oo badan, kuwaas oo kaalimo muhiim ah ka soo muuqday, saamayn ballaaranna kaga tegay dunida guudkeeda.

1
Fakhruddiin Cismaan Cali al-Saylaci

Waa Fakhrudiin Cismaan Cali Maxjin al-Baarici al-Saylaci waxay kunyadiisu ama koofaartiisu ahayd oo loogu yeeri jirey Abuu Cumar, waxaa uuna ahaa nin ku xeeldheer diinta Islaamka, gaar ahaan fiqiga iyo axkaamta Islaamka. Wuxuu gaaray darajada al-Xaafid oo ku tusinaysa heerka uu cilmiga ka gaarey.

Wuxuu caan ku ahaa oo loogu yeeri jiray al-Saylaci oo ah meeshii uu ka soo jeedey ee magaala xeebeedka Soomaaliyeed ee Saylac ama dhulkii hoos imaanayey maamulkii saldanaddii Saylac. Fakhruddiin waxaa lagu tiriyaa culimada reer Saylac ee caanka ka noqdey dhulalka Carabta gaar ahaan dalka Masar ee uu degey markii uu ka tegay geeska Afrika sanadkii 705 ee hijriyada. Fakhruddiin markii uu tegey Masar durbadiiba waxaa uu gudo galey inuu faafiyo cilmigii Ilaahey barey, waxaana u soo xeraystey dad badan oo ku jirey culimada caanka ka ah Masar. Taasi waxay ku tusinaysaa inuu ahaa Caalin intii ka hor intii uusan imaan Masar, oo cilmiga baaxaddaa le'eg wuxuu kaga soo aflaxay goobihii cilmiga iyo diinta ee geeska Afrika, waxayna arrintaasi keentey inuu isku kalsoonaado, ummaddana ay ku soo hirato cilmigiisa.

Inkasta oo Fakhruddiin Abuubakar uu ahh buuni cabsan laamaha cilmiga oo idil, haddana waxaa uu caanka ku ahaa oo looga dambeeyey dhanka fiqiga gaar ahaan fiqiga mad-habta Xanafiyada oo uu ka mid ahaa tiirarka uu ku taaganaa xilligaas. Sheekh Fakhruddiin waxaa ka hanaqaadey dad aad u fara badan oo ka aflaxay casharradii uu ka akhrin jirey Qaahira, waxaa uuna ka tagey raad dhaxalgal u noqdey ummadda Islaamka ah gaar ahaan fiqiga Xanafiyada oo uu ka qorey kutub dhowr ah, waxaana ay taariikhyahannada muslimiintu u arkaan inuu yahay qof muhiim u ah mad-habtaas.

Kutubta uu qoray, waxaa ka mid ah: Tabyiin al-Xaqaa'iq fi i Sharxi Kansi al-Daqaa'iq. Waa kitaab aanay ka maarmin dadka ku dhaqma mad-habta Xanafiyada oo waxa uu ka mid yahay tiirarka uu ku taagan yahay. Kitaabkaan waxaa uu ku sharxayaa kitaab kale oo ka mid ah kutubta mad-habta Xanafiyada, qiimihiisana waxaa la ogaan karaa marka aynu sheegno qoraaga kitaabkaas. Waa Sheekha caanka ah ee Abuu al-Barakaat Cabdallah Axmed Maxmuud, Xaafiddiin al-Nasafii (dh. 710/1310), kitaabkaas oo la yiraah Kans al-Daqaa'iq. Fakhruddiin Cismaan al-Saylacii wuxuu la noolaa isku wakhti qoraaga al-Nasafii, waloowba aan caddeyn in ay is arkeen, waxaa laakiin hubaal ah in ay macquul tahay in goobab waxbarasho wadaagaan, maadaama Fakhruddiin ahaa dalmar safar badan ku maray dhulal badan, balse al-Nasafii lagama sheegin socod dheer aan ka aheen Baqdaad (Bukhaara oo aan la hubin), iyo deegaankii uu ku dhashay ee Idhaaj, maanta ku taal dalka Iiraan. Abuu al-Barakaat oo ah culimada ugu cad cad ee mad-habta Xanafiyada buugiisa Kans al-Daqaa'iq markiiba waxaa sharxay culimo badan, kan ugu horreeya waxaa lagu qiyaasaa in uu yahay Tabyiinka uu qoray Fakhruddiin, waxaana hubaal ah in uu yahay Sharxigga ugu horraantii ugu xogbalaaran.

Sharxu al-Muktaar Lil Mawsili: Kitaabkaanna waxaa uu la mid yahay kii ka horeeeyey dhanka sharraxaadda iyo ahmiyaddaba.

GEERIDIISII:

Sheekh Fakhruddiin al-Saylici waxuu geeriyoodey sannadkii 743 ee hijriyada oo waafaqsaneyd 1342 ee miilaadiyada, waxuuna ku geeriyoodey Masar, waxaana lagu aasey meel la yiraahdo Quraafa.

2

Maxamed Cali al-Saylici

aa fiqi Maxamed Cali al-Saylici oo ka mid ahaa culimadii ka soo jeedday geeska Afrika caankana ka noqotey jasiiradda Carabta. Sheekh Maxamed bin Cali waxaa uu ahaa fiqi yaqaan rug caddaa ah oo u banbaxay fatwada iyo inuu ummadda si fiican ugu kala dhigdhigo arrimaha ku dhaqanka diinta Islaamka. Sheekha waxaa kaloo dedaalladiisa ka mid ahaa inuu wax ka geystey horumarinta tacliinta gaar ahaan markii uu sharraxay uuna kaladhigdhigey kitaabka la yiraahdo Lumac.

Cilmiga uu caanka ku noqdey waxaa uu ka qaatey culimo fara badan oo uu ka mid ahaa Sheekh Cali Ismaaciil al-Xadrami iyo Sheekh Cali bin saalax al Xuseyni. Waxaa xalqadii uu fadhiyey Sheekh Maxamed Cali al-Saylici ee uu wax ku aqrin jirey ka aflaxay dad badan oo ay ka mid ahaayeen culimo waaweyn sida Cumar al-Saruuri.

Sheekh Maxamed Cali al-Saylici waxaa uu caan ku ahaa Alle ka cabsi aad u badan iyo saahidnimo, waxaana la sheegaa in uu ka soo jeedey durriyaddii Cali bin Abii-Daalib. Sheekhu waxaa uu geeriyoodey sanaddii 730 ee hijriyadda.

3

Maxamed Abuubakar Cali al-Saylici

$\mathcal{M}$axamed Abuubakar Cali abuu-Cabdullahi al-Jidaaya, wuxuu caan ku ahaa in loogu yeero al-Saylici-maadaama uu ka soo jeedey degaaannada geeska Afrika. Inta uu Yaman joogey waxaa uu cilmiga ka qaatey culimo caan ka ahayd geyigaas, sida: sheekhii qaariga ahaa ee la dhihi jiray Cubeyd bin Muxammad oo taariikhdu markey ahayd 721 hijriyada ay ku kulmeen meel la yiraahdo Juba. Waxa uu ka bartay laamo cilmiyeedyo badan oo ay ka mid ahaayeen: cilmiga qiraa'aadka ee kuseeya quraanka kariimka iyo luqadda carabiga qeybaheeda kale duwan. Waxaa kaloo ka mid ahaa Sheekh Abuu-Saki Baxraas, Sheekh Al Qeythi Busaab taa oo u suuro gelisey in uu aad ugu xeel dheeraado culuumta diiniga ah, sababna u ahayd in dad badan oo reer Yemen ah ay u soo xireystaan.

Maxamed Abuubakar Cali al-Jidaaya al-Saylici waxaa uu geeriyoodey taariikhdu markey ahayd bishii Safar sanaddii 723 hijriyada.

4

Siciid Yuusuf al-Saylaci

heekh Saciid Yuusuf al-Saylaci waxaa uu ka mid ahaa culimada geeska Afrika ka soojeedda ee cilmiga fiqiga ku xeeldheeraa oo raadka weyn ku reebey degaankii uu degganaa ee Yeman gaar ahaan mandaqada Jubba. Sheekh Siciid wuxuu aad iyo aad u daneyn jirey kutubta cilmiga sidaa darteed waxaa aad ugu fogaadey iibsiga iyo aqrinta kutubta ilaa uu kulmiyey tiro aad u fara badan taa oo uu ugu talo galey inuu aqriyo iyo in ay ka faa iideystaan dadka cilmiga raadinaya oo bilaash ku akhrisan jiray. Sheekhu waxaa uu cilmiga ka raacdey Sheekh Yaxye bin Abiibakar oo ku dhintey Jubba.

5

Cali Abuubakar
al-Saylici al-Caqiili

Abuu-Xasan Cali Abuubakar al-Saylici al-Caqiili wuxuu degganaa Yeman gaar ahaan degaanka al-Salaama. Wuxuu ka mid ahaa culimadii ka soojeedday magaalada Saylac ee geeska afrika, gaar ahaanna degmo waayadii hore lagu magacaabi jirey Bada, waana midda keentey in loogu yeero al Saylici oo laga wado inuu halkaa ka soojeedo. Sheekha reerkiisu caan ayay ka ahaayeen deegaanka al-Salaama oo markii ugu horraysay uu awowgi Maxamed yimid oo uu ka guursadey degmadaa dabadeedna waxay u dhashay wiil loo bixiyey Abuubakar isna waxaa uu dhalay wiil loogu magac darey Cali oo ah midka aynu hadda ka warramayno taariikhdiisa. Sheekh Cali waxa uu ka soojeedaa qoys qiimo badan oo cilmi leh. Waxaa Sheekh Cali cilmiga u wehliyey inuu uu ahaa nin aad u cibaado badan, xajkana aad u daneeya sidii uu aabihiiba ahaan jiray. Wuxuu kaloo caan ku ahaa u naxariisashada masaakiinta iyo dareeyliddooda joogtdaa. Wuxuu ahaa nin ay ka haybaystaan bulshadu, marka ay wax dhacaanna ay la soo xiriiraan, taa oo aynu ka dheehan karno sida uu sameeyey suldaan al-Naasir bin al-Ashraf bin al -Wathiq bin Daranaay. Waxaa guriga Sheekha ku soo hiran jirey xerowda cilmiga raacata gaar ahaan kuwo ka soo jeeda degaanada hoos taga Saylac. Waxaa kaloo jirey dad kale oo muslimiin ah oo iyana ku hareereysnaa Sheekh Saylici oo cilmi ka raacan jirey, sida ay sameeyeen culimo badan.

Sheekh Saalax waxaa uu ku xijaabtey magaalada barakaysan ee Maka xilli uu tukanayey dabayaaqadii bishii xajka sanadkii 727 hijriyada.

6

Axmed Cabdiraxmaan Cumar al-Saylici

Sheekh Axmed Cabdiraxmaan bin Cumar oo loogu yeeri jirey al-Xabashi al-Saylici waxaa uu ahaa Caalin ku xeel dheer axkaamta shareecada Islaamka iyo suugaanta carabta gaar ahaan dhanka gabayada iyo qeybihiisa kale duwan. Waxay culimadu fahamsanaayeen in aysan isdiidayn xeeldheerida shareecadda Islaamka iyo suugaanta iyo wixii la xiriira luqada, sidaa darteed waxaa la sheegaa in Sheekh Cabdiraxamaan uu lahaa diiwaan gabay oo uu isagu curiyey dadkuna aad ula dhacsanaayeen- waayo? ma jirin ruux kula tartami karay dhinaca aynu soo sheegney. Sheekh

Cabdiraxmaan bin Cumar waxaa uu geeriyoodey sanadkii 768 hijriyada.

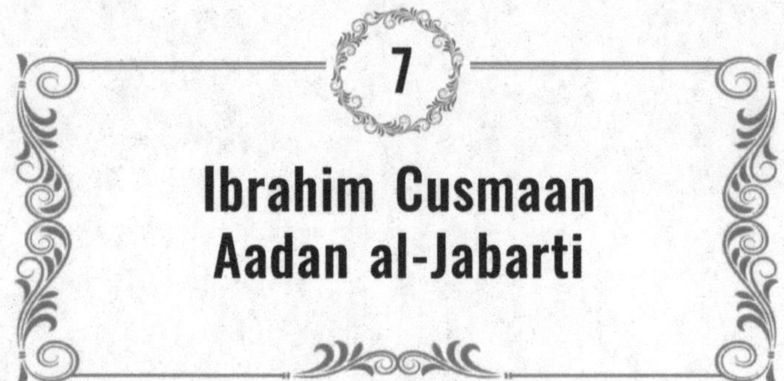

7

Ibrahim Cusmaan Aadan al-Jabarti

Sheekh Ibrahim Cusmaan Aadan abuu-Isxaaq al-Jabarti oo caan ka ahaa geyiga Yeman waxaa uu asal ahaan ka soo jeedey geeska Afrika. Waxaa uu Sheekh Ibrahim aalaaba joogi jirey masjidka Jabarti ee ku yaallay magaalada Subeyd, badi waqtigiisana waxaa uu ku bixin jiray raacashada cilmiga iyo daalacashadiisa. Waxaa uu ogolaasho (Ijaaso) ka helay Sheekhiisa Abuu-Kheyr iyo culimo kale, taa oo ka dhigan inuu aqoontiisa ummadda uga faa'iideeyo. Abuu-Isxaaq Ibrahin waxaa uu ahaa nin saahid ah oo aan kibir badnayn, aduunyaduna aanay waxba ugu fadhin. Waxaa uu geeriyooday habeennimo Axad ah, bishii Soondheere, sannadkii 704 hijriyada.

8

Axmed Cabdullaahi al-Jabarti

Sheekh Axmed bin Cabdullahi al-Jabarti waxaa uu ka mid ahaa culimadii muslimiinta ee caanka ka ahayd dhulka Yeman isla markaana ka soo jeedday geeska Afrika gaar ahaan dhulkii loo yiqiin ay Jabarta sida uu sheegey taariikhyahanka Yamaneed ee la yiraahdo al-Khasraji. Sheekhu waxaa uu ahaa nin caan ku ahaa cilmiga fiqiga oo uu ka xambaaray Sheekhiisii Maxamed bin Abiibakar al-Subxi iyo Imaam Abil-Xasan Cali bin Axmed al -Subxi oo reer al-Maciin ahaa. Taana waxay dhaxalsiisey inuu hormood diineed u noqdo degaankiisa isagoo imaam ka noqdey halkaa. Waxaa uu ku dhintey meesha lagu magacaabo al Dabiibatayn sanadkii

706 hijriyada, waxaana la isku raacay inuu ahaa nin qiimo badan, xagga fiqigana aad ugu sareeyey.

9

Jamaal al-Diin Maxamed al-Nuur Cumar al-Jabarti

Sheekh Jamaal al-Diin Maxamed al-Nuur bin Cumar al Jabarti waxaa uu noolaa qarnigii sagaalaad ee hijriyada waxa uuna ahaa nin Caalin ah oo baxar ku ah cilmiga fiqiga, waxaa uu ka mid ahaa xertii Sheekh Ismaaciil bin Abiibakar al-Jabarti.

Cilmiga uu lahaa ka sokow Ilaahey waxaa uu siiyey cimri dheer oo waxa uu dhintey asagoo sideetan iyo shan sano jir ah, maalin Isniin ah bishii Rabiic al-Aakhir sannadkii

703 hijriyada. Waxaa lagu aasay meel u dhow Sheekhiisii-
Illaahay ha u wada naxariisto.

10

Jamaal al-Diin Maxamed al-Jabarti

Sheekh Jamaal al-Diin Maxamed al-Jabarti waxaa uu ku caan ku ahaa oo loogu yeeri jirey inbu Ismaaciil al-Suufii, waayo? waxa uu ahaa ruux saahid ah oo cibaado iyo kheyr badan, adduunka aan dan iyo muraad toonna ka laheyn. Taasi la yaab ma laha oo waxaa uu ka soo jeedaa qoys ku caan baxay wanaagga iyo Alle ka cabsiga, gaar ahaan awoowgii oo ahaa Sheekh Caalin ah oo lagu magacaabo Sheekh Ismaaciil bin Ibrahim al Jabarti. Sheekh Jamaal al-Diin waxaa uu ahaa nin ay bulshada oo dhan jeceshahay oo ay aad ugu riyaaqeen dabeecadiisa iyo cilmigiisa, markii uu Illaahay oofsadayna aad iyo aad ayay bulshadii uga murgootay geeridiisa. Waxaa duugtiisa isugu soo baxay dad aad u fara badan oo aan weli halkaasoo kale lagu arag. Sheekhu wuxuu dhintay xilli barqo ah, maalin Isniin ah, bishii Soonfur, sannadkii 705 hijriyada. Waxaa lagu xabaalay agagaarka aabbihii iyo awoowgii ka dib markii janaasadiisan lagu tukaday masjidka al-Ashaacira.

XIRIIRKII KA DHEXEEYEY CULIMADA & MADAXDA

Qaalli Maxamed Muumin

Waayihii hore Culimadu kuma aysan koobnayn oo keliya in ay diinta ku faafiyaan goobaha cilmiga laga raacdo e, waxay ahaayeen kuwo xiriir fiican la leh bulshada ay ku dhex noolaayeen. Culimadu waxay isugu jireen kuwo deegaanka asal ku ah iyo kuwo kale oo asal ahaan ka soo jeeda degaano kale oo geeska Afrika uu ka mid yahay. Culimadaas ama reeraha ay ka soo jeedaanba waxa ay ku yimaadeen arrimo kale duwan oo ay ka mid yihiin ganacsi, cilmi raadin ama faafin, ka qeybqaadasho jihaad, iyo difaaca dhulka muslimiinta. Waxaa kale oo jirtay in madaxda dalka iyo dadka ay mar walba raadin jireen xiriir wanaagsan in ay la yeeshaan culimada si ay caawimaad uga helaan, sida uu sameeyeyba suldaan Sacad al-Diin oo ahaa hoggaamiyaha muslimiinta geeska Afrika oo uu saldhiggiisu ahaa Saylac. Suldaan Sacad al-Diin waxaa uu ahaa mid la saaxiiba culimada gaar ahaan kuwo ku xeeedheer fiqiga iyo ku dhaqanka shareecada Islaamka, waxaana uu ahaa qof ku dadaala inuu hoggaankiisa ku maamulo caddaalad iyo sinnaan. Waxaa la tilmaamaa in xiriirkaas wanaagsan uu sabab weyn u noqdey in ay dadyow fara badan oo diinta kiristaanka haysta ama kuwo kale oo aananba diin haysan ay soo galeen diinta islaamka oo ay la mid noqdeen dadyowga kale ee muslimka ahaa.

Culimada qudhoodu waxay ku dedaali jireen in ay xiriir wanaagsan la yeeshaan madaxda oo ay gacan ka siiyaan ku dhaqanka diinta islaamka iyo hoggaaminta hagaagsan ee ummadda. Arrimaha la xiriira jihaadka iyo difaaca dalka iyo dadka waxay ahaayeen Culimadu horseedka ummadda waxayna ballan ku qaadi jireen in ay qayb lixaad leh ka qaadan doonaan ka hortagga cadowga xabashida ee doonayay mar walba inay majaxaabinyaan dowladda Islaamka ee gobolkaas ka taagneyd ayna u huri doonaan naf iyo maalba. Run ahaantii waxaa ay taariikhyahannadu sheegeen in ay culimo badan ku shahiidday goob keliya, kuwaa oo lagu qiyaasay ilaa 400 oo wada culimo ah iyo suldaankii ummadda suldaan Sacad al-Diin.

Layaab ma laha in xiriir fiican ay culimadu la lahaayeen madaxdii hoggaanga ummadda haysay, waayo? waxay fahamsanaayeen caawinta hoggaanka loogu kaalmeeyo xaqa iyo samaantu ay tahay kheyr iyo wanaag Alle loogu dhawaanayo.

Arrinta aan soo tilmaannay kuma koobnayn oo kalieya culimada gudaha Soomaaliya ku noolayd e, sidoo kale waxaa jirey iyana kuwo ku noolaa dibadda dalka oo asal ahaanna ka soo jeedey geeska Afrika, sida xiriirkii ka dhexeeyey qaalli Maxamed Muumin iyo suldaankii Yeman- suldaan al Mujaahid Jamaal al-Diin. Waxaa xusid mudan in qaali Maxamed Mumin uu noqdey wasiir ka tirsan maamulkii suldaankan iyo isaga oo loo xilsaarey inuu madax ka noqdo wafdiga suldaanku uu u xilsaarey in ay farriin gaarsiiyaan suldaankii reer Masar suldaan al-Naasir Maxmed bin al-Qaaluun, taa oo looga danlahaa in suldaanka Masar laga helo taageero iyo caawinaad uu ka gaysto khilaafka ka dhexeeyey suldaankii Yeman iyo ina adeerkiis al-Daahir Cabdullaahi bin Ayuub, waxayna noqotey mid lagu guuleystey ka dib dedaalka iyo siyaasadda hagaagsan ee uu ku maareeyey qaalli Maxamed Muumin oo ku qanciyey suldaan al-Naasir inuu ciidammo u soo diro Yeman, ayna ka difaacaan weerarrada mucaaradka uu hogaaminayey suldaanka ina adeerkii. Dhacdadaasi waxay ku beegneyd Sannadkii 725-tii hijriyada, bishii Rajab ayayna ciidammadu gaareen carriga Yeman, sida uu rajaxay qoraaga Yemanigaa ee ibnu Makhrama.

Qaalli Maxamed Muumin waxaa u suuro gashey in mar kale uu hoggaamiyo safar ujeedkiisu ahaa u mahad celinta suldaankii Masar, sida hufanaanta leh ee uu ku taageeray maamulkii Yeman, waxaana uu sii qaaday abaalmarin iyo hadiyado badan oo uu sii dhiibey suldaankii Yeman. Waxaa mar walba sii kordheeyey xiriinka wanaagsan ee ka dhexeeyey kaa oo sababey in qaalligu uu suldaanka aad ugu sii dhawaado, laakiin muddo ka dib waxaa xumaadey xiriirkii labada dhinac kaa oo sababey in uu khilaaf weyn soo kala dhexgalo labada dhinac ka dib sanadku markuu ahaa 737 hijriyada, aakhirkiina sababtey in suldaanku uu dilo Maxmed Muunim.

Qaalli Maxamed Muunin waxaa uu ahaa nin cilmi badan oo bad ku ah cilmiga fiqiga, go'aanna leh, isla markaana uu aad u jecel yahay suldaanku, sababtayna inuu u dhiibo jagooyin dhawr ah oo muhiim ah, isla markaana uu siiyo hanti badan, laakiin markii ay meesha soo gashay isku dir iyo shaki, nasiib darro waxaa xumaadey xiriirkii labada dhinac oo sababtey khilaaf weyn oo natiijadiisu noqotey in caalinkii Maxamed Muunin la dilo.

12

Al-Saalax-
Cali Axmed

Sheekh al-Saalax Cali Axmed waxaa uu ahaa Caalin ku xeel dheer fiqiga iyo axkaamta diinta Islaamka waxaa uuna ka mid ahaa culumidii ka soo jeedday asal ahaan Geeska Afrika, Sheekhu waxaa uu ku noolaa magaalada al-Janad ee dalka Yeman, runtii Sheekh Al-Saalax waxaa uu ahaa nin cilmi badan oo ay cilmiga kaa qaateen arday fara badan oo uu ka mid ahaa caalinkii weynaa ee Abuubakar Muuse al-Saylici.

13

Cabdullaahi
al-Saylici

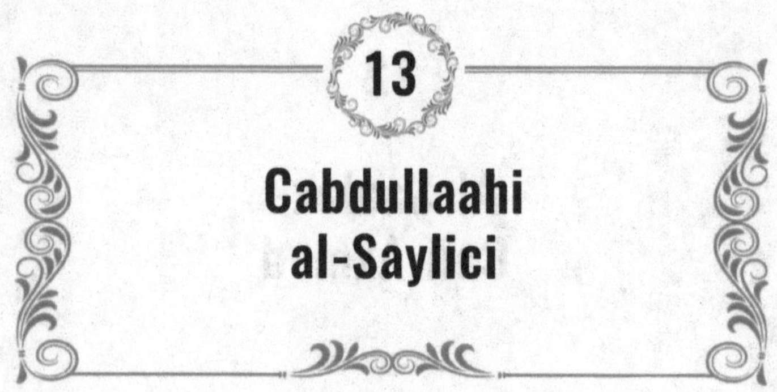

Sheekh Cabdulaahi al-Saylici waxaa uu ahaa weriyihii jihaadka muslimiinta saldanaddii Ifaad ay kula jirtey gaaladii xabashida, waana ruuxa laga soo xigtay warbixinnada taariikhda dawladihii islaamiga ahaa ee ka jiray geyiga geeska Afrika. Sheekh Cabdulaahi al-Saylici waxaa uu ahaa Caalin weyn oo Illaahay ku galladay caqli wanaagsan, kana mid ahaa horseedka mad-habta Xanafiyada sida ay ku caan bexeen culimo dhawr ah oo reer Saylac ah-in kastoo ay mandiqaddu caan ku ahayd in ay tahay goob ay ku xooggan yihiin dadka ku dhaqma mad-habta Shaaficiyada.

Cilmiga iyo caqliga ku duugnaa Sheekh Cabdullaahi al Saylici oo ay u wehliso daacadnimo saafi ah ma aanay ahayn wax ka qarsoon hoggaanka boqortooyada Ifaad, sidaa darteedna waxaa loo wakiishay inuu hoggaamiyo wafdi diblomaasi ah oo ka ergaynayey madaxdii dalka Masar, gaar ahaan sannadkii 738 hijriyada oo waafaqsan 1337 miilaadiga. Waxaa uu ujeedka wafdigu ahaa in ay madaxda Masar soo faragashaan dagaallada geeska Afrika si ay u joojiyaan dhiigga muslimiinta ee ku daadanaya dagaallada Xabashidu ku hayaan, iyo in ay muslimiinta ku taageeraan arrimaha caddaaladda ee ku aaddan masiirkooda siyaasadeed.

Arrintaani la yaab ma leh marka aynu eegno doorka iyo kaalinta weyn ee ay kaga jireen culimadu bulshada dhexdeeda iyo in aysan howlahoodu ku koobnayn oo keliya faafinta diinta iyo cilmiga. Waxay sidoo kale qeyb libaax ka qaadan jireen arrimaha siyaasadda maadaama ay bulshada qeyb ka yihiin.

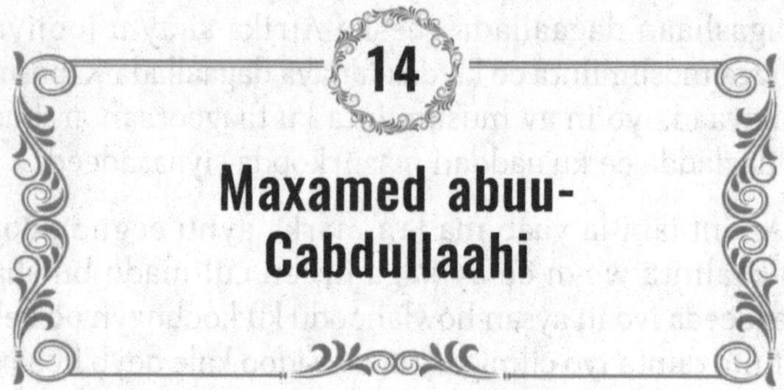

14

Maxamed abuu-Cabdullaahi

Sheekh Maxamed abuu-Cabdullaahi waxaa uu ka mid ahaa culimadii nafta ag dhigtay faafinta diinta Islaamka iyo ka qeybgalka jihaadka Alle dartii ahaa ee ka socday geeska Afrika qarnigii seddex iyo tobnaad ee miilaadiga. Waxaa aad loo tilmaamaa kaalintii lixaadka lahayd ee uu ka geysan jirey dhaqdhaqaaqii jihaadka iyo iska caabbinta Xabashida weerarka ku ahayd dhulka muslimiinta iyo sharaftooda. Sheekh Cabdullaahi waxaa uu ku guuleystey inuu diyaariyo ciidan xooggan oo tiro iyo tayaba badan, awoodna u leh in ay xoreeyaan dhulkooda. Sheekh Cabdullaahi al-Saylici waxaa uu dareensanaa in hubka ugu weyn oo ay ciidanka muslimiintu ku dagaallami karaan ay tahay xoojinta diinta

Islaamka iyo ku dhaqankeeda, sidaa darteed ayaa uu Sheekhu mar walba ku dedaali jirey wacdiga iyo talo u soo jeedinta ciidanka muslimiinta oo uu mar kasta u waanin jirey in ay diinta ku dhaqmaan. Waxay taasi keentay in loo dhegraariciyo Sheekha oo uu hoggaamiyo tiro fara badan oo ciidan ah oo lagu qiyaasay labo boqol oo kun oo ah askar muslimiin ah, taariikhdu markey ahayd 698 hijriyada oo waafaqsan 1298 miilaadiyadii, waxayna ku guuleysteen in ay jebinyaan xabashidii gaalada ahayd oo la kulmey dersi lama illaawaan ah, khasabna kaga dhigtay in ciidankoodu dib u gurtaan oo laga kiciyo dhul ay hore u qabsadeen.

15

Maxamed Axmed

Sheekh abuu-Cabdullaahi, Maxamed bin Maxamed bin Axmed Shamsu al-Diin al Maqdashi wuxuu ku caan baxay cilmiga la xiriira Axaadiista Nebiga– naxariis iyo nabadgalyo korkiisa ha ahaate. Tilmaamta maqdashi waxaa loola jeedaa in Sheekh Maxamed Axmed uu ka soo jeedo magaaalada Muqdisho, waxay ina tusinaysaa in qarniyadii dhexe magaalooyinka ku firirsan geeska Afrika badankood gaar ahaan kuwo ku taxan xeebaha badweyta Hindiya iyo badda casharo sida Saylac, Harar, Barbara, Xaafuun, Hobyo, WarSheekh, Muqdisha, Marka, Baraawe iwm ay ka jireen horukac xagga cilmiga iyo aqoonta ah, isla markaana ay ku noolaayeen culimo aad u fara badan oo cilmi badan Ilaahay ku mannaystay, waayo? waxaanu hore u soo aragney marar badan culimo ka soo jeeda Saylac oo hanaqaadey.

Tilmaamta Saylici oo loogu abtiriyo culimada iyo shakhsiyaadka hormoodka u noqdey diinta iyo faafiinta cilmiga ujeedkeedu ma aha in loola jeedo magaalada Saylac ee maanta la garanayo, kuna taalla dalka Soomaaliya, laakiin ujeeddada tilmaamta Saylac ay u dhacaysaa waa guud ahaan mandaqadda geeska Afrika, waayo baaxadda mandaqadda tilmaamtaas kulminayso waxay maanta kulmisaa dalalka Soomaaliya, Jabuuti, Eritereeya iyo qeyb ka mid ah Itoobiya.

Waxaa dhab ahaantii muuqata in culimada lagu tilmaamo in ay ka soojeedaan magaalada Saylac iyo hareeraheeda ay aad u fara badan yihiin, laakiin ay jiraan kuwo kale oo loo aaneeyo iyana Muqdisho, sida Sheekh Maxamed bin Maxamed bin Axmed Shamsu al-Diin al-Maqdashi oo noolaa qarnigii siddeedaad ee hijriyada.

Waxaa uu dhashey 714, hijriyada, Illaahayna waxaa uu siiyey cimri dheer oo barako leh ilaa uu soo gaaray qarnigii sagaalaad, wuxuuna geeriyooday 26, Rajab 802H.

Sheekhu waxaa uu ku mintiday inuu kor u qaado aqoontiisa, sidaa darteedna waxaa uu aad ula xiriiray culimo fara badan oo uu ku dedaalay inuu la kulmo ama uu xaadiro casharradii ay bixin jireen sida kuwii uu bixin jiray Sheekh abuu al-Faraj bin Cabdulhaadi oo uu aad ugu fara-adaygay. Waxaan shaki ku jirin in uu Sheekhiisa ka kororsaday aqoon badan oo la xiriirta cilmiga axaadiista Nebigeenna–naxariis iyo nabadgalyo korkiisa ha ahaate. Taariikhyahannadu waxay sheegeen inuu ka raacday aqoon badan gaar ahaan kitaabka la yiraahdo Saxiixu Muslimka. Sheekh Maxamed al-Maqdashi waxaa uu noqday caalin caan ah oo la isku sheego, ayna u soo safraan xerow badan oo cilmi raadis ahaa, kuwoa oo ka aflaxay fadhiyadii Sheekhooda, waxaana ka mid ah dadka cilmiga ka qaatay Sheekha wayn ee loo yaqaan al-Sakhaawi iyo Sheekh al-Xaafid ibnu Xajar al-Casqalaani oo ahaa Sheekhii Sakhaawi.

Sheekh Maxamed al-Maqdashi waxaa cilmiga u wehliyey Alle ka cabsi badan iyo inuu ahaa ruux cibaado badan, xiriir wanaagsanna la lahaa bulshada oo ay u dheereed in bulshada qaarkood uu la kaftami jiray.

Sidaa darteed la yaab ma leh in ay culimo badan oo waaweyn ay taariikhdiisa qoraan sida Sheekh Ibnu Xajar al-Casqalaani, al-Subaydi iyo al-Sakhaawi, taana waxay ku tusinaysaa fadligiisa iyo heerka uu gaarsiisnaa cilmigiisu.

Gunaanadka qeybta hore ee culimada

Waxaa xaqiiqo ah inaan marnaba la koobi Karin culimadii ka soojeedday geeska Afrika ee ay Soomaaliya ka mid aheyd iyo dalalka deriska la ah, kuwoa oo caanka ku ahaa cilmiga, isla markaana kaalin lixaad leh ka qaaatey faafinta diinta iyo cilmiga uu Eebbe weyne ku mannaystey, waxaase laga warramaa qaar ka mid ah oo ku caanbaxay goloyaasha cilmiga oo ku firirsanaa magaalooyinka qaarkood. Marka la eego magaalada Muqdisho oo keliya waxay qarnigii siddeedaad ee hijriyada ahayd magaalo ay ka buuxeen culimo, heerka dhaqdhaqaaqa cilmiga ay waagaas taagneydna waxay gaartey in culimo waaweyn oo ka imaanayey meelo ka baxsan Soomaaliya ay u soo safraan, si ay uga mid noqdaan xerowdii ku taxnayd daruustii ka socotay goloyaasha cilmiga qaarkood, sida uu wariyey mid ka mid ah qolooyinkaa oo ka yimid dalka Yeman gaar ahaan magaalada Tariim oo la yiraahdo Maxamed bin Calawi bin Axmed al Muqaddam, waxaa uuna tilmaamay culimo badan oo uu qaarkood cilmi kale duwan uu ka qaatey oo reer Muqdisho ahaa.

Raadraaca taariikhda culimada soomaaliyeed ee xilliyadii hore waxaa inoo soo baxaysa in aysan ahayn oo keliya kuwo ku mashquulay diinta iyo in cilmiga ummadda la gaarsiiyo oo kaliya e, waxay kaloo ahaayeen kuwo bulshadooda la wadaagay howlmaalmeedyadii ka socday goobaha ay ku sugnaayeen ee dalka gudihiisa iyo dibbadiisaba, sida in ay ahaayeen kuwo ka qeybqaatey hoggaanka ummadda iyo maamulkeeda oo ay noqdeen wasiiro, safiirro iyo lataliyaal, qaarkoodna ay hogaamiyeen qeybaha kale duwan ee garsoorka.

Taa waxaan ula jeednaa in culimadu ahaayeen kuwo ku dhex jira bulshada oo la qeybsada daruufaha iyo xaaladaha ay ku jiraan mar walba, oo ay qeyb muhiim ah ka ahaayeen hoggaaminta maamullada hay'adaha kale duwan ee dowladda, sida wixii waayadaas loo yaqaannay dawaawiinta dowladda oo maanta u dhiganta wasaarado, isla markaana ay u wehlisey wixii lagu yiqiin culimada oo cilmi iyo diin faafin ah. Waxaa xaqiiqo ah in culimadu arrimahaa ay ku mutaysteen karti iyo cilmi iyagoo bulshadii ay ka tirsanaayeen la wadaagay dareenka wada khuseeya dhammaan ee horukaca ummadda.

QAYBTA 2AAD:
XILLIYADII DANBE

TAARIIKHDA CULIMADA GEESKA AFRIKA: XILLIYADII DANBE

HORDHAC

Culimadii hore ee Soomaaliyeed waxay ahaayeen kuwo qeyb weyn ka geystey faafinta diinta Islaamka ee bariga Afrika iyo meelo kalaba, awoodda ugu weyn ee ay heysteen ama ay adeegsanayeenna waxay aheyd ikhlaaska iyo in wax kasta ay ka aheyd Illaahay dartii, waana midda ay ugu guulaysteen faafinta diinta Alle. Waxay qeyb weyn ka qaateen faafinta culuum badan oo leh cilmiga Quraanka kariimkaa iyo axaadiista Nebigeennii suubbanaa–naxariis iyo nabadgalyo korkiisa ha ahaatee, shareecadda iyo axkaamta islaamka. sidoo kale waxay door weyn ka qaateen in ay dad badan barteen afka carabiga gaar ahaan wixii la xiriira fahamka diinta Islaamka ee ay ugu horreeyaan quraanka

42

kariimkaa iyo axaadiista nebigeenna-naxariis iyo nabadgalyo korkiisa ah ahaato.

Marka laga hadlayo culimada Soomaaliyeed ma aysan ahayn kuwo ku tiirsan dawlado ama hay'ado ku taageera howsha ay hayaan, laakiin waxay ahaayeen kuwo naf, maal iyo maskaxba u hurey faafinta diinta, mararka qaarkoodna arrintaa waxay kala kulmayeen dhibaatooyin noloshooda noloshooda halis geliya, laakiin mar kasta waxay ahaayeen kuwo ku sabra qadarta Alle isla markaana rajo weyn ka qaba Allihii weynaa ee amarkiisa oo keliya uu adduunka ka fulo.

Run ahaantii buuggaan kuma soo koobi karno dhammaan culimadii Soomaaliyeed ee ka muuqatay masraxa Soomaaliya iyo goobo kalaba, laakiin waxaannu ku soo uruurin doonnaa inta inoo suuragasha oo aan xog la qori karo ka hayno. Waa dhab in aynaan in badan oo culimada ka mid ah buuggaan ku sheegi doonin sababo badan awgeed, sida in qoraagu uusan aqoon in badan ama uusan xog fiican qaarkood ka heyn, laakiin waxaa dhici karta in daabacadaha danbe ee buugga lagu soo dari karo qaar hor leh, haddii Alle idmo.

Sida aanu hore u soo tilmaannay qeybtaan labaad ee aynu ku eegi doonno taariikhda culimada, waxaa xusid mudan in magacyadoodu ku socdaan habka ay xarfuha u kala horreeyaan oo keliya (alifbeetada) ee aan la tix gelinayn sida ay taariikh ahaan u kala horreeyeen.

1

Sheekh Aadan
Sheekh Cabdullaahi

Sheekh Aadan Sheekh Cabdullaahi Cali waxaa uu
ku dhashay baadiyaha gobolka Gedo sanadku markuu ahaa
1918-dii, waxaa uuna ka soo jeedaa qolo lagu magacaabo reer
Garaad oo ka mid ah beesha Marreexaan ee Sade Daarood,
gaar ahaan qoys ehludiin ah oo caan ka ahaa bulshadii ay
dhex degganaayeen reerkiisu, waayo? aabbihii oo nin Sheekha
ahaa, kuna xeel dheeraa fiqiga iyo axkaamta islaamka waxaa
ay u sahashay in Sheekh Aadan Sheekh Cabdullaahi uu
yaraantiisii quraanka barto iyo culuum kale oo gobollada
laga aqrin jiray, sida kutubta bilowga ah ee fiqiga shaaficiga
oo ay ka mid yihiin: Safiinatul Salaad iyo Safiinatul Najaad.

Arrinkaana waxaa qeyb weyn ka qaatey aabbaha Sheekha oo isaga qudhiisu u ahaa macallin iyo Sheekhba.

Muddo ka dib waxaa uu u wareegay degmada Baardheero oo caan ku ahayd cilmiga gaar ahaan fiqiga Shaaficiyada, waxaa uuna u xeraystay Sheekh caan halkaa ka ahaa oo la yiraahdo Xaaji Xuseen Aw Ciise iyo culimo kale oo uu ka aqristey kutubta axkaamta fiqiga sida Minhaajka, deetana waxaa uu usafrey caasimadda Soomaaliya ee Xamar oo uu joogteeyay ku xirnaanta xalaqooyinkii ay ka socdeen duruusta iyo aqrinta kutubta diiniga ah, ilaa uu ku biiray macadka Daraasaadka Islaamka oo raacsanaa al AS-har al Shariif ee dalka Masar.

Sheekh Aadan waxaa uu u safrey boqortooyada Sacuudi Carabiya si uu u soo guto waajibka xajka iyo cumrada, fursadna uu u helo inuu cilmi ka soo kororsado dhulka barakeysan ee Maka iyo Madiina. Markii uu ku soo laabtey dalka Soomaaliya waxaa uu noqdey macallin wax ka dhiga dugsiyada dawladda hoos yimaada gaar ahaan magaalada Baledweyn oo uu ka dhigi jirey maaddada diinta iyo Carabiga, taa waxaa u dheeraa Sheekhu inuu mar kasta ku dedaali jiray inuu gudbiyo cilimigii uu Ilaahay baray oo ku aqrin jirey masaajiddada xilligii uu joogey Baledweyn iyo kolkii uu u soo wareegey magaalda Muqdisho. Ka dib Sheekh Aadan waxaa uu shaqo ka heley wasaaradda awqaafta iyo arrimaha diinta oo uu noqday wakiilka wasaaradda, ka dibna waxaa loo magacaabey maamulaha hay'adda Tadaamun al-Islaami oo ka kooban masjidkii jaamaca ahaa ee la oran jirey masjidka al Tadaamun iyo maktabad weyn oo kutubta laga daalacdo. Sheekh Aadan waxaa u wehliyey arrinkaa inuu ahaa Imaamkii iyo khadiibkii masjidka iyo isagoo aqrin jirey tafsiirka quraanka oo uu ku laqbayn jiray af soomaaliga. Waxaa kale oo uu lahaa dersi Tafsiir ah oo ka bixi jiray Raadiyow Muqdisho. Waxaa la sheegaa inuu bilaabey aqrinta Tafsiirka sanadkii 1973-dii isla markaana uu si joogta ah u wadey illaa uu ka qarxay dagaalkii sokeeye sannadkii 1991kii.

Sheekh Aadan waxaa uu ka mid ahaa culimadii Soomaaliya kuwooda loogu qaddarin og yahay oo ma aysan jirin cid ay xurguf dhex martay, waayo? aad iyo aad ayuu isku ilaalin jirey oo ma uusan jeclayn in dadka ay wax kala dhexeeyaan ay khilaaf iyo isqabasho adduun dhex maraan.

Sheekh Aadan Sheekh Cabdullaahi waxaa uu ahaa nin caan ku ah saahidnimada oo adduunka ka fog, inta badanna dadku waxay ku barteen inuu xiran jirey dhar cad cad oo loo arkay inay caddayn u tahay inuusan ahayn nin adduunyo. Sidoo kale Sheekh Aadan aad ayuu uga fogaa maamulkii dalka xukumayey in kastoo ay dhalasho ahaan isxigeen madaxweynihii talada dalka hayey muddo aan yareyn oo gaarsiisan 21 sano.

Dhinaca xiriirka dibadda

Maadaama Sheekhu uu ahaa Imaamkii iyo khadiibkii masjidka isbeheysiga Islaamka ee Muqdisha waxaa uu xubin rasmi ah ka ahaa muumulkii arrimaha masaajidda ee raacsanaa hay'addii Raabidada caalamka Islaamka ee saldhiggeedu ahaa dalka Sacuudiga gaar ahaan Mak al-Mukarrama. Sidoo kale waxaa uu noqdey xubin ka mid ah kulanka ama golaha Fiqiga Caalamka Islaamka. Markii dambana waxay Raabidadu u magacawday inuu masuul ka noqdo xafiiskeeda Addisababa ee dalka Itoobiya, howshaana waxaa uu hayay illaa uu xanuun adag ku dhacay kaa oo sababey in loo qaado dalka Sacuudiga si loogu daaweeyo. Waxaa la geeyay takhtarka al-Nuur ee ku yaal Maka al-

Mukarrama laakiin Ilaahey ayaa qaddaray inuu meeshaa ku dhinto bishii Febaraayo sanadkii 1996-dii. laguna aaso qubuuraha Macalla ee Maka.

Sheekh Aadan waxaa uu af carabi ku qoray kitaab uu ugu magac daray : Al-Islaam wal-Ishtiraakiyah, oo macnihiisu yahay Islaamka iyo hantiwadaagga, ujeedka kitaabkana waa in uu difaaco Islaamka, waqti ay sii xoogaysanayeen dhaqdhaqaaqyadii Shuuciyadda ee Soomaaliya oo si xawli ah ugu sii baahaysay bulshada Soomaaliyeed dhexdooda.

2

Sheekh Aadan
Macallin Cumar

Sheekh Aadan Macallin Cumar wuxuu ku magac dheeraa Sheekh Aadan Geeladle oo loogu naynaasay beesha Geeladle ee Mirifle (Raxanweyn) ee uu ka soo jeeday. Sheekh Aadan Geeladle waxaa uu ku dhashay tuulada Koolaal oo ka tirsan degmada Tiyeeglow ee ku taal gobolka Bokool, sannadku markuu ahaa 1887-dii. Sheekh Aadan Macallin Cumar waxaa uu ka soo jeeday qoys beeraley ah oo danyar ehludiina ah, aalaana carruurtooda kula dedaala sidii inta ay yaryar yihiin ay ku baran lahaayeen Quraanka Kariimka. Taasi waxay keentay in Sheekh Aadan uu yaraantiisii Quraanka bartay-aqris iyo qoraalba oo ay u wehliso inuu si fiican u xifdiyey, waxaana arrinkaa qeyb weyn ka qaatey aabbihii oo isaguna ahaa macallin dugsi, kuna mintiday sidii uu wiilkiisa u bari lahaa Quraanka.

Sheekh Aadan Geeladle waxaa la sheegaa in yaraantiisii uu aabbihi u dhigay aqoonta asaasiga ah ee diinta Islaamka taa oo ay ugu horraysay caqiidada iyo habka loo tukado, ka dibna wuxuu ku taxmay daruustii ka socotey deegaankiisa oo u badneyd fiqiga, siiba kutubta bilowga ah sida kitaabka Safiinah al-Salaad iyo Safiinaa al-Najaad. Muddo ka dib waxaa uu u baahdey inuu korarsado aqoontiisa diineed, isla markaana waxay daruuftu ku qasabtey inuu u safro goobihii cilmiga ee u dhawaa Tiyeeglow iyo hareeraheeda, wuxuu se ku khasbanaaday inuu abbaaro golihii ku caanbaxay cilmiga fiqiga ee Baardheere. Waxaa halkaa ugu suuragashay inuu la kulmo culimadii reer Baardheere ee caanka ku ahayd Axkaamta shareecada Islaamka oo uu si toos ah ugu taxmey daruustii ka socotay masjidkii Jaamaca ee Baardheere, gaar ahaan xalqadihii iyo daruustii ay horseedka ka ahaayeen Sheekh Cabdulle Isaaq iyo Sheekh Cabdiyow Cusmaanow oo labaduba caan ka haa degaannada koonfureed oo dhan. Xurun cilmiyeedka Baardheere waxay caan ku ahayd oo ay kaga duwaneyd degaannada kale ee Soomaalidu degto casharro taxanaa oo aan marna kale go'in oo isugu jira: Fiqiga, axkaamta shareecada islaamka, iyo hirgelinta ku dhaqanka shareecada. Waxaa kaloo ka jirtay kaladambayn xooggan oo xagga hoggaanka jameecada iyo culimadii ku nooleyd halkaa xilliyo kale duwan oo lagu magacaabi jirey jameecada Baardheere, mararka qaarkoodna loo yiqiin ay *Ubaarey* oo loola jeedo culimadii iyo jameecadii cambuurka ama khamiisyada xirnayd.

Sheekh Aadan Geeladle waxaa uu cilmi badan ku bartay degaankaa Baardheere oo uu fursad weyn u helay inuu muddo la noolaado culimadii caanka ku ahayd fiqiga gaar ahaan kutubta mad-habta Shaaficiyada oo ay ka mid ahaayeen Minhaajka iyo Irshaadka oo looga soo xereysan jirey degaanno kale oo fog oo dalka gudahiisa iyo dibaddiisaba lahayd.

Sheekh Aadan in kasta oo uu cilmi ku filan bartay haddana waxaa dareenkiisa ku jirey inuu weli u baahan yahay kororsashada aqoonta, sidaa darteed waxaa uu u sii boqooley dhanka Hiiraan gaar ahaan magaalada Beledweyne oo aheyd xarun ku sarraysey cilmiga luqadda carabiga labadeeda qeybood ee Naxwaha iyo Sarfiga gaar ahaan culimadii beesha reer Aw Xasan oo caan ku ahayd cilmiga sarfiga oo uu ka mid ahaa Sheekh Cabdiraxmaan Foolow, lana mid ah culimadii degmada WarSheekh oo iyaguna ku caanbaxay cilmiga sarfiga, taa oo cadeyneyso in Culimada Soomaaliyeed ay ka tageen raad cilmiyeed isugu jira kutub iyo xer ama culimo ka aflaxday dhanka cilmiga Sarfiga. Waxaa dareenkiisa ku weynaa inuu si fiican isaga dhiso luqadda carabiga maadaama uu bad ku ahaa fiqig iyo tafsiirka Quraanka oo uu ka soo qaatey culimadii Baardheere, markii uu gobolka Hiiraan yimidna waxaa aad u sii korartay aqoontiisa luqadeed, wuxuuna warar ku helay in ay weli jiraan xalqado lagu barto ciliga luqada carabiga ee Naxwaha iyo Sarfiga oo ka socotay gobolka Shabeellada hoose oo markaa ahaa goob kulmisay aqoon kala duwan oo ay ugu horrayso cilmiga carabiga ee uu doonayey iyo culuumtii kale oo dhan, waayo? waxaa degaanada Shabeelada hoose isugu yimid culimo iyo xarumo-diineed kala duwan oo ku xeeldheer diinta Islaamka. Sidaa darteed Sheekh Aadan kama uusan labalabayn inuu u safro halkaa si uu uga faa'iidaytso aqoonta halkaa lagu sheegay, waxaa uuna si toos u abbaarey magaalada Marka iyo degaanka Shalaambood oo uu ka helay aqoon uusan horay u arag oo ahayd cilmiga Balaaqada oo xiriir la leh luqada carabiga, sidoo kalana wuxuu kororsaday aqoontii naxwaha. Waxaa la sheegaa in Sheekh Aadan uu la kulmey hoggaamiyayaashii dariiqada Axmadiyada gaar ahaan Sheekh Maxamed Sheekh Cali Maye al-Bakri oo aabihii Sheekh Cali Maye uu ahaa culimadii tiirarka u taagtay dariiqada Axmadiyada, kuna faafiyey degaanno kala duwan oo ku yaallay Shabeellada hoose, Banaadir, Shabeellada dhexe iyo degaanno kale oo ka tirsanaa gobollada dhexe ee dalka Soomaaliya. Sidaa darteed waxaa dhici karta in Sheekh Aadan uu tasawufka iyo dariiqada ka qaatay Sheekh Maxamed Sheekh Cali Maye ka dib markii uu kula kulmay Marka.

Sheekh Aadan markii uu ku kalsoonaaday heerka aqoontiisa oo uu hubsadey in cilmigii uu muddada badan baranayay ee uu safarrada kala duwan u galey uu gudbin karo, isla markaana culimadii uu wax ka bartey ay ijaaso u siiyeen gudbinta aqoonta ayuu bilaabay gudashada ammaanadii uu xanbaarsanaa- isaga oo rejo badan ka qaba Rabbigii uumay inuu ka abaalmariyo maalinta Aakhiro. Sidaa darteed, waxaa uu si toos ah u qaban jiray duruus aad iyo aad loo soo cammiray oo uu ka aqrin jirey kutub kala duwan oo Tafsiir, Fiqi, Naxwo iyo Sarfi isugu jirtey. Run ahaantii xalqada Sheekh Aadan in kasta oo aysan aheyn xalqada keliya ee ka socotey degaanka Shabeellada hoose gaar ahaan Magaalada Marka iyo hareeraheeda, haddana waxaa la sheegaa in xalqada Sheekh Adan Geeladle ay ka muuqatay duruustii kale ee ka socotey degaannada Koofureed. Layaab ma lahayn in dad badan ay ka aflexeen daruusta Sheekha oo markii dambana iyaga qudhoodu noqday culimo ummadda u faa'idaysa oo hoggaamiya goobo badan oo cilmiga laga baran jiray. Waxaa ardaydii ka aflaxday ka mid ahaa Xaaji Yuusuf Xasan iyo Sheekh Sayidii Awdheegle.

Sheekh Aadan Geeladle waxa uu ku caan baxay cilmiga, waxaana warkiisu uu gaaray meelo kala duwan sida degmada WarSheekh ee gobolka Shabeellada dhexe oo markii danbe culimadii iyo xertii cilmiga raacan jirtay ay Sheekha ka codsadeen inuu u yimaado oo uu uga faa'ideeyo cilmiga Ilaahey siiyey, isaguna kama uu warwareegin e, waa uu aaday WarSheekh oo ahayd golo cilmiyeed caan ka aheyd geeska Afrika. Markii uu halkaa tegay oo ay dad badan ka war heleen in Sheekhu uu duruus aqrin doono ayaa waxaa xalqadii Sheekha isugu yimid xer aad u badan oo ka kala yimid agagaarka degmada WarSheekh, in muddo ah ayuuna Sheekhu halkaa ka marin jiray kutub kala geddisan.

Muddo ka dib Sheekh Aadan waxaa uu u wareegey magaalada Jowhar xaruntii gobolka Shabeellada dhexe oo uu iyadana in muddo ah ka aqriyey duruus, waxaana la sheegaa in xalqada Sheekha ay isugu iman jireen dad badan oo ka kala yimid Jowhar iyo tuulooyinka ku hareeraysan oo u badnaa dad aad u jecel cilmiga iyo diinta Islaamka.

Xilli ka dib waxaa uu u soo wareegey Muqdisho oo uu si rasmi ah u degay, uuna ka sii waday casharadii uu bixin jirey, laakiin waxaa xusid mudan in daruusta uu Sheekhu bixin jirey aanay ku koobneyn magaalada Muqdisho keligeed e, uu sidoo kalana mararka qaar wax ka aqrin jirey degmada Afgooye ee Shabeellada hoose, taa oo muujinaysa mas'uuliyadda uu Sheekhu dareemayay ee ah gudbinta cilmigii Ilaahay u fududeeyay waqtigii uu raacanayey kutubta.

Sheekh Aadan Geeladle waxa uu muddo ku noolaa magaalada Muqdisho, deetana waxaa uu go'aan ku gaarey inuu ku noqdo degaannada Bay iyo Bakool oo uu asal ahaan ka soo jeeday, gaar ahaanna waxaa uu ku hormaray magaalada Xudur ee xarunta gobolka Bokool, halkaa oo uu muddo ku sugnaa kuna faafiyay cilmiga, wuxuuna markii dambe u soo wareegay magaalo madaxdii gobolka Baay ee Baydhabo oo xarun kamadanbays ah u noqotey. Wuxuu meesha ka sii waday faafintii cilmiga, waxaana casharradiisa ku taxnaa xer aad u badan oo u go'dey cilmiga barashadiisa, qaarkoodna ay ka yimaadeen degaanno kale. Lama soo koobi karo dadkii cilmiga ka qaatey Sheekh Aadan muddadii u fadhiyay Baay iyo Bokool iyo dhamaan gobollada koofureed, laakiin waxaa aad loo tilmaamaa qaar ka mid ah oo iyaga qudhoodu u fadhiistey in ay faafiyaan cilmiga sida Sheekh Maxamed Eelaay, Sheekh Qaasim Hadamo oo ahaa culimo caan ka ahayd degaannadii ay ku noolaayeen. Sheekh Aadan kama uusan daalin aqrinta kutubta iyo cilmigii Ilaahay ku manneysay illaa uu dhintey 27 bishii Shacbaan sannadkii 1402-dii hijriyada oo waafaqsan 1982-dii; Ilaahey ha u naxariisto.

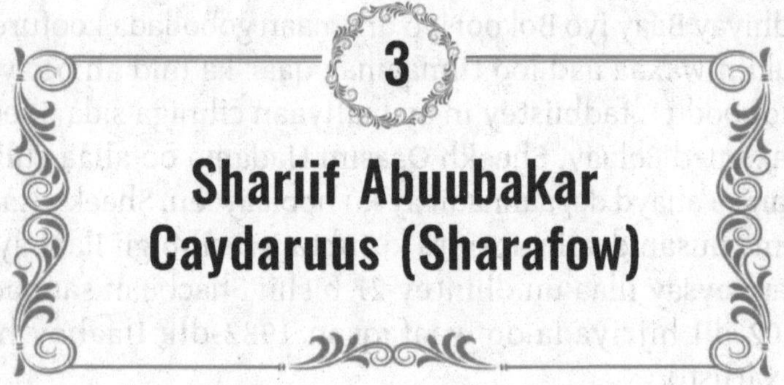

3

Shariif Abuubakar Caydaruus (Sharafow)

Shariif Abuubakar Caydaruus al-Xuseyni al-Calawi oo ku magacdheeraa Shariif Sharafow waxaa uu ka soojeedaa Ashraaftii aalubaydka. Sheekh shariif Sharafow waxaa dhashay hooyo Khadiijo Cismaan oo ka soojeedda beesha Muraale ee Gugundhabe Hawiye. Waxaa uu ku barbaarey gurigii aabbihii iyo hooyadii oo ku yaallay magaalada Luuq ee gobolka Gedo oo ay reerkoodu degganaayeen, aabihiina uu ku haystey harqaan uu dharka ku toli jiray, dabadeedna waxaa uu u wareegey dhanka ganacsiga oo uu Ilaahey u barakeeyey.

Sheekh shariif Sharafow waxaa uu u weynaa carruurta ay waalidkii dhaleen, sidaa darteed ayuuna yaraantiisa uu caawin jirey hooyadii oo uu ka kaalmayn jiray cunto karinta iyo hawlaha guriga.

Shariifka yaraan ayaa lagu geeyay dugsi Quraanka lagu barto kuna yaallay Luuq, waxaana Ilaahay uu waafajiyey inuu Quraanka xifdiyo asagoo yar, taa oo sabab u noqotey inuu durbaba ku biiro xalaqaadkii masaajidda iyo mowlacyada ee lagu baran jiray laamaha kala duwan ee aqoonta diinta oo ay hormuud ka ahaayeen culimo aqoon sare u lahayd diinta, sida Fiqiga oo uu ka aqristay sheekh Ibraahim-qaalli oo reer Luuq ahaa iyo Sheekh kale oo ka soojeedey beesha Madagaan ee Gugundhabe oo Soomaali galbeed asal ahaan ka soojeeday. Tafsiirka waxaa uu ka aqristey Maxamed Macallin Xasan, dhinaca Axaadiista waxaa uu ka qaatay Sheekh Ibraahim Suuley gaar ahaan kutubta ay ka mid ahaayeen Riyaadka iyo Abii-Jamraha.

Shariif Sharafow waxaa uu caan ku ahaa daalacashada kutubta diinigaa oo uu waqti badan siin jiray, waxaana la sheegaa markii uu culimo badan wax ka aqristey uu bilaabey in uu kaligii aqristo kutubta oo uu cilmi badan ka faa'iideystay.

Dacwadii shariif Sharafow:

Ka dib waxaa uu u jeestey dhinaca tijaarada oo uu dhowr goor u safray dalka gudihiisa iyo dibaddiisa sida dalka Yeman, laakiin muddo gaaban waxaa uu billaabey inuu gudbiyo cilmigii uu Ilaahay baray isagoo duruus kale duwan ka bixin jirey dhowr masjid oo ku yaallay magaalada Muqdisho sida: masjidka Marwaas, Arbaca Rukun, Sheekh Aweys iyo masjidka Shingaani. Runtii dacwada Sheekh shariif

Sharafow kuma aysan koobnayn marinta kutubta masjidka uu ku aqriyo e, waxaa uu caan ku ahaa inuu guryaha wax ku aqriyo gaar ahaan qaraabadiisa oo ay u badnaayeen haween, sidoo kale waxaa uu wareegi jirey goobo ka baxsan caasimadda Muqdisho.

Asaasiddii jameecada Tabliiqa:

Sheekh shariif Sharafow waxa uu ka mid ahaa dadkii Soomaaliya ka asaasay jameecada dacwadda ee Tabliiqa loo yaqaanno, waxaana arrinkaa ay iskala kaashadeen saaxiibkii Sheekh Ismaaciil oo reer Sheekh Isxaaq ahaa. Waxay shariifka iyo jameecadiisu ku wareegi jireen goobo kale duwan oo dalka ah iyadoo ujeeddadoodu ahayd keliya in ay diinta faafiyaan, ay dadka xasuusiyaan cabsidii Ilaahay iyo in ay ku dedaalaan cibaadada Alle.

Markii uu burburka dalka Soomaaliya ku dhacay ka uusan harin Sheekh shariif Sharafow inuu sii wado faafintii dacwada Islaamka iyo wacyigelintii bulshada e, waxaa uu duruus joogta ah ka aqrin jiray xeryaha qoxootiga dalka Kenya, gaar ahaan magaalada Mambaasa, arrintaana waxaa uu wadey intii uu joogey halkaa oo gaareyso 3 sano oo isxigtay. Sidoo kale markii uu Yeman tegayna waxaa uu ku wareegi jiray xeryaha qoxootiga ee ay Soomaalidu joogtey.

Asaaiddii Jamciyadda Illaalinta diinta:

Sheekh shariif Sharafow iyo culimo kale oo uu ka mid ahaa Sheekh Abuubakar Suuley waxay asaaseen jamciyada Ilaalinta diinta taariikhdu markey aheyd horraantii 1958kii, waxaana madax looga dhigay Xaaji Macow Aweys oo beesha Bandhabow ee beelaha Banaadiriga ka mid ah ka soojeeday-Ilaahay ha u naxariistee.

Geeridii shariif Sharafow:

Sheekh shariif Abuubakr Caydaruus (shariif Sharafow) waxaa uu muddo ku mashquulsanaado fidinta dacwada Islaamka, waxaa Ilaahay qaddaray inuu geeriyoodo isagoo safar ku joogo dalka Yeman, kuna sii jeeda dalka Sacuudiga si uu u guto Xajka. waxaa uu geeriyoodey maalin Arbacaa 1994-kii, taa oo ku beegnayd maalintii ugu horraysay ee uu qarxay dagaalkii Yemanidu ay isu dirireen woqooyi iyo koofur. Waxaana uu ifka kaga tegay labo xaas iyo caruur dhawr ah oo ay lix rag yihiin, tobonna dumar. Waxaa xusid mudan in gabadha ugu yar uu u guuriyey Sheekh Ismaaciil oo ay rafiiq ku ahaayeen dacwada Islaamka.

Ilaahay ha u naxariisto jannadiisana ka waraabiyo shariif Sharafow.

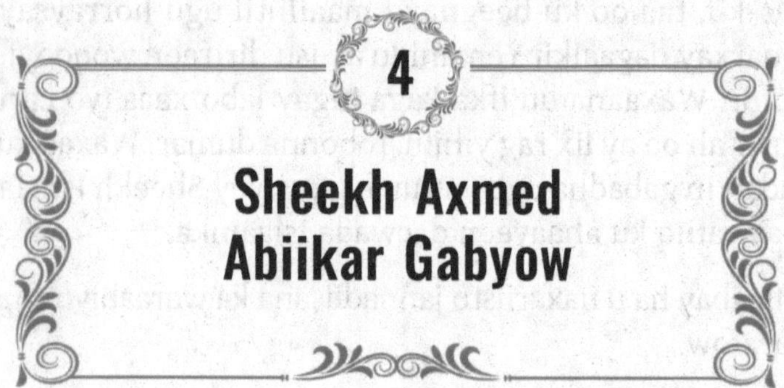

4

Sheekh Axmed Abiikar Gabyow

Sheekh Axmed Abiikar oo ku magac dheeraa Sheekh Axmed Gabyow waxaa uu dhashay sannadkii1269-kii hijriyada taa oo waafaqsan 1844-tii. Sheekh Gabyow waxaa uu ka mid ahaa culimadii dadka aad iyo aad u wacdin jirtay ee wanaagga fari jirtay, xumaantana iyo wixii aan diinta waafaqsanaynna ka reebi jirtay.

Sheekhu waxaa uu ahaa nin waanadiisa iyo waxa uu rabo inuu gudbiyo ku cabbira suugaan gabey iyo geeraar ah oo dadka soo jiita, isla markaana raad xooggan ku reeba ama ka ilmeysiisa. Sidaa darteed waxaa sheekh Axmed-gabyow culimada gabayda ee ay gabayadooda iyo maansooyinkooduba u badnaayeen dhanka Alle ka cabsiga. Waxaa gabayada Sheekha ka muuqda in uu yahay nin aqoon badan u leh diinta Islaamka gaar ahaan fiqiga iyo labada asal ee Quraanka iyo Axaadiista Rasuulkeenna-naxariis iyo nabadgalyo korkiisa ha ahaatee.

Suugaanta Sheekh Axmed Gabyow uu soo jeedin jiray kama aanay marnayn wadaniyadda iyo in uu bulshada ku abuuro xammaasad iyo baraarug xooggan oo ku aaddan in la diido gumeysiga iyo falalka gurracan ee uu dalka gudihiisa ka waday, gaar ahaan magaalada Muqdisho iyo degaannada ku haraareysan ee ku yaal koofurta dalka gaar ahaan daafaha degmada Cadale, Jowhar iyo magaalada Muqdisho.

Qofkii si fiican u dhuuxa gabayada Sheekh Axmed-Gabyow waxaa uu ka helayaa in uu wax badan ka gabyay awoodda Ilaahay ee ka muuqata abuuridda adduunkaaan inagu wareegsan iyo abuuritaanka Ilaahay ee dadka iyo sankuneeflaha oo idil, dhamaanteedna ku tusinayso awoodda Alle iyo nimcooyinka uu u galey addoommadiisa, isla markaana loo baahan yahay in ay ku cibro qaataan, kuna hanuunaan jidka toosan si ay uga badbaadaan cadaabka Aakhiro iyo carada Ilaahay.

Sidoo kale hibada suugaaneed ee Sheekh Axmed-Gabyow kama aanay marnayn suugaan dawaysa khilaafaadka iyo isku dhaca bulshada, waayo? waxaa uu ku noolaa degaanno ay u badnaayeen beeraley xoolo dhaqato ah oo duruufahooda nololeed ay sababaysay iskudhacyo khilaafaad dhex mara. Sheekhu waxa uu mar walba u taagnaa inuu guto kaalintiisa isaga oo ka faa'idaysanaya qiimaha iyo qadarinta uu ku lahaa bulshada dhexdeeda oo aad loo xurmeyn jirey sida ay ahayd caadada dadka Soomaaliyeed.

Sheekh Axmed Abiikar Gabyow-Allaha ha u naxariistee, waxaa uu geeriyoodey sannadkii 1352-dii hijriyada oo ku beegan 1933-dii.

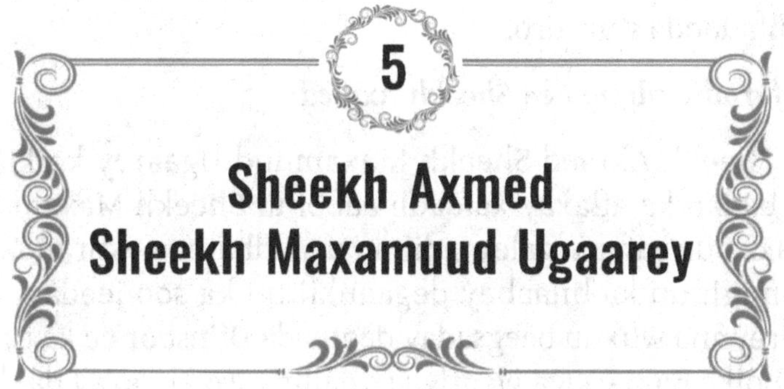

5

Sheekh Axmed Sheekh Maxamuud Ugaarey

Sheekh Axmed Sheekh Maxamud Ugaarey waxaa uu ka soojeedaa beesha Eelaayda ee Mirifle oo degta koonfurta Soomaaliya, waxaa uuna ku dhashay tuulada Kurkuro oo magaalada Baydhabo dhanka koonfureed ka jirta 35 km, sannadku markuu ahaa 1941-dii. Waxaa uu ka dhashay qoys caan ka ahaa degaannada reerku dego oo ehludiin ah, aadna loo qadariyo. Waxaa uu ku barbaaray degaankaas, waxaana tarbiyaddiisa iyo waxbarashadiisa qeyb weyn ka qaatey aabbihii Sheekh Maxamuud oo ahaa caalin ku xeeldheer fiqiga shaaficiga, ahaana saahid jecel cibaadada Alle, qaddarin iyo maamuus weynna u hayey culimada. Sidaa darteed wax lala yaabo maaha in wiilka reerka noocaas oo kale ah ka dhashay uu ku soo barbaaro xaalad wanaagsan oo diin iyo cilmi miiran ah. Sheekh Axmed Sheekh Maxamuud Ugaarey yaraantiisii ayuu Quraanka qaybay, wuxuuna bartey kutub dhowr ah oo la xiriirta fiqiga, luqadda carabiga sida naxwaha iyo Caqiidada. Badi kutubta iyo cilmiga uu yaraantiisa bartay waxaa uu ka qaatay xalqadii iyo casharradii uu bixin jirey aabbihii Sheekh Maxamuud oo aalaaba uu ku aqrin jirey tuuladooda Kurkuro.

Safaradii cilmiga ee Sheekh Axmed:

Sheekh Axmed Sheekh Maxamuud Ugaarey kolkii uu in badan ka aflaxay xalqadii aabbihii Sheekh Maxamuud, waxaa uu safar u galey sidii uu u sii dhammeystiran lahaa cilmigii uu ka bilaabey degaankii uu ka soo jeeday, ugu horeynna wuxuu beegsaday degmada Diinsoor ee ka tirsan gobolka Baay-isaga waqtigaa dhallinyaro ah oo ay da'diisu tahay 17 jir. Wuxuu halkaa kula kulmay culimo dhowr ah oo reer Diinsoor ah oo uu ka bartay cilmigii uu doonayay, dabadeedna waxaa uu uu u sii safrey dhanka Baardheere ee gobolka Gedo oo caan ku ahayd culimo xalqado iyo casharro badan oo diini ah halkaa ka waddy, gaar ahaan kutub dhowr ah oo fiqiga shaaficigaa. Markii uu Sheekh Axmed xaruntii cilmiga ee Baardheere tegay waxaa uu si gooni ah u doortey xalqadii uu horseedka ka ahaa Sheekh Cabdiraxmaan Macallin Ibraahim oo loo yiqiin Sheekh Cabdiraxmaan Irdho iyo Sheekh Cabdiraxmaan Baardheere oo uu ka raacday kutub dhowr ah oo ay ka mid ahaayeen: Minhaajka, Irshaadka, iyo kutub kale oo fiqiya. Waxaa kale oo uu Sheekh Axmed halkaa ka aqristey tafsiirka iyo kutub luqadda carabigaa. Muddo ayuu magaalada Baardheere u joogey keliya sidii uu cilmiga yaalla u heli lahaa, sidaa darteed waxaa uu muddo 5 sano ah aad ugu mashquuley sidii ay arrintaasi ugu suuroobi lahayd. Inta badan waxaa uu la joogay Sheekh Cabdiraxmaan Baardheere oo markii dambe garwaaqsaday inuu Sheekh Axmed awood u leeyahay gudbinta cilmigii uu bartay, sidaa darteed waxaa uu Sheekhu u ku soo laabtay magaalada Baydhabo oo uu isla markiiba ka bilaabey casharro uu ka mariyo masjidka Baydhabo oo ay ku taxnaayeen dad badan oo ehlu cilmi iyo xer u badan.

Waxaa la wada ogsoon yahay in Sheekh Axamed uu muddo badan ka aqrin jirey masjidk weyn ee jaamaca Baydhabo casharro isdabajoog ah, waxaana aad loo xiisayn jiray casharradii luqadda carabiga gaar ahaan suugaanta carabiga iyo gabayada sida qasiidadii caanka ahayd ee Baanad Sucaada ee uu tiriyey gabyaagii weynaa ee carbeed ee la oran jiray Suhayr bin Kacab uuna ku ammaanayey Nebigeennii suubanaa-naxariis iyo nabadgalyo korkiisa ha ahaatee.

Muddo markii uu aqrinayey kutubta waxa uu ku noqdey degaankii Kurkuro ee uu ka soojeeday oo uu ku aqrin jiray kutub dhowr ah oo isugu jiray tafsiir, caqiido, fiqi, axaadiis iyo kuwo kale. Intaa waxaa u wehliyey inuu ka warqabo aabbihii Sheekh Maxamuud oo waayeel ahaa, muddana ku xanuunsanaa tuulada. Sababta uu Sheekh Axmed degaanka ugu soo noqday waxaa dhici karta in ay tahay sidii uu ugu dhawaan lahaa aabbihii oo uu baarri ugu noqon lahaa, taana Ilaahay waa uu waafajiyey. Laakiin sannadku markii uu ahaa 1965-tii ayaa waxaa Sheekh Maxamuud u timid tii Alle oo uu geeriyoodey.

Sheekh Axmed sh Maxamuud Ugaaray waxaa niyadda ka gashey inuu u safro dhulkii barakeysaa ee Xijaas oo waxaa damac ka galay inuu la kulmo culimadii ugu caansanayd dhulkaa barakeysan ee Maka iyo Madiina, markii uu halkaa gaarayna waxaa uu durbadiiba ku biiray xalaqaadkii iyo duruustii ka socotay daafaha masjidka barakeysan ee

Xaramka Maka, halkaana waxaa uu ku sugnaa muddo 5 sano ah oo uu ku mashquulsanaa barashada cilmiga diiniga ah, gaar ahaan waxaa uu cilmi dheeraad ah ka helay xagga kutubtii Axaadiista badankooda iyo cilmiga Sunnada, cilmiga luqadda carabiga qeybihiisa kale duwan iwm, oo uu ka qaatey culimadii Xaramka, waxaana ka mid ahaa Culimadaa: Sheekh Calawi al Maaliki; Sheekh Xasan Mashaad; Sheekh Maxamed Carabi; Sheekh Yaxya al Mudarris.

Doorkii Sheekha ee faafinta cilmiga:

Waxaa la sheegaa in Sheekh Axmed uu dareen weyn ku jiray oo uu doonayay in uu dadkiisii iyo degaannadii uu ka yimid gaarsiiyo cilmigii uu ka soo qaatay dhulkii barakaysnaa ee Maka iyo Madiina. Sidaa awgeed markii ay rumowday riyadiisii ahayd inuu la kulmo culimadii ugu caansanayd dhulka Xijaas waxaa uu dib ugu soo noqday magaalada Baydhabo oo uu meesha ka sii waday inuu faafiyo cilmiga isagoo in badan ku dedaalay aqrinta kutub dhowr ah oo uu ka marin jiray masjidka Baydhabo oo uu ka noqday imaam iyo khadiib ka dib markii uu dhintey imaamkii iyo khadiibkii masjidka ee caanka ahaa ee la dhihi jiray Sheekh Cali Maxamuud Lawaay- Ilaahay ha u naxariistee. Sidoo kale daruusta uu Sheekh Axmed aqrin jiray kuma aysan koobnayn oo keliya kuwo ka baxa masjidka jaamaca ee waxaa jirtey in Sheekhu uu ku aqrin jiray gurigiisa oo ahaa meel u furan ehlu cilmiga oo waqtiga uu nasanayo ayuu dhexgelin jiray inuu faafiyo cilmiga iyo diinta Islaamka. Waxaa kale oo taa u wehliyey in Sheekh Axmed uu ahaa Muftiga degaannada Baay ka dib markii loo doortay arrinkaa oo bulshada wixii u baahan in loo caddeeyo arrimaha diiniga qaarkood ayuu u fatwoon jiray, mararka qaarkoodna uu qaban jiray fadhiyo gaar u ah in ummadda shareecada Islaamka loo caddeeyo iyo arrimaha loo baahan yahay markaa, taana waxay ku timid cilmigiisa iyo kalsoonida ay ku qabeen bulshada oo ay ugu horreeyeen culimada degaanku.

Wax lala yaabo ma aanay ahayn in Sheekh Axmed Ugaaray uu doorkaa weyn ka qaato faafinta cilmiga, waayo waxaa uu la kulmay culimadii ugu muhiimsanayd degaannada koofureed oo uu ugu horreeyo aabbihii Sheekh Maxamuud Ugaaray iyo Sheekhii Culimada Baardheere Sheekh Cabdiraxmaan Baardheere, sidoo kale culimadii Xaramka kuwoodii ugu waaweynaa oo aanu horey u soo tilmaanney. Waxaa ka faa'iidaystay xalqadihii iyo casharradii uu ku bixin jiray masaajidda, mowlacyada, goloyaasha cilmiga iyo gurigiisaba dad badan oo qaarkood si gooni ah loo tilmaamo ayaga iyo doorkii ay ka qaateen faafinta cilmiga, Waxaa xertaa cilmiga ka qaadatay ka mid ahaa: Sheekh Xuseen Sheekhey Maxamed baa-Xasan; Sheekh Maxamuud Sheekh Cabdibaari'. Sheekh Aadan Xasan Mukhtaar (Sheekh Towfiiq). Sheekh Cabdi Wardheere.

Dedaal badan ayuu sheekhu muujiyey, door wanaagsan ayuuna ka qaatay horumarka bulshada iyo dib u heshiisiinta qabiilooyin iyo dad badan oo isku dhacay marar kale duwan, mar walbana waxaa uu naftiisa iyo waqtigiisaba u huri jiray in ummaddu nabad ku wada noolaato. Marar badan ayuu khatar ku galay dhexdhexaadinta bulshada gaar ahaan xilligii maleeshiyaadkii Caydiid ay haysteen ama ay gacanta ku hayeen gobolalda koofureed siiba Baay iyo Bokool.

Waxa la sheegaa in uu aad uga fogaan jiray maamullada dowladda iyo arrimaha siyaasadda la xiriira, dhowr jeenra waxaa uu diidey inuu noqdo qaalli ama mufti rasmi ah, gaar ahaan markii loo soo bandhigey inuu qabto jagada muftiga dalka Soomaaliya oo dhan taa oo ahayd xilligii ay magaalada Baydhabo xarunta u ahayd dowladdii Cabdullaahi Yuusuf.

Geeridii Sheekh Axmed Ugaaray:

Sheekh Axamed Sheekh Maxamuud Ugaaray waxaa uu geeriyoodey maalin Jimco ah 22-kii bishii dul Xaj ee sannadkii 1429-kii hijriyada oo waafaqsan 19-Diseembar, sannadkii 2008-dii, waxaana lagu xabaaley Tuuladiisii Kurkuro gaar ahaanna xabaasha aabbihii dhinaceeda-sida uu Sheekha naftiisu ka dardaarmey. Waxa uu ka tegay carruur isugu jirta lab iyo dheddig. Waxaa uu ahaa nin saahid ah oo cibaado badan, muddo sanad ahna waxaa uu mujaawir ama deris la noqday Xaramkii Maka si uu ugu firaaqoobo cibaadada Alle. Allaha u naxariisto.

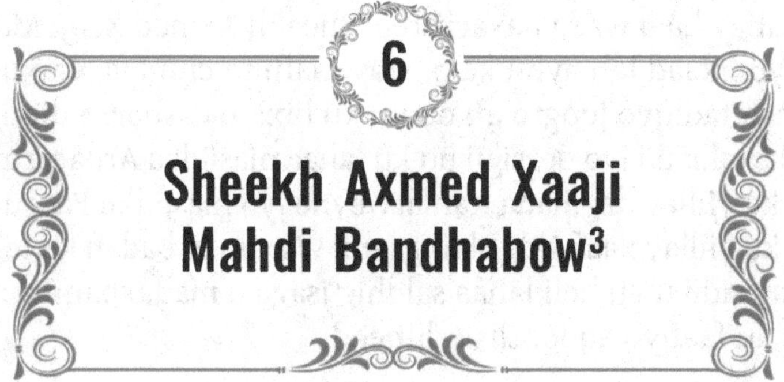

Sheekh Axmed Xaaji Mahdi Bandhabow[3]

Sheekh Axmed Xaaji Mahdi oo ka soojeeday beesha Bandhabow waxaa uu ku dhashay magaalda Muqdisho taariikhdu markay ahayd 1325-tii hijriyada oo waafaqsaneyd 1907-dii. Sheekhu waxaa uu ka mid ahaa culimadii Soomaaliyeed-gaar ahaan dariiqada Qaadiriyada, waxa uuna qeyb weyn ka qaatay faafinta diinta. Sheekh Axmed Xaaji waxa uu ku soo barbaaray diinta Islaamka iyo akhlaaqda wanaagsan, wuxuuna ka soojeedaa qoys ehludiin ah. Markii uu hanaqaaday oo uu

<hr>

3 أحمد جمعالة محمد: دور علماء جنوب الصومال في الدعوة الإسلامية (١٨٨٩–١٩٤١م)، رسالة الدكتوراه في التاريخ، 2008م، قسم التاريخ بجامعة أم درمان الإسلامية في السودان.

Quraanka kariimkaa bartay, waxaa uu Sheekha Axmed ku dedaali jiray tegidda goobaha san iyo la saaxiibidda dadka wanaagsan- gaar ahaan degaannada kala duwan ee ku yaalla gobollada Shabeellada hoose, Shabeellada dhexe iyo Banaadir. Sheekhu waxaa uu fursad u helay in uu haleelo culimadii xilligiisa ugu waaweynayd degaannada koonfureed sida Sheekh Aweys Axmed iyo Sheekh Cabdiraxmaan-Suufi, Ilaahay ha u wada naxariistee. Sheekh Axmed Xaaji Mahdi qeyb lixaad leh ayuu ka qaatay faafinta cilmiga, wuxuuna lahaa fadhiyo joogto ah oo uu ku bixiyo casharro diini ah, sida xalqadii iyo dersigii uu ku lahaa masjidka Arbacarukun ee ku yiillay degmada Xamarweyne iyo masjidkii Faqrudiin ee ku yiillay xaafadda Shangaani. Wuxuu in badan ku fekari jiray sidii uu u heli lahaa saldhig isaga u madaxbannaan oo uu ku faafiyo aqoontiisii diineed.

Nasiib wanaag waxaa u suuragashay in ay rumowdo riyadiisii oo waxaa uu u guurey tuulada Namow ee ku tiil meel 20 kiilomitir u jirta magaalada Muqdisho, waxaana uu dardargeliyay dedaalkiisii ku aaddanaa faafinta diinta iyo cilmiga. Sheekh Axmed kuma uusan koobin dedaalladiisii faafinta diinta in uu darsi bixiyo oo kaliya e, waxa uu ahaa qof bulshada dhexgala, lana qeybsada xaaladaha ay ku sugan yihiin, mar walbana waxaa uu u soo jeedin jiray wacdi iyo waanooyin uu wanaagga ku farayo, isla markaana wixii xumaan ah uu kaga reebayo.

Sheekh Axmed waxaa kale oo uu qeyb weyn ka qaadan jiray sidii loo damin lahaa marka ay fidno iyo dagaallo qabiileed ay dhexmaraan bulshada Soomaaliyeed isaga oo kaashanaya culimada kale ee markaa degaanka la joogtay. Waxaa la sheegaa in mar Sheekh Aweys Axmed uu Sheekh Axmed booqasho ugu yimid degaanka ay ka wada shaqeeyeen dhexdhexaadin dad walaalo ah oo dagaalko ka dhex qarxeen, gaar ahaan qabiilka Biyomaal iyo qabiilka Wacdaan oo fidno ka dhex kacdey, laakiin culimadii oo ay horkacayeen Sheekh Axmed Xaaji Mahdi iyo Sheekh Aweys Axamed waxaa ay ku guuleysteen in ay qaboojiyaan dagaallada u dhexeeyey labadaa beelood oo walaalaha ah, gunaanadkiina waa ay u duceeyeen oo waxaa la sheegaa in labadaa beelood oo walaalaha ah aanay mar dambe isdiririn. Waxaa kale oo si wadajir ah ay labada Sheekh isaga kaashadeen wacyigelinta bulshada iyo dhisidda goobaha kheyrka oo ay ka mid yihiin masaajiddada iyo mowlacyada quraanka lagu barto. Waxaa xusid mudan in ay iska kaashadeen masjid ay ka dhiseen tuulada Abaadhaxan oo 5 kiilomitir u jirto degaankii Sheekh Axmed ee Namow.

Sheekh Axmed Xaaji Mahdi waxaa uu ka mid ahaa culimadii tirada badnayd ee sida aadkaa uga gilgilatay falalkii gumeysigu uu ku hayay dadka iyo dalka oo markii ay arkeen in aysan waxba ka qaban karin indhaha ka qarsaday, deetana ka fogaaday meel ay gaaladu joogaan. Waxaa uu u arkayay in gaalo meel lagula noolaado ay dembi tahay sidaa darteed Sheekh Axmed waa uu ka haajiray magaalada Muqdisho iyo hareeraheeda. Arrintaan Sheekh Axmed keli kuma uusan aheyn e, waxaa jirtey culimo kale oo isaga la mid ah sida Sheekh Aweys Axmed dheere oo u guurey tuulada Biyoolay ee ka tirsan degmada Tiyeeglow, iyo Sheekh Abiikar Mixdaar oo u guurey degaanka WarSheekh ee gobolka Shabeellada dhexe.

Sheekh Axmed Xaaji Mahdi waxaa uu caan ku ahaa in mar walba uu fari jiray wanaagga iyo wixii kheyrku ku jiro, wuxuuna reebi jiray waxyaalaha xun ee munkarka ah iyo caadooyinka xun ee ka soo horjeeda diinteenna suubban.

Sheekh Axmed inta uu noolaa kama uusan dhex bixin dadkii uu tarbiyaynayay iyo inuu xiriir walaaltinnimo oo ay qaddarin ku dheehan tahay la yeesho culimadii Soomaaliyeed, wuxuuna geeriyooday isaga oo gudanaya faafinta akhlaaqda wanaagsan iyo ku dhaqanka fariimaha Ilaahay iyo rasuulkiisa Muxammed-naxariis iyo nabadgelyo korkiisa ha ahaatee. Waxaana la soo weriyey in Sheekh Axmed Xaaji Mahdi uu geeriyooday sannadkii 1907-dii. Ilaahay ha u naxariisto, hana ka abaalmariyo dedaalkii iyo jihaadkii uu u galay faafinta diinta. Sheekhu waxaa uu ka tagey dad aad u tiro badan oo ka aflaxey dacwadii iyo daruustii uu waday kuwaas oo uu ku tarbiyeeyay akhlaaqda wanaagsan. Dadkaasi waxay isugu jireen carruur uu dhaley iyo xer uu wax baray, waxaana ka mid ahaa: Sheekh Abiikar, Sheekh Cumar, Sheekh Cali, Sheekh Maxmed, Sheekh Cabdiraxmaan iyo Sheekh Aweys oo dhammaantoodba ahaa caruur uu dhalay Sheekh Axmed. Jacaylka uu Sheekh Axmed u qabay Nebigeena suubban ee Muxammad awgeed, waxaa uu ku sammiyey caruurtiisa magaca Nebiga iyo qaar ka mid ah Asxaabtiisa iyo Sheekha weyn ee Soomaaliyeed Sheekh Aweys Axmed, waana sida ka muuqata magacyada caruurta Sheekha.

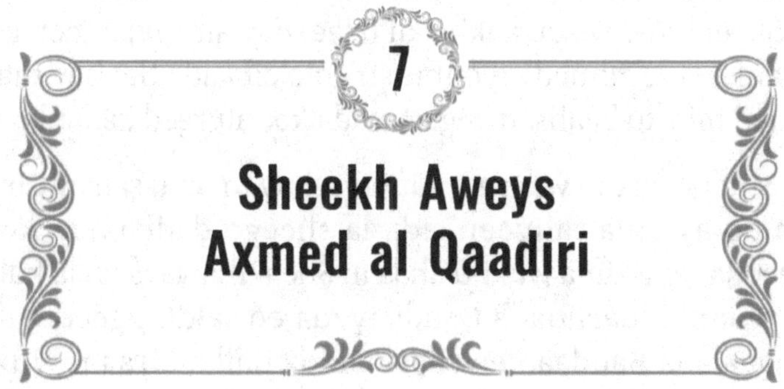

7

Sheekh Aweys Axmed al Qaadiri

Sheekh Aweys Axmed bin xaaji Muxammad Maxaad Bashiir al-Baraawi al-Qaadiri waxaa uu ku dhashay degmada Baraawe taariikhdu markay ahayd 1263-dii hijriyada oo waafaqsan sannadkii 1845-tii. Sheekh Aweys waxaa uu ka soo jeedey beesha Tunni oo ka mid ah beelaha Digil ee koonfurta Soomaaliya dega. Sheekh Aweys markii uu Quraanka bartay waxaa ay waalidkii dareemeen in fahanka wiilkoodu aad u sarreeyo, waayo? aabbihii waxaa uu ahaa culimadii magaalda Baraawe, isla markaana ah ganacsade. Waxay waalidki kula dedaali jireen inuu diinta Islaamka barto oo uu mar walba ku xirnaado goobaha cilmiga lagu mariyo, gaar ahaan luqadda carabiga. Waxaa uu ku taxmey daruustii iyo tarbiyaddii ay bixin jireen culimadii reer Baraawe qaarkood, waxaa uu Sheekh Aweys si khaasa wax uga bartay Sheekh Maxamuud al-Seyn al Shaashi iyo kuwo kale. Culimadaa reer Baraawe waxaa kale oo ka mid Sheekh Mad Jinaay al-Bahluul iyo Sheekh al Haj Mad Dhayane oo labadooda ayaa u bilaabey asaaska mabaadii'da dariiqada Qaadiriyada, markii wax u kala iftiimeenna waxay keentay in Sheekh Aweys uu aakhirkii u leexday ama u janjeersaday dhanka suufinimada iyo inuu u go'o cibaada Ilaahay taa oo ahayd mid ku baahsan degaannada koonfureed badankooda.

Muddo ka dib waxaa u suuragashay in uu u safrey Ciraaq taa oo ay kula taliyeen sida la sheego dadka qaarkood, ujeedka safarkuna wuxuu ahaa in Sheekh Aweys uu la kulmo hoggaankii dariiqada Qaadiriyada ee saldhiggeedu ahaa magaalada Baqdaad ee caasimadda dalka Ciraaq. Wuxuu safrey taariikhdu markay ahayd 1870-kii, ka dib arkii uu Baqdaad gaarayna waxaa u suuragashey in uu la kulmo Sayid Mustafa Suleymaan oo markaa ahaa ninkii dhaxley dariiqada Qaadiriyada ee ku abtirsata Sheekh Cabdulqaadir al Jiilaani. Markii la arkey in Sheekh Aweys yahay nin fahmad badan isla markaana daacad ah oo deggan ayaa waxaa loo oggolaadey inuu noqdo wakiilkii dariiqada ee bariga Afrika, waxaana la farey inuu saldhig ka dhigto Soomaaliya iyo degaannadii uu ka yimid, markii dalka ku soo laabtayna waxaa uu fadhigiisa noqday magaalo xeebeedka Baraawe oo uu markii horaba ka soojeeday.

In kasta oo ay si tartiib ah ku bilaabatay faafinta dariiqada Qaadiriyada oo uu silsiladdeeda Sheekh Aweys dalka keenay, haddana durbadiiba waxay heshay aqbalaad ballaaran oo waxay ku sii fidday degaanno dhowr ah oo ku yaalla gobollada Shabeellada hoose, Banaadir, iyo degaannadii la isku oran jiray Jubbada sare, waxa arrintaan suuragaliyayna waa in

Sheekh Aweys ay faafinta dariiqada iyo waxa ay xanbaarsan tahay ay ka gacansiiyaan culimo dhowr ah oo caan ka ahaa geyiga Soomaaliyeed sida Sheekh Cabdiraxmaan Axmed al-Saylici iyo Sheekh Cabdiraxmaan sh Cabdullaahi al-Shaashi oo ku magac dheeraa Xaaji Suufi.

Sheekh Aweys markii uu hubsaday in dariiqadii xoogaysatay, ayna ku fidday degaanno dhowr ah oo dalka gudihiisa ah, ayaa uu gudagalay inuu gaarsiiyo degaanno kale oo deris la ah dalka Soomaaliya, waxaana uu safarro dhowr ah ugu bixitimay dalal ay ka mid yihiin: Kenya, Tansaaniya iyo Yeman oo meeshii uu tagaba uu Sheekhu ijaaso iyo oggolaansho ku siin jiray culumada uu u arkayey in ay xambaari karaan ammaanada uu waday, dadkana ay soo jiidan karaan, gaar ahaan Sheekh Aweys waxaa uu doorbidi jiray culumada saahidiinta ah oo adduunka iyo xaalkiisa aan sidaa isugu mashquulin.

Waxaa la oran karaa waxyaabaha suuragaliyay in dariiqada Qaadiriyada ay dad badan qaataan oo ay ka mid noqdaan, isla markaana ay ku fiddo degaanno badan waxaa ka mid ah: bulshada oo u bogtay isdhuldhigga (tawaaduca) iyo islaweyni la'aanta ka muuqatay Sheekha iyo xertiisa iyo iyadoo markaa ay jirtey baahi weyn oo ay ummaddu u qabtay wax u dhisa ama kor u qaada shucuurtii iyo kalgaceylkii ay u hayeen diinta Islaamka, kana xigsada waxyaabaha aan waafaqsaneyn fidrada dadka. Dad badan oo ku xirmay dariiqada Qaadirayadu waxay durba dareemeen degganaansho iyo xasilooni aysan markii hore haysan ka dib markii uu galay wacdiga, waanada iyo xuska Alle ee joogtada ahaa iyo in qofku uusan isku mashquulin adduun iyo xaalkii.

Sheekh Aweys waxaa loo qiray inuu ahaa sheikh ay dadku aad u jeclaayeen, aadna loo qaddariyo, dadka qaarkiisna waxay u arkaan inuu ahaa caalim Soomaaliyeed oo lala dhacsan yahay habka iyo hannaanka uu u fidin jiray dacwada uu waday, waxa uu doonayana kama uusan quusan jirin oo waxaa lagu tilmaamay inuu aad u dulqaad badnaa, waxaana intaa u wehelisay inuu ahaa deeqsi gacan furan, dadka soo dhaweeya, aadna u kasbada.

Dariiqada Qaadiriyadu waxay noqotey mid ka mid ah dariiqooyinka ugu xoog badan dalka Soomaaliya, waxayna ku fidday dhammaan geyiga Soomaaliyeed iyo meelo kale oo ka baxsan dalka, waxaana muuqata in degaannada deriska la ah Soomaaliya ay uga timid dariiqada Qaadiriyadu dhanka Soomaaliya, illaa iyo haddana waxaa ka muuqda meelaha qaarkood oo Afrikada bari ka mid raadadkii uu ka tegay Sheekh Aweys iyo culimadii raacsanayd, sida in weli la hadal hayo taariikhda Sheekha iyo gabayadii diiniga ahaa ee uu ka tegay kuwaa oo raad weyn ku reebay bulshada, waayo? dariiqada Qaadiriyada iyo dhammaan barnaamijka tasawufku waxaa ay buuxiyeen kaalin weyn iyo baahi haysatay dadyowga muslimiinta ah oo ay weerar ba'an ku hayeen kooxihii faafinayey diinta Masiixiyada oo adeegsanayey awooddii Isticmaarka iyo xoolo, tab iyo habab kale duwan. Waxaa kale oo la oran karaa dariiqada Qaadiriyadu waxay duugtay ama ay meesha ka saartay caadooyin iyo dhaqammo meelaha ay ku faaftay asal u lahaa, kana soo jeeda wasaniyiinta ama dadka caabuda dabeecada iyo wixii la mid ah oo aan Ilaahay rumeysnayn, aadna ugu badnayd Afrika oo la oran karo illaa iyo hadda waxaa la dareemayaa haraadi noocayadaa oo kale.

Si ay degganaan ku jirto ayuu Sheekhu u fari jiray wixii wanaag ah, isla markaana reebi jiray xumaanta isagoo aan cidna u gafin ama aflagaadaynin. Waxay dadku u arkayeen inuu daacad ka yahay waxa uu sheegayo, tusaalana waxaa ku filan doorka uu ka qaatay sidii loo hor istaagi lahaa waxyaabo diinta ku xumaa oo ka jiray degaannada qaarkood, sida cayaaro dhaqameedyo caan ka ahaa degaannada Banaadir oo dadka qaarkood u arkayeen inuu yahay munkar, waxaana dhici jirtey in ragga iyo dumarku ay is dhexgalaan, taa oo culimo badan ka careysiisey, qaarna ku qasabtay in ay ka haajiraan magaalada markii ay u caal waayeen, laakiin Sheekh Aweys waxaa uu arrinkaa ku qaabbilay degenaasho ay dhimrin ku jirto, wuxuuna muujiyay masuuliyad weyn, wuxuuna isu xilsaarey sidii loo joojin lahaa arrinkaa.

Sheekh Aweys waxaa uu ka tegey raad weyn oo illaa iyo maanta muuqda, waxaana ka mid ah kutub iyo gabayo uu u arkayey inuu ku faafinayo diinta Islaamka ama uu ku xoojinayo guusha Islaamku ka gaaray inuu galo qalbiyada bulshooyinka Afrikaanka ah. Waxaan ognahay in ujeeddada Sheekh Aweys ahayd inuu diinta u gargaaro, haddana waxaa dhici karta in waxyaabo badan oo uu qorey ama uu tiriyay oo gabayo ah aysan wada noqon kuwo waafaqsan diinta, laakiin isaga ugu muuqatey in uu hayo waddadii loo baahnaa oo uu ugu gargaarayay diinta Alle iyo jidkii suubnanaha-naxariis iyo nabadgalyo korkiisa ha ahaatee. Sheekha oo aad ugu xeel dheeraa gabayada iyo qasiidooyinka dejintooda waxaa uu ka tegay maansooyin isugu jira Carabi iyo Soomaali oo aad u tiro badan, ujeedkiisuna waxaa uu ahaa siduu dadka ugu fududayn lahaa barashada iyo fahamka caqiidada iyo akhlaaqda wanaagsan oo ay dheer tahay jaceylka loo baahan yahay in loo hayo Nebigeenna Muxammed ah- naxariis iyo nabadgalyo korkiisa Allaha yeelee. Qasiidooyinkaana waxaa ka mid ah midda la magac baxday: Ilaah Abowkay.

Waxaa xusid mudan in kutubta Sheekha uu qorey iyo gabayada uu mariyay ay ahaayeen kuwo ku qoran afka carabiga, arrinkaana la yaab ma leh, waayo? Sheekhu baxar kuma aheyn ku hadalka afka carabiga oo kaliya e, waxaa uu garanayay habka gabayada carabiga loo tiriyo. Waxaa uu arrinkaan ka qoray buug ama kitaab uu u bixiyey Diibaajul Caruud (جابيد ضرورعلا) kaa oo ka hadlaya sida loo sameeyo gabayada carabiga iyo gododkooda ama miisaankooda, isla markaana Sheekh Aweys uu ku sharxaya nidaamka la raaco. Laakiin gabayada uu Sheekhu tiriyay ma wada ahayn afka carabiga e, waxay kaloo ku soo bixi jireen af Soomaaliga lahjadihiisa kala duwan, sida in uu adeegsan jiray, yaqaaneyna lahjadaha: Baraawe, Jiido, Maay iwm, waana midda keentay in shacbiyaddiisu ay aad u korarto. Dadka qaatay dariiqada qaadiriyada oo dhankiisa ahna ay aad u badan yihiin.

Kutubta Sheekh Aweys Qoray waxaa ka mid ah: *Mowlid al-Shurfaan fii Madxi Sayidi Waladi Cadnaan; Rumuus al-Burhaan; Durar Sharxu Kitaab al-Cumdah; Diibaaj al-Caruud.*

Geeridii Sheekh Aweys:

Sheekh Aweys Axmed al-Qaadiri waxaa uu ku geeriyooday tuulada Biyooley ee raacsan magaalada Tiyeeglow, gobolka Bokool taariikhdu markay ahayd 132-dii hijriyada oo waafaqsan sannadkii 1909-kii, ka dib markii ay dileen koox ka soo duushay magaalada Beladweyne oo ka tirsaneyd ciidammadii Daraawiishta uu xukumayay Sayid Maxamed Cabdulle Xasan.

Carruurtii Sheekh Aweys:

Sheekh Aweys waxaa uu ifka kaga tegay caruur farabadan oo isugu jirtay lab iyo dheddig oo qaarkoodna caan ka noqday bulshada dhexdeeda, waxaana ka mid ah caruurtii Sheekhu ka tegay:

— Sheekh xaaji Cabdulqaadir oo ku magac dheeraa xaaji

Sheegow, waana qofka Sheekh Aweys kala wareegey hogdaanka dariiqada qaadiriyada.

– Sheekh xaaji Muxammed oo ku magac dheeraa Sheekh Shaacir.
– Sheekh Sakhaawadiin oo isna Sheekh weyn ahaa, isla markaana wiilkiisii Cabdulqaadir uu noqday hoggaamiyihii ugu horreeyay ee xisbigii dhalinyarada gobonnimadoonka ee SYL.
– Sheekh Cumar bin Aweys.
– Sheekh xaaji Muuse bin Aweys.
– Sheekh xaaji Muxyadiin bin Aweys, iyo qaar kale.

Dhanka dumarka waxaa uu Sheekh Aweys ka tegay:

– Xaajiyo Saynab.
– Xaajiyo Ruqiyo.
– Xaajiyo Maymuuna.
– Maana Xamsata
– Xaajiyo Xaawo, iyo kuwo kale.

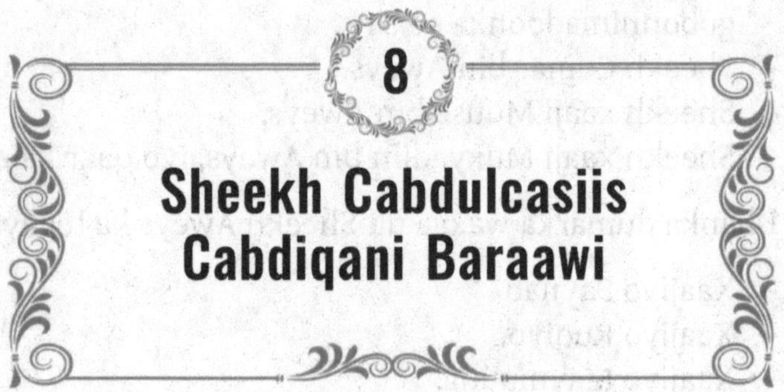

8

Sheekh Cabdulcasiis Cabdiqani Baraawi

Sheekh Cabdicasharo iis Cabdiqani al-Amawi al-Baraawi Abuu Burhaan waxaa uu ka mid ahaa culimadii Soomaaliyeed ee qeybta weyn ka qaadatay faafinta diinta, waxaana uu ku dhashay magaalada Baraawe sanadku markuu ahaa 1250-kii hijriyada.

Sheekhu waxaa uu ku barbaaray, waxna uu ku bartay magaalada Baraawe oo caan ku ahayd cilmiga iyo culimada, waxaana Sheekha u suuragashey inuu xifdiyo Quraanka kariimka isagoo yar, dabadeedna waxaa uu bartay culuumta diinta sida: fiqiga, usuusha fiqiga, iyo luqadda carabiga oo uu ku xeel dheeraaday, waxaana giddigood macallin ugu ahaa adeerkii Sheekh Daahir oo caan ka ahaa degaanka iyo hareerihiisa laguna yaqaannay cilmi badan.

Markii uu muddo wax ku baranayay Baraawe waxaa uu aaday Muqdisho si uu u sii korarsado aqoontiisa diineed, wuxuuna halkaa kula kulmay culimo dhowr ah oo uu ka mid ahaa Sheekh Axmed Nuur al-Maqdashi oo uu ka qaatay Tafsiirka Quraanka kariimka iyo culuumta la xiriirta. Sheekh Axmed waxaa uu lahaa xalqad joogto ah oo uu kutubta ka marin jiray masjidka Fakhruddiin ee ku yiillay xaafadda Shangaani ee magaalada Xamar.

Mudo ka dib waxaa uu Sheekhu u sii kicitimay WarSheekh oo ka tirsan Shabeellada dhexe, waxaa uuna halkaa kula kulmay Sheekhii weynaa ee Sheekh Abiikar Mixdaar oo uu ka qaatay culuum badan oo leh: fiqiga Shaaficiga iyo luqadda carabiga sida Naxwaha, Sarfiga, Mandiqa, iyo Balaaqada.

Markii uu sheekhu garawsaday inuu gudbin karo aqoontii uu bartay, waxaa uu gudagalay sidii uu ummadda ku gaarsiin lahaa aqoontiisa isaga oo adeegsanayo hab iyo tabo kala duwan, kumana uusan ekaan in uu masaajidda iyo mawlacyada oo keliya uu wax ku aqriyo.

Waxaa Sheekha loo arkayay in waagiisii uu ahaa muftiga ummadda, sidaa darteed, waxaa uu soo saari jiray fatwooyin iyo jawaabo uu ka bixin jiray arrimo badan oo ay bulshadu u baahneyd in loo kala caddeeyo, waxaana xusid mudan in fatwooyinka Sheekhu ay ku soo bixi jireen tix iyo tiraab. Markii ay aad u soo ifbaxday sida uu ugu xeel dheer yahay cilmiga axkaamta islaamka, gaar ahaan fiqiga shaaficiga waxaa uu madaxii maamulka Muqdisho oo uu waqtigaa ahaa suldaan Saciid Barqash uu u magacaabey inuu noqdo qaalli, isla markaana waxaa loo wareejiyey magaalada Sinjibaar ee dalka Tansaaniya oo ay markaa gacanta ku hayeen cummaaniyiinta oo uu suldaan Barkhash ka soo jeedo.

Waxaa kale oo iyana jiray doodo dhexmarey Sheekh Cabdicasharo iyo culimadii Soomaaliyeed qaarkood oo uu ka mid ahaa qaalligii Muqdisho Sheekh Muxyadiin Macallin Mukarram, waxaana doodahaas cilmiga ku dhisan ka soo baxay aqoon badan oo ay bulshadu ka faa'iideysatay, waayo? arrimo diini ah oo cilmi ku dhisan ayay ka wada hadli jireen culumadu sida Tubaakada xukunkeeda.

Sheekh Cabdicasharo waxaa uu ka tagey cilmi badan oo isugu jiray kutub iyo gabayo uu ku cabnirayay aragtida diineed ee uu ka qabay waxyaabo badan oo la xiriira axkaamta islaamka, waxaana intaa u sii dheerayd inuu dad badan wax baray. Kutubta uu sheekhu ka tegay waxaa ka mid ah: *Tarbiyah al-Adfaal li-Tasriif al-Afcaal ito sharrixiisa; Qaacidah al-Dullaab ilaa Mahaabic al-Icraab iyo sharrixiisa; Ciqdi al-li'aal fii Muqaabalati Badi' al-Aamaal; Mubaax al-Jidaal Sharxu Caqdi al-Li'aal; Al-Baxru al-Saakhir fii Fiqhi al-Imaam al-Shaafici; Khariidah al-Afkaar wa-Wasaa'il al-Abrar fii Madxi al-Nebiyi al-Mukhtaar.*

Waxaa xusid mudan in kutubtaa dhammaantood aan weli la daabicin oo ay weli ku qoran yihiin farguri.

Geeridii Sheekh Cabdicasharo iis Baraawi

Sheekh Cabdicasharo waxaa uu geeriyoodey habeen Arbaco ah, bishii Muxaram shanteeda, sannadkii 1314-tii hijriyada, isagoo 64 jir ah. Ilaahay ha u naxariisto.

9

Sheekh Cabdimajiid
Sheekh Cabdiqani

Sheekh Cabdimajiid Sheekh Cabdiqani Sheekh Maxamed Khaliif waxaa uu ku dhashay magaalada Herar oo xarun u ahayd Ilbaxnimadii Islaamka iyo culimo ku caan baxday aqoonta diinta, sanmadku markuu ahaa 1951-dii. Sida caadada u ah dadyowga muslimiintaa meel ay joogaanba, shiih Cabdimajiid yaraantiisii ayuu bartay quraanka kariimka qoris iyo aqrinba oo ay u dheer tahay xifdin sugan, ka dibna waxaa bilaabey inuu fiqiga barto. Waxaa la sheegaa in uu carruurnimadiisii u wareegay magaalada Muqdisho, in kasta oo aan la tilmaamin sababta ka dambaysay arrintaa, haddana waxaa muuqata inuu doonayay inuu waxbarasho tayo iyo qiime leh ka kororsado dugsiyadii carabiga lagu baran jiray ee ka jiray Xamar. Sheekh Cabdimajiid waxaa uu si toos ah ugu xirmay duruustii ka socotay masaajidda oo ay horsed ka ahaayeen culumo aqoon durugsan lahayd, kuwaa oo uu ka qaatay cilmi badan oo la xiriira kitaabka Alle iyo sunnada Nabiga-naxariis iyo nabadgelyo korkiisa ha ahaatee, sida dersigii Tafsiirka ee uu Sheekh Maxamed Macallin Xasan ka marin masjidkii Sheekh Cabdulqaadir ee Maqaamka oo ku yaallay degmada Xamarweyne ee Muqdisho. Sida la wada og yahay, dersigaasi waxaa uu ahaa mid dad badan oo dhallinyaro u badan ay ku taxnaayeen waqti uu dalku ku jiray marxalad aad u adag, gaar ahaanna maamulkii markaa jiray ee kacaanka oo uu hoggaaminayay Madaxweyne Maxammed Siyaad Barre, dalkana ku dhaqay mabda'a Hantiwadaagga, xiriir badanna la lahaa isbahaysigii la oran jiray Midowga Soofiyeedka oo nidaamka Shuuciyadda dunida u horseedey.

Waxaa duruustii iyo casharradii uu ku xirnaa ama uu ka faa'iideystay skhiikh Cabdimajiid ka mid ahaa casharradii xadiisyada ee uu aqrin jiray Sheekh Ibraahim Maxamed Cali oo ku magac dheeraa Sheekh Ibraahim Suuleey, marin jirayna kutubta ay ka mid ahaayeen Riyaadka, Abii Jamraha, Lu'lu'walmarjaan iyo kuwo kale. Badi duruusta Sheekhu waxay ka socotay masjidka Marwaas ee ku yaallay degmada Xamarweyne ee Muqdisho. Sheekh Cabdimajiid oo ka mid ahaa ardaydii iyo dadkii ku taxnaa casharrada labada Sheekh wuxuu kavmid ahaa kuwo ugu firfircoon oo Sheekha ka dib ku soo celiya casharrada, gaar ahaanna casharka tafsiirkaa ee sida aan horey u soo sheegnayba uu Sheekh Maxammed Macallin Xasan ka aqrin jiray masjidka Maqaamka.

Dedaalka Sheekh Cabdimajiid ee barashada diintu wuxuu ahaa mid aad u muuqda, in kasta oo uu Sheekhu ahaa nin naafo ah oo indho la', hadana rabitaankii iyo hamuunta uu u qabey inuu wax barto kama aysan reebin indha la'aantu.

Sheekh Cabdimajiid waxaa uu ku jiray dhalinyaradii ka soo horjeedday horarkii iyo weerarkii ay shuuciyaddu ku haysay diinta islaamka iyo in la wiiqo kacdoonka dhallinta ku barbaaraysa fikir iyo nolol ku saleysan aqoonta islaamka, taa oo ka hor imaanaysay himiladii kacaankii 21-kii Oktoobar. Arrintaa waxaa uu Sheekh Cabdimajiid ku mutay in la xiro sannadkii 1976-dii oo uu ka mid noqdo culimadii iyo dhalintii loo taxaabay xabsiyada dalka oo meelo kala duwan ku yaallay. In muddo ah markii uu ku jiray xabsiga, ayaa waxaa la soo daayay sannadkii 1981-dii isaga oo aan lagu eedeynin wax dembi ah oo aan ka aheyn ku dedaalidda iyo faafinta diinta islaamka.

Sheekh Cabdimajiid Sheekh Cabdiqani in kasta oo uu u go'ay dacwada diinta, haddana waxaa uu caan ku ahaa aqrinta Tafsiirka Quraanka oo uu magaciisu ku caan baxay, dad badanna ay aad u danayn jireen in ay ku xirmaan dersigiisa oo xiiso gooniya lahaa, waayo? mar walba waxaa uu Quraanka ku xiri jiray nolosha qofka iyo isaga oo si toos ah u abbaari jiray xumaanta iyo akhlaaqda xun oo uu markaa dareenkeeda qabay iyo arrimaha siyaasadeed ee gurracan, aan diinta islaamkana ku salaysnayn.

Waayadii dambe, abaarihii siddeetamaadkii waxaa uu Sheekh Cabdimajiid Tafsiirka ka aqrin jiray meelo badan oo ka mid caasimadda Muqdisho, gaar ahaan masjidka Shamsuddiin ee ku yaallay xaafadda Waaberi, masjidka Xaashi Weheliye oo ku yaallay xaafadda Hawlwadaag iyo masjidka Siraaji oo ku yaallay xaafadda Yaaqshii. Duruustaas tafsiirka ahna waxaa ku xirnaa dad aad u tiro badan oo qaarkood markii dambe noqday kuwo xalaqaad leh oo mariya tafsiirkii ay ka barteen Sheekh Cabdimajiid.

Markii uu qarxey dagaalkii sokeeye ee Soomaaliya, waxaa uu Sheekh Cabdimajiid ka mid ahaa culimadii iyo waxgaradkii u istaagtay sidii ay ku damin lahaayeen dhibkii dhacay oo waxaa ay culumada qaarkeed sameeyeen gole u taagan dib u heshiisiinta dadka Soomaaliyeed ee walaalaha ah. Sheekh Cabdimajiid waxaa uu ka mid ahaa culumadaa go'aanka ku gaartay samaynta gole loogu magac darey kulanka culumada, 2-dii, bishii Febaraayo, sannadkii 1991-dii, waxaana golahaas madax ka ahaa Sheekh Maxamed Macallin Xasan.

Waxaa uu ku dhintey magaalada Muqdisho 3-dii bishii Rajab, sannadkii 1432-dii oo waafaqsan 5-tii, bishii Juun, sannadkii 2011-kii, Ilaahay ha u naxariistee. Waxaa lagu duugey Muqdisho, aaskiisana waxaa ka soo qeybgalay dad aad u badan oo ay ka mid ahaayeen dadkii ay isla soo mareen taariikhdaa dheer ee faafinta diinta iyo arday ku taxneyd duruustii uu ka aqrin jiray magaalada Muqdisho iyo dad kale oo badan oo Sheekha u hayey kalgacayl iyo maxabbo Ilaahay dartiis ah.

10

Shariif Cabdinuur Shariif Xasan

Shariif Cabdinuur Shariif Xasan Shariif Aadan al-Maqbuuli wuxuu ka soojeedaa dadka ku abtirsada Ehlubaydkii Nebigeenna-naxariis iyo nabadgalyo korkiisa ha ahaatee, waxaana dhashay hooyo ka soo jeedda beesha Ogaadeen, gaar ahaan Cabdalla, reer Ugaas Kooshin.

Shariif Cabdinuur waxaa uu ku dhashay agagaarka degmada Fiiq oo ka tirsan dhulka Soomaaliyeed ee Itoobiya hoos yimaada, sannadkii 1941-dii. Waxaa la sheeegaa in shariif Cabdinuur ay la dhasheen toban wiil oo dhammaantood ay ka wada weynaayeen, waxayna ahaayeen culumo ku xeel dheeraa fiqiga Shaaficiga.

Waxbarashadii Shariifka

Dhanka waxbarashada shariif Cabdinuur waxaa la sheegaa in macallinkiisii ugu horeeyay uu ahaa walaalkii ka weynaa oo la oran jiray Shariif Cabdullaahi Shariif Xasan, waxaa uuna barey Quraanka kariimka, fiqiga iyo luqadda carabiga, dabadeedna shariif Cabdinuur waxaa uu horey u sii waday waxbarashadiisii oo wuxuu la kulmay culumo dhowr ah oo uu ka hanaqaadey sida Sheekh Axmed Baaruud oo Oromo ahaa, Sheekh Xasan Macallin Cali oo ku magac dheeraa Sheekh Xasan-Marreexaan, caalimkii weynaa ee Sheekh Cali Jowhar iyo culumo kale.

Si uu u sii siyaadsado cilmiga waxaa uu sadcaal waxbarasho ku tegay magaalada xadaaraddeedu guunka ahayd ee Herar, durbaciina waxaa ku taxmey daruustii iyo casharradii ka socday meelo kale duwan oo magaalada ka mid ah, laakiin muddo ka dib waxaa uu Sheekhu dareemay inuu u baahan yahay inuu cilmi u raadsado dalka Masar, gaar ahaan jaamacadda Al As-har oo uu kuliyadda Sshareecada ku biiray sannadkii 1959-kii oo ka bartay shareecada islaamka ilaa uu dhammaystay marxaladda Maajisteerka sannadkii 1964-tii oo uu ka qalin jebiyay qeybta usuusha fiqiga.

Soo laabashadii shariif Cabdinuur

Sheekhu ka dib markii uu soo dhammaystay waxbarashadiisii waxaa uu dalka ku soo laabtay sannadkii 1972-dii, hal sano ka dibna waxaa uu ka mid noqday shaqaalihii dawladda ee macadka macallimiinta lagu tababari jiray. Kadib wuxuu ka mid noqday macallimiintii kuliyaddii waxbarashada Lafoole ee raacsaneyd Jaamacadda Ummadda Soomaaliyeed oo uu ka noqday madaxa qeybta luqaddaha.

Gudbintiisii Cilmiga:

Shariif Cabdinuur waxaa uu si habsami leh u gudan jiray howshii macallinnimo ee uu ka hayay kulliyaddii waxbarashada ee Lafoole iyo hoggaankii qeybta luqadaha, isla markaana wuxuu gudanayay waajibkiisii faafinta dacwada Islaamka xilli ay dalka hoggaaminayeen kacaankii 21-ka Oktoobar ee ciidamada oo gacan saar la lahaa dowladihii mabda'oodu hantiwadaagga ahaa ee Midowgii Soofiyeedku horseedka ka ahaaayeen. Laakiin markii la soo saarey xeerkii qoyska, hoggaanka dalkuna ay aflagaaddo iyo yasid kula kaceen diinta islaamka ayaa ay culumo badan arrinkaa ka dhiidhiyeen, in badan oo ka mid ah waa la xiray, kuwa kalana waa la diley. Shariif Cabdinuur waxaa uu ka mid ahaa culumadii sabab la'aan xabsiga loo taxaabay 1975-tii. ujeedkuna ahaa in la cabsigeliyo hoggaanka diineed ee ummadda gaar ahaan kuwa u tafaxaytey faafinta cilmiga iyo xadaaradda Islaamka. Tallaabadaan waxay madaxda uga dan lahaayeen in ay ku cabsi geliyaan culumada iyo hoggaankii dacwada ee dalka Soomaaliya meel ay joogaanba. Waxaa shariifka la soo daayey ka dib muddo sanad ku dhaw, wuxuuna meeshii ka sii waday faafintii diinta iyo cilmiga oo ay wehliso howshiisii macallinnimo ee uu ka hayay kulliyaddii waxbarashada ee Lafoole. Sannadkii 1984-tii waxaa uu galay fasax dheer oo uu uga gol lahaa inuu aqoontiisii sii siyaadsado, xiriirna la sameeyo jaamacadaha waddammada kale sida jaamacadd boqor Sacuud ee ku taalla magaalada Riyaad ee dalka Sacuudigaoo uu 1984-tii dibloomo ka qaatay, iyo Macadka Raabidada ee ducaadda iyo imaamyada ee ku yaallay Maka oo asna 1986-dii ka qaatay Dibloomo. Waxaa arrinkaa u weheliyey inuu fasax dheer galo oo uu ka nasto, kana fogaado xasilooni darro badan oo siyaasadeed markaa dalka Soomaaliya ka jirtey, laakiin waxay arrintaasi fursad weyn u noqotay dadweynihii Soomaaliyeed ee degganaa mandaqadda Xijaas gaar ahaan Maka iyo Jidda oo ka faa'iidaystay joogiddiisa, waayo? shariifka waxaa caado u ahayd meel uu tagaba inuu la kulmo dadka cilmiga u saaxiibka ah, dadkii meesha joogayna waxay markaa u badnaayeen arday wax barata. Sidaa darteed Shariifku waxaa uu aqriyey muddii uu meesha joogay kutub fara badan iyo aqoon kala duwan oo badankood laga duubay. Waxaa xusid mudan in dadkaa ka faa'iidaysanayay ay isugu jireen Soomaali iyo adyow kale oo u badnaa carab, gaar ahaan Sacuudiyaan.

Shariif Cabdinuur wuxuu halkaa ku aqriyey kutubta axaadiista iyo cilmiga axaadiista badankood iyo kutub luqadda carabiga qeybeheeda ka duwan la xiriira. Shariif Cabdinuur wuxuu dalka ku soo laabtay 1988-dii, shaqadiisii macallinnimo ayuuna meesha ka sii watay, waxaana degaankiisu ahaa degmada Afgooye, gaar ahaan kulliyaddii Lafoole. Waxaa uu sidoo kale meesha ka sii waday faafintii cilmiga gaar ahaan daruustii uu ka aqrin jiray masjidka oo uu sii kor dhiyay ka dib markii uu bilaabay in uu casharro joogto ah ka bilaabo magaalada Muqdisho, gaar ahaan masjidkii Danwadaagta u dhawaa, masjidkii Raxma ee ku yaallay degmada Wadajir iyo masjidka Marwaas ee xaafadda Xamarweyne.

Dagaalladii sokeeye markii ay qarxeen, wuxuu shariif Cabdinuur meesha ka sii waday dedaalkiisii ku aaddanaa faafinta diinta iyo cilmiga, laakiin bishii Sebtember sannadkii 1993-dii waxaa dhaawac u geystay burcad hubaysan. In kasta oo uu ka biskooday dhaawacaas, haddana illaa 1995-tii sheekh caafimaadkiisu waa uu liitay, waxaana uga sii daray dhiig madaxa kaga furmey oo shalal ku riday, ka dibna waxaa loo qaadey dalka Sacuudiga si loogu soo daaweeyo-Ilaahayna wuu ka caafiyey cudurkii iyo raadkiisii weynaa.

Dhimashadii shariif Cabdinuur

Waxii markaa ka dambeeyey sharifku waxaa uu u badnaa dalka Sacuudiga gaar ahaan magaalada Maka al-Mukarrama oo aan ka mid ahaa dadkii la kulmi jiray, kana faa'iideysan jiray murtidii sheekh, waayo? waxaa uu ahaa qof mar walba ku mashquulsan danaha ummadda gaar ahaan sidii uu u gudbin lahaa aqoonta uu lahaa. Markii ay dad badan ogaadeen in Sheekh shariif Cabdinuur uu Maka iyo hareeraheeda joogo, ayaa waxaa bilaabatay in hoygiisa lagu soo uruuro, gaar ahaan ardayda wax baranaysa.

Waxaa dhab ah in cilmi badan laga faa'iidaystay Sheekha, xaaladdiisa caafimaadna kama aanay hor istaagin waxbaridda dadka, umana uusan hakin faafinta cilmiga, badi dadkuna arrintaa waa ay dareensanaayeen.

Bishii Shawaal 12-deedii oo ku beegnayd bishii Luulyo, 6-deedii, sannadkii 2017-kii waxaa shariif Cabdinuur shariif Xasan shariif Aadan u timid tii Alle oo waxaa uu ku geeriyoodey magaalada barakeysan ee Maka, ka dib markii salaaddii janaasada lagula tukadey Xaramka Alle ayaa lugu aasay qubuuraha Macalla ee ku yaalla Maka, ayna ku duugan tahay hooyadeen Khadiija bintu Khuwaylad iyo asxaab kale-Ilaahay ha u naxariisto.

Shariif Cabdinuur waxaa uu ahaa caalim, buuni ah oo dadka badankood u haysteen inuu ahaa muftigii ummadda Soomaaliyeed meel ay joogaanba, ayna u dheerayd saahidnimo iyo cibaado badni. Wuxuu muddo deris la noqday dhulkii barakaysnaa ee Maka al-Mukarrama, waxaana cilmigiisa ka faa'iiday dad aad u tiro badan oo aan la soo koobi karin.

11

Sheekh Cabdiraxmaan Sheekh Axmed Gole

Sheekh Cabdiraxmaan Sheekh Axmed Gole waxaa uu ku magac dheeraa Sheekh Cabdiraxmaan Afguriye waxaa uuna u dhashay beesha Majeerteen gaar ahaan Cumar Maxamuud. Waxaa la sheegaa in Sheekh Cabdiraxmaan Sheekh Axmed uu waxbarashiisii hore ku qaatay koonfurta Soomaaliya oo lagu yiqiin cilmi iyo culumo badan oo ku xeel dheerayd aqoonta diinta qeybaheeda kale duwan, sida: axkaamkta islaamka, tafsiirka Quraanka, axaadiista nebigeenna- naxariis iyo nabadgalyo korkiisa ha ahaatee, iyo cilmi aallada oo ah cilmiga khuseeya luqadda carabiga qeybaheeda kale duwan. Muddo ka dib wuxuu u safray dhankaa iyo dhulka carabta si uu u kororsado aqoonta diinta

Islaamka, sida caadada dadyowga muslimka u ahaydna wuxuu safarkiisa ka bilaabay mandiqadda Xijaas, wuxuuna safarkiisa ka bilaabay Maka al-Mukarrama iyo Madiina al-Munawara si uu u guto waajibka diiniga ah ee Xajka iyo siyaaradda Cumrada, muddo ka dibna wuxuu aaday dhankaa iyo masjidka barakeysan ee lagu magacaabo masjidka Nebiga–naxariis iyo nabadgalyo korkiisa ha ahaatee, ee ku yaal Magaalada Madiina al-Munawara. Markii muraadkiisii u fulay waxaa uu u gudbay meelo kale oo ka mid ah dunida carabta sida: Ciraaq, Siiriya iyo Masar. Sheekh Cabdiraxmaan-Afguriye waxaa uu ahaa nin fahmo badan oo Ilaahay ku mannaystay cilmi iyo xusuus aad u sarraysa, sidaa darteed waxaa uu safarkiisa ka faa'iidaystay cilmi badan oo ka kooban noocyo kala duwan. Safarradaa waxbarasho ka dib Sheekhu waxaa uu ku soo laabtay halkii uu ka tegay ee geeska Afrika, gaar ahaan gobolka Mudug oo uu xarun ka dhigtay si uu diinta ugu faafiyo, waxaana Sheekha u suuragashey inuu kiciyey dad aad u tiro badan oo ay ku jireen kuwo markii dambe hanaqaaday oo ka mid noqday culimadii waagaa joogtay ee sii faafiyey cilmigii iyo xikmadihii ay ka heleen duruustii uu bixin jiray Sheekhoodii Sheekh Cabdiraxmaan Afguriye. Muddadii uu joogay degaannada Mudug waxaa dood dheer ay dhexmartay Sheekh Cabdiraxmaan iyo mid ka mid ah culumadii degaanka oo ay qaraabo ahaayeen loona malaynayo in Sheekh Cabdiraxmaan ka cilmi badiyey. Waxaa la sheegaa in Sheekhaa lagu magacaabi jiray Fiqi Injariif. Si kasta oo ay dooddaasi ahayd, waxaa la sheegaa in Sheekh C/raxmaan uu si la yaab leh ku aammusiyay Sheekhii kale oo uu dooddii kaga adkaaday, laakiin se Sheekhu dadkii kama uusan helin taageero, hiil, iyo ixtiraam, waxayna arrintaasi sheekha ku reebtay raad xun oo murugo leh. Waxay dantu ku khasabtay inuu ka tago gobolka, una hijroodo gobollada Soomaali Galbeed ee hoos yimaada maamulka Itoobiya, halkaa ayuuna ka waday cilmigii iyo faafintii diinta. Waxaa Sheekha ka faa'idaystay dad badan oo ay ka mid yihiin dadyowgii degganaa degaannadaa aannu soo tilmaamney oo isugu jiray Soomaali iyo kuwo kale, waxaase aad loo tilmaamaa in beelaha Soomaalida qaarkood ay aad Sheekha ugu dhawaayeen, sida beelaha Absame, Reer Qudubi, iyo Durriyaddiisii.

12

Sheekh Cabdiraxmaan Axmed al-Saylici

Sheekh Cabdiraxmaan bin Axmed al-Godli, al-Saylici wuxuu sanadku markuu ahaa 1300 hijriyada oo waafaqsan 1815-tii uu ku dhashay tuulo lagu magacaabo Mubaarag oo u dhow degmada Biyoolay ee gobolka Bokool, waxaa uuna ka soo jeeday qoys beeralay ah iyo degaan ku caan ah barashada Quraanka kariimka, waana sababta aan loola yaabayn in Sheekh Saylici uu yaraantiisii ku caan baxay barashada diinta Islaamka.

Cilmi raacashadii Sheekh Cabdiraxmaan al-Saylici:

Inkasta oo uu wax badan oo ay ugu horrayso barashada Quraanka iyo culuum u badan dhanka luqadda carabiga uu ka bartay degaankii uu ku koray, haddana kuma aanay filnayn hamuunta iyo baahida uu u qabey cilmiga iyo barashada diinta, sidaa darteed Sheekh al Saylici waxaa uu u soo safrey dhanka magaalada Muqdisha si uu uga faa'iideysto daruustii iyo dhaqdhaqaaqyadii cilmiga ee ka socdey dhamaan daafaha magaalada. Waxay ahayd markii ugu horeysey ee uu Sheekh Saylici ka fogaado degaankii uu ku dhashay kuna barbaaray. Markii uu gaaray magaalada Muqdisho waxaa uu nasiib u helay inuu ku biro xalaqooyinkii ugu qiimaha badnaa ee ka jiray halkaa, gaar ahaan waxaa uu si toos ah ugu taxmay daruursii uu aqrin jiray caalimkii magaalada Muqdasha Sheekh Abiikar Mixdaar iyo xalqadii uu horseedka ka ahaa Sheekh Ismaaciil Cumar al-Maqdashi.

Sheekh Saylici waxaa uu nasiib u helay inuu marti u noqdo Sheekh Cabdiraxmaan Suufi oo uu ku noolaado gurigiisa, halkaa ayayna aad ugu saaxiibeen labada Sheekh, waxaana la sheegaa in ay wada raacan jireen cilmiga oo ay ku wada taxnaayeen xalqadii iyo daruustii uu bixin jiray Sheekh Abiikar Muxdaar. Mudadii uu Sheekh Cabdiraxmaan-Saylici joogay magaalada Muqdisho waxaa soo gaaray Sheekh weyn oo ka yimid dhanka Yeman, laguna magacaabi jiray Sheekh Ismaaciil Cumar oo ka dibna loogu magac darey Sheekh Ismaaciil al-Maqdashi. Waxaa Sheekh Ismaaciil la socday xertiisii, durabadiina waxaa uu bilaabay inuu qabto fadhiyo uu ku bixinayo duruus ku saabsan shareecada Islaamka iyo cilmiga tarbiyada ama loo yaqaanno tasawufka. Sheekh Saylici waxaa uu ku biiray xalqadii Sheekh Ismaaciil uu ka waday magaalada oo sidaa ayuu uga mid noqday ardaydii Sheekha, laakiin muddo ka dib Sheekh Ismaaciil waxaa uu go'aan ku gaaray inuu safar dacwada Islaamka uu ku faafinayo uu ugu baxo baadiyaha iyo degaannada kale ee ka fog magaalada Muqdisho, waxaana uu kaxaystay qaar ka mid ah aradaydiisa oo uu Sheekh Cabdiraxmaan al-Saylici ku jiro. Sheekh Ismaaciil iyo xertiisu waxaa ay ku wareegi jireen degaanno badan oo ay dadka ku farayeen qabsashada diinta iyo ku dhaqankeeda, isla markaana waxaa uu ku tarbiyayayn jiray ardadiisa oo uu dikri iyo cibaado habeenkii ku mashquulin jiray.

Ka dib markii uu Sheekh Cabdiraxmaan al-Saylici magaalada Muqdisho ka kororsaday aqoon iyo tarbiyad diineed, uuna halkaa kula kulmay culimo aad u cilmi badan waxaa uu ku soo noqday degaankii uu ka soojeeday isagoo xanbaarsan cilmi badan oo ay u weheliso waayo-aragnimo weyn iyo tababbar uu ka kasbaday intii uu ku jiray barashada diinta.

Soo noqoshadii Sheekh Cabdiraxmaan al-Saylici

Muddo markii uu ku maqnaa safarkii waxbarasho ee ku tegay magaalada Muqdisho, uuna kulmay culumadii duruusta ka bixin jirtay halkaa, ayaa uu ku soo laabtay degaaankiisii gaar ahaan tuuladii Mubaarak. In kasta oo Sheekh Saylici uu safarkiisaas faa'iidooyin badan uu ka helay isla markaana uu la kulmay culimadii ugu caansaneyd degaannada koonfureed sida Sheekh Abiikar Mixdaar, Sheekh Cabdiraxmaan Suufi, Sheekh Ismaaciil al-Maqdashi iyo kuwo kaleba, haddana waxaa Sheekh Cabdiraxmaan al-Saylaci uu la kulmay dhibaato dhanka qoyskiisa ah gaar ahaan xaaskii uu ka tagey oo laga fasaqay ka dib markii ay arrinkaa fatwo ka soo saareen koox culimo ah oo ku sugnaa degaanka. Sidoo kale intii uu ku maqnaa safarkii waxbarashada, waxaa dhimatay labadiisii gabdhood tii yarayd. Labadaa arrimood waxay Sheekha ku reebeen raad aad u culus oo intii uu degaanka ku soo noqday uu muddo la murgoonayay. Waxay Sheekh Cabdiraxmaan naftiisu siin weyday inuu ku sii negaado degaan ay dadkii culumada ka ahaa ay ku dulmiyeen xukunkii ay kaga fureen xaaskiisa awgeed oo uu aad u jeclaa, sidaa darteed waxaa uu go'aan ku gaaray in uu ka haajiro degaankaa. Intii uusan ka bixin tuulada Mubaarag waxaa uu la kulmay gabadhii markaa la qabay isagoo u sheegey safarkiisa iyo in aysan raaci karin maadaama ay la nooshahay ninkeeda. Wuu sagootiyay, wuuna la dardaarmay inkasta oo aan la ogoyn waxa uu dhab ahaantii kula dardaarmay, waxaase muuqata in uu u sheegey in uusan dib ugu soo laaban doonin degaanka.

Sadcaalkii Saylici ee Herar iyo Xijaas (Maka iyo Madiina)

In badan Sheekhu kuma uusan nagaannin degaankii uu ka soo jeeday e, waxaa uu dhaqsaba u safray dhankaa iyo degaannada Soomaali galbeed gaar ahaan magaalada taariikhda leh ee Herar. Magaalada Herar iyo nawaaxigeeda wakhtigaa waxaa ay hoos imaaneysay maamulkii iyo saldanaddii uu hogaaminayey amiir Axmed bin Abii akar oo aad ula dhacsanaa Sheekh Cabdiraxmaan al-Saylici isla markaana ka mid ahaa dadkii ku taxnaa daruusta Sheekhu uu ka bixin jiray masjidka jaamaca ee Harar. Dedaal ku aaddan faafinta cilmiga ayaa uu Sheekh Saylici waday muddadii uu joogay magaalada Harar, waxaana loo arkay in uu yahay nin aad iyo aad aqoon u leh, gaar ahaan dhanka luqadda carabiga oo looga dambeeyay. Sheekh Saylici waxaa uu aad iyo aad isugu mashquuliyay inuu soo saaro koox culiumo ah oo xanbaarta mas'uuliyadda faafinta diinta Islaamka, waxaana saldhiggiisu ahaa masjidka weyn ee Harar. Howsha Sheekh Cabdiraxmaan al Saylici kuma aanay koobnayn oo keliya daruus aqrin iyo tarbiyadayn e, waxaa kale oo uu Sheekhu bilaabay inuu qoro qoraallo iyo kutub uu uga gollahaa inuu ku buuxiyo kaalin looga baahnaa in ay culumadu ka soo baxaan taa oo ah dejinta manhaj iyo kutub munaasib u ah ardayda, una fududayneysa fahamka duruusta uu bixin jiray. Sidaa darteed waxaa uu curiyay kitaab la magac baxay: Xadiiqatul Tasriif, ka dibna waxaa u ka daba keenay kitaab kale oo sharraxaya kaa hore oo uu ugu magac daray: Fatxu al-Ladiif. Waxaana la sheegaaa in markii uu Sheekha arkay in ay xertiisii ku adkaatay kitaab ay ka aqrisan jireen cilmiga Sarfiga oo la yiraahdo: al-La'aalii, uu Sheekha bilaabay inuu u fududeeyo ardada, sidaa darteedna waxaa uu dejiyey risaaladii hore.

Dhaqdhaqaaqaa xooggan ee cilmi faafinta ah aad iyo aad ayay uga faa'iideysteen dadkii cilmiga raacanayey, laakiin dad culumo u badnaa arrinkaa ma aanay soo dhaweynin oo waxay ka biyo diideen in Sheekh Cabdiraxmaan al-Saylici oo degaanno kale ka yimid uu ka magac dheeraado, waxaana sidaa ku soo baxay dhowr culumo ah oo colaadiyay Sheekha, xaasidnimana u muujiyey. Arrintaasi waxay Sheekha ku noqotay lama filaan, muddo ka dibna waa uu isaga tegay Harar isagoo uga sii baqoolay dhankaa iyo Xijaas (Maka iyo Madiina), si uu u soo guto waajibkii xajka, uuna ula kulmo culumadii labada Xaram, aqoonna uu ka korarsado.

Sheekh Cabdiraxmaan al-Saylici waxaa uu u sii safray dhankaa iyo dhulkii barakaysnaa ee Maka iyo Madiina, waxaana la sheegaa in arrinkaa ay isku ogaaayeen Sheekhiisii Sheekh Ismaaciil al-Maqdashi oo kula taliyey inuu dhulkaa aado si uu u guto xajka iyo cumrada, una ula kulmo culumadii joogtay labada Xaram oo uu cilmiga ka raacdo. Sannadkii 1870-kii ayuu Sheekh Cabdiraxmaan al-Saylici u safray magaalada barakeysan ee Maka si uu u soo goto waajibka Xajka iyo Cimrada oo uu hamuun badan iyo jeceyl u qabay inuu arko degaannadii uu Nebigeenna suubbanaa Muxammed bin Cabdullahi uu ku noolaan jiray, waxyigun uu ku soo degay.

Sheekh Saylici markii uu gutay xajka iyo cumrada waxaa uu isla markiiba ku biiray xalqadihii iyo daruustii ka socotay daafaha Xaramka , isla markaana waxaa uu la kulmay nin caalim ah oo ka soo jeeda degaanada geeska Afrika oo lagu magacaabi jiray Sheekh Cabdullaahi Cali oo ku magac dheeraa Xaaji Jaamac, kana soojeeday magaalada Jigjiga. Waxaan labada Sheekh ka dhexeeyay xiriir fiican intii ay dhulka barakaysan joogeen, waxaana ay ku heshiiyeen in ay dib ugu soo noqdaan degaannaddii ay ka yimaadeen ee geeska Afrika si ay ummadda ugu faa'iideeyaan cilmiga ay xambaarsan yihiin iyo in ay u adeegaan diinta Islaamka. Sheekh Cabdiraxaan al-Saylici waxaa uu isku diyaariyay sidii uu u fulin lahaa ballantii ay wada galeen Sheekh Jaamac, sidaa darteed waxaa uu ku soo laabtay degaankii ka dib markii uu cilmi iyo aqoon badan ka soo korarsaday labadii Xaram ee uu joogay muddo badan. Culumada uu Xijaas kula kulmay waxaa ka mid ah Sheekh Ibraahim al Rashiidi oo ka soojeeday dalka Suudaan, kana mid ahaa culumadii ugu weyneyd Xijaas, wuxuuna cilmiga ka qaatay Sheekhiisii Sheekh Axmed Idriis al-Faasi oo Marooko ka soo jeeday isla markaana ahaa aasaasihii iyo hoggaamiyihii dariiqada Axmadiyada.

Sidoo kale Sheekh Saylici waxaa uu la kulmay koox culumo ah oo cilmiga ka soo xambaaray shiihk Axmed Idriis al-Faasi, sida caalimkii la oran jiray Shariif Maxmed bin Cali al-Sunuusi oo ku magac dheeraa Sheekh Sunuusi al-Kabiir. Sidoo kale waxaa uu la kulmay Sayid al-Marqaani, Sayid Sulaymaan bin Abii-al-Qaasim al-Ahdali, Sayid Bashiir bin Mubaarak al-Xasani, Sayid al Dayib bin Maxmed bin Idriis iyo walaalkiiba. Waxaa kale oo uu Sheekh Saylici la kulmay

Sheekh Maxmed al-Majduub al-Cabbaasi al-Sawaakini, Sheekh Cali CabdilXaq al-Quusi, Shariif Cabdiraxmaan bin Sulaymaan al-Ahdal, Sheekh al-Qudbi al-Qawth Sayidii al-Sheekh Saalax al-Jacfari oo ahaa Imaamkii masjidka jaamaca ee Al As-har.

Sheekh Ibraahim al-Rashiid waxaa u muuqatay heerka Sheekh Saylici uu cilmiga ka gaaray iyo sida uu u sarreeyo fahamkiisa iyo dedaalkiisa ku aaddan faafinta diinta Islaamka, sidaa darteed waxaa uu u soo bandhigey inuu ku soo biiriyo dariiqadii al-Axmadiya, laakiin Sheekh Saylici arinkaa kama uusan oggolaannin oo waxaa uu ka dalbadey in uu siiyo waqti uu ku soo fakiro, waayo? Sheekh Saylici waxaa uu ku dedaali jiray in uu mar walba u dhow yahay Sheekh Ibraahim al Rashiid si uu uga faa'iideysto cilmigiisa iyo khibraddiisa wanaagsan.

Soo laabashadii Sheekh Cabdiraxmaan al-Saylici

Sheekh Saylici waxaa uu fuliyey go'aankiisii ahaa inuu dib ugu laabto degaankii uu ka yimid, sidaa darteed waxaa uu si toos ah u abbaaray magaalada Harar, in kasta oo la sheego in uusan in badan joogin oo uu u sii baqoolay magaalada Jigjiga.

Markii uu gaaray Jigjiga waxaa soo dhaweeyey oo uu marti u noqday Xaaji Jaamac oo ay wadaay ku ahaayeen Maka. xaaji Jaamac waa uu ka soo horreeyay, waxayna ku ballameen in ay meelihii ay ka yimaadeen ay ku noqdaan, sidaa darteedna xaaji Jaamac si fiican ayuu u soo dhaweeyey Sheekh Cabdiraxmaan al-Saylici, in muddo ahna waxay isku kaalmaysanayeen sidii tacliinta diinta Islaamka ay u fidin lahaayeen iyo dhammaan cilmigii ay ka soo qaateen dhulkii barakaysnaa ee Maka iyo Madiina. Sheekh Cabdiraxmaan al-Saylici waxaa uu Jigjiga iyo degaannada ku hareereysay uu ka helay dad culumo iyo caammo isugu jiro oo si diirran u soo dhawaynayay, taa oo ay u dheer tahay gacaltooyo xoog badan. Sidaa ayuu xaalku ahaa illaa uu geeriyooday xaaji Jaamac, waxaana xiriirkii iyo gacaltooyadii meesha ka sii waday dhashii xaajiga oo uu ugu horreeyo wiilkiisii Sheekh Cabdisalaam oo markii dambana noqday qofkii sii waday dacwadii iyo barnaamijkii uu Sheekh Saylici ku howlanaa. Magaalada Jigjiga waxay noqotey tu aad uga duwan magaalada Harar oo uu Sheekh Cabdiraxmaan al-Saylici kala kulmay colaad iyo diidmo kaga imaatay koox culumo u badnaa. Jigjiga waa ay ka duwanaatay oo dadkii oo idil waxay u istaageen karaameynta Sheekha iyo in laga faa'iideysto cilmiga uu xanbaarsan yahay, sidaa darteed dad badan ayaa waxay Sheekha uga yimaadeen dhammaan degaannadii u dhawaa Jigjiga oo uu xarun ka dhigtay, uun ku tabcay xer aad u badan oo ku howlanaa in ay cilmi badan ka qaataan Sheekha oo ahaa madaale nafta ag dhiga duruusta uu bixin jiray har iyo habeenba-marka laga reebo maalinta jimcaha. Run ahaantii Sheekh Saylici waxaa uu ku caan baxay inuu xoogga saaro culuumta Quraanka iyo qiraa'ooyinka kala duwan ee loo aqriyo Quraanka, iyo cilmiga luqadda carabiga gaar ahaan dhanka Naxwaha iyo Sarfiga oo uu intaba aad iyo aad ugu xeel dheeraa. Laakiin markii uu Sheekh Saylici arkay sida ay u soo badanayaan dadka raba in ay ka faa'iidaystaan, waxaa uu Sheekha go'aansaday inuu qayb xul ah ka doorto oo ka dib ay iyagu noqdaan kuwo sii faafiya cilmigaa ay barteen, sidaa darteed waxaa uu aasaasay xero gooni ah oo uu ugu talagalay in ay ku xeroodaan ardayda doonaysa in ay ku soo biiraan xaruntaa cilmiga iyo aqoon kororsiga oo ay dheer tahay tarbiyada iyo sida ay u qaadan lahaayeen dariiqadii Sheekhooda. Waxaa uu ardaydaas ugu magacdaray xerta ula-madow, waxayna noqdeen kuwo ka aflaxay

Sheekhooda oo waxay sii wadeen dacwadiisii. Lama koobi karo culumadii ka hanaqaadday xalqadihii iyo duruustii uu bixin jiray Sheekh cabdiraxmaan al-Saylici oo muddo badan ku howlanaa faafinta cilmiga, haddana waxaa qorayaasha qaarkood tilmaamaan culumo dhowr ah oo ku caan baxay cilmi iyo Alle ka cabsi badan, kuwaa oo ka soo waraabay ishii cilmiga ee Sheekh Saylici. Culumadaasi waxay hore u sii wadeen dacwadii iyo cilmigii badnaa ee ay ka dhaxleen Sheekhooda, isla markaana aasaasay xero diineed oo lagu faafiyo aqoonta Islaamka, waxaana ka mid ah:

1. Sheekh AbiiBakar bin Yuusuf al-Qudbi oo dhexlay dariiqadii Sheekhiisii al Saylici;
2. Sheekh Maxamed bin Ismaaciil oo loo yaqaannay Sheekh Timo-cadde;
3. Sheekh Khaliif Aadan Mustafa al-Huubii al-Faataxi;
4. Sheekh Cabdiraxmaan bin Sheekh Axmed Guulle oo loo yiqiin Afgoodiye;
5. Sheekh Cabdisalaam xaaji Jaamac;
6. Sheekh Xuseen Faray;
7. Sheekh Yuusuf Dubbad bin Axmed;
8. Sheekh Cabdi Yuusuf Faarax albabaan;
9. Sheekh Cabdisamad xaaji Barakaale.

Magacyada aanu soo taxnay waxaa ay tusaale u yihiin sida Sheekh Cabdiraxmaan al-Saylici ay dariiqadiisii u hanaqaadday iyo culumada ka soo baxday xeradii iyo saldhiggii Sheekha ee uu u bixiyey xerta Ula-madow inta ay baaxaddooda iyo tayadoodu la ekaayeen.

Markii ciidammada Xabashidu ay soo weerareen magaalada Jigjiga ayaa uu sheekh Saylici ka soo wareegay magaaladaa aad iyo aad ayuuna u murugooday, waayo? weerarkaa Xabashida dad badan ayaa lagu diley oo u badnaa xertiisii, adduunyo badanna waa lagu burburiyey. Si uu dhibaatada

Xabashida uga fogeeyo dadka uu masuulka ka yahayna waxaa ay Sheekha iyo xirtiisii u soo guureen degmada Qulunquul oo noqotay saldhigiisii ugu weynaa oo uu xarun ka dhigto illaa uu ka geeriyooday.

Kutubtii Sheekh al-Saylici

Waxaa la tilmaamaa in Sheekh Cabdiraxmaan al-Saylici uu qoray kutub dhowr ah oo qaarkood ay dhacday in goobo badan laga darso sida jaamacadda al As-har oo la tilmaamay kitaabkiisa Sarfiga ahaa ee Xadiiqatul Tasriif. Sheekhu waxaa uu ka tagey kutub dhowr ah oo qaarkoodna la daabacay, qaar kalena weli aan la daabicin, waxaana ka mid ah kutubta uu Sheekhu qoray: *Xadiiqah al-Tasriif fii Cilmi al-Sarfi*. Waa kitaab ka hadlaya cilmiga Sarfiga ee luqadda carabiga, dhammaantiisna waa gabay. Sidoo kale wuxuu qoray *Fatxu al-Ladiif sharxu Xadiiqah al-Tasriif*. Kitaabkaan waxa uu Sheekh Saylici ku sharraxayaa kii ka horreeyey, ka dib markii uu Sheekhu dareemay in uu ku adag yahay ardadiisa iyo dadka doonaya in ay ka faa'iidaystaan. Sidaa darteed, kitaabkaan dambe ayuu qoray si uu u fududeeyo kii hore. Labada kitaab waxaa lagu daabacay dalka Masar, magaalada Qaahira, madbacada Mustafa Albaab al-Xalabi, sannadku markuu ahaa 1938-dii.

Ilqaam al-Shakiimah li-Arbaab al-Qiibah wal-Namiimah: Waa kitaab ka digaya akhlaaqda xun, sida xanta iyo isku dirka ummadda, isla markaana soo bandhigaya waxay ay tahay akhlaaqda wanaagsan. Kitaabkaan weli lama daabicin.

Tawdiix Lubaab al-Macaani Sharxu Xirsi al-Amaanii: Waxaa la sheegaa in kitaabkaan uu yahay midka ugu muhiimsan ee uu Sheekh Cabdiraxmaan al-Saylici qoray, waana kitaab weyn oo aan weli la daabicin, kuna saabsan waxa loo yaqaanno culuum al-Quraan. Kitaabkaa isaga oo farguri ah waxaan ku arkay maktabadda Sheekh Cabdullaahi Sheekh Cali Jowhar ee magaalada Boorame.

Talkhiis al-Macaani: Waa kitaab weyn oo u qoran hab gabayo ah oo uu Sheekh Saylici kaga hadlayo cilmiga Balaaqada iyo hannaanka luqadda carabi hagaajinaya. Kitaabkaan weli lama daabacin.

Al-Majmuucah al-Mushtamilah: Waa kitaab weyn oo kulminaya seddex risaalo ama kitaab oo yaryar sida: *Rabiic al-Cushaaq fii Dikri Mowlidi Saaxib al-Buraaq; Al-Najmu al-Wahaaj fii Qisah al-Israa' wal-Micraaj; Al-Fayd al-Raxmaani fii Tarjumati Bacdi al-Culamaa'*. Kutubtaa waxaa ay ka hadlayaan siiradii Nebigeenna-naxariis iyo nabadgalyo korkiisa ha ahaato, iyo ammaantiisa, taa oo ay dheer tahay inuu ka taariikhaynayo dhowr culumo ah.

Waxaa dhab ah in Sheekh Cabdiraxmaan al Saylici ay ka aflexeen dad aan la soo koobi karin, madarasadii uu aasaasayna ay gaartay meelo badan oo ka mid ah bariga Afrika, ha ahaato cilmigii uu faafiyey ama tarbiyaddii iyo dariiqadii uu fidinayay oo geyi badan maanta laga war hayo. Waxaana la oran karaa: taasi waxay ku timid-amar Alle ka sokow, dedaalka iyo niyad wanaagga Sheekh Saylici uu u galay arrintaa, waxaana taa wehelisa in dadyow badan ay la qaadeen riyadiisa oo ay la garab istaageen hiil iyo garab.

Geeridii Sheekha

Sheekh Cabdiraxaan al-Saylici waxaa uu ku geeriyoodey degaanka Qulunquul, bishii Rabiic al-awal (Bisha Mowliid), sannadkii 1299-dii Hijriyada oo waafaqsan 1882-dii. Waxaa la sheegaa in uu ifka kaga tegay labo xaas oo la oran jiray Faadumo iyo Raalliyo. Lama sheegin carruur uu ka tagey oo aan ka ahayn gabadhii keligeed ahayd ee uu kaga soo tegay degaankii uu asal ahaan sheekhu ka soo jeedey ee tuulada Mubaarak, kuna degmada Biyoolay oo ka tirsan gobolka Bakool.

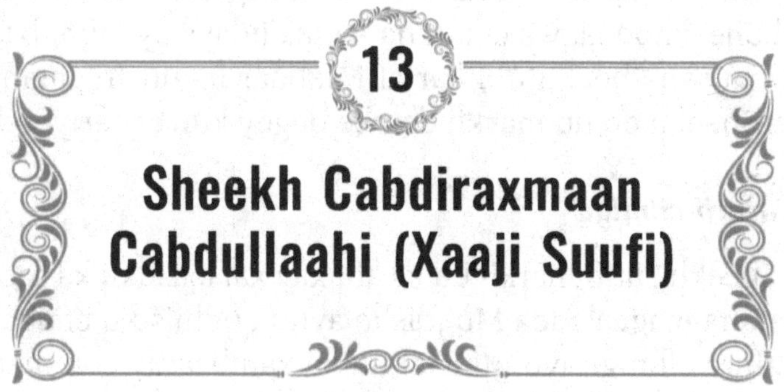

13

Sheekh Cabdiraxmaan Cabdullaahi (Xaaji Suufi)

Sheekh Cabdiraxmaan Sheekh Cabdullaahi Sheekh Maxamed Macallin waxa uu ku magac dheeraa Sheekh Cabdiraxmaan Suufi iyo Xaaji Suufi. Sheekh Cabdiraxmaan Suufi waxaa uu ku dhashay magaalada Muqdisho taariikhdu markay ahayd 1245-tii hijriyada, isla magaaladaa ayuuna ku barbaaray oo uu la degganaa hooyadii iyo aabbihii oo ka soo wada jeeday beesha Shaanshi oo ka tirsan beelaha la magac baxay Banaadiri. Sheekh Suufi waxaa uu ka faa'idaystay xaaladdii wanaagsanayd ee ka jirtay degaanka uu ku noolaa, gaar ahaan dhanka tarbiyadda iyo cilmiga, waayo? xaafadaha Xamarweyne iyo Shangaani waxay ahaayeen meel ay ku badan yihiin culumo ummadda ku tarbiyadeeya dhaqanka suuban ee diinteenna Islaamku ay fartay. Waxaa la tilmaamaa in Sheekh Maxmaed Nuur Diinlow uu qeyb weyn ka qaatay waxbarista Xaaji Suufi iyo tarbiyaddiisa, noqotayna mid kordhisa aqoontii iyo tarbiyaddii ay waalidkii ku sooreen. Sidoo kale waxaa uu Sheekh Suufi ka mid noqday xertii ku taxnaan jirtey xalqadii iyo duruustii uu bixin jiray Sheekh Abiikar al Mixdaar oo ahaa degaanka Banaadir oo idil Sheekhooda, waxaa uuna ka faa'iidaystay cilmi badan inta uusan Sheekh Abiikar al-Mixdaar u guurin degmada WarSheekh oo uu markii dambe degey kuna geeriyooday.

Faafintii cilmiga

Sheekh Suufi markii uu ka aflaxay xalaqaadkii ka socday daafaha magaaladda Muqdisho ayuu qudhiisu u banbaxay faafinta cilmigii iyo nuurkii uu ka xambaaray culumaddii degaanka. Waxaa la wada ogaaday heerka uu ka gaaray cilmiga oo ay u weheliso saahidnimo iyo in uusan ahayn qof adduunyo-waana midda keentay in loogu magac daro "Sheekh Suufi ama Xaaji Suufi". Xaaji suufi wuxuu caan ka noqday degaannada koonfuree oo idil, sidaa darteedna waxaa xalqaadkiisa cilmiga iyo daruusta la xiriirta tarbiyadda u soo xeraystay dad badan oo markii dambe noqday culumo waaweyn oo caan ka noqday dhammaan dhulka Soomaalida iyo degaanno kale oo ka tirsan geeska iyo bariga Afrika. Waxaa dadkaa ka mid ahaa Sheekh Aweys Axmed al-Qaadiri iyo Sheekh Cabdiraxmaan Axmed al-Saylici oo labadooduba ay u soo hayaameen la kulanka Xaaji Suufi iyo ka mid noqoshada xalqaadkiisii cilmiga, waxayna ka kala yimaadeen degmada Baraawe iyo degaan u dhow degmada Tayeeglow.

Marka laga yimaado ardadii ka aflaxdey daruustii uu Sheekh Suufi bixin jiray, waxaa uu ka tegay Sheekhu cilmi badan oo uu qoray, isuguna jira luqadda carabiga iyo caddeynteeda gaar ahaan qaacidooyinka iyo habka loo ddejiyo gabayga carabiga ku socda iyo sarta uu ku dhisan yahay, waana midda keentay in lagu tilmaamo Sheekh Suufi inuu yahay "Faraahiidigii Soomaaliya", wuxuuna qoray buug uu ugu magac darey:

- *Jawharah al-Saamiyah fii Cilmi al-Caruud wal-Qaafiyah*
Kutubta uu ka tagey ee uu qoray Sheekhu waxaa ka mid ah diiwaan qasiidooyin ah oo ku qoran afka carabiga oo uu u bixiyay:

- *Daliil al-Cibaad fii Sabiil al-Rashaad:*
Waxaa kale oo uu leeyahay gabayo ama qasiidooyin kale oo aan ka mid ahayn diiwaankiisa sida kitaabka qasiidooyinka ee la magac baxay:

- *Aniisah al-Caashiqiin fii Mucjisaati Sayid al-Mursaliin Geeridii Xaaji Suufi*
Waxaa la hayaa raadkii iyo wanaagii uu ka tegay Sheekh Cabdiraxmaan sh Cabdullaahi (Xaaji Suufi) inta uusan ka tagin adduunka taa oo isugu jirta dhigaal iyo dad uu tarbiyeeyay, noqdayna kuwo sii qaada iftiinkii iyo kheyrkii faraha badnaa oo ku faafiyay goobo badan oo ka mid ah dalka Soomaaliya. Allaha u naxariistee, waxaa uu Sheekhu geeriyoodey bishii Safar sannadkii 1323-dii Hijriga, waxaana dadku ay ku xusuustaan -cilmiga ka sokow, dabeecad iyo akhlaaq wanaagsan, Alle ka cabsi ay u wehelisay in uu ka saahidey isjecleysiinta adduunka. Sheekh Cabdiraxmaan ma uusan ahayn caalim ku xeel dheer arrimaha diinta oo leh xalaqo lagu soo hirto iyo mufti lagu kalsoon yahay cilmigiisa iyo caqligiisa oo kaliya e, waxaa intaa u wehelisay in uu ahaa gabyaa aftahan ah, ujeedkiisana ku cabbiri jiray hab suugaaneed xeeldheer, gaar ahaan jacaylkii iyo maxabbadii

uu u qabay Nebigeenna suubban-naxariis iyo nabadgelyo
korkiisa ha ahaatee.

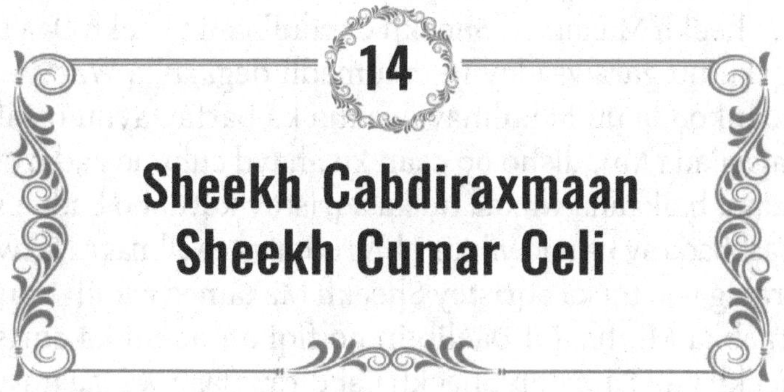

14

Sheekh Cabdiraxmaan Sheekh Cumar Celi

Sheekh Cabdiraxmaan Sheekh Cumar Sheekh Daa'uud oo ka soojeeday beesha Celi ee Abgaal waxaa uu ku dhashay degaanka WarSheekh sannadkii 1313-dii hijriyada, kuna beegnayd 1893-dii. Waxaa uu ka soojeedaa qoys ehlu cilmi ah, kuna xeeldheer diinta Islaamka gaar ahaan aabbihii Sheekh Cumar oo ahaa caalim aad u yaqaan luqadda carabiga qeebeheeda kala, xiriir fiicanan la lahaa dadka degaanka gaar ahaan culumada iyo xerahooda. Sidoo kale awoowgii Sheekh Daa'uud waxaa uu ka mid ahaa dadkii horumarka degmada WarSheekh dedaal badan ka gaystay isla markaana goobo badan ka aasaasey dugsiyada Quraanka lagu barto iyo mowlacyo diinta lagu faafiyo.

Sheekh Cabdiraxmaan Sheekh Cumar Sheekh Daa'uud Celi waxaa uu waxbarashada ka bilaabay degaanka reerkiisa oo uu aabbihii ka geeyay dugsi Quraanka kariimka laga barto, asagoo ay da'diisu ahayd toban jirna ku xifdiyey Quraanka, waxaa kale oo uu bartay culuum kale, sida inuu aqristey kutubta ay ka mid yihiin Tanbiih oo Sheekh Maxamed Shiidle uu Sheekh ugu noqday, ka dibna Sheekh Xasan Yare iyo Sheekh Maxamed Sheekh Cabdullaahi Sheekh Daa'uud. Markii uu garawsaday in culumadii degaanka WarSheekh badankooda uu la kulmay, waxna ka bartay ayuu u safray magaalada Muqdisho oo caan ku ahayd culumo aad u cilmi badan, halkaana waxaa uu ka aqristey kutubbo badan sida kitaabbada ay ka mid yihiin: al-Ajruumiya ee cilmaga Naxwaha carabiga oo uu ka aqristey Sheekh Maxamed Faqiih Yuusuf, kitaabka Minhaajul Daalibiin oo fiqi ah oo uu ka aqristey Sheekh Cali Samatar. Sheekh Cabdiraxmaan waxaa uu ahaa in aad u aqirs iyo daalacasho badan oo marka uu firaaqo helo ka faa'iidaysta culumadii muslimiintu waxa ay qoreen oo cilmi ah gaar ahaan kutubt ka hadasha cilmiga luqadda carabiga, axkaamta islaamka iyo wixii raad ku leh culuumta la xiriirta Quraanka iyo axaadiista nebigeenna suubban-naxariis iyo nabadgalyo korkiisa ha ahaatee.

Sheekh Cabdiraxmaan Sheekh Cumar markii uu garowsaday in uu xambaari karo mas'uuliyadda faafinta cilmiga iyo diinta Islaamka ayaa uu u istaagay arrinkaa, wuxuuna noqday mid si joogto ah u faafiya cilmiga iyo diinta. Wuxuu ka tegay raad fiican iyo dhaxal la taaban karo oo ay ka mid yihiin xertii wax ka baratay oo iyaga qudhoodu ay noqdeen culumo cilmiga faafisa. Sidoo kale waxaa uu Sheekh Cabdiraxmaan ka tegay kutub dhowr ah oo uu qoray, kuwaa oo uu badanaa diiradda ku saaray luqadda carabiga gaar ahaan cilmiga Sarfiga.

Waxaa arrinkaa u dheeraa in Sheekhu ahaa gabyaa weyn oo ku gabya afka carabiga, hibada Ilaahay uu siiyey ee suugaaneedna uga faa'iidaystay inuu Alle ku baryo, uuna ku ammaano Nebigeenna Muxammed-naxariis iyo nabadgalyo korkiisa ha ahaatee, iyo culumo saalixiin ahaa oo uu ugu ducaynayo. Kutubta Sheekhu uu qoray waxaa ka mid ah: *Nathru al-Jawaahir fii Qaacid al-Sarf al-Faakhir; Mowlid al-Taqtiib ilaa Xadratillaahi wal-Xabiib; Nadmu al-Mowlid al-Nabawi lil-Barsanji; Jalaa' al-Caynayn fii Manaaqib al-Shaykhayn; Unsu al-Aniis fii Manaaqib al-Shaykh Aweys; Raaxah al-Qalbi al-Mutawallic fii Manaaqib al-Shaykh Cabdurraxmaan ibni Axmed al-Saylici; Al-Jowhar al-Nafiis fii Khawaas al-Shaykh Aweys; Al-Majmuuc al-Xaawii; Sharxun Calaa al-Maquulaad al-Casharah; Taariikhu Qabaa'il al-Soomaal; Mud-hibah al-Axsaan fii Nadmi Asmaa'i Khaasati ahli al-Iiqaan; Takhmiisu Caqiidah al-Cawaam.*

Geeridii Sheekh Cabdiraxmaan Celi

Sheekh Cabdiraxmaan waxaa uu dhintey maalin Talaado ah oo taariikhdu ahayd 10-kii bishii Nufeembar sannadkii 1981-dii, waxaana duugtiisii ka soo qaybgalay dad aad u fara badan oo isugu jiray culumo, xerow iyo dadweynaha kale.

15

Sheekh Cabdiraxmaan Sheekh Ibraahim Macallin

Sheekh Cabdiraxmaan Sheekh Ibraahim Macallin waxaa uu ku magac dheeraa Sheekh Cabdiraxmaan Irdho, waxaana loogu naynaasay beesha uu ka soojeedo ee Irdho, oo ka mid ah beelaha Shanta Caleemood ee Digil, waxayna degaan degmada Wanlaweyn ee hoos timaadda gobolka Shabeellada hoose waxaa kale oo lagu magacaabi jiray Sheekh Cabdiraxmaan Baardheere.

Sheekh Cabdiraxmaan waxaa uu ku dhashay degmada Daafeed, halkaa ayuuna ku barbaaray oo UU Quraanka kariimka AH iyo cilmi kalAba ku bartay. Aabbihii waxaa uu ahaa nin culumada ka tirsan, qaallina ka noqday magaalada Buurhabaka, inkasta oo uu markii dambe ka tegay shaqadii qaallinimada bacdamaa lagu qasbay inuu la shaqeeyo gumeysigii Talyaaniga oo intii uu gumaystaha gacansaar la yeelan lahaa uu ka doorbiday inuu shaqada isaga tago. Sheekh Cabdiraxmaan waxaa uu ka soo jeeday qoys ehludiin ah oo cilmi leh, fahamsanna mas'uuliyadda tarbiyada carruurta taa oo u sahashay inuu yaraantiisii bartay quranka iyo culuum kale oo bilow ah. Markii uu koray oo uu noqday barbaar kaalingal ah ayaa uu u safrey degmada Afgooye ee gobolka Shabeellada hoose, halkaana waxaa uu uga sii gudbay magaalada Muqdisho oo uu kula kulmay culumo badan oo uu ka mid ahaa Sheekh Xasan Cali Macallin oo ku magac dheeraa Sheekh Xasan Leysaan una dhashay beesha Leysaan oo waagiisii ka mid ahaa culumadii ugu cadcaddayd degaanka Xamar, waxaana la sheegaa in Sheekh Xasan Leysaan uu geeriyoodey 1982-dii.

Sheekh Cabdiraxmaan Sheekh Ibraahim (Irdho) kuma uusan joogsan intaa ee waxaa uu u sii boqooley magaalada Baardheera oo ahayd goob cilmiyeed ku caan baxday cilmiga, gaar ahaan Fiqiga Shaaficiga, lagana aqrin jiray kutubtii aasaaska u ahayd Mad-habta sida Minhaajka iyo Irshaadka. Sheekh Cabdiraxmaan markii uu gaaray magaalada Baardheere waxaa uu doorbiday xalqadii iyo duruustii uu bixin jiray Sheekh caan ka ahaa degaankaa oo la dhihi jiray Sheekh Xasan Hariin oo ku magac dheeraa Sheekh Xasan Weyne oo uu ka raacdey kitaabbada Manhaajka iyo Irshaadka. Sheekh Cabdiraxmaan Irdho waxaa kale oo uu la kulmay Sheekh Maxamed Yuusuf oo ahaa Sheekhii Sheekh Xasan Hariin, caanna ka ahaa degaanada koonfureed. Markii uu Sheekh Maxamed Yuusuf arkay dedaalka Sheekh Cabdiraxmaan iyo sida cilmigiisu u xooggan yahay, uuna ku kalsoonaaday habka iyo hannaanka uu u gudbiyo cilmiga iyo daruustii uu aqrin jiray, ayaa uu u idmey una oggolaadey inuu faafiyo cilmigii uu bartay isagoo adeegsanaya masjidka weyn ee Baardheere.

Waxaa ka mid ahaa culumadii uu la kulmay intii uu joogay magaalada Baardheere Sheekh Cabdicasharo Sheekh Cali Macallin Muuddeey oo xiriir aad u fiican uu ka dhexeeyay, markii dambana caawin jiray oo mararka uu maqan yahay isaga booskiisa buuxin jiray- hadday tahay imaamnida salaadda ama duruusta uu akhrin jiray, gaar ahaanna marka uu Sheekh Cabdicasharo xanuunsado, waayo? waxaa uu Sheekh Cabdicasharo waayihii dambe ahaa socod jirradu ku badatay.

Sheekh Cabdiraxmaan Irdho waxaa uu muddo konton sano ah ku noolaa magaalada Baardheere oo markii dambe lagu naynaasay, waxayna muddadaasi isugu waqti uu wax ka baranayey iyo xilli uu isagu dadka u faa'iidaynayay oo uu kutubta Fiqiga Shaaficiga ka aqrin jiray, sida Minhaajka iyo Irshaadka oo uu aad ugu soo caan baxay. Laakiin waayadii dambe waxaa uu u soo wareegay magaalada Muqdsisho, ka dibna waxaa uu u wareegay magaalada Baydhabo oo uu ka aqrin jiray kutubtii Fiqiga ee uu caanka u ahaa.

Geeridii Sheekha

Sannadkii 1995-tii markii ay dagaallada sokeeye y magaalada ka qarxeen ayaa uu Sheekhu ku noqday Muqdisho oo uu ku geeriyoodey sannadkii 1996-dii- Ilaahay ha u naxariisto.

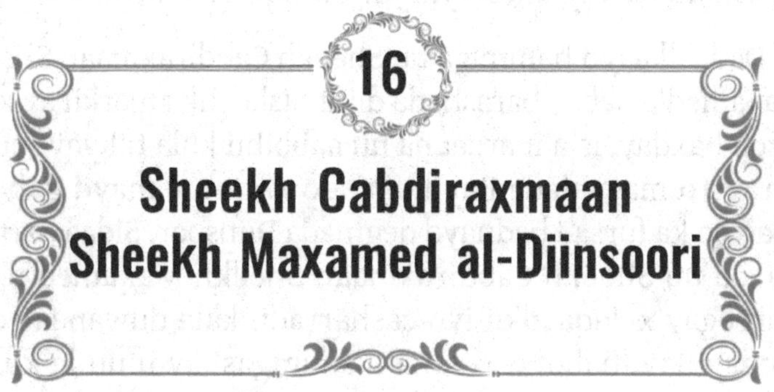

16

Sheekh Cabdiraxmaan Sheekh Maxamed al-Diinsoori

Sheekh Cabdiraxmaan-diinsoor Sheekh Maxamed, waxaa lagu naynaasay degmada Diinsoor ee gobolka Baay ee uu ka soojeedo, uuna ku barbaaray, laakiin waxaa uu ku dhashay tuulada Aamiyow ee ka tirsan degmada Buur Hakaba ee gobolka Baay sannadkii 1339-kii hijriyada oo waafaqsan sanadkii 1918-dii. Sheekhu waxaa uu ahaa caalim ku xeel dheer Fiqiga.

Safarkii cilmiga ee Sheekh Cabdiraxmaan

Sheekh Cabdiraxmaan Sheekh Maxamed waxaa yaraantiisii aad ugu dedaalay aabbihii Sheekh Maxamed oo noqday macallinkii ugu horreeyey oo wax bara, gaar ahaan kutubta fiqiga. Aabbihii Sheekh Maxamed waxaa uu ka mid ahaa culumada degaannada Baay, sidaa darteedna waa uu la dedaalay wiilkiisa, wuxuuna ula safray tuulo cilmiyeedka Misra ee ka tirsan degmada Diinsoor ee gobolka Baay. Sheekh Cabdiraxmaan Sheekh Maxamed yaraantiisii ayaa uu Ilaahay u fududeeyay xifdinta Quraanka kariimka oo dhan, ka dibna waxaa uu bartay kutub yaryar oo fiqi u badan.

Dedaalka iyo hammiga uu Sheekh Cabdiraxmaan Sheekh Maxamed u qabay barashada diinta Islaamka markii ay xoog u soo baxday, isla markaana uu aabbihii kula taliyay inuu u xeraysto magaalada Baydhabo oo xarun u ahayd gobolka Baay oo ka fursad badnayd degmada Diinsoor. Sidaa darteed waxaa uu Sheekh Cabdiraxmaan Sheekh Maxamed u soo wareegay xalaqaadkii iyo casharradii kala duwanaa ee ka socday Baydhabo, waxaana u suuragashay inuu la kulmo culimadii ugu waaweynayd magaalada, wuxuuna ka qaatay cilmi badan oo isugu jira tafsiir, xadiis, fiqi iyo luqadda carabiga sida Naxwe iyo sarfi, muddo badan ayayna ku qaadatay.

Waxaa culumadii waqtigaa joogtay magaalada Baydhabo ee uu sheekhu cilmiga ka qaatay ka mid ahaa caalimiini waaweyn, sida: Sheekh Cabdul Wahadi, Sheekh Yuusuf Hilowle, Sheekh Cabdi Gaadsan iyo Sheekh Maxamuud Ugaaray-dhammaantood Ilaahay ha u naxariisto. Culumadaasi waxaa ay arkeen hammiga iyo rabitaanka xooggan ee Sheekh Cabdriaxmaan uu u qabo barashada cilmiga iyo faafinta diinta islaamka, sidaa darteedna waxaa ay oggolaansho iyo ijaaso u siiyeen gudbinta aqoontiisa diineed.

Kaalintii Sheekh Cabdraxmaan Diinsoori iyo faafinta diinta

Rabitaanka iyo doonistu waa wax qof walba ku jirta, laakiin fulinteeda iyo ku dhaqankeedu waxay u baahan tahay in qofka lagu tababbaro, culumadii Soomaaliyeed ee uu Sheekh Cabdiraxmaan la kulmayna, waxay ku dedaaleen sidii ardada wax ka barata ay ugu suurageli lahayd in ay meesha ka sii wadaan aqoontii iyo cilmigii ay ka barteen, ayna dadka ugu mariyaan casharradii ay ka qaristeen si ajarkoodu uu meesha uga sii socdo. Arrinkaa waxaa ay sheekha u noqotay mid ku dhiirrigelisa doorka uu ka qaadanayo faafinta cilmiga diiniga ah iyo sidii uu arrinkaa ula qaybsan lahaa bulshadiisa, gaar ahaan degaankii uu ka yimid ee Misir. La yaab ma lahayn in Sheekhu uu durbadiiba ku laabto degaankiisa bacdamaa uu helay raalli ahaanshaha macallimiintiisii iyo kalsoonidooda, meeshaana waxaa uu ka bilaabey faafinta cilmigii diiniga ahaa ee uu soo bartay oo ay ugu horrayso tafsiirka Quraanka iyo axaadiista Nebigeenna suubnan-naxariis iyo nabadgalyo korkiisa ha ahaatee, iyo duruus dhanka fiqiga iyo axkaamta Shareecada khuseeya sida kitaabka Minhaajka ee fiqiga shaaficiga.

Waxaa xalaqaadkii Sheekh Cabdiraxmaan Diinsoori ka soo baxay dad badan oo ka faa'iideystay cilmigiisa, waxaana ka mid ahaa dadka ka aflaxay: Sheekh Ibraahim Maylow, Sheekh Xasan Maylow iyo Sheekh Farow Sheekh oo in badan wax ka aqrin jiray degaanka Ufurow-gaar ahaan kutubta fiqiga, Sheekh Xasan Cabdiraxmaan oo degaanka Rabdhuure ee gobolka Bakool Sheekhulbalad ka noqday, Sheekh Cabdullaahi Sheekh Cali oo Sheekh ka noqday degmada Diinsoor. Sheekh Cabdiraxmaan in kasta oo uu daruusta iyo casharradii diiniga ahaa uu ka waday degmadiisa Diinsoor, haddana dadkii ka hanaqaadey oo ka faa'iidaystay cilimigiisii barakaysnaa waxay gaareen meel ka baxsan xadka Jamhuuriyadda Soomaaliya oo waxaa ay ku faafeen meel kasta oo ay Soomaali degto, sida dhulka Soomaaliyeed ee Soomaali galbeed iyo dhulka Soomaaliyeed ee Kenya hoos yimaada magaalooyinkiisa:

Wajeer, Mandheera iyo Gaarisa. Dadkaana waxaa ka mid ahaa Sheekh Axmed dheere, Sheekh Mohamed Shukri iyo Sheekh Maxamed Jagar oo dhammaantoodba ka howlgalay dhulka Soomaaliyeed ee Itoobiya haysato, kuna faafiyay cilmigii iyo aqoontii ay ka dhaxleen Sheekhooda Sheekh Cabdiraxmaan Diinsoori. Sidoo kale waxaa ka mid ahaa xertii ka aflaxdey casharradii Sheekha iyo xalaqaadkii uu ku hayay degmada Diinsoor Sheekh Cabdinuur Sheekh Kuulow oo reer Wajeer ahaa, isla markaana wixii uu ka helay Sheekhiisa gaarsiiyey bulshada Wajeer iyo hareeraheeda.

Waxaa jiray dad badan oo cilmi ka qaatay Sheekh Cabdiraxmaan, dabadeedna qayb weyn ka qaatay horumarka bulshada Soomaaliyeed meel ay joogaanba, waxaana xusid mudan in aan tilmaanno qaar ka mid ah dadkaas. Sida, Sheekh Maxamed Nuur oo ka mid ahaa hoggaamiyayaashii dariiqada Saalixiyada, Sheekh maxamed Saalax Sheekh Cabdiraxmaan oo door weyn ka qaatay faafinta diinta, kana soojeeday guri cilmi. Waxaa dadkii ka aflaxay dedaalladii cilmiga uu bixin jiray Sheekh Cabdiraxmaan Diinsoori ka mid ahaa dad door weyn ka qaatay siyaasadda waddanka sida Sheekh Aadan Sheekh Maxamed oo noqday xubin baarlamaan iyo wasiir, waxaa kale oo ka mid ahaa sayid Cabdullaahi Xasan Maxamuud oo ahaa safiirkii Soomaaliya ee dalka Masar iyo jaamacadda carabta.

Sheekh Cabdiraxmaan Diinsoori waxaa uu inta badan noloshiisii ku gutay dacwada Islaamka iyo faafinta cilmiga, waxaa uuna ahaa Sheekh dadka soo jiita oo cibaado badan, dadkuna waxaa ay ku xusuustaan inuu ahaa nin akhlaaq wanaagsan. Sheekh Cabdiraxmaan Maxamed waxaa uu geeriyoodey bishii Ramadaan sannadkii 1423-dii taa oo waafaqsan sannadkii 2002-dii, waxaana lagu duugay Diinsoor.

17

Sheekh Cabdiraxmaan Mowlaanaa

Sheekh Cabdiraxmaan Mowlaanaa in kastoo aan la sheegin waqtigii iyo taariikhdii uu dhashay, haddana waxaa la tilmaamay goobta uu ku dhashay oo ah tuulada Araay Mowaag oo u dhow degmada Afgooye ee Shabeellada hoose. Sheekh Cabdiraxmaan Mowlaanaa markii uu Quraanka kariimka bartay iyo cilmi xoogaa ah, gaar ahaan axkaamka iyo fiqiga shaaficiga culuum la xiriirta oo ay u dheer tahay luqadda carabiga waxaa uu safar ku tagey dalka Yeman. Reer Yeaman waa ay dareemeen heerka Sheekhu uu cilmiga ka gaaray siiba dhanka fiqiga oo uu u muuqdey nin ku xeel dheer.

Muddo markii uu ku noolaa Yeman waxaa qalbigiisa gashay sidii uu u soo gudan lahaa waajibka Xajka iyo cimrada, dabadeedna waxaa uu u sii boqooley dhanka Xijaas oo u suuro gashey inuu Xajiyo. Waxaa la sheegaa in Sheekh Cabdiraxmaan uu magaalada Maka ee barakeysan uu sayid Axmed Idriis al--Faasii oo ahaa ninkii aasaasay dariiqada al-xmadiya uu kula kulmay Maka, uuna ka soo qaatay dariiqadaas. Sheekh Cabdiraxmaan waxaa uu ka mid ahaa culumadii ka soo muuqatay dalka Soomaaliya kana mid ahaa dariiqada al-Axmadiya.

Sheekh Cabdiraxmaan Mowlaanaa markii uu garawsaday in uu isku filan yahay waxaa uu u soo noqday dalka Soomaaliya oo uu doonayey inuu ku faafiyo cilmigii Ilaah barey iyo dariiqadii al-Axmadiya oo ay ku ballameen Sheekhiisii. Kolkii uu gaaray magaalada Muqdisho dad badan oo ka war helay xaalka Sheekha aad iyo aad ayey u soo dhaweeyeen, muddo ka dibna waxaa uu kasbaday qalbiga dadka ka dib markii ay arkeen cilmigiisa iyo sida uu u yahay Sheekh akhlaaqdiisu sarrayso oo deggan, dadkana aad u soo dhaweeya oo khayrka iyo wanaagga la jecel.

Daruusta uu bixin jiray waxay isugu jiray culuumta Quraanka iyo axaadiista rasuulkeemna Muxammed-naxariis iyo nabadgalyo korkiisa ha ahaatee, iyo daruus la xiriirta fiqigii imaam shaafici, waxaana u dheeraa daruus uu si joogto ah u bixin jiray oo la xiriirta dhanka tarbiyada, tasawufka iyo Alle ka cabsiga oo uu xertiisa ku boorrin jiray in ay mar walba adkaarta aqriyaan. Dad badan ayaa ka qaatay cilmigii uu soo bartay gaar ahaan habkii iyo hannaankii uu u noolaa ee ahayd saahidnimada iyo inuu xoogga saarey wax u tabcashada aakhiro.

Sheekh Cabdirahmaan waxaa uu ku geeriyoodey magaalada barakaysan ee Maka al-Mukarrama sannadku markuu ahaa 1291-dii hijriyada, waxaana lagu xabaalay qubuuraha u dhaw masjidkii al-Jabarti.

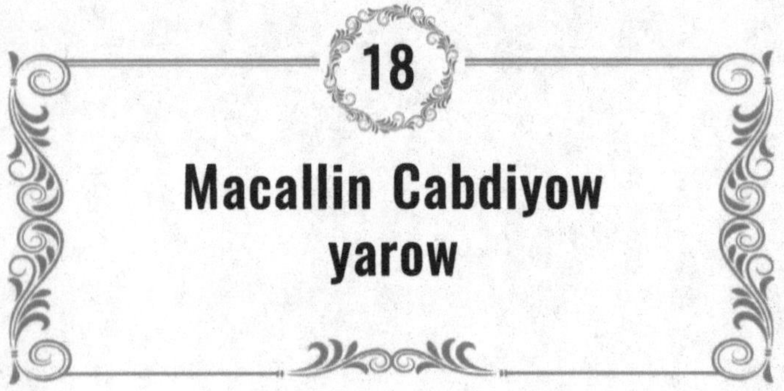

18

Macallin Cabdiyow yarow

$\mathscr{S}$heekh Macallin Cabdiyow Yarow waxaa uu ku dhashay nawaaxiga degmada Buurhakabo gaar ahaan tuulada Janka, sannadku markuu ahaa 1320-kii hijriyada oo waafaqsan 1904-tii.

Qoyska uu ka soo jeeday Macallin Cabdiyow Yarow in kasta oo ay ahaayeen qoys beeraley ah, xoolana dhaqda oo aan hanti badan haysannin una baahan adeegga iyo wehelka carruurtooda, haddana labadiisa waalid waxay ku dedaaleen in ay ilmahoodu bartaan diinta oo ay ugu horrayso Quraanka Ilaahay, taa oo u suuragashay markii ay heleen macallin ay reerku ku kolsoonaayeen oo lagu magacaabi jiray macallin

Maxamed Nuur, kaa oo ku dedaalay sidii ardadiisa oo uu ka mid ahaa Macallin Cabdiyow Yarow u baran lahaayeen Quraanka kariinka-qoraal iyo aqris oo ay u dheer tahay xifdin sugan. Sheekh Cabdiyow yaraantiisii ayuu arrinkaa oo dhan ku guulaystay, dabadeedna waxaa sii galay hammi ku aaddan sidii uu u sii kororsan lahaa barashada diinta islaamka qeybaheeda kale duwan. Sidaa darteed, waxaa uu muddo ku mashquulay sidii uu ula kulmi lahaa culumadii degaanka ka dhaweyd oo uu uga qaadan lahaa kutubta ay aqriyaan, laakiin Macallin Cabdiyow fursad uma uusan helin inuu aqoon raadis u galo degaanno kale oo caan ku ahaa in ay yihiin golayaal cilmi oo aan sidaa uga fogayn degaankiisa, sida magaalada Baardheere oo caan ku ahayd cilmiga fiqiga, sidoo kale Shabeellada hoose iyo Banaadir oo ay harqiyeen golayaasha diinta laga faafiyo. Sababta ugu weyn ee Macallinka arrintaa ka hakisey waxay ahayd qoyska uu ka dhashay oo baahi weyn u qabay kaalmada wiilkooda, maadaama ay ahaayeen qoys xoolo dhaqato iyo beeraleey ah, taasina waxay keentey inuu la joogo labadii waalid ee ka codsadey arrinkaa. Inkasta oo uu jeclaan lahaa inuu safar u galo cilmi raadis oo niyaddiisa aad ugu weynayd, laakiin waxaa uu doorbiday ducada labadiisa waalid oo uu xag Alle uga helay faham iyo aqoon ku filan.

Macallin Cabdiyow dedaalkiisii iyo jacaylkii uu u qabay inuu barto aqoon badan oo xiriir la leh qeybaha kale duwan ee cilmiga diinta awgeed, waxaa uu u maray hawl badan taa oo u sahashay inuu haleelo culumo aqoon badan leh oo caan ka ahayd degaannada koonfureed, uuna ka qaato culuumta Quraanka iyo axaadiista Nebigeenna suubban-naxariis iyo nabadgelyo korkiisa ha ahaatee, iyo xxkaamta shareecada gaar ahaan Fiqiga Shaaficiga ee ku faafsanaa dalka Soomaaliya, waxaa kale oo aan meesha ka marnayn culuumtii la xiriirtay luqadda carabiga qeybaheeda kale duwan. Culumadii uu ka qaatay cilmiga oo ay adag tahay in halkaan lagu soo koobo waxaa la tilmaama in ay ka mid ahaayeen Sheekh Cabdiyow Cusmaanow, Sheekh Shariif Caliyow Maxamuud, Sheekh Ibraahim Huusow, Sheekh Ismaaciil Sheekh Cukaasha, Sheekh Shariif Yuusuf Maxamuud iyo Macallin Aadan Baardheere.

In badan markii uu Macallin Cabdiyow ku mashquulsanaa cilmi raadin iyo la kulanka culumadii dalka, waxaa uu gaaray waqti uu u arkay inuu ku fadhiisan karo kursiga cilmiga oo uu isagu bixin karo casharro iyo daruus uu ugu faa'iidaynayo dadyowga u baahan in ay bartaan kutubta la xiriirta kitaabka Alle iyo sunnada rasuulkeena Muxammed-naxariis iyo nabadgalyo korkiisa ha ahaatee, iyo kutub kale oo u badneyd fiqiga iyo luqadda carabiga. Waxaa kale oo laga yaabaa in Sheekha uu ka helay oggolaasha ama waxa loo yaqaano Ijaaso in uu aqrin karo kutubtii uu ka bartay culumadii uu u xeraystay. Taasi waxay ka imaanaysay culumadaa qaarkood oo waa sida ay yeelaan culumo badan marka ay arkaan in ardadii iyo xertii ku taxnayd daruustooda ay awood u leeyihiin in ay gudbin karaan wixii ay barteen, waxayna sidaa u yeelaan waa si uu cilmga u faafiyo, iyagana ay ugu noqoto sunno iyo tub fiican oo wax u tarta maalinta qiyaamaha.

Xer badan ayaa wax ka baratay xalaqaadkii iyo daruustii uu aqrin jiray Sheekh Cabdiyow kuwaa oo ka kala imaan jiray degaanka uu Sheekhu degan yahay iyo degaanno kale oo ku firirsanaa gobollada koonfureed, waxaana la oron karaa dadkaa cilmiga ka qaatay Macallin Cabdiyow waxay iyana qaadeen jidkii Sheekhooda oo waxay sii faafiyeen cilmigii ay barteen. Waxaa la tilmaamaa qaar ka mid ah ardadaa wax ka qaatadey Macallinka sida: Sheekh Maxamuud Sheekh

Macallin, Sheekh Cabdullaahi Sheekh Maxamuud, Sheekh Maxamuud Sheekh Cabdibaari, Sheekh Maxamed Xabiib iyo kuwo kale oo ay adag tahay in meeshaan lagu soo uruuriyo.

Macallin Cabdiyow markii uu aad u faafiyay aqoonta uu u leeyahay shareecada Islaamka, isla markaana uu ku kalsoonaaday in uu awood u leeyahay inuu noqdo qaalli dadka ku kala saara shareecada islaamka iyo xxkaamta mad-habtii uu soo bartay ee imaam Shaafici waxaa uu ku biiray wasaaradii cadaaladda gaar ahaan inuu ka mid noqdo dadka wax ka xukmiya arrimaha bulshada, oo waxaa loo magacaabey inuu noqdo qaalli ka shaqeeya maxkamadaha dalka, ugu horrayntiina waxaa uu ka bilaabey shaqada maxkamada degmada Awdheegle ee gobolka Shabeellada hoose, ka dibna waxaa uu wareegay meelo kale oo ay ka mid ahayd maxkamadda magaalada Luuq, laakiin muddo ka dib, sannadku markuu ahaa 1969-kii ayaa uu Sheekha ka tegay shaqadii qaallinimada oo waxaa uu u go'ay faafinta diinta, cibaada Ilaahay iyo inuu bulshadiisa la qaybsado hadba xaaladda ay marayaan.

Geeridii Sheekh Cabdiyow

Macallin Cabdiyow Yarow waxaa uu geeriyooday maalin Axad ah, 27-kii bishii Rajab ee sannadkii 1408-dii hijryada oo waafaqsan sannadkii 1988-dii-Ilaahay ha u naxariisto. Dadkii yaqaannay Sheekha waxaa ay ku sheegeen inuu ahaa nin dadkiisa la jecel wixii wanaag ah, deeqsi ah, iyo inuu ahaa nin aad u jecel cilmiga, isla markaana qaddariya dadka aqoonta leh. Inkasta oo uu ahaa caalin, haddana mar walba kutub ayuu daalacan jiray oo waxaa lagu tilmaamay inuu ahaa nin aad u aqris badan. Waxaa kale oo Macallinka lagu xusuustaa sida uu dadka ula jeclaa in ay cilmiga bartaan, gaar ahaan dhallaanka iyo dhalinyarada oo uusan kala sooci jirin lab iyo dheddig. Intaa kuma uusan koobnayn e, waxaa uu dardaaran badan ku bixin jiray in hablaha wax la baro, waayo? waxaa u muuqatay in bulshadu aanay xoog saari jirin waxbarashada dumarka.

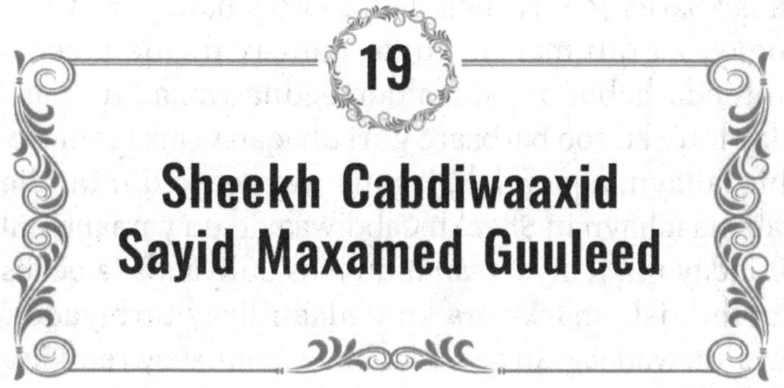

19

Sheekh Cabdiwaaxid Sayid Maxamed Guuleed

Sheekh Cabdiwaaxid abuu Xasan waxaa uu ahaa wiilkii dhaxlay Sayid Maxmed Guuleed, waxaana uu ku dhashay tuulada Kulan Mu'min ee ka tirsan dhulka Soomaaliyeed ee hoos yimaada maamulka Xabashida. Sheekh Cabdiwaaxid waxaa uu dhashay sannadku markuu ahaa 1293-dii hijriyada, waqti yar ka dib markii ay reerkoodu u soo guureen goobtaa uu ku dhashay. Sheekha maadaama uu ka soo jeeday qoys diinta fidinteeda u jajaban, gaar ahaan aabbihii Sayid Maxamed Guuleed waxaa uu ku barbaaray tarbiyad wanaagsan, waayo markii uu wax fahmey waxaa uu ku dhex jiray bulsho diinta ku dhaqanta, hoggaankana uu u hayey aabbihii Sayid Maxamed Guuleed oo aqoon badan u lahaa diinta, waxaana uu ahaa ruuxii horseedka u ahaa dariiqada Axmadiyada iyo heerarka ay soo martay oo ay ugu dambaysay Saalixiyada oo ah markii hoggaanka guud ee dariiqada uu qabtay Sheekh Maxamed Saalax oo fadhigiisu ahaa Maka.

Sheekh Cabdiwaaxid waxaa dhashay hooyo lagu magacaabo Xamar-Bariis oo uu aabbihii ka doortay haweenkii waqtigaa joogay, ka dib markii uu ku qancay dhaqankeeda iyo diinteeda habboon, sidaa darteedna waxaa uu nasiib u helay inuu ku soo barbaaro guri dhaqan wanaagsan, oo aan kibir lahayn, aqoon leh, lagana weyneeyo diinta Alle. La yaab ma lahayn in Sheekh Cabdiwaaxid uu yaraantiisiiba u muuqday nin u diyaarsan inuu mas'uuliyadda la qeybsado aabbihii, isla markaana ku dedaali jiray tarbiyadda iyo kobcinta wanaagsan ee uu ku hoggaaminayey reerkiisa iyo bulshadii Soomaaliyeed ee uu la kulmay intii uu degganaa degaanka Shabeelle ee Soomaali galbeed iyo markii uu u soo wareegayba gudaha jamhuuriyaddii Soomaaliya, gaar ahaan gobolka Shabeellada dhexe.

Sida caadada muslimiintu ahayd gaar ahaan dadyowga geeska Afrika, waxaa ay qoys walba ku dedaalaan sidii caruurtooda inta ay yar yihiin ay Quraanka kariimka u baran lahaayeen, sidaa darteedna Sheekh Cabdiwaaxid yaraantiisii ayaa uu bartay Quraanka ka dib markii uu aabbihii geeyay duqsi Quraanka lagu barto, waxaa kale oo uu aabbihii ku dedaalay sidii uu wiilkiisa u baran lahaa cilmigii diiniga ahaa ee markaa aqrintiisu ka socotay degaankii uu ku barbaaray ee Kulan Mu'min oo lagu tilmaami jiray in ay ahayd tuulo diimeed oo ku caan ah cilmiga iyo culumada.

Sheekh Cabdiwaaxid markii uu hanaqaaday waxaa loo diyaariyay inuu noqdo qofkii dhaxli lahaa hoggaanka halgankii dacwada Islaamka iyo faafinta cilmiga ee uu hormoodka ka ahaa aabbihii Sayid Maxamed Guuleed oo muddo ka dib u wakiishay inuu wiilkiisa safiir uga noqdo la kulanka hoggaamiyihii dariiqada ee Maka fadhigiisu ahaa, una gudbiyay farriimihii aabbihii oo ka mid ahaa hoggaannada dariiqada ee dunida Islaamka. Waxay taasi tilmaam u tahay barbaarinta iyo diyaarinta xoogga badan ee uu helay Sheekh Cabdiwaaxid. Wax la filayay ayay ahayd inuu noqdo caalim weyn oo baxar ku ah aqoonta diinta laamaheeda kala duwan iyo inuu u muuqdo khaliifka qaban doona hoggaanka dariiqada iyo jidkii aabbihii ee faafinta diinta.

Waxaa kaloo xusid mudan marka laga hadlaayo taariikhda Sheekh Cabdiwaaxid inuu ahaa xeel dheere faham xooggan ka haystay waxa ka socdey dunida muslimka, waayo waqti badan ayuu la joogay culumada iyo haggaanka Saalixiyada ee xurunta Maka al Mukarrama, taana waxay fursad u siisay inuu xiriirro kala duwan oo ballaaran la yeesho dhamaan dariiqada Saalixiyada ee ku baahsanayd dunida islaamka sida Sudan, Marooko, Yamen i.w.m. Waxaa intaa sii dheeraa kalsooni aan caadi ahayn oo uu ka haystay hoggaanka fadhiyay ubucda ururka ee Maka oo u arkayay mar walbaa inuu yahay ruux muhiim ah oo aan looga maarmin golaha guud marka la qaadanayo go'aanno masiiri ah. Kalsoonidaa oo in badan dadka qaar la yaabbanaayeen, waxaa lagu fasiray in asalkeedu uu ahaa Sayid Cabdiwaaxid oo si toos ah ugu barbaaray xarunta Maka, duruus toos ahna ka qaatay iyo inuu ilaahay cilmi ballaaran ugu deeqay fahan iyo fiqina leh.

Xilligaas oo ay adkayd in la helo maraajic ama kutubta qaar ee shareecada sslaamka gundhigga u ah, waxaa uu ka soo raran jiray Maka iyo xarumo kale oo fog, Taasoo u suuragelisay inuu la wadaago fahamka iyo garaadka dhammaan culimada dunida Islaamka markaa joogtay.

Intii uu hayay hoggaanka dariiqada Saalixiyada wuxuu gacan wayn ka gaystay baahinta dacwada iyo dariiqada, waxaana uu go'aanno waawayn ka qaatay arrimo markaa taagnaa udub dhexaadna u ahayd dariiqada iyo geeddi socodkeeda.

Waxaa la sheegaa in Sheekh Cabdiwaaxid uu kor u qaaday heerka laga rabo qofka loo wakiilanayo dariiqada ama imaam looga dhigayo jamaacooyinka qaar, shuruudaha uu soo jeediyayna waxaa ka mid ahaa in qofku yaqaanno shareecada Islaamka iyo inuu yahay qof wanaag ku sifaysan, bulshada dhexdeedana sumcad ku leh.

In kastoo aanan halkaan ku soo bandhigayn taariikhda iyo heerarkii kala duwanaa ee ay soo mareen dariiqooyinkii suufiyada ee dalkeenna Soomaaliya, gaar ahaan dariiqada Axmadiya oo marxalado kala duwan soo martay illaa ay isu beddeshey Saalixiya ka dib markii uu hoggaankeeda la wareegay Sheekh Maxamed Saalax, haddana waxaa xusid mudan in Sheekh Cabdiwaaxid Sayid Maxamed Guuleed uu ahaa ruuxii ugu horeeyey oo qaata ijaasada iyo oggolaashaha dariiqada ka dib markii uu magaalada barakeysan kula kulmay Sheekh Maxamed Saalxa al-Duweyxi oo markaa ahaa hogdaankii dariiqada ka dhaxley Sheekhiisii Sheekh Axmed Ibraahim Rashiid.

Geeridii Sheekh Cabdiwaaxid

Ugu dambayntii Sheekh Cabdiwaaxid Sayid Maxamed Guuleed waxaa uu geeriyoodey habeen Jimco ah oo bisha Ramadaan tahay 13 sannadkii 1369 hijriyada– Ilaahay ha u naxariistee, wuxuuna ku dhintay degaankiisii tuulada Misra ee ku tiil gobolka Shabeellada dhexe. Waxay dad badan ay u arkaan in Sheekh Cabdiwaaxid uu ahaa nin aad u deggan oo tawaaducu ku badan yahay, isla markaan sadaqo badan oo aad u taakuleen jiray dadka masaakiinta ah. Taa waxaa u dheerayd kalsoonida, cilmiga iyo fahamka wanaagsan ee uu shareecada ka haystay, sidaa darteed dad badan waxay kalsooni xooggan ku qabeen fadwooyinkiisii iyo talooyinkii diineed ee uu soo jeedin jiray. Markii uu geeriyooday Sheekh Cabdiwaaxid waxaa dad badan u muuqdey kaalintii uu buuxiyay.

20

Sheekh Cabdulqadir Nuur Faarax

Sheekh Cabdulqadir Nuur Faarax oo ku magac dheeraa Sheekh Cabdulqaadir gacamey waxaa uu ka mid ahaa culumadii Soomaaliyeed ee muddo badan ku mashquushay fidinta diinta Islaamka gaar ahaan Towxiidka iyo caqiidada suubban oo ay u dheer tahay faafinta Axaadiistii Rasuulkeenna Muxammed-naxariis iyo nabadgalyo korkiisa ha ahaatee, iyo u adeegidda sunnada.

Sheekh Cabdulqaadir Nuur waxaa uu ku dhashay degaanka Canjeel tale waa oo hoos timaadda degmada Eyl ee gobolka Nugaal sannadkii 1940-kii. Hooyadii waxaa la oran jiray Khadiijo Faarax Maxamed, waxaa uuna ka soo jeeday qoys sabool ah oo diinta jecel una jenjeera dhanka dariiqooyinka gaar ahaan Qaadiriyada, waana sababta keentey in loogu maga daro Sheekh Cabdulqaadir Jeylaani oo u dhashay Ciraaq isla markaana ahaa Sheekhii aasaasey dariiqada Qaadiriyada.

Markii uu Quraanka bartay ayuu jeclaaday barashada cilmiga diinta, laakiin taasi uma aysan suuragealin, waayo? waxaa uu ku xirnaa waalidkii gaar ahaan aabbihii oo ahaa mid aalaaba ku mashquulsan sidii uu qoyskiisa ugu heli lahaa masaariif xalaal ah, ilaa ay dantu ku kalliftay inuu u safro waddanka Kenya oo uu ku biiro askartii Ingriiska, markii uu ka tegay howshii askartana waxaa uu u wareegay dhanka Ugaandha. Marba meel ayaa loo beddeli jiray oo uu reerkiisa ula guuri jiray, ugu danbeyntiina waxaa uu reerkii degay magaalada Kismaayo oo ay ku nagaadeen.

Safaradii waxbarasho ee Sheekha

Sheekh Cabdulqaadir Nuur Faarax inkasta oo uusan Quraanka wada xifdinin yaraantiisii, haddana in badan ayaa u suuragashay inuu barto, waxaana macallinkiisii la oran jiray macallin Saciid Shire Ibraahim oo u dhashay beesha uu sheekhu ka soojeedo ee Ciise Maxamuud ee ka mid ah beesha Majeerteen. Kutubta cilmiga waxaa uu wax ka bartay Xaaji Aadan Axmed Muuse oo degaanka caan ka ahaa.

Muddadii uu joogay degmada Eyl waxaa uu Sheekh Cabdulqaadir ku biiray dugsi wax laga barto oo u gaar ah dadka waaweyn, madarasadaa oo raacsananeyd gumeysigii Talyaaniga, afka wax lagu bartana waxaa uu ahaa Talyaani, waxayna u socotay muddo saddex sano ah. 1964-tii markii uu yimi Muqdisho waxaa uu galey waxbarasho rasmi ah oo wuxuu iska qoray macadkii la oran jiray machadka diinigaa ee Muqdisho. Waa macadkii markii dambe isu beddelay dugsiga Sheekh Suufi oo raacsanaa Hay'adda al As-har ee dalka Masar, waxayna ahayd heer dugsi dhexe oo seddex sano ah taa oo uu ka baxay sannadkii 1967-dii. Ka dib Sheekhu waxaa uu fursad waxbarasho ka helay macadkii Tadaamun al-Islaami ee hoos imaanayey dalka boqortooyada Sacuudiga. Markii uu dhammeeyayna waxaa uu waxbarasho u aadey magaalada barakeysan ee Madiina al-Munawara oo uu ka helay deeq waxbarasho kuna birey jaamacadda Islaamigaa ee Madiina billowgii toddobaatanaadkii, waxaa uuna dhammeeyey oo uu ka qalin jabiyay sanadkii 1974-tii isagoo ka baxay kuliyada dacwada iyo usuusha diinta.

Doorkii Sheekh Cabdulqaadir ee faafinta diinta

Sheekh Cabdulqaadir Nuur Faarax markii uu ka qalinjebiyey jaamacaddii Madiina, durbadiiba waxaa loo magacaabey inuu ka mid noqdo koox wadaaddo ah oo diinta ku faafisa galbeedka Afrika gaar ahaan dalka Neyjar, waxaa kale oo ka mid noqday dadkaa loo diray in ay diinta halkaa ka faafiyaan saaxiibkii Sheekh Yuusuf Aadan oo ay isweheshadeen, laakiin muddo ka dib waxaa booqasho ku yimid Neyjar madaxweyne Maxamed Siyaad Barre oo markaa ahaa guddoomiyaha ururka midowga Afrika oo wadadmo badan booqanayay sannadkii 1975-tii, ka dibna waxaa ay la kulmeen madaxweynihii oo u soo jeediyay hadday rabaan in ay waddankii ku noqdaan ay hadderba raaci karaan. Waa ay oggolaadeen in ay waddanka ku soo noqdaan oo ayna isaga ka harin, Maxamed Siyaadna waxaa uu ku yiri waddanku waa uu idiin baahan yahay. Markii ay ogolaadeen labadii Sheekhba waxay soo raaceen madaxweynihii iyo wafdigiisii, diyaaradduna dhowr dal oo kale ayay la soo martay ka dibna waxay yimaadeen Soomaaliya oo madaxweynaha ayaa u magacaabay in ay noqdaan qaalliyaal ka shaqeeya maxkamadda.

Sheekh Cabdulqaadir iyo saaxiibkii Sheekh Yuusuf kuma aysan gaabsan shaqada ay ka hayeen maxkamadda ee waxaa ay ka qeyb qaateen faafintii cilmigii Ilaahay barey oo ay ka aqrin jireen masaajidda dalka gaar ahaan Muqdisho.

Sheekh Cabdulqaadir inkasta oo uu ku takhasusay axaadiista iyo cilmiga xiriirka la leh, haddana waxyaalaha uu dhexda u xirtay ee uu ku mintiday intaa kuma aysan koobnayn e, waxaa uu dedaal badan ku bixiyay sidii uu ugu faa'iidayn lahaa dadkii hamuunta u qabay barashada diinta Islaamka. Daruusta uu aqrin jiray in kasta oo ay u badanayd kitaabbada saxiixeynka ee Bukhaari iyo Muslim iyo sunanta kale, haddane waxaa uu in badan dareensanaa in ay baahi badan ka jirto fahamka arrimaha la xiriira Towxiidka oo in badan iyo goobo kale duwan ayuu ka aqriyey kitaabka Towxiidka ee uu qoray Sheekh Maxamed Cabdiwahaab iyo kitaabka Caqiidada Daxaawiya.

Markii maamul xasiloon loo sameeyay gobollada Puntland, Sheekh Cabdulqaadir waxaa la oran karaa door wayn ayuu ka qaatay in la ilaaliyo anshaxa iyo caqiidada Islaamka, waxaana dad badan u arkayeen inuu yahay Sheekha degaannadaa oo aad iyo aad looga haybaysto. Waxaa la oran karaa waa arrinta keentay in maalin caddeey lagu toogto masjid dhexdiis, si loo joojiyo dedaalladiisii faafinta diinta iyo kaalintii weynayd ee uu uga jiray bulshada Soomaaliyeed meel ay joogaanba, waayo? Sheekh Cabdulqaadir waxaa uu ahaa caalim lagu kalsoon yahay cilmigiisa iyo akhlaaqdiisa oo dad badan ay deeqdey.

Dhimashadii Sheekh Cabdulqaadir Nuur Faarax

Sheekh Cabdulqaadir waxaa uu dhintey maalin Jimco ah 5-tii bishii afaraad ee sannadkii 1434-tii hijriyada, waafaqsanna 15-kii bishii labaad ee 2013-dii. Waxay Sheekha dhimashadiisu ahayd mid dadka oo dhan ay ka naxeen, sababtoo ah waxaa uu ku dhintey gacan ka gardaran oo waxaa toogtey wiil dhallinyaro ah oo ka tirsan kooxda xagjirka ah ee al Shabaab. Wuxuu Sheekha markaa ku jiray masjidka al-Bedar ee ku yaalla magaalada Garoowe isaga oo tukanaya salaaddii Casar, wuxuuna markaa ahaa 72 jir-Ilaahay ha u naxariistee. Duugtiisa waxaa ka soo qaybgaley dad aad u fara badan oo ka yimid meelo kala duwan oo ka mid dalka Soomaaliya iyo dibaddaba, waxaa uuna Sheekhu ka tagey 9 rag ah iyo 2 hablood.

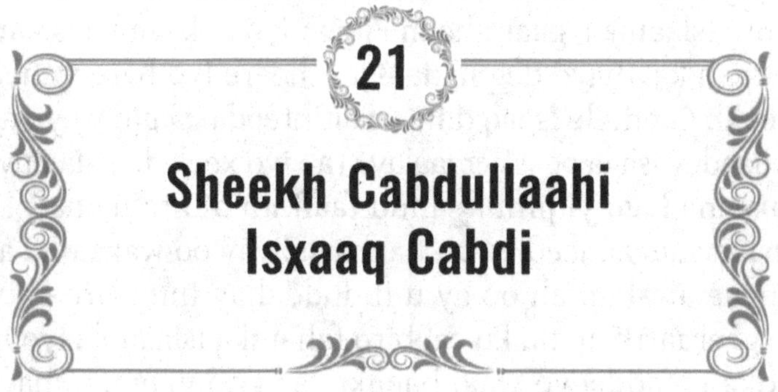

21

Sheekh Cabdullaahi Isxaaq Cabdi

Sheekh Cabdullaahi Isxaaq Cabdi Mooge waxa uu u dhashay beesha Daraawe oo ka mid ah beelaha Garre ee ku hadla lahjadda Maayga ee ka mid ah lahjadaha Af Soomaaliga. Sheekh Cabdullaahi Isxaaq waxaa uu ku dhashay degmada Waajid ee ka tirsan gobolka Bakool, waxaa uuna ku barbaaray isla degmadaa, dabaeedna waxay qoyskiisu u guureen degmada Baardheere ee gobolka Gedo. Sheekh Cabdullaahi Isxaaq Cabdi Mooge waxaa uu ahaa nin aad iyo aad u fahmad badan, in kasta oo uusan yaraantiisii fursad u helin inuu helo waxbarasho, maada uu ahaa kuray mar walba caawiya hooyadii oo u baahneyd kaalmadiisa, laakiin waxaa Ilaahay u aqbalay ducada hooyadii oo ugu ducaysay in Ilaahay siiyo fahmad fiican iyo in Rabbi u fududeeyo muraadkiisa waxbarasho ee uu ku doonayo inuu barto diinta Islaamka. Sheekhu waxaa uu la kulmay culumo dhowr ah oo laga qaddariyo degaannada Gedo, Baay, iyo Bakool, waxaana ka mid ahaa culumadaa Sheekh al-Imaam Cabdiyow Cusmaanow oo magac dheer ku lahaa bulshada dhexdeeda. Waxay ahaataba Sheekhu waxaa uu ahaa caalim ku xeel dheer diinta Islaamka, gaar ahaan Fiqiga iyo axkaamka islaamka oo caan ka ahayd degmada Baardheere iyo hareeraheeda. Sheekh Cabdulle Isaaq diinta faafinteeda kaalin weyn ayuu ka qaadey isaga oo isticmaalaya tab iyo xeelado kala duwan, waxaana lagu yiqiinnay inuu faafinta diinta u adeegsado hibada suugaaneed ee uu Ilaahay siiyay oo waxaa uu ahaa gabyaa aftahan ah oo ay u fududdahay inuu tiro gabayo iyo geeraarro ah uu ku cabbiro fahamka Islaamka iyo inuu dadka u caddeeyo waajibaadka laga doonayo. Gabayada iyo suugaanta Sheekha waxaa uu aalaaba ku soo bandhigi jiray caddeynta caqiidada Islaamka, akhlaaqda wanaagsan iyo ku dhaqanka shareecada Islaamka ee qof ahaan iyo bulsho ahaanba. Waxaa la sheegaa in Sheekhu uu suugaan ku soo bandhigay hibadaa Eebe ku manneystey isaga oo uu adeegsanaya lahjada maayga oo kamid ahayd lahjado dhowe ah oo uu sheekhu yaqaannay, waxaa kaloo lahjadahaa ka mid ah midda Garraha. Sidoo kale waxaa uu yaqiin luqadda Booranka oo ay dad badan oo muslimiin ah ku hadlaan, wuxuuna ku bandhigayay aadaabta iyo anshaxa wanaagsan ee ay diinta Islaamku fartay. Waxaa ka mid ah suugaantaa uu mariyey Sheekh Cabdulle Isaaq kuwo aad u baaxad weyn oo xambaarsan dacwo iyo murti aad u qiimo badan oo sabab u noqday in dad badan ay ku cibro qaataan.

Sheekh Cabdulle Isaaq waxaa uu ka tegay suugaan badan oo aan weli la aruurin, laakiin ku firirsan bulshada dhexdeeda oo dad badan xifdisan yihiin, loona baahan yahay in meel lagu kulmiyo ka dibna la soo saaro si ay u noqoto dhaxal ay ummaddu leedahay. Sheekhu waxaa u ka mid ahaa culumadii caanka ka noqotay degaannada koonfureed ee Soomaaliya iyo dhulka Soomaaliyeed ee hoos yimaada Keyna. Waxaa dhab ah in Sheekh Cabdullaahi Isxaaq Cabdi Mooge lagu xasuusan doono sida uu aftahannimadiisa ugu khidmeeyey faafinta caqiidada iyo akhlaaqda wanaagsan iyo raadka uu ka tegay oo illaa iyo hadda ay jiraan xer iyo dad ka soo aflaxay dedaalladii uu ku faafin jiray cilmiga iyo waanooyinkii uu soo jeedin jiray.

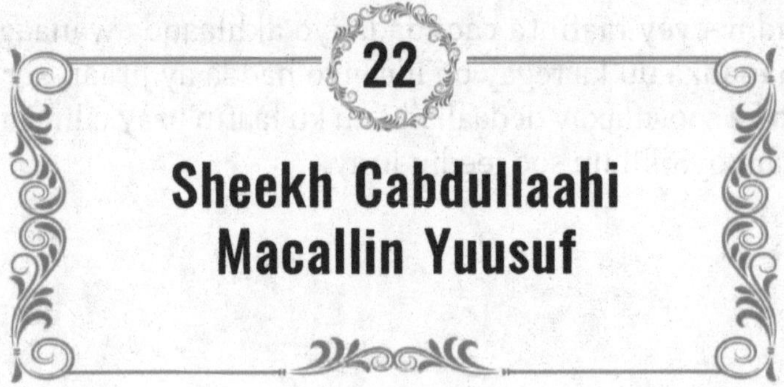

22

Sheekh Cabdullaahi Macallin Yuusuf

Sheekh Cabdullaahi Macallin Yuusuf oo beesha Sheekhaal ka soo jeeday gaar ahaan reer Qudub, waxaa uu ku caan baxay loona yiqiin Sheekh Cabdullaahi Qudubi oo loola jeedo reerka uu ka soo jeeday. Sheekh Cabdullaahi Qudubi waxaa uu ahaa nin ku abtirsada degaanka Qulunquul ee ka tirsan degaannada Soomaali galbeed gaar ahaan Dhagaxbuur, waxayna ahayd xarun cilmiyeed oo ummadda muslimiinta geeska Afrika degta ay ku xirnaayeen gaar ahaan culumada.

Safarradii cilmiga

Sheekh Cabdullaahi Qudubi waxaa uu waxbarashadiisii hore ku qaatay xarun cilmiyeedka Qulunquul halkaa uu ku bartay Quraanaka kariimka iyo aqoon kale oo la xiriirta barashada diinta Islaamka, waayo waxaa ay xarunta Qulunquul caan ku ahayd in ay joogeen culumo ku xeel dheer aqoonta Islaamka gaar ahaan Quraanka kariimka iyo Sunnada Nebigeenna Muxammad-naxariis iyo nabadgelyo korkiisa ha ahaatee. Culumadii uu Sheekh Sheekh Cabdullaahi Qudubi u xeraystay waxna ka qaatay waxaa ka mid ahaa, Sheekh Cabdiraxmaan Axmed oo loo yiqiin ay Sheekh Cabdiraxmaan Saylici oo ahaa Sheekh caan ka ahaa dhammaan geyiga Soomaaliyeed iyo geeska Afrika, markaana ay xaruntiisu ahayd degaanka Qulunquul.

Markaa ka hor iyo ka dib waxaa uu Sheekhu la kulmay culumo badan oo uu ka qaatay cilmi badan, laakiin Sheekh Cabdullaahi Qudubi waxaa uu ahaa nin aad u hammi fog oo meesha uu ku maqlo aqoon la xiriirta diinta waxaa uu ku bixin jiray maskax iyo maal, waana uu u safri jiray, sidaa darteed waxaa uu safar ku tegay meelo kala duwan oo ka mid ah geeska Afrika oo ay ku jirtay magaalada Muqdisho, inkasta oo ay aad u fogeyd haddana waxaa uu halkaa kula kulmay culumo ku weynayd dadka Soomaaliyeed oo uu ka mid ahaa Sheekh Aweys Axmed al-Baraawi iyo Sheekh Cabdiraxmaan Cabdullaahi oo loo yiqiin Xaaji Suufi.

Dedaalkii Sheekha ee faafinta diinta

Sheekh Sheekh Cabdullaahi Qudubi waxaa uu ahaa nin caalim ah oo ay ku weyn tahay diinta Islaamku, isla markaana u galay halgan ballaaran sidii uu u faafin lahaa cilmigii uu soo bartay iyo xadaaraddii Islaamka ee uu u arkayey in ay tahay midda kaliya ee ummadda hogagamin karta. Laakiin waxaa xusid mudan in dedaalkaas badan ee uu bixiyey Sheekh Cabdullaahi ee ku aaddanaa faafinta diinta iyo aqoontii uu lahaa aysan ku koobnayn dersi iyo wacdi uu dadka u sheego oo kaliya e, waxaa kale oo jiray kaalimo kala duwan oo uu buuxiyay sida inuu ahaa qoraa ku muujiyey mas'uuliyadii ka saarnayd faafinta cilmiga hab qoraal ah si looga faa'iidaysto. Waxaa kale oo jiray kaalin muhim ah oo ku aaddanayd isku xirka ummadda Soomaaliyeed ee ku abtirsata diinteenna macaan ee Islaamka oo uu u arkayay in ay waajib tahay in loo kala dabqaato maadaama ay degaanno kale duwan ku noolaayeen, isla markaana dalka uu gacanta ugu jiray gumeysigii reer Yurub, degaannadii Sheekhu uu ka soo jeedayna ay gacanta ku yaheen boqortooyadii Xabashida ee uu maamulkeeda hayay boqor Xayle Salaase. Waxaa la sheegaa in Sheekh Cabdullaahi magaca iyo maamuuska uu ku lahaa bulshada muslimka dhexdeeda awgeed in boqortooyadii Xabashidu ay qaddarin jirtay ayna ku ixtiraami jirtay. Waxaa la weriyaa in Sheekhu uu magaalooyin badan u safray si uu u faafiyo aqoontiisii diinta illaa uu ka dhinteyna waxaa uu ku gudo jiray arrinkaa.

Sheekh Cabdullaahi Qudubi waxaa uu u janjeeray dhanka suhdiga iyo suufinimada, dadkana kama qarsooneyn inuu hormuud u ahaa dariiqadii Qaadiriyada oo loo malaynayo inuu ka qaatay Sheekh Aweys al-Baraawi oo ka mid ahaa culumadii wax soo bartay, muddo ka dibna waxaa uu noqday culumadii Soomaaliyeed ee ugu muhiimsanayd dariiqada Qaadiriyada oo dad badan u hayeen kalsooni iyo qaddarin weyn. Laakiin waxaa ay aad isugu dhaceen dariiqadii Saalixiyada ee iyana ka mid ahayd dariiqooyinka dalka Soomaaliya ka jiray, gaar ahaan waxaa iska hor imaadka Sheekh Cabdullaahi iyo dariiqada Saalixiyada u dhexeeyay uu sii xoogaystay markii la dilay Sheekh Aweys al-Baraawi oo ay dileen dad lagu tirinayay in ay ka mid ahaayeen dariiqadii Saalixiyada, taa oo Sheekha aad iyo aad uga caraysiisay.

Sheekh Cabdullaahi Qudubi waxaa uu qeyb weyn ka qaatay ka hor tagga faafinta diinta Kirishtaanka ama Masiixiyadda in lagu faafiyo degaannada muslimiinta iyo ka hortagga faafinta mad- habta Shiicada oo qaarkood ay nacayb weyn u qabeen Asxaabtii Nebiga naxariis iyo nabadgalyo korkiisa ha ahaate, iyagana raali Allaha ka noqdee, Waxaa la sheegaa in dalka xilliyadaa ay yimaadeen kooxo Shiico ah oo aflagaadeeyay, xumaanna u qabay qaar ka mid ah asxaabtii uu ka mid ahaa Sayid Abuubakar oo uu Sheekh Cabdullaahi Qudubi ku abtirsado. Dedaalkaasi waxaa uu hor istaagay in ay faafto xumaanta Shiicada iyo baadidoodu, waana midda Soomaali ka dhigtay in dhammaantood ay yihiin muslim Sunni ah-Ilaahay ha ka abaalmariyo culumadii dedaalkaa u gashey faafinta diinta iyo Caqiidada suubnan.

Kutubtii uu qoray Sheekh Cabdullaahi Qudubi

Kutubta uu qoray Sheekh Sheekh Cabdullaahi Qudubi waxaa la daabacay dhowr kitaab, waxaana ka mid ah kitaab weyn oo uu kaga hadlayo arrimo badan oo ka mid ah diinta gaar ahaan dikriga iyo xuska Ilaahay, iyo waliba ammaanta Nebigeenna suubban-naxariis iyo nabadgalyo korkiisa ha ahaatee, waayo waxaa uu ku soo aruuriyey aqoon aad u badan oo uu ku cabbirey tix iyo tiraabba, iyo isagoo soo xigtay gabayo badan iyo murti ay lahaayeen culumadii Islaamka oo xilliyo kale duwan noolaa, kuwaa oo ay ku jireen culumo waaweyn oo Soomaaliyeed. Waxaa kitaabkaa weyn lagu magacaabaa al-Majmuuc, waxaana uu ka kooban yahay shan Risaalo ama qaybood oo kala ah:

1. Caqiidada ahlu-Sunnah wal-Jamaacah;
2. Siraaj al-Dulaam fii Silsilah al-Saadah al-Kiraam;
3. Taxdiiraat Baliiqah Tusammaa bil-Sakiinah al-Daabixah calaa al-Kilaab al-Naabixah;
4. Nasru al-Mu'miniin calaa al-Maraddah al-Mulxidiin maca Baqiyati Axkaam al-Diin;
5. Aniisah al-Caashiqiin fii Tadkirah al-Muxibbiin.

Waxaa kitaabka lagu daabacay madbacadda al Mash-had al Xuseyni, Qaahira-Masar.

Geeridii Sheekh Cabdullaahi Qudubi

Ilaahay ha u naxariisto Sheekh Sheekh Cabdullaahi Qudubi waxaa uu ku geeriyoodey degmadii uu ka soo jeeday ee Qulunquul ee raacsanayd degaanka Dhagaxbuur ee Soomaali galbeed, sannadku markuu ahaa 1950kii.

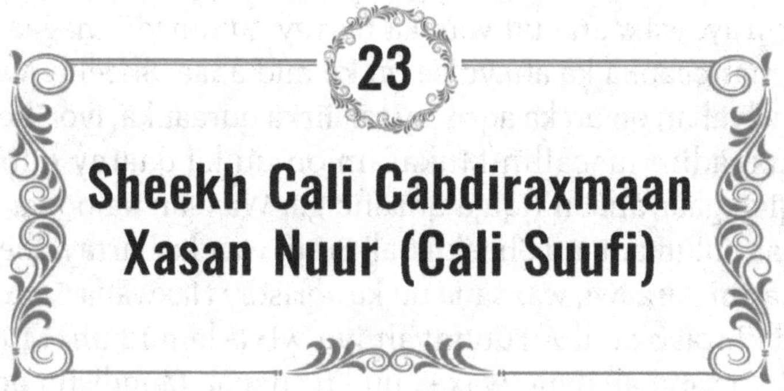

Sheekh Cali Cabdiraxmaan Xasan Nuur (Cali Suufi)

Bilowgii iyo Barbaarintii

Sheekh Cali Suufi waxaa uu ku dhashay meel baadiye ah oo u dhow degmada Fiiq ee ka tirsan degaanka Soomaali Galbeed oo ay Xabashidu haysato sannadku markuu ahaa 1890-kii. Sheekhu waxaa uu ku soo dhex barbaaray reerkiooda oo waxaa qayb weyn ka qaatay barbaarintiisa aabbihii oo ahaa nin aqoon badan u leh culuumta qaarkeed iyo isagoo Quraanka badankiisa xifdisanaa. La yaab ma laha in Sheekha aabbihii uu noqday macallinkii ugu horeeyey ee waxbara, iyo macallin la oran jiray Sheekh Cabdirashiid oo Sheekhu Quraanka uu ka bartay, xushmad iyo ixtiraam uu u qabeyna waxaa uu ku samiyey wiilkiisa caanka ka noqday dunida muslimka ee Sheekh Cabdirashiid Sheekh Cali Suufi. Markii uu qaangaaray Sheekh Cali Suufi waxaa uu isagoo toban iyo shan jir ah cilmi raadin awgeed ugu safrey magaalada Muqdishu. Waxaa u suuragashay inuu cilmi badan bartay sida: tafsiir, xadiis, fiqi iyo luqadda carabiga wixii la xiriiray, waxaana uu wax ka bartay culumadii magaalada Xamar caanka ka ahayd ee uu ka mid ahaa: Sheekh Aadon Cowlyahan oo uu ka aqristay tafsiirka quraanka, iyo Sheekh Muxyadiin macallin Mukaram oo uu ka qaatay cilmiga fiqiga gaar ahaan fiqiga Shaaficiga. Waxaan kaloo ka mid ahaa culumadii uu Sheekh Cali Suufi wax ka bartay Sheekh Qaasim Baraawi, waxaana uu ka aqristay Naxwaha Carabiga sida kitaabka al Ajruumiyah iyo wixii la mid ah. Muddo toban sano ah ayuu waxaa uu ku sugnaa Muqdisho oo uu wax ka baranayay.

Safarkii waxbarashada dibadda

Waxaa uu sheekhu u safray dalka Yaman si uu u sii korarsado cilmiga isagoo u sii maray dhulka ilaa uu ka gaaray deegaannada Waqooyi bari oo hoos imaanayay maamulkii boqor Cusmaan, halkaa oo aad loogu soo dhaweeyay Sheekha ka dib markii ay dadku ogaadeen inuu yahay qof ehlu cilmi ah oo ku sii socda jidkii cilmiga. Aad ayaa loo karaameeyay Sheekha, dabadeedna si fiican ayaa loo ambabixiyay isagoo dooni ka raacay xeebaha degaanka gaar ahaan marsada Boosaaso, wuxuuna beegsaday dalka Yeman ee dariska la ah Soomaaliya.

Dalka Yaman markii uu tegay waxaa uu ka bilaabey magaalooyinka koonfurta ku yaalla oo u dhawaa Soomaaliya sida Tariim iyo Xadramuud oo labada dhina ee Soomaaliya iyo Yaman dooni la isaga gooshi jiray.

Durbadiiba waxaa uu ku biiray xarumihii cilmiga laga raacan jiray isagoo in badan oo culuum ah ka faa'iidaystay culumo caan ka ahayd Yaman gaar ahaan goobtii cilmiga ee Tariim halkaa oo uu kula kulmay culumo badan oo uu ka raacdey duruus isugu jirtau culuumta Quraanka, Xadiiska, Axkaamta Islaamka iyo luqadda carabiga, waxaana arrinkaa u sii dheeraa isagoo si gaar ah u bartay hab qoraalka farta carabiga ama khadka carabiga. Waxaa ka mid ahaa culumadii uu kala kulmay goobtii cilmiga ee Tariim Sheekh Xabiib Cumar al-Shaadiri oo ka soo jeeday qabaa'ilka Ashraafta.

Markii uu Sheekh Cali Suufi ku kalsoonaaday cilmigii uu baranayey muddo tobbon sano ah ayaa uu ku soo laabtay dalka Soomaaliya gaar ahaan degaannada waqooyi galbeed ee Soomaaliya, waxaa uu bilowgii saldhig ka dhigtay degmada Laasqoray oo uu markii dambe ka guursadey lana xididay qabiilka Warsangeli oo dega degaankaa.

Muddo ka dib waxaa uu Sheekh Cali Suufi ku laabtay barashadii cilmiga gaar ahaan barashada diinta Islaamka oo uu weli hamuunta uu u qabay aanay dhammaannin. Wuxuu markaan u jihaystay dhanka Xijaas gaar ahaan magalooyinka barakaysan ee Maka iyo Madiina, waxaa uuna ku biiray xalaqaadkii ay daadihinayeen culumadii waagaa dunida muslinka ugu caansanayd ee cilmiga ka wadday baallaha labada xaram ee barakaysan, gaar ahaanna waxaa uu Sheekh Cali liishka saaray cilmiga xariirka tooska ah la leh Quraanka oo ah ee qirooyinka iyo habka loo aqriyo Quraank. Aqoontaani waa midda uu Sheekhu caanka ku noqday markii uu ku soo laabtay geyiggii Soomaaliyeed. Taa macnaheedu ma aha in Sheekhu uusa culuum kale baran xilligii uu ku jiray barashada

Quraanka kariimka iyo culuumta la xiriirtay e, culuum kala duwan oo uu ugu horeeyo Xadiiska Nebigeenna-naxariis iyo nabadgalyo korkiisa ha ahaatee- ayaa uu ka faa'iidaystay goobihii cilmiga ee ku firirsanaa dhammaan daafaha labada xaram ee barakaysan.

Soo laabashadii Sheekha iyo magaalada Harar

Sheekh Cali Suufi waxaa uu ku soo laabtay dhulkii Soomaalida gaar ahaan waxaa uu abbaarey magaaladii hoggaanka u haysay ilbaxnimada Islaamka geeska Afrika ee Harar ee caanka ka ahayd dunida muslimka, inkastoo ay waqtigaa hoos imaanaysay maamulkii Xabashida ka dib markii ay xoog ku maquuniyeen imaaradii muslimiinta ee Harar.

Sheekhu markii uu soo gaaray Harar muddo yar ka dib waxaa uu halkaa ka aasaasey madaraso ama dugsi oo uu ugu magac daray madrasatul salafaya oo lagu barto culuumta Islaamka sida culuumta quraanka, fiqiga, luqadda carabiga iyo culuum kale oo ay ka mid yihiin qorista luqadda carabiga, xisaabta, iyo juqraafiga, laakiin Sheekh Cali waxaa uu xoogga saari jiray culuumta Quraanka iyo qiraa'aadka. Waxaa Sheekha wax ka bartay dad aad u fara badan, laakiin ma aysan sii socon arrintaasi oo Sheekha Cali Suufi waxaa la dhigay xabsiga taariikhdu markay ahayd 1947-dii. Meesha kama aysan marnayn in Sheekhu ardaydiisa uu ku abuuro xornimo jeceyl iyo sidii looga xoroobi lahaa gumeysiga Xabashida ee muquuninta ku haya dadyowga muslimka ah ee hoos yimaada maamulkii Xabadashida ee uu markaa hoggaaminayey boqorkii Xayla Salaase. Waxaa la oran karaa arrinka danbe waa midda keentay in madarasadii Sheekha la xiray, isla markaana culays badan la saaray.

Safarkii Muqdisho iyo Dhagaxbuur:

Markii ay Sheekha ku bateen culayskii iyo cadaadiskii Xabashida ayaa waxaa uu go'aansaday inuu u wareego magaalada Muqdisho, waxaana uu ka bilaabey dhaqdhaqaaq uu ku faafinayo cilmigii uu soo bartay.

Mudda ka dib Sheekhu waxaa uu ku soo laabtay degmada Dhagaxbuur ee ka tirsan dhulka Soomaalida ee ay Xabashidu gumaysato, halkaas ayuuna ka unkay dugsi ama iskuul lagu barto diinta Islaamka, ka dibna waxaa la qurxoonaatey inuu ku darmado dagaalyahanadii u istaagay xoraynta dhulka Soomaaliyeed, waxaa uuna ku biiray kooxdii uu hoggaaminayay mujaahidkii Maqtal Daahir iyo kooxdiisii la magac baxday Nasrul Mu'miniin.

Ka dib waxaa uu ku soo laabtay magaalada Muqdisho oo uu ka aasaasay masjid uu ku faafiyo diinta Islaamka gaar ahaan culuumta la xiriirta Quraanka kariimka, sannadkii 1968-dii ayuuna ku guulaystay inuu dhiso masjid uu ugu magacdaray masjid al-Quraan, laakiin se loo yaqaanno masjidka Sheekh Cali Suufi.

Sheekh Cali waxaa uu macallin ka noqday machadyadii Islaamiga ahaa ee ka dhisnaa magaalada Muqdisho ee hoos imaanayay Raabidada Islaamka iyo Jaamacadda al As-har.

Mar kasta waxaa Sheekh Cali Suufi ku weynaa jahaadka gaar ahaan xorayntii dhulka ay haysatay Xabashadu, sidaa darteed waxaa uu qayb weyn ka qaatay dagaalladii lala galay Xabashida sida kii 1977-dii.

Waxaa Sheekha aad loogu yiqiin inuu ahaa qof aan la la gabban xaqa sheegiddiisa, umana uu adkaysan jirin haddii uu arko wax xun oo munkar ah oo wuxuu isla markiiba ku dhaqaaqi jiray sidii uu xumaantaa u joojin lahaa. Waxaa la sheegaa in Sheekha agtiisa aan marnaba lagu waxyeellayn qof kale oo muslim ah oo ma uusan jeclayn xanta iyo aflagaaddada.

Geeridii Sheekh Cali Suufi

Ilaahay waxaa uu siiyey Sheekh Cali Suufi cimri dheer oo barakaysan, waxaa uu mar walba mashquul ku ahaan jiray digriga iyo xusidda Illaaahey oo aan marnaba ka faaruqin, laakiin wixii ka dambeeyay sannadkii 1983-dii waxaa Sheekha maskaxda kaga furmay dhiig, waxaana ku dhacay dhiigkar joogto ah kaa oo sababey inuu hoos u dhaco caafimaadkiisa kana gaabiyo howlihii uu ku jiray oo ay ugu horraysay faafinta diinta iyo culuumta Quraanka kariimka.

Markii uu qarxay dagaalkii sokeeye sannadkii 1990-kii waxaa loola cararay dalka Kenya, gaar ahaan magaalada Nayroobi halkaa oo uu ku sugnaa illaa uu Ilaahay oofsado 6-dii Juun, sannadkii 1991-dii isagoo yara dhaafay 100 sano, waxaana lagu aasay magaalada Nayroobi. waxaa uu Sheekh Cali ifka uga tagey 32 carruur ah oo lab iyo dheddig ka kooban iyo waxa ay dhaleen-Ilaahay ha u naxariisto. Waxaa ka mid ah carruurta Sheekhu uu ka tegay Sheekh Cabdirashiid Sheekh Cali Suufi iyo Sheekh Cabdikaxiim Sheekh Cali Suufi oo labadooduba nafta u hibeeyay in ay faafiyaan diinta Islaamka.

24

Sheekh Cali Cabdiraxmaan Fiqi

Sheekh Cali Cabdiraxmaan Fiqi oo ku magac dheer Xaaji Cali Majeerteen, waxaa uu ku dhashay meel u dhow magaalada Garoowe ee ka gobolka Nugaal dabayaaqadii qarnigii 18 aad, isla degaanadaa ayuuna ku barbaaray oo waxaa koritaankiisa iyo barbaarintiisa ka mas'uul ahaa labadiisa waalid oo ku dedaalay inuu yaraantiisii ku biiro dugsiyada Quraanka laga barto, sida ay ahayd caadada muslimiinta ah. Markii uu Quraanka meel ku ogaaday aqris iyo qoris oo ay u dheer tahay xifdintiisa waxaa u suuragashey inuu cilmi ka raacdo culumadii degaanka Nugaaleed ugu caansanaa waqtigaa sida: Xaaji Yuusuf Maxamed Fiqi Idriis iyo Sheekh la oran jiray Xaaji Axmed oo uu ka qaatay cilmi badan oo isugu jira axkaamta Islaamka iyo luqadda carabiga.

Sheekh Cali Cabdiraxmaan iyo koonfurta Soomaaliya

Sheekh Cali Cabdiraxmaan intaa kuma uusan joogsan ee waxaa uu u safray degaannadii waagaa la isku oran jiray Banaadir ee ay ka mid yihiin Muqdish, Marka iyo Baraawe si uu u sii korarsado aqoontiisa diineed, waxaa uuna bilowga saldhig ka dhigtay magaalada Marka oo uu ku doortay culumadii iyo dhaqdhaqaaq cilmiyeedkii xoogga badnaa ee ka socdey. Sheekh Cali waxaa kale oo uu u kala boqooli jiray magaalooyinka Baraawe iyo Muqdisho si uu ula kulmo culumadii ku caanbaxday duruusta iyo xalaqaadka ay ka wadeen degaannadooda.

Safarkiisii dhulkii barakaysnaa ee Maka iyo Madiina

Sidoo kale Sheekhu kuma uusan ekaannin in uu cilmi ka raacdo culumadii Soomaaliyeed e, waxaa uu u safaray Xijaas-Maka iyo Madiina, si uu marka hore waajibka Xajka iyo Cumrada u guto, dabadeedna uu ula kulmo culumadii degaannadaa oo uu ka faa'iidaysto, sidaa darteed waxaa u suuragashey Sheekh Cali inuu cilmi badan ka helay xalaqaadkii cilmiga ahaa ee ka socday dacallada labada Xaram ee Maka iyo Madiina. Halkaa waxaa uu Sheekhu ku bartay dadyow fara badan oo u badan culumadii ugu sarraysay degaanka Xijaas, maadaama uu halkaa ku sugnaa muddo aan yarayn.

Waxaa kale oo uu Sheekh Xaaji Cali u safray waddammo kale oo u badan carabta iyo dalka Hindiya gaar ahaan mandaqadda Kajuraat oo caan ku ahayd culumo iyo dhaqdhaqaaq cilmiyeed oo aad u sarreeya.

Soo noqodoshadii Sheekh Cali

Muddo ka dib markii uu Sheekhu garwaaqsaday inuu isku filan yahay, soona qaatay cilmi badan iyo tarbiyad uu ka helay culumo dhowr ah iyo xalaqaadkii ay hayeen, ayaa uu ku soo laabtay dhulka Soomaaliya, waxaana uu ka soo bilaabey degaannadii uu asal ahaan ka yimid ee Waqooyi Bari gaar ahaan degaanka Xaabo oo u dhow degmada Caluula, ka dibna waxaa uu ku wareegay degaanno badan oo ay ka mid yihiin Batabaalow, Burco iyo Boosaaso. Degaannadaa iyo kuwo kalaba waxaa uu Sheekhu kula kulmay ummaddii Soomaaliyeed oo la qaybsatay cilmigii uu ka soo bartay gudaha iyo dibadda dalka. Waxaa uu ahaa nin u taagan faafinta diinta Islaamka oo meel uu tagaba waxaa uu dadka fari jiray wanaagga, isla markaana wuxuu ka reebi jiray xumaanta-ha ahaato inuu u wacdiyo ama wax u aqriyo. Waxaa kale oo sugnaatay in Sheekh Cali habab kale duwan uu dadka wax ugu sheegi jiray oo ay ku jirto in uu adeegsan jiray suugaan uu ku soo bandhigi jiray ujeeddadiisa iyo waanadiisa, sida gabayo iyo masafooyin ay illaa maanta dad badan xafdisan yihiin. Waxaa uu gabayadaa ku sharrixi jiray xoojinta caqiidada Islaamka iyo akhlaaqda wanaagsan.

Sheekh Cali iyo Fatwooyinkiisii

Sheekh Cali Cabdiraxmaan dedaalkiisu kuma uusan koobnayn oo keliya inuu wax aqriyo ama uu wacdiyo e, waxaa uu Sheekh Cali ahaa mufti ummadda u kala caddeeya axkaamta Islaamka iyo hab dhaqanka diinta. Arrinkaani kuma koobnayn degaannada uu joogo oo kaliya e, markii ay baahday oo ay dadku maqleen aqoonta uu diinta u leeyahay ayaa goobo kala duwan oo geeska Afrika ka mid ah laga la soo xiriiri jiray si uu ugu caddeeyo arrimo badan oo diini ah. Waxaa sugan in ay la soo xiriireen dadyow badan oo degganaaa degaannada Soomaali galbeed soona weydiiyey su'aalo badan oo diini ah, ka dib markii su'aalaha iyo baahida ay qabeyn soo gaartayna Xaaji Cali waxaa uu si qoraal ah ugu kala caddeeyey waxa ay arrimahaas shareecada Islaamku ka tiri. Arrinkaasi la yaab ma leh gaar ahaan markaannu eegno cilmiga iyo waayo aragnimada Sheekhu uu lahaa, isla markaana dareenkiisa ay ku weynayd mus'uuliyadda ka saaran caddeynta iyo tebinta tacaliinta Islaamka iyo waxay diintu farayso. Waxaan caad saarnayn xiriirka wanaagsan ee uu Sheekhu la lahaa dadyowga muslimiinta ah ee kala duwan kuwaa oo dega Bariga Afrika isagoo in badanna soo maray magaalooyin badan. Waxaa ka mid ah safarkiisii Sansibaar (Sinjibar) ee sannadkii 1845-tii ee uu la kulmay culumadii iyo madaxdii deegaannadaa, gaar ahaan suldaan Saciid Barqash isla markaana goobta uu suldaanku joogo waxaa lagu weydiiyey su'aalo la sheegey in ay gaarayeen boqol iyo labaatan, dhammaantoodna Sheekh Cali wuu ka wada jawaabay. Arrintaani waxay muujisay heerka cilmiga Sheekha iyo caqligiisa ay gaarsiisan yihiin, isla markiina suldaanku waxaa uu soo saarey go'aan ah in Sheekh Cali Cabdiraxmaan uu u magacaabey muftiga Sansibaar. Inkasta oo uu xiriirka Sheekha iyo suldaanku aad u fiicnaa, haddana Sheekhu kuma uusan nagaannin Sansibaar ee waxaa uu ku soo laabtay degaannadii koonfureed ee uu ka tagey, gaar ahaan magaalada Marka sannadkii 1874-tii, waxaana la socdey arday gaaraysa 150 qof oo shan doonyood watay. Fadwadii Sheekh Cali bixin jrey waxay ku xirnayd baahida ay dadku qabeen, sidaa darteed maadaama ay dadkaasi u badnaayeen dadyowga ku hadla afka Soomaaliga waxaa dhici jiray in Sheekhu jawaabbihii uu ku sheego afka ay yaqaannaan- tix iyo tiraabba. Degaannada QWaqooyi Bari ee dalka Soomaaliya illaa iyo hadda waxaa la hayaa gabayo iyo geeraarro uu Sheekh Cali mariyay kuwaa oo u badan arrimo khuseeya shareecada Islaamka oo ay dadku si sahlan u fahmi karaan.

Doorka Sheekh Cali ee fidinta aqoonta Islaamka

Dedaalka Sheekh Cali Cabdiraxmaan uu ku bixinayay fidinta diinteenna Islaamku waxay ahayd mid heerar kala duwan qaadatay isagoo adeegsanayey tabo iyo xeelado kala nooc ah. Waxaa uu Sheekhu qayb lixaad leh ka qaatay dhismaha masaajiddo iyo goobo lagu cibaadaysto, isla markaana lagu faafiyo aqoonta diinta Islaamka oo ay ku soo hirtaan culumada iyo dadka cilmi doonka ah.

Xalaqaadkii iyo wacdigii uu bixin jiray ka sokow, waxaa kaloo jirtay in Sheekh Cali uu ku dedaalay inuu ummadda uga faa'iideeyo aqoontiisa oo uu ka dhigo mid dhaxalgal ah oo meel kasta iyo xilli uu wax ku biiriyo. Sidaa darteed Sheekhu waxaa uu qoray kutub dhowr ah oo dhammaantood quseeya shareecada Islaamka, Quraanka, Xadiiska iyo luqadda Carabiga oo ah aalad lagu fahmo nuxurka diintu xambaarsan tahay. Kutubta Sheekha uu qoray waxaa ka mid ah:

- Irsaa' al-Jabalayn li Irsaakhi Tafsiir al-Jalaalayn.
- Nakhaa'ir al-Gardalah Lijaamici Asraar al-Basmalah.
- Tabyiin Ulii al-Cibar ilaa Macaanii Fawaatix als-Suwar.

Seddexdaas kitaab waxaa ay khuseeyeen Quraanka gaar ahaan qeybta tafsiirka Quraanka.

- Kashfu al-Gamaam can Axkaami Mukhaalafah al-Imaam.
- Kashfu al-Qinaac can Ulii al-Tacasub wal-Ibtidaac.
- Labadaas kitaabna waxaa uu Sheekh Cali kaga hadlayaa Axkaamta Islaamka.
- Alqawl al-Manquul li-Taxriimi al-Malaahii wal-Dubuul.
- Fatxu al-Wali fii Ajwibati Shaykh Cali.

- Al-Ajwibah al-Geybiyah lil-Su'aalaat al-Gariibah.

Saddexdaa kitaab Sheekhu waxaa uu ugu talagalay su'aalihii la soo weydiin jiray iyo jawaabihii iyo fatwooyinka uu ka bixiyey.

- Al-Qaamuus al-Nashiid al-Mabnii calaa al-Qaamuus al-Muxiid.
- Caqiilah al-Icraab lil Imaam al-Shaadibi.

Labadaan kitaab waa kutub ka hadlaysa dhinaca luqadda carabiga oo midi wuxuu sharraxayaa mid ka mid ah qaamuusyada carabiga kuwooda ugu heer sarreeya, kan kalana waa naxwaha luqadda carabiga iyo sida ay erayada iyo weeruhu isu geddiyaan.

Geeridii Sheekh Cali

Dedaalladii uu Sheekh Cali Cabdiraxmaan (Xaaji Cali Majeerteen) ku bixiyay faafinta cilmiga iyo wixii la xiriira diinta Islaamka halkaan laguma soo koobi karo. In muddo ah waxaa uu ku howlanaa barashada iyo gaarsiinta cilmiga oo uu goobo kala duwan oo dunida ka mid uu waxbarasho darteed u tegay. Allaha u naxariistee Xaajigu waxaa uu ku geeriyooday magaalada Marka, waxaana lagu aasay buurta Cakaal dusheeda ee degaanka Cagaaran, sannadku markuu ahaa 1849-kii. Sheekh Cali waxaa uu ahaa caalim qiimo badan, wuxuuna jeclaa inuu badanaa keligii noqdo si uu u cibaadaysto hadduusan howl ku jirin.

25

Sheekh Cali Jowhar

Sheekh Cali Jowhar Boqorre Warsame waxaa uu xilligiisii ahaa culumadii Soomaaliyeed Sheekhoodii oo ay cilmi badan ka qaateen, sida aan tilmaami doonno marka aan ka hadlayno ardaydii ka aflaxday cilmigii iyo daruustii uu aqrin jiray.

Sheekh Cali Jowhar waxaa uu ku dhashay woqooyiga Gabilay iyo Cali Xeer halka ay iska galaan sida uu sheegay wiiliisii Sheekh Cabdullaahi Sheekh Cali Jowhar oo imminka ah shiikulbaladka Boorame iyo agagaarkeeda, waxaa uuna dhashay sannadkii 1890-kii. Sheekh Cali Jowhar waxaa uu ka soo jeeday qoys reer Baadiye ah oo sobool ahaa sida ay u badnayd bulshada Soomaaliyeed.

Sheekh Cali Jowhar yaraantiisii kama duwanayn da'diisee, waxaa uu la mid ahaa carruurtii ay isku degaanka ahaayeen ee yaraantoodii la geeyey dugsi Quraanka kariimka ah ay ka bartaan. Markii uu Quraanka bartay waxaa himmaddiisa ku jirtay sidii uu ku heli lahaa cilmi dheeraad ah, sidaa darteed nawaxaa u suuragashay inuu safar ku tago xarun cilmiyeedka magaalda Harar oo ahayd meel ay isugu yimaadeen culumo aad tayo u leh, laguna yiqiin faafinta cilmiga Ilaahay baray. Waxaa kale oo Sheekh Cali Jowhar u dheeraa in uu ku biiray madaaris hab sare loo abaabulay oo caan ka ahaa Harar, uuna ka helay cilmi badan iyo hannaan sare oo kor u qaaday fakirkiisa iyo tarbiyaddiisa aqooneed.

Sheekh Cali Jowhar waxaa uu cilmiga ka qaatay culumo waaweyn oo caan ka ahayd geyiga Soomaali galbeed, waxaana ka mid ahaa culumadaa Sheekh Cali Shaqlane oo Sheekh Cali Obol loo yiqiin, Sheekh Cabdulqaadir Xaaji Jaamac, Sheekh Cabdiraxmaan Afguriye, Xaaji Nuure, Sheekh Yuusuf Dubbad iyo culumo kale oo waaweyn.

Sheekh Cali Jowahr markii uu is yiri degaannadii Harar iyo hareeraheeda wixi aad rabtay oo cilmi ahaa waad ka heshey waxaa uu u wareegay dhulkii barakeysnaa ee Maka iyo Madiina oo uu u doontay cilmi diineed iyo inuu guto waajibkii Xajka iyo Cimrada. waxaa uu cilmi badan ka soo bartay labadii Xaram muddo shan sano ah oo uu ku mashquulsnaa sidii uu uga qaadan lahaa wixii cilmi ah xalaqaadkii iyo daruustii laga bixin jiray dhulkaa. Culumadii uu la kulmay, cilmigana uu ka aqristay waxaa ka mid ahaa Sheekh Sayid Calawi al-Maaliki, Sheekh Xuseen Cali al-

Maaliki iyo Sheekh Maxamed Caanjeel oo ka soo jeeday dalka Soomaaliya.

Soo Noqoshadii Sheekha

Waxaa uu Sheekhu muddo ka dib ku soo noqday Geeska Afrika, laakiin intii uu dhexda ku soo jiray waxaa uu muddo labo sano ah ku soo hakadeay dalka Yeman, gaar ahaan mandaqadda Sabiid oo uu ka helay culumo iyaguna aqoon dheer u lahaa luqadda carabiga iyo qeybaheeda kala duwan, iyo isaga oo ka soo aqristey kutub fiqiga Shaaficiga ah.

Ka dib waxaa uu ku soo laabtay oo uu ka soo degey magaalo xeebeedka Saylac oo uu muddo ku negaaday, kana bilaabay xalaqo kutub uu ku marin jiray, dabadeedna waxaa uu Sheekhu ku noqday degaannada Boorame iyo Gabilay oo uu daruus joogta ah ka aqrin jiray, laakiin muddo dabadeed waxaa uu u soo guurey dhanka Hargeysa oo uu muddo toddobo sano ah duruus ka bixinayay.

Muddadii toddobada sano ahay ee uu deggenaa Hargaysa ka dib, ayaa uu Sheekh Cali Jowhar u wareegay xaggaa iyo Jigjiga oo uu ka furey Maktabad weyn oo kutubta aad looga aqriyo. Waxaa Sheekh Cali uu dadka cilmiga raacda u aqriyay cilmi lagu magacaabo Usuul al-Fiqi oo uu aad u yiqiin, waxaana laga yaabaa in uu cilmigaa bartay intii uu ku sugnaa Xijaas iyo Yeman. Waxaa ka mid ahaa kutubtii uu aqriyey ee ku saabsan cilmiga Usuul al-Fiqiga kitaabka lagu magacaabo: al-Usuul fii Jamci al-Jawaamic.

Waxaa uu u soo wareegay Wajaale iyo Burco ka dib muddo labo sano ah oo ku aaddan 19961 iyo 1962kii oo uu muddadaa daruus xiriirsan oo aan kala go'lahayn ka waday. Sheekh Cali Jowhar waxaa uu u soo wareegay tuulada Laaso-dacawo loo yaqaanno iyo degaanka Allay Baday, ugu danbeyntiina waxaa uu ku soo xeroodey magaalada Booramo oo uu iyadana wax ka aqrin jiray. Xaqiiqdii, dhaqdhaqaaqa dacwo ee uu Sheekh Cali waday waxay daliil u tahay in Sheekhu uu aad u jeclaa inuu faafiyo diinta Islaamka iyo inuu ahaa nin mar walba ku mashquulsan guusha Islaamka.

Sheekh Cali Jowhar waxaa ay isku waqti ahaayeen culumo badan oo waaweyn oo caan ka ahayd degaanada Ogaadeeniya, sida:Sheekh Cabdiraxmaan Cowl, Sheekh Maxamed Nuur Xirsi iyo Sheekh Cali Aroobo oo ka dhex muuqday golayaasha cilmiga iyo xadaaradda Islaamka ee ka iftiimayay degaanno badan oo ka mid ah dhulka Soomaalida galbeed. Waxaa kale oo jiray Sheekh caan ka ahaa magaalada Dirirdhawa oo la oran jiray Xaaji Cali Ibraahim oo Leysaan/Raxaweyn ahaa, isla markaana Sheekh ka ahaa madarasii lagu magacaabi jiray al-Falaax oo ay ka aflaxeen dad badan oo wax ka bartay Sheekha, una badnaa reer Jabuuti.

Sheekh Cali Jowhar waxaa uu caan ku ahaa faafinta cilmiga diinta ka sokow in uu ka qayb qaatay dhisidda masaajiddo Ilaahay lagu caabudo, dadkuna ay ku kulmaan ama ay ku kala faa'idaystaan. Waxaa kale oo lagu yiqiin inuu ahaa nin dabeecad macaan oo dadka ka ilaaliya in ay isqabtaan ama wax uun ay ka tabtaan, isla markaana jecel intii karaankiis ah taakulaynta dadka masaakiinta ah, agoonta iyo dhammaan rag iyo dumar qofkii ay daruuf adag hayso. Intaa waxaa u weheliyey inuu ahaa nin aad adduunka isku dhibin oo aan ka welwelin xoolo iyo maal adduun oo saahid ah, waxaana uu ii sheegay Sheekh Maxamed Cabdalla al-Soomaali oo ahaa caalin ku dheer Axaadiista iyo cilmiga xiriirka la leh isla markaana ka mid ahaa xertii wax ka baratay Sheekh Cali in maalmihii noloshiisa ugu dambaysay uu Sheekhu u go'ay cibaada Ilaahay, kana fogaaay dadka oo dhan, taana waxaa sabab ugu ahaa nin Sheekh ah oo Suufi ah oo kula taliyay in uu dego meel ka baxsan magaalooyinka iyo qaab nololeedkeeda.

Xertii iyo ardaydii wax ka baratay daruustii Sheekh Cali Jowhar bixin jiray intiiu uu noolaa aad ayay u badan yihiin, waxaana adag in meel lagu soo koobo, waayo? muddo aad u badan ayuu waday faafinta cilmiga, isla markaana waxaa uu socdaallo ku kale bixiyay degaanno badan oo aad u kala fog, sida aanu horey u soo tilmaannay. Laakiin waxaa la qarin karin in Sheekh Cali door weyn ku leeyahay dacwada Islaamka iyo faafinta aqoonta diiniga ah ee qarnigii tegay iyo midka iminka aynu ku jirno. Marka la tixraaco taariikhda culumadii Soomaaliyeed ee xilligiisa joogtay waxay u badan yihiin in uu Sheekh u noqday oo ay mar uun ka aflaxeen cilmiga Sheekh Cali Jowhar, ama in ay wax ka sii barteed ardaydii uu Sheekhu wax soo baray. Waxaa la tilmaamaa oo farta lagu fiiqaa culumo Soomaaliyeed oo waaweyn, magac iyo maamuusna ku leh dadka iyo dhulka Soomaaliyeed meel ay degtaba, waxaana ka mid ah culumadaa: Sheekh Maxamed Cabdullaahi al-Soomaali, Sheekh Maxamed Macallin Xasan, Sheekh Cumar Takaala, Sheekh Axmed Sheekh Ibraahim, Sheekh Cilmi Talan, Sheekh Cumar Askar, Sheekh Xuseen Abraar, Sheekh Ibraahim Raagsaale, Sheekh Cumar Good, Sheekh Maxamuud Suufi Maxamed, shariif Cabdinuur al-Maqbuuli, shariif Ciise Shariif, Sheekh Axmed Jabadhah, Sheekh Cumar Cali Kowrac iyo in kale oo badan.

Sheekh Cali Jowhar in kasta oo uu muddo badan ku mashquulsanaa fidinta cilmiga iyo marinta kitaabaha, haddana maalmihii noloshiisa u dambeeyay waxaa uu ahaa nin ka fog dhaqdhaqaaq cilmiyeed iyo in uu kutub aqriyo, waxaa uuna gooni ku noqday meel yar oo uu Ilaahay ku caabudo.

Sheekh Cali Jowhar Boqore waxaa uu dhinta isaga oo ay da'diisu tahay 82 jir, taariikhdu markay ahayd 1972-dii. Ilaahay ha u naxariisto.

26

Sheekh Cali Maye al-Bakri

Sheekh Cali Maxamed Sidiiq Cusmaan waxa uu ku magac dheeraa Sheekh Cali Maye. Erayga Maye macnihiisu waa macaan marka loo eego afka Soomaaliga gaar ahaan lahjadda reer Duruqbo ee ay ku hadlaan beelaha dega magaalda Marka iyo goobo kale. Sheekh Cali Maye hooyadii waxaa la oran jirey Faadumo Cabdiraxmaan. Sheekhu wuxuu uu ku dhashey magaalada Marka ee xarunta gobolka Shabeellada hoose taariikhdu markay ahayd 1336-dii hijriyada oo waafaqsan 1848-tii, isla magaaladaa ayuuna ku barbaaray.

Waxaa xusid mudan in Sheekh Cali Maye uu ku barbaaray agoonnimo, waxaana barbaarintiisa ku dedaashey hooyadii

Faadumo oo ku dartay dugsi Quraanka laga barto, oo uu ku xifdiyay quraanka oo dhan.

Sheekh Cali Maye asagoo kuray ah ayaa uu gudagaley sidii uu ku heli lahaa nolol xalaal ah oo uu ku keensado gacantiisa isaga oo aan cidna ku tiirsaneyn, waxaana uu ka shaqeyn jiray farsamooyinka gacanta sida tolidda koofiyadaha iyo qurxinta dharka. Taa waxaa u dheerayd in uu ka qayb qaadan jiray sameynta kutubta iyo isku aadaaddinta waraaqaha kutubta laga sammeeyo, iyo in jaldi ama gal loo sammeeyo iyo wixii la xiriira dayactirka kutubta oo ay caan ku ahaayeen degaannada aqoonta iyo cilmiga heerka ka gaarey ee ay ka mid yihiin degaannada ku xiriirsan xeebaha oo ay magaalada Marka ka mid ahayd.

Taa mecnaheedu ma aha in uu Sheekh Maye dhalinyaranimadiisii ku mashquulsanaa shaqo iyo risiaq doonid e, waqtiyada firaaqada uu yahay waxaa uu ku dedaali jiray inuu ku taxmo xalaqaadka cilmiga ee ka socday goobo badan oo ka mid ah degaanka Marka, sida xalqadii iyo daruustii uu bixin jiray Sheekh Maxamed bin Cali Badaasi iyo xalqadii Sheekh Cali Cabdiraxmaan (Sheekh Cali Majeerteen) oo caan ka ahaa meelo badan oo Soomaaliya ka mid ah, kuna duugan tuulada Cagaarane ee u dhow magaalada Marka. Culumadaa iyo kuwo kale waxaa uu Sheekh Cali Maye ka faa'iidaystay cilmi badan oo isugu jira Quraanka iyo culuumtiisa, Xadiiska iyo culuumtiisa, Fiqiga iyo Axkaamta shareecada Islaamka, Siirada Nabiga N.N.K.H iyo guud ahaan cilmiga Taariikhda. Waxaa kale oo uu duriistii uu ku xirnaa ka dheefay luqadda carabiga iyo culuumta ku xiran sida Naxwaha iyo Sarfiga xalqadii Sheekh Mukhtaar Nuur Samow al-Hamadaani oo saaxiib la ahaa Sheekh Cali Maye awoowgii Xaaji Cali bin Axmed oo imaam ka ahaa masjid ku yaalla Marka.

Waxaa kale oo ka mid ah culumadii uu Sheekh Cali Maye ka aflaxay Sheekh lagu magacaabo Sheekh Cusmaan bin Ismaaciil al-Jamaali oo uusan marna ka maqnaan jirin daruustiisa, xalaqadii Sheekh Maxamed bin Cabdullaahi al-Baajandi, Sheekh Xasan Macallin Muumin al-Basraawi, Sheekh Mowlaanaa Cabdiraxmaan al-Magrabi. Intii uu ku jiray barashada cilmiga waxaa la sheegaa in Sheekh Cali Maye uu la kulmay culumo uu ka qaatey tarbiyada iyo tasawufka gaar ahaan dariiqadii al-Axmadiya. Waxaa kaloo la tilmaamaa in Sheekh Cali Maye uu dariiqada ka qaatay Sheekh Xasan Macallin al-Basraawi oo isaguna Sheekh u ahaa Sheekh Cabdiwaaxid Sheekh Maxamed Guuleed oo marka loo eego koonfurta Soomaaliya ay hormood u ahaayeen dariiqada al-Axmadiya isaga iyo aabbihii Sheekh Maxamed Guuleed, ijaasada uu haystayna waxay ku arooraysaa ilaa iyo Sheekh Axmed Idriis al-Faasi oo ah Sheekha ay ka soo bilaabatey dariiqadaan adkaarteeda iyo wixii la xiriira ku dhaqankeeda iyo faafinteeda.

Halgankii Sheekh Cali Maye iyo faafinta diinta Islaamka

Markii uu Sheekh Cali Maye isku kalsoonaaday waxaa uu gudagaley sidii uu dadka kale u gaarsiin lahaa aqoonta uu Illaahey baray ee meel lama uusan fadhiisan. Waxaa uu dareemayay in degaanka uu ku noolaa ay ka jirtay baahi weyn oo loo qabo tarbiyada wanaagsan iyo barashada aqoonta diinta Islaamka. Waxaa uu la socday heerka ku dhaqanka diinta iyo sida aanay ummaddu u aqoonnin arrimo badan oo loo baahnaa in ay ku dhaqmaan. Waxaa kale oo jirtay waxyaabo aan ku fiicneyn diinta Islaamka oo ay dadku samaynayeen, sidaa darteed Sheekhu waxaa uu ku wareegi jiray bulshada oo uu xiriir fiican la lahaa, dadkuna waa ay qaddarin jiree isaga oo wanaaggana faraya xummaantana ka reebaya.

Faafinta cilmiga iyo axkaamta Islaamka waxaa kale oo uu u wakiilan jiray ardaydii iyo xertii ka aflaxdey xalaqooyinkiisii oo uu siiyey kalsooni dheeraad ah, markaana uu u diri jiray degaanno kale duwan oo ka mid ah geyiga Soomaaliyeed kuwaa oo dhidabada u aasay xarumo lagu barto diinta Islaamka, laguna tarbiyadeeyo ummadda. Culumada uu Sheekh Cali Maye diri jiray howshoodu kuma ekayn in ay kutub mariyaan oo keliya e, waxay ummadda u ahaayeen hoggaamiyayaal adduun iyo aakhiro ku toosiya oo ay ku soo hirtaan, isla markaana waxaa ay u qaban jireen howlaha ay ka mid yihiin dhexdhexaadinta ummadda marka ay isqabtaan iyo in ay shareecadda Islaamka ay ku kala saaraan.

Haddii aanu wax yar ka tilmaamno dadkii wax ka bartey duruustii uu bixin jiray Sheekh Cali Maye waxaa ka mid ah: Sheekh Daa`uud Calasow, Sheekh Ibraahim Sheekh Maxamud oo loo yiqiiney Sheekh Ibraahim Yare, Sheekh Cumar Gargaduud iyo Sheekh Axmed Waheliye Warsame. Culumadaa dhammaantood waxay ahaayeen kuwa ka hanadqaadey xalaqaadkii iyo daruustii uu bixin jiray Sheekh Cali Maye. Waxaa kale oo ka mid ha culumada caanka ka ahaa degaanada Soomaaliya oo ka aflaxay casharadii diiniga ahaa ee uu bixin jiray Sheekh Cali Maye qaar naftooda u hibeeyey faafinta diinta Islaamka sida Sheekh Maxamud aw Cusmaan, Sheekh Muuse Cigale, Sheekh Abiikar Cadde, Sheekh Aadan Yare, Sheekh Maxamud Xasan Godgod, Sheekh Cali Maalin Garabey, Sheekh Aadan Cali Yare iyo Sheekh Yuusuf Xasan oo dhamaantood ku caan baxay fulinta dardaarkii Sheekhoodii iyagoo ku dayanaya jidkii uu raaxay ee wanaagsanaa.

Sheekh Cali Maye inuu dadaal weyn saaro sidii uu u fidin lahaa aqoontii diineed ee uu Illaahey ku maneystey wax la yaab ma leh marka loo eego guriga iyo bey`addii uu ka soo baxay oo ahayd bey`ad ahlu diin ah kuna dadaasha ku tiirsanaanta diinta Islaamka gaar ahaan awoowgii oo Imaam Ka ahaa masjid ku yaaley Marka isla markaana ka muuqdey goobaha cilmiga iyo dhaqdhaqaaqyada looga gol leeyahay sidii ay bulshada Soomaaliyeed ay u heli lahayd aqoon diineed si ay ugu dhaqmaan shareecada Islaamka gaar ahaan wixii la xiriira qofka iyo xiriirka uu la leeyahay Allahii weynaa ee abuurey iyo xiriirka ka dhexeeya qofka iyo bulshada ku wareegsan.

Waxaa la xusaa dadaaladii uu Sheekh Cali Maye ku bixiyey gaarsiinta tacaaliimta iyo axkaamta shareecada Islaamka degaano ka fog Magaalada Marka oo xarun u ahayd Sheekha, sida degaanada gobolada dhexe iyo meelo kale oo ka mid ah degaankii leysku oran jiray Banaadir, tusaale ahaan Sheekhu waxaa uu filinta arrinka aanu soo tilmaamney u wakiishey Sheekh Xaaji Yuusuf oo ka mid ahaa xirtii ka hanaqaadey duruustii iyo tarbiyad ii diiniga ahayd ee uu Sheekh Cali Maye bixin jiray, waxaa uuna ku guuleystey wakiilkiisa inuu degaanadii loo direy si xoog leh ugu faafiyo diinta Islaamka gaar ahaan fiqiga iyo axkaamtii shareecadeena ina fartey iyo arrimo la xiriira aadaabta iyo dhaqanka suuban, waxaase hubaal ah guusha uu ka gaarey Xaaji Yuusuf inuu xaqiijiyo riyadii Sheekha ma ayna suura geleen – Illaahey ka sokow – haddii Xaajigu uusan u carbeysneyn jidkaa iyo barnaamijka uu wadey waxaana lagu tilmaamaa inuu ahaa nin sabar badan oo akhlaaq wanaasan dadkane ay aad u jeclaayeen, waxaa arrinkaa u sii dheeraa inuusan ahayn nin reer adduun oo uu isku haleyn jiray Illaahey waxa uu mu`miniinta ugu yaboohey aakhiro oo raaxo iyo rayn rayn ah.

Intaa kaliya kuma uusan koobneyn dadaalka iyo halganka uu Sheekh Cali Maye u galey faafinta fariimaha ay diinteena xanbaarsaneyd oo waxaa kale uu wakiilo u direy degaano aad iyo aad uga fog xaruntiisa sida Soomaali galbeed oo ay Soomaalidu degto iyo meelo kale oo ka mid ah bariga Afrika, waxaa uuna u direy labo culumo oo walaalo ahaa kana mid ahaa xirtii iyo ardadii ku xirneyd kuwaa oo kale ah Sheekh Maxamud Xasan iyo Sheekh Axmed Xasan, waxayna labada Sheekh aqbaleyn wakaalada Sheekhooda iyagoo degaanadii ay sii marayeena kheyr badan uga tegay oo ka mid tacliintii iyo tarbiyad ii ay heleen Sheekhooda.

Waxaa muuqata qorshaha faafinta cilmiga iyo tarbiyada Islaamka oo uu heeganka u ahaa Sheekh Cali Maye in uu ahaa mid uu wax badan ka fakirey oo dayaar garow badan ka muuqata go`aan adagna ka gaarey, wakiilada uu dirayeyna kama marneyn reerka iyo qowska uu ka soo jeedo sida markii uu direy wiilkiisii Sheekh Maxamed Sheekh Cali Maye iyo wiilka uu awowga u ahaa ee Sheekh Abaa Cali Sheekh Maxamed Sheekh Cali Maye.

Sheekh Cali Maye ardadiisa uma diyaarin jirin oo kale dhanka aqoonta ee waxaa uu kaloo ku tarbiyad een jiray in ay noqdaan dad ka muuqda bulshada kuna tiirsan tacabkooda iyo waxay shaqeysteen, sidaa darteed waxaa uu xirtiisa u diyaarin jiray meel ay ku hoydaan iyo wixii ay ku noolaan lahaayeen inta ay diinta si fiican u baranayaan, ka dib marka uu ku kalsoonaado iney xanbaari karaan mus uuliyada faafinta diinta Islaamka waxaa uu u diyaarin jiray in ay shaqeystaan isagoo bari jiray xirfad ay ku meel maraan sida samaynta koofiyadaha, dharka iyo sida kutubta loo sameeyo loona saaro jaldi ama maqaar xafida, iyo qorista iyo guurinta kutubta ay culumadu qortey, xirfooyinkaa oo idil waxaa ay ka heli jireen quudkoodkii ay ku noolaan lahaayeen.

Dhaqdhaqaaqii aqooneed ee ka jiray Marka iyo dhammaan magaalooyinka ku teedsan xeebaha, waa midda keentay in indhaha dadyow badan ay soo jiitaan, gaar ahaan dhaqdhaqaaqii cilmiga ee uu hormoodka ka ahaa Sheekh Cali Maye. Waxaa arrinkaa tusaalo inoogu filan warqaddii uu u soo diray suldaankii Sansibaar ee reer al-Buusaciidi taa oo ay ka dambaysay Sheekh Cali Maye inuu jawaab iyo fatwo ka siiyo arrin diinta la xiriirta oo wareerisey suldaanka, jawaabta ku habboona waxaa uu Sheekhu ka qorey risaalo ama kitaab uu ku qancay suldaanku. Waxay kaloo arrintaasi tilmaamaysaa sida Sheekh Cali Maye uu ugu heegganaa faafinta xaqa iyo farriimaha ay diinteennu xambaarsan tahay, iyo in uu ahaa qof laga qaddariyo dhammaan geesk iyo meelo bariga Afrika. Waxaa kale oo arrinkaa inoo caddayn kara hadiyadihii u badnaa kutub, dhigaalladii iyo qoraalladii ay isweydaarsan jireen dadka muslimiinta ah gaar ahaan madaxdii ka talin jiray Muqdisho sida suldaan Saciid Barqash iyo xariirkii xarunta reer al-Busaciidi ee Sinkibaar.

Waxay dad badan qireen in Sheekh Cali Maye uu ahaa nin ay bulshadu jeceshahay oo akhlaaq wanaagsan, lamana sheegin wax arrinkaa ka hor imaanaya. Sheekha laftiisu waxaa uu ku dedaali jiray in aysan qofna isku dhicin oo haddii wax lagu qabsado waa uu isaga tegi jiray, taga, waayo? adduunyada isma uusan siin jirin, waana waxa uu ku helay kalsooni iyo kalkacayl badan oo bulshada oo idil ay u haysay. Waxaa intaa u dheeraa in uu mar walba dadka ku waanin jiray in laga fogaado cudurrada qalbiga gala sida xaasidnimada, xiqdiga, cuqdadda ama naceybka.

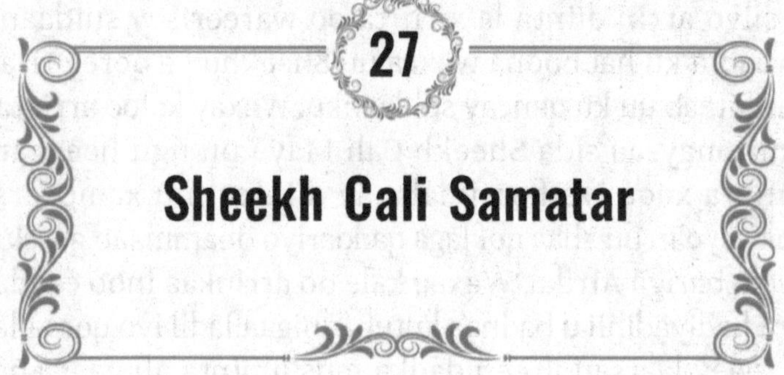

27

Sheekh Cali Samatar

Sheekh Cali Samatar Xasan Cabdulle Maxamed Yuusuf waxaa uu ahaa mid ka mid ah culumadii caanka ka ahayd dalka Soomaaliya oo faafin jirtay cilmiga, gaar ahaan fiqiga Shaaficiga. Sheekh Cali Samatar waxaa uu ku dhashey magaalada Xarardheere ee gobolka Mudug sannadku markuu ahaa 1311-dii hijriyada, laakiin waxaa uu ku barbaaray magaalada xeebta ku taal ee Hobyo oo uu ku xifdiyey Quraanka kariimka isagoo 14 jir ah. Intaa dabadeed, Sheekh Cali Samatar waxaa uu u safray magaalada Muqdisho isaga oo raadinayay cilmi iyo wax korarsi ku aaddan diinta Islaamka. Markii uu yimidba waxaa uu u sii gudbay magaalo xeebeedka koonfurta ku taal ee Marka oo ahayd xarun cilmi oo ay ku badnaayeen culumada, laakiin waxaa uu doorbidey xalaqadii iyo duruustii Sheekh Abuukar Khadiim Nuur oo uu wax badan ka faa'iiday, waxaana la oran karaa: Sheekh Abuukar waxaa uu noqday Sheekhii ugu horreeyay ee uu wax ka barto, ka dibna waxaa uu ku laabtay magaalada Muqdisho.

Markii uu ku soo noqday magaalada Muqdisho waxaa uu durbadiiba ku biiray xarumihii diinta iyo aqoontu ay ka socdeen ee Xamar, waayo waxaa uu kalgacayl iyo hamuun badan u qabay cilmiga iyo culumada, inkasta oo uu ka qaybqaatay xalaqooyin badan, dhegaystayna casharro kala duwan, hadane waxaa uu ku soo wareegey xalaqadii Sheekh Muxyadiin Macallin Mukarram oo loo yiqiinnay fiqigii waddanka, isla markaana ahaa qaalligii magaalada Muqdisho, wuxuuna ka xambaaray cilmiga fiqiga oo uu baxar ku ahaa, marintiisana uu ku caan baxay.

Sheekh Cali Samatar waxaa kale oo uu ka qaybqaatay xalaqooyinkii Sheekh Aadan Maxamuud gaar ahaana Tafsiirka Quraanka kariimka ah. Waxaa dadka qaarki ay tilmaamaan in Sheekh Cali Samatar uu la kulmey cilmi badanna ka qaatey caalimkii magaalada Xamar ee lagu magacaabi jiray Sheekh Cabdiraxmaan Cabdullaahi al-Shaanshi oo ku magac dheeraa Sheekh Cabdiraxmaan Suufi ama Xaaji Suufi.

Sheekh cali samatar markii uu in badan cilmiga fFiqiga ka faa'iidaystay culumadii Muqdisho ayaa waxaa muuqata in uu u leexday dhanka tasawufka iyo dariiqada oo uu noqday caalin lagu soo hirto oo hoggaamiya dad badan oo ka raalli noqday cilmiga Sheekha. Sideedana, waxaa la oran karaa waxay culumadii dalka Soomaaliya iyo gobolka geeska Afrika u badnaayeen in ay kulansadeen fiqiga, tasawufka, iyo saahidnimada, waana midda bulshada Soomaaliyeed uu Illaahey uga badbaadiyay labadii duufaanood ee hareeraha degaannada Soomaalidu degto ka socday, kuwaa oo kala ahaa dacwadii Kirishtaanka iyo ololihii Shiicadu wadday.

Sheekh Cali samatar waxaa uu Illaahey waafajieyay inuu dib ugu soo laabto degaannadii uu ka soo tegay ee Mudug iyo Galgaduud oo la isku yiraahdo gobollada dhexe ee dhaca bartamaha dalka Soomaaliya, halkaana waxaa uu ka sii waday fiifinta cilmigii uu ka xambaaray culumadii uu kula kulmey magaalada Muqdisho gaar ahaan tafsiirka, fiqiga iyo tasawufka. Waxaa la sheegaa in talada uu ku soo noqday uu lahaa Sheekhiisii Sheekh Abuukar Khadiib Nuur oo kula taliyey inuu degaannadii uu ka yimid ku laabto, wuxuuna idan u siiyey inuu sii gudbiyo wixii uu Ilaahey baray ee aqoon iyo diinba ahaa.

Sidaa awgeed, la yaab ma leh haddii uu Sheekh Cali bulshada ku reebay raad weyn oo diineed, gaar ahaan waxaa ka aflaxay xalaqaadkiisii culumo waaweyn oo dalka Soomaaliya iyo dalalka deriska ahba caan ka noqday, waxaana ka mid ahaa dadkii cilmiga ka qaatay Sheekh Yuusuf Direed. Waxaa xusid mudan in Sheekh Yuusuf Direed qudhiisa ay ka aflexeen culumo badan oo hoggaanka diinta ka noqday goobo kala duwan oo dalka Soomaaliya iyo dibaddiisaba leh.

Sheekh Cali Samatar dedaalka uu ku bixiyey sidii uu ummadda u gaarsiin lahaa aqoontiisii diineed waxay noqotey mid aan fududayn oo waxaa uu ka marey dhibaatooyin badan sida caadada ah ee uu la kulmo qofkii doonaya in uu kheyrka iyo wanaaggaa faafiyo, oo lama waayo wax ka hor yimaada oo leh Sheydaan iyo daruufo kale oo markaa ku adkaada, laakiin iyadoo intaasi jirto ayaa uu Sheekhu ku guuleystey inuu raad weyn ku reebo degaannadii uu diinta ku faafinayay iyo isagoo markaa unkay xer ku dayata jidkiisii gaar ahaan barashada iyo faafinta fiqiga shaafiga iyo sasawufka.

Waxaa la oran karaa Sheekh Cali Samatar waa uu ku guulaystay ujeeddadiisii ahayd inuu degaannaddii uu ka soo jeeday ee gobollada dhexe uu gaarsiiyo cilmigii iyo tarbiyaddii uu ka soo qaatay magaalada Muqdisho ee xarunta Soomaaliya iyo hareeraheeda, waxaana dadka soo jiitay aftahannimadiisa iyo xikmaddiisii sarraysay ee uu u adeegsan jiray sidii uu dadka u qancin lahaa. Waxaa la sheegaa in Sheekh Cali Samatar yahay culumadii ugu horraysay ee salka u dhigta faafinta Fiqiga gaar ahaan kutubta shaaficiyada ee Geeska Afrika laga aqristo, waxaana la sheegaa in Sheekhu ahaa caalin ah aad ugu xeel dheeraa kitaabta Minhaajka.

Waxaa kale oo intaa dheer in uu ka tegay kutubodhowr ah oo uu qoray kuna saabsan dhanka Fiqiga iyo Tasawufka, laakiin waxaa ina soo gaaray oo la daabacay ilaa iyo hadda labo kitaab oo la kala yiraahdo:

- Al-Qowl al-Naafic fii Cilmi al-Tasawuf
Kitaabkaan waxaa uu Sheekha kaga hadlayaa arrimo ku saabsan Suufinimada iyo cilmiga Tasawufka ee faraya in adduunyada iyo dhal dhalaalkeeda laga fogaado oo aan lagu tarax tegin, sidoo kale waxaa uu Sheekha ku qoray kitaabkiisaas wardiyo iyo tawasulaad gaar ah oo uu qofku Illaahay ku caabudayo, taana waxaa laga yaabaa in ay dad badan oo culumo ah ay ka hor yimaadaan.

- Gaayah al-Maraam fii Xalli Alfaadi Muqaddamah al-Minhaaj
Kitaabkaan waxaa uu Sheekh Cali si waafi ah ugu kala dhigayaa weero iyo arrimo ku saabsan fiqiga shaaficiga gaar ahaan kitaabka Manhaajka ee sida aadka ah looga aqriyo geeska Afrika.

- Talfiiq al-Muhim

Waa kitaab seddexaad oo uu Sheekh Cali Samatar qoray isagoo ujeedadiisu ahayd sidii uu cilmiga u gaarsiin lahaa ehlu cilmiga iyo bulshada inteeda kale.

Illaahey ha u naxariistee, Sheekh Cali Samatar waxaa uu geeriyooday sannadkii 1372-dii hijriyada, waxaa uuna ka tegay raad weyn oo la taaban karo, dadkii ka hanaqaaday madarasadiisa fiqiga iyo tasawufka iyo ardadii ka sii faa'iidaysaty waa kuwa aan la soo koobi karin oo illa iyo maanta socda, laakiin waxaan ku gaabsanaynaa inaan ka xusno culumo badan oo diinta ku faafisay dalka iyo dibaddiisa oo ay ka mid ahaayeen kuwo ku abtirsada madarasada Sheekha sida: Sheekh Yuusuf Direed, Sheekh Jaamac Guuleed, Sheekh Xasan Jimcaale oo loo yiqiinnay Sheekh Xasan Dhuux, Cali Tawxiidi, Sheekh Maxamed Guuleed Kaarshe, Sheekh Yuusuf Axmed iyo kuwo kale.

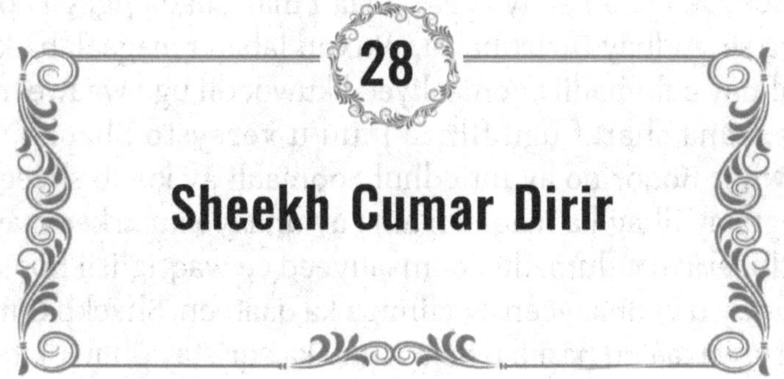

28

Sheekh Cumar Dirir

Barbaarintii iyo waxbarashadiisii

Sheekh Cumar Dirir Maxamed Warsame oo ka mid ahaa culumadii Soomaaliyeed ee doorka weyn ka qaadatay faafinta diinta Islaamka waxaa uu ku dhashay tuulo Magaalada Hargeysa ka xigta dhanka Bari abbaarihii sannadkii 1910kii, waxaana uu ka soojeeday beesha Soomaaliyeed ee lagu magacaabo Arab ee ka mid ahaa beelaha Isaaq ee dega waqooyiga iyo galbeedka dhulka Soomaaliyeed, gaar ahaanna Sheekhu waxaa uu ka soo jeedaa qoys qiime badan oo ehludiin ah. La yaab ma leh in Sheekh Cumar Dirir yaraantiisiiba uu u sii jeestay barashada diinta oo Quraanka kariimka uu ugu horreyo sida caadada dadyowga muslimiinta ah ay u badan tahay, dabaadeedna waxaa uu Sheekhu isku taxallujiyay sidii uu u heli lahaa bar bilowgii barashada aqoonta islaamka ka hor inta uusan gaarin culuumta waaweyn ee tafsiirka, axaadiista iyo Fiqiga.

Muddo ka dib Sheekh Cumar waxaa aad ugu sii weynaatay sidii uu u siyaadsan lahaa cilmiga, waxaana uu u safaray dhanka galbeedka Soomaaliya gaar ahaan magaalada Jigjiga oo uu uga sii gudbay Dirirhhawa. Wuxuu labada magaalaba kula kulmay culumadii Soomaaliyeed kuwoodii ugu waaweynaa, waxaana sharaf ugu filnaa inuu u xereysto Sheekh Cali Jowhar Boqor oo ay inta dhul Soomaali ay ku ab sheegato degta ay dhag ka maqleen ama ay dhaayo ku arkeen, ayna u dheerayd culumadii Soomaaliyeed ee waqtigiisii noolayd sida ay u badnaayeen ay cilmiga ka qaateen. Sheekh Cumar Dirir waxaa uu nasiib u helay inuu ka aqristay dhowr kitaab. Intii uu joogay magaalada Dirirdhawa waxaa uu sidoo kale kula kulmay culumo dhowr ah oo uu ka qaatay cilmi badan, waxaana ka mid ahaa culumadaa Soomaaliyeed ee uu Sheekhu u xeraystay caalimkii weynaa ee Sheekh Sayid Cabdiweli.

Sheekh Cumar waa uu ku faa'iiday hayaankii waxbarasho ee uu ku tegay galbeedka Soomaaliya gaar ahaan magaalooyinka Jigjiga iyo Dirirdhawa, dabadeedna waxaa uu ku soo laabtay degaannadii uu markii horey ka tegay. Muddadii uu joogay degaannada waqooyi waxaa uu meesha ka sii wadey aqoon korarsigii uu ku jiray waxaana uu la kulmay culumo degaankaa oo dhowr ah oo uu ka mid ahaa Sheekh Barkhad Cawaale oo uu ka faa'iidaystay intii uu la joogay degmada Gabiley.

Safarkii waxbarasho ee Sheekh Cumar Dirir uu galay kuma uusan koobnayn intaa oo keliya e, waxaa kaloo jiray safar aad muhiim u ahaa oo qayb weyn ka qaatay nolosha cilmi ee Sheekha, waana safarkii dheeraa ee uu ku tegay koonfurta

Soomaaliya gaar ahaan xaruntii cilmiga iyo hoggaanka diinta ee magaalada Baardheere, halkaana waxaa uu Sheekh Cumar Dirir kula kulmay culumo dhowr ah oo uu ka qaatay cilmi kala duwan, gaar ahaan fiqiga Shaaficiyada, waayo? Baardheere waxay xarun u ahayd kooxda loo yaqaannay Jamaacada Baardheere oo aad iyo aad ugu xeel dheerayd kutubta fiqiga sida Minhaajka iyo Irshaadka. Dadka u soo xeraysta Baardheere waxay ahaayeen dad ka kala yimaada meel ay Soomaali degto, taana waxaa keentay sumcaddii iyo maammuuskii ay lahayd.

Doorkii Sheekh Cumar Dirir ee faafinta diinta

Safarkii waxbarasho ee dheeraa ka dib ayaa uu Sheekhu ku soo laabtay degaannadiisii waqooyiga Soomaaliya gaar ahaan Hargeysa, durbana waxaa uu bilaabay inuu salka u dhigo cilmigii uu soo bartay sidiii uu u gaarsiin lahaa bulshada Soomaaliyeed. Waxaa uu xarun ka dhigtay masjidkii ugu weynaa magaalada oo uu ka bilaabay xalaqaad joogto ah oo uu ku marin jiray kutub u badan fiqiga shaafaciga oo Minhaajka iyo Irshaadku ay ka mid ahaayeen. Sidoo kale, waxaa ka mid ahaa casharradii uu Sheekhu bixin jiray tafsiirka Quraanka kariimka ah oo uu si joogto ah uga aqrin jiray masjidka aan hore u soo sheegnay.

Daruusta sida joogtadaa uu Sheekhu u bixin jiray waxaa ku taxnaa dad aad u fara badan oo aad u jeclaa, kana faa'iiday cilmigiisa, waxaana ka mid ahaa:

- Sheekh Maxamed Xalansade oo Jaamaca weyn ee Hargeysa markii dambe ka noqday imaam iyo khadiib.
- Sheekh Xasan Sheekh Cabdiraxmaan oo ka mid ahaa culumadii Hargeysa ee caanka ahaa.
- Sheekh Axmed Dhanbal oo ahaa madaxii waaxda Fatwada

ee wasaaradda diinta ee maamulkii Hargeysa.

- Sheekh Maxamed Sheekh Cumar Dirir oo ah wiil uu dhalay Sheekhu oo caan ka ah dhammaan meel ay Soomaali degto, dhanka faafinta cilmiga iyo hoggaaminta ummaddana jidkii aabbihii ku socda. Sheekh Maxamed Cumar Dirir waxaa uu fursad u helay maxabbada iyo kalgacaylka bulshada iyo madaxdeeda, sidaa darteed casharradiisu waxay gaaraan dad aad u tiro badan oo ka dhegeysta ama ka daawada idaacadaha la iska maqlo iyo kuwa la iska arko.

Haddii aanu u soo noqonno Sheekh cumar kaalintii iyo doorkii uu ka qaatay horumarka bulshada waxaa kale oo jirtay in arday badan oo ka aflaxday madarasada uu Sheekhu ka dhisay magaalada Guubaale kuwaa oo markii dambe noqday dad aqoon leh oo qayb weyn ka qaatay horumarka bulshadooda.

Sheekh Cumar Dirir waxaa uu ahaa caalim saahid oo adduunyada aysan ku weynayn waqti badanna aan ku lumen, kuna fooggan sidii uu ummadda u gaarsiin lahaa aqoontiisa diineed.

Geeridii Sheekha

Sheekh Cumar Dirir Maxmed Warsame waxaa uu geeriyooday isagoo ay bulshadu jeceshahay bishii bishii Abriil sannadkii 1982-dii, waxaana uu ahaa nin naxariis badan oo deeqsi ah -Ilaahay ha u naxariistee.

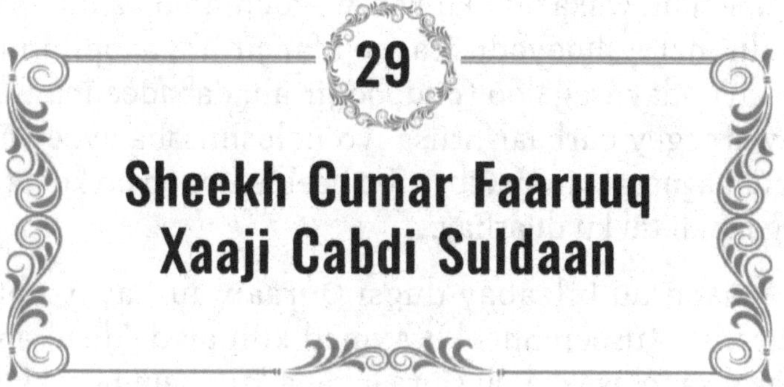

Sheekh Cumar Faaruuq Xaaji Cabdi Suldaan

Dhalashadiisii

Sheekh Cumar Faaruuq Xaaji Cabdi-Suldaan Xaaji Maxamuud Muxumud Axmed Cumar Yuusuf Xaaji Ibraahim oo ku magac dheeraa Sheekh Cumar Faaruuq waxaa hooyadii lagu magacaabi jiray Caasha Sheekh Axmed oo ay aabbihii ilmo adeer ahaayeen. Sheekh Cumar Faaruuq waxaa uu ka soo jeedaa beesha reer Aw Xasan oo lagu yaqaanno in ay yihiin reer diineed oo culumo u badan. Sheekhu waxaa uu ku dhashay meel baadiye ah oo lagu magacaabo Qoxley loona yaqaanno Carmaale oo u dhexaysa magaalooyinka Qabridaharre iyo Qallaafe oo ka tirsan dhulka Soomaaliyeed ee ay gacanta ku hayso dowladda Itoobiya ilaa iyo waqtiga hadda la joogo. Waxaan ka soo xigtey Sheekha oo uu ii sheegey - Allaha u naxariistee – inuu dhashay maalin Khamiis ah oo xilli Deyreed lagu jiro, sannadkii 1939-kii.

Barbaarintii iyo waxbarashadii Sheekh Cumar

Sheekhu waxaa uu ku koray agoonnimo ka dib markii ay dhimatey hooyadii isagoo afar jir ah, aabbihiina uu geeriyooday isaga oo toddobo jir ah, dabadeedna waxaa la wareegey barbaarintiisa iyo noloshiisaba ayeeydii oo lagu magacaabi jiray Cibaado Sheekh Axmed oo ku haysay degaankii uu ku dhashay.

Waxaa uu bilaabay dugsi Quraan uu hayay abtigii macallin Xuseen Sheekh Axmed xilli ay da'diisu ahayd sagaal sano, waxaa uu Quraankana ku dhammeeyey labo sano ka dib, muddo ka dibna waxaa uu ku biiray dugsi kale oo uu macallin ka ahaa macallin Bashiir Sheekh Maxamed Xaaji si uu u sii adkeeyo xifdiga Quraanka iyo barashadiisa, waxaa uu xifdigiisana ku kalsoonaaday markii ay da'diisu ahayd 14 sano jir.

Intaa ka dib Sheekhu waxaa uu gudagaley sidii uu kor ugu sii qaadi lahaa aqoontiisa diineed, waxaana uu ku biiray xalaqaadka, gaar ahaan xalaqadii iyo duruustii uu aqrin jiray Sheekh Cusmaan Jare Sheekh Xuseen Dhaqane, wuxuuna ka bartay kutub ay ka mid ahaayeen Safiinah al-Salaad, iyo Abuu Shajaac uu la socdo Sharrxiisa Ibni Qaasim al-Gizi, intaa waxaa u weheliyey in uu sidoo kale bartay luqadda carabiga gaar ahaan naxwaha iyo sarfiga oo uu Sheekh Xaaji Maxamuud Xaaji Cabdulle ka marsaday kitaabka Laamiyatul Afcaalka.

Sida aan soo tilmaannay Sheekh Cumar waxaa uu ka soo jeeday beel ku caan baxday cilmiga diinta, sidaa darteed la yaab ma leh in culumadii uu Sheekh Cumar cilmiga ka qaatay ay u badnaayeen reerka uu ka soo jeedo, gaar ahaan walaalkii ka weynaa Sheekh Shaafici Xaaji Cabdi Xaaji Suldaan, sidoo kale waxaa uu wax ka bartay adeerkii Sheekh Murshid Xaaji Muxumud Xaaji Maxamed.

Intaa dabadeed waxaa uu galay safarro aqoon kororsi ah, waxaana uu u kicitimay magaalada Qallaafe oo caan ku ahayd cilmiga diinta gaar ahaan Fiqiga sida kitaabka Minhaajka, ka dib markii uu ku biiray duruustii ay aqrin jireen Sheekh Cali Sheekh Cabdullahi Sheekh Maxamud iyo Sheekh Ismaaciil. Waxaa kale oo uu Bartay Sheekh Cumar Faaruuq cilmiga lagu magacaabo cilmi kalaamka gaar ahaan kutubta ay ka midka yihiin Jawharah al- Towxiid, Bad'ul Aamaal, Caqiidah al-Sunuusi, Xayaatul Islaam iyo Khariidah al-Bahiya. Culuumta uu bartay waxaa ka mid ahaa luqadda carabiga iyo suugaanteeda-gabayada iyo qasiidooyinka, sida Hamsiyada Sheekh Busiiri iyo Qasiidadii la magac baxday Baanad Sucaad. Sheekh Cumar Faaruuq waayalaha uu ka gungaarey, uuna ka aflaxay intii uu ku jiray xalaqaadkii Qallaafe waxaa ka mid ah cilmiga xadiiska Nebiga (N.N.K.H) oo uu aqristay kutub aad u badan sida Arbaciin iyo Abii Jamra. Intaa dabadeed waxaa uu ku xeeldheeraaday cilmiga Tafsiirka oo uu ka bartay culumo dhowr ah oo ay ka mid ahaayeen: Sheekh Maxmed Wali Abuukar, Sheekh Axmed Macallin oo loo yiqiinnay Xuub Quraan, Sheekh Maxamed Daahir oo uu kula kulmay magaalada Wardheer, iyo Sheekh Yuusuf oo uu kula kulmay magaalada Qallaafe oo uu ka bartay afarta jus ee dambe oo loo yaqaano subaca khamiisaad.

Sheekh Cumar Faaruuq oo sii wata dedaalladii uu u galay barashada diinta Islaamka waxaa uu u safray degaannada

Soomaaliyeed ee hoos yimaada dalka Kenya sanadku markuu ahaa 1964-tii waxaa uuna ku sugnaa magaalada Mandheera muddo labo sano ku dhow oo uu ahaa xerow cilmiga raacada, isla markaana mariya oo dadka u faa'ideeya wixii uu soo bartay.

Sannadku markuu ahaa 1965-tii waxaa uu Sheekhu u safray dhanka koonfurta Soomaaliya gaar ahaan magaalada Muqdisho, halkaa oo uu kula kulmay culumo waaweyn oo uu ka Bartay cilmi badan sida Sheekh Ibraahim Maxamed Cali (sh Ibraahim-Suulay) oo uu ka aqristay kutub dhowr ah oo Axaadiista Nabigeenna ah, sida kitaabka Riyaadka, isla markaa Sheekh Cumar waxaa uu ku biiray goobihii waxbarashada rasmiga ahaa sida Machadkii Tadaamun al-Islaami ee raacsanaa Jaamacadda Islaamiga ee Madiina al-Munawara.

Intaa ka dib Sheekh Cumar sadcaalkiisii waxbarasho waxaa uu ku soo gabagabeeyay safarkii dheeraa ee uu ku aaday dibadda gaar ahaan boqortooyada Sacuudiga isaga oo ka mid noqday dadkii wax ka baranayay Jaamicah al-Islaamiya ee ku tiil Madiina al-Munawara, markii uu dhammeeyayna waxaa uu u soo jeestay inuu faafiyo aqoontii uu muddo baranayay, isagaoo mar walba ku howlanaa inuu bixiyo daruus joogto ah oo uu ka bixinayay goobo kala duwan oo ku firiirsan Afrika, Aasiya iyo Yurub. Waxaa kale oo intaa u weheliyay safarrada aan joogtada ahayn ee uu ku tegi jiray meelo kala duwan oo adduunka ka mid ah sababo la xiriirta faafinta iyo xoojinta diinta Islaamka, waxayna u suuragelisay in dad aad u tiro badan ay ka aflaxeen daruustii uu aqrin jiray Sheekhu. Waxaa kaloo intaa weheliyey in sida badan daruusta Sheekha cajalado lagu duubay oo ay fursad u noqotay dad badan oo aan fursad u helin in ay Sheekha hor fariistaan.

Dedaallada Sheekh Cumar Faaruuq kuma koobnayn oo keliya faafinta aqoontii uu u lahaa diinta Islaamka iyo ku mashquulka aqrinta daruusta e, waxaa kale oo uu qayb weyn ka qaatay dib u hishiisiinta ummadda Soomaaliyeed oo uu qaarkood safarro dhaadheer u galay iyo gundhigga goloyaal nabadeynta ku lug leh. Sidoo kale waxaa uu qayb lixaad leh ka qaatay aasaasidda maraakis iyo goobo lagu faafiyo diinta Islaamka oo ku kale firirsan dunida dacalladeeda.

Geeridii Sheekha

Sheekh Cumar Faaruuq xaaji Cabdi Suldaan-Ilaahay ha u naxariistee, waxaa uu geeriyooday 8-dii Maarso, 2011-kii, waxaa uuna ifka uga tegay 15 carruur ah oo aysan ku jirin inta uu awoowaha u yahay.

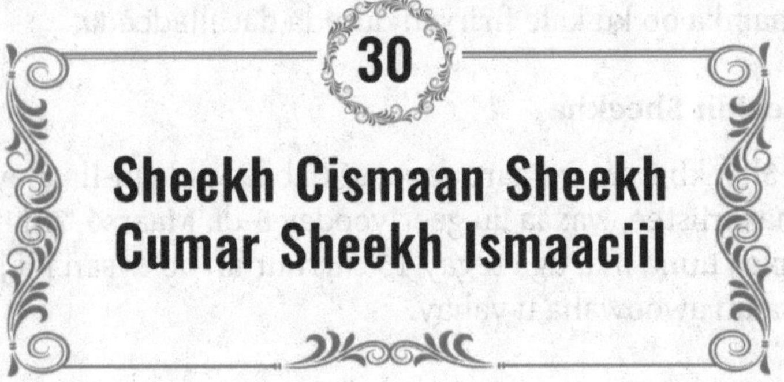

30

Sheekh Cismaan Sheekh Cumar Sheekh Ismaaciil

Sheekh Cusmaan Sheekh Cumar Sheekh Ismaaciil al-Berberi Sheekh Isxaaq Cigaal waxaa hooyadii la oran jiray Baar Dubbad Faarax oo ka soo jeedday beesha Ciise Muuse ee reer Sheekh Isxaaq. Sheekh Cusmaan waxaa uu ku dhashay magaalada Burco ee gobolka Togdheer sanadku markuu ahaa 1340-kii hijriyada oo waafaqsan 1920-kii, waxaa uuna ku barbaaray isla degaankii uu ku dhashay iyo gurigii hooyadii iyo aabbihii oo ahaa Sheekh ehlu cilmi ah, laakiin asaga oo toban iyo labo jir ah ayaa uu aabbihii. Waxaa tarbiyayntiisa duudka u ritay awoowgii Sheekh Ismaaciil oo isaguna ahaa Sheekh caalin ah oo degaanka laga yaqaannay. Awoowgi waxaa uu ka mid ahaa toddobo culumo ah oo loo

184

soo wakiishay faafinta dariiqada Saalixiyada ee Rashiidiya Axmediya, isla markaana si toos ah uga qaatay dariiqada Sheekh Maxamed Saalax oo saldhigiisu ahaa magaalada Maka al-Mukarrama, culumadaana waxaa kaloo ka mid ahaa Sayid Maxamed Guuleed oo Shabeellada dhexe jameeco weyn ka sameeyey, Sayid Cali Nayroobi, Sayid Ibraahim Sheekh Xasan Dabarre oo degmada Diinsoor iyo tuulooyinka ku dhow degganaa sida tuulada Misra, Shariif al-Ahdal Sayid Maxamed al-Ahdal oo magaalada Kismaayo saldhig u ahayd, Sayid Maxamed Cabdulle Xasan hoggaamiyihii Daraawiishta iyo Sayid Cali Daqarre.

Awoowgii ayaa si wacan u tarbiyeeyay, laakiin asna waxaa uu dhintay labo sano ka dib. Sheekh Cusmaan yaraantiisa waxaa uu Bartay Quraanka kariimka intii uu ku sugnaa degaanka Burco, dabadeedna waxaa uu sii watay barashada diinta ka dib markii uu ku biiray daruustii uu bixin jiray Sheekh Jaamac Seed oo beesha Cali Geri ee Dhulbahante ahaa, isla markaan Sayid Maxamed Cabdulle Xasan abtigii ahaa. Waxaa uu ka faa'iidaystay xalaqadii Sheekh Jaamac Seed oo uu ka helay cilmi badan bacdamaa uu aqristay kutub kale duwan, sida tafsiirka iyo fiqiga oo ay u dheer tahay cilmiga luqadda qaybihiisa Naxwaha iyo Sarfiga, sidoo kale waxaa uu aqristay suugaantii carabta gaar ahaan gabayadii Mucallaqaadka.

Sheekh Cusmaan waxaa kale oo uu ku biiray xalaqadii uu hoggaanka u hayay Sheekh Maxamuud Dhicis oo beesha Ogaadeen ka sii ah Ibraahiim, waxaa uuna ka bartay Naxwe iyo Sarfi. Culumadii uu cilmiga ka qaatay waxaa ka mid ahaa Shariif Maxamed Cali oo Ashraaf, reer Burco ah, waxaa uuna ka aqristay fiqiga shaaficiga gaar ahaan kutub ay ka mid yihiin Qaasimi, Cumde iyo Minhaaj. Isla markaana Sheekh Cusmaan waxaa uu guursadey gabar uu dhalay shariif Maxamed waxayna u dhashay gabar loo bixiyay Samsam. Taasi waxay sii xoojisay xiriirkii ka dhexeeyay shariifka iyo reer Ismaaciil Barbari oo sidaan hore u soo sheegnayna waagaa ahaa wakiilladii dariiqada Saalixiyada ee waqooyiga Soomaaliya. Sheekh Cusmaan qudhiisu waxaa uu Saalixiyada ka qaatay shariif Maxamed Cali ka dibna waxaa u suuragashey in uu la kulmo hoggaankii dariiqada ee fadhigiisu ahaa Maka oo waagaasna uu ahaa Sheekh Ibraahim al-Rashiid Sheekh Maxamed Saalax oo gurigiisu ku yiil barxaddii loo bixiyay Barxatu al-Rashiidiya ee Maka ku tiil; waqtigaana Sheekh Cusmaan waxaa asagoo labaatin jir ah uu waagaa la socday koox jameecada Saalixiyada ka mid ah oo soo gudanayay Xajka.

Markii xajka la gutay kadib ayay Maka kula kulmeen Sheekh Ibraahim al-Rashiid oo markaa u magacaabay inuu noqdo khaliifka dariiqada Saalixiyada ee degaankii uu ka yimid ee waqooyiga Soomaaliyasidii uu ahaan jiray awoowgii Sheekh Ismaaciil Barbari. Magacaabistaani kuma aysan oraah keliya ma aanay ahayn e, waxaa uu Sheekhu ku qoray warqad caddaynaysa arrinkaa dabadeedna waa uu af xiray, dadkii jameecada Saalixiyada ee ka yimid degaankana waxaa uu ku amray in aysan warqadda furin Ilaa ay dalkii ka tagayaan, waxaana jameecada ka mid ahaa koox culumo ah oo ka cilmi badan Sheekh Cusmaan kana weynaa, kuwaa oo ay qaarkood doonayeen in hoggaanka jameecada loo dhiibo, laakiin markii waddankii la tegay oo warqaddii la furey waxaa soo baxday in Sheekh Ibraahim al-Rashiid uu doortay Sheekh Cusmaan, waxaana warqadda waday Sheekh Maxamed Sandheere oo ka soojeeday beesha Jaamac Siyaad ee Dhulbahante.

Jamaeecadu waxay ka soo degaan magaalada Berbera oo bulshadu ay ku soo dhawaysay, waxayna reear Berbera aad ugu farxeen oo ay ku bogaadiyeen xilka cusub oo Sheekh Cismaan loo soo magacaabey. Waxaa Sheekha soo booqan jiray dadweynaha iyagoo u sheegaya in ay garabkiisa taagan yihiin oo ay jameecadiisa ka mid yihiin, waxaana xusid mudan in kulammadaa midkood uu ka soo muuqday Sayid Xaaji Baxnaan Xirsi Abyan oo Habar Yoonis (Isaaq) ahaa oo inta uu istaagey ayuu waxaa uu Sheekha madaxa ugu xirey cimaamad lagu magacaabi jiray rishwaan isaga oo ku muujinaya in uu ayidsan yahay magacaabidda Sheekh Ibraahim al-Rashiid uu Sheekh Cismaan uga dhigay khaliifka dariiqada ee waqooyiga Soomaaliya, ka dibna waxaa uu ku dhawaaqey oraah xasuusta ku raagtay oo ah " ka naxow nafta waa ", dabadeedna dadkii oo dhan yar iyo weyn, caamo iyo culumo waxay Sheekh Cismaan la galeen beeco oo ay siiyaan axdi, oggolaansho iyo in ay raalli ka yihiin hoggaankiisa diineed oo ay naf iyo maalba u hurayanaan.

Intaa ka dib Sheekh Cismaan Sheekh Cumar waxaa uu ku dhaqaaqay gudashada wixii loo soo wakiishay oo ahayd inuu diinta faafiyo jameecadana xoojiyo, sidaa darteed waxaa uu bilaabay inuu ku wareego miyi iyo magaalo si uu ula kulmo bulshada Soomaaliyeed, uuna u gaarsiiyo cilmigii uu yiqiinnay iyo sidii la isku kaashan lahaa, waxaana la socday koox culumo ah oo uu ka mid ahaa Sheekh Maxamed Sandheere, meel kasta oo ay tagaanna aad ayaa loo soo dhawaynayay, ugu dambeyntii Sheekh Cismaan waxaa uu ku negaadey baadiyaha degaannada Dhulbahantaha ee raacsan degmada Buuhoodle, halkaana waxaa looga dhisay guri weyn oo uu dego, dadkuna degaanno kala duwan ayay ugu imaan jireen si ay dariiqada uga qaataan, aqoontana Islaamka uu u gaarsiiyo, muddo markii la joogana waxaa uu safarro ku kala bixin jiray miyi iyo magaalo intii uu awoodi karay.

Bulshadu aad ayay u soo dhaweeyeen Sheekh Cismaan, qaarkoodna waxay siin jireen hadiyad sida xaaji Cumar Camay oo reer Hagar, Dhulbahante ahaa. Hadiyaddaas waxay ahayd tiro geel ah, dabadeedna waxay ku rafiiqeen safar ay kuwada tageen Maka iyo Madiina si ay u soo gutaan Xajka. Waxay taasi ahayd markii ugu horraysay oo geel hadiyad loo bixiyo, waayo? markii hore ari ayaa la isa siin jiray sidii soo martay Sheekha awoowgii Sheekh Ismaaciil Barbari oo markaa ahaa Sheekhii dariiqada Saalixiyada.

Sheekh Cismaan si daacadnimo ay ku jirto ayuu u gudan jiray hoggaanka dariiqada iyo faafinta diinta oo ay weheliso dedaalladii looga hortegayay gumeysigii ku soo duulay dalka, wuxuuna bulshada la wadaagayay halgankii ay kula jireen gumeysiga, waxaana arrinkaa ku weheliyay culumadii dalka oo ay ka mid ahaayeen halgamaagii weynaa ee Sheekh Bashiir Xaaji Yuusuf oo Habar Yoonis, Isaaq ahaa, Sheekh Maxamed Walaalleey Cismaan oo ay ilma habreed ahaayeen Sayid Maxamed Cabdillaahi Xasan iyo Sheekh Jaamac Seed oo isagana Sayidka abtigii ahaa sidaynu hore u soo sheegnay.

Sayaasadihii gumeysigu uu dalka ka waday dad badan ayaa ka soo horjeeday gaar ahaan culumada meel ay joogtaba, Sheekh Cismaan Sheekh Cumarna waxaa uu ka mid ahaa culumadii ka biyadiidday waxyaabo badan oo uu gumeystuhu damacsanaa hirgelintooda iyagoo u arkayey in shisheeyuhu uusan wax dan iyo wanaag ah la rabin bulshada Soomaaliyeed ee muslimka ah. Mar uu soo jeediyay maamulkii gumeysiga Ingiriisku in la sameeyo maxkamado deegaan oo hoos yimaada gumeysiga oo laga soo xulo beelaha Soomaaliyeed, Sheekh Cismaan waa uu diiday mar ay odoyaasha beesha Dhulbahante ay u soo jeediyeen inuu noqdo qaalli ummadda ku xukuma shareecada islaamka, sababtuna waa inuu dhibsanayay la shaqaynta Isticmaarka, waxaase jagadii qaallinnimada qabtay Xaaji Cabdullaahi Burcad oo Sheekh Cismaan adeer ugu aaddanaa, sidoo kale waxaa isagana la magacaabey Sheekh Muuse Xasan Wacays oo ahaa Sheekha dariiqada Axmadiyada kana soo jeeday reer Wayd, beesha Habar Yoonis. Waxaa kale oo loo soo bandhigey jagooyinkaa maxkamadda awlaaddii uu dhalay Sheekh Madar oo ahaa Habar Awal, reer Hargeysaa.

Sheekh Cismaan iyo culumo kalaba waxaa ay aad uga biyadiideen ujeeddooyinkii gumeysiga ee ahayd in afka Soomaaliga lagu qoro xaruufta Laatiinka oo waxay door bidayeen in haddii la qorayo afka hooyo lagu qoro xaruuf Carabi ah, isla markaana la xoojiyo faafinta afka Carabiga si ay bulshada ugu fududaato barashada diinta Islaamka. Culumadaa waxaa ka mid ahaa oo ay Sheekh Cismaan isku ra'yi ahaayeen Sheekh Sayid Faarax Aw Maar, Shariif Maxamed Cali, Sheekh Jaamac Seed Magan, Sheekh Bashiir Xaaji, Sheekh Cismaan Tuur oo ka dhashay beesha Habar Awal, ahaana Sheekha dariiqada Qaadiriyada magaalada Burca, sidoo kale Sheekh Cali Saciid iyo Sheekh Xasan Geel oo labadooduba ka soo jeeda beesha Habar Jeclo. Arrimahaas oo dhan waxay ku tusinayaan in dadka Soomaaliyeed ay isku ujeeddo ahaayeen, culumaduna ay hoggaanka u hayeen meel ay joogaanba.

Sheekh Cismaan waxay xiriir lahaayeen culumo iyo salaadiin magac iyo xurmo ku leh bulshooyinka dega geeska Afrika, waxaa uuna ii sheegey inuu la kulmay Sheekh Cabdiwaahid Sayid Maxamed Guuleed oo ahaa hoggaammadii ugu sarreeyay dariiqada Saalixiyada ee Soomaaliya, labada Sheekh dhowr goor ayay ku kulmeen koofur iyo waqooyi, sidoo kale waxay ku kulmeen magaalada barakaysan ee Maka, mar walbana waxay ka wada xaajoon jireen arrimaha dacwada Islaamka iyo xaaladda ay ku sugan tahay dariiqada Saalixiyadu.

Waxay wada siyaarteen hoyga Sheekhii Saalixiyada Sheekh Ibraahim al-Rashiid ee ku yiil Maka.

Culumada iyo hoggaamiyayaasha bulshada Soomaaliyeed ee uu Sheekh Cismaan xiriirka la lahaa ama uu la kulmay waxaa ka mid ahaa: Xaaji Faarax Oomaar, halgamaagii weynaa ee ka soo horjeestey hagarsiga iyo hagardaamada gumeysiga ilaa laga xiray, Sheekh Cismaanna waxaa uu ka mid noqday dadkii u gargaari jiray xaajiga.

- Xaaji Caydiid Carab Saqiir oo beesha Arab, Isaaq ahaa, waxaa uu caan ku ahaa inuu curiyo Nebi amaanka iyo Digriga Alle.
- Xaaji Muuse Coldoon Cali oo beesha Habar Yoonis ah.
- Sheekh Maxamuud Cismaan Bururi, reer Aw Xasan.
- Xaaji Diiriye Jaamac oo loo yiqiinnay "Kabta eeday" Habar Awal.
- Garaad Maxamuud Cali Shire oo Warsangeli ahaa.
- Garaad Jaamac oo Dhulbahante, Bah Hararsame ahaa.
- Xaaji Axmed Aw Xuseen oo loo yiqiin Sheekhdoon, reer Yaxye, beesha Dhulbahante, waxaa uu ahaa Sheekh Caalin ah oo faham badan, islamarkaana gabyaa ah, saaxiib gooni ah ayay Sheekh Cismaan ahaayeen, waxaana uu geeriyooday 1989-kii isagoo 110 sano jir ah-Ilaahay ha u naxariisto dhammaan culumadeennii.

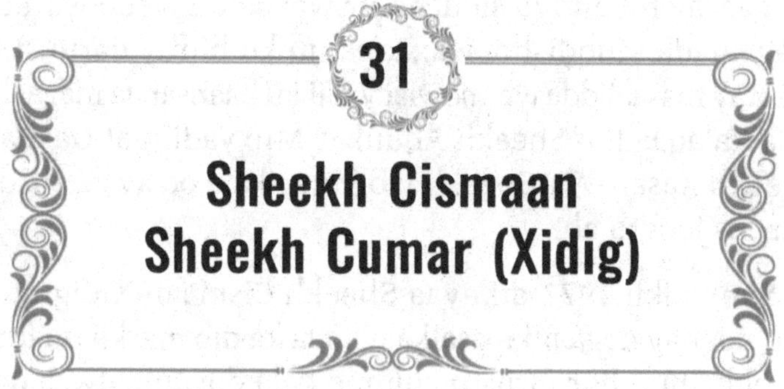

31

Sheekh Cismaan
Sheekh Cumar (Xidig)

Sheekh Cismaan Sheekh Cumar Sheekh Daa'uud oo caan ku ah Sheekh Cismaan-xidig waxaa uu ku dhashay degmada Ceeldheer ee ku taal bariga magaalada Gaalkacyo, isla markaan raacsan gobolka Galgaduud, sannadkii 1942-dii. Sheekh Cismaan isagoo toban jir ah ayaa uu xifdiyay Quraanka kariimka oo ay u dheerayd culuum kala duwan maadaama uu ka soo jeeday qoys ehlu cilmi ah gaar ahaan aabbihii Sheekh Cumar iyo awowgii Sheekh Daa'uud oo ahaa caalin ku xeel dheer diinta Islaamka, gaar ahaan Sheekh Daa'uud waxaa uu ka tirsanaa culumadii wax ka soo baratay degaanka Marka oo markaa hoos imaanaysay hoggaankii

Sheekh Cali Maye al-Bakri oo lagu tilmaamo inuu ahaa aabbihii dariiqada Axmadiyada ee Soomaaliya.

Markii uu toban iyo kow jirsaday ayaa uu ku biiray xalaqaadkii lagu baran jiray diinta Islaamka iyo luqadda carabiga sida xalaqadii Sheekh Cabdullaahi Daa'uud oo aagga degaanka Ceeldheer wax ku aqrin jiray. 1960-kii, markii uu gaaray toban iyo siddeed jir waxaa uu u soo wareegey magaalada Muqdisho, waxaana uu ku biiray daruustii ka socotay masaajidda iyo mowlacyadii ku baahsanaa magaalada, sida xalaqaadkii Sheekh Abuukar Muxyadiin al-Qaxdaani, Sheekh Xasan-WarSheekh iyo kuwo kale oo ay ka socdeen duruus joogto ah.

Sannadkii 1977-dii ayaa Sheekh Cismaan Xidig uu dib ugu noqday degaankii asalka u ahaa ka dib markii uu fursad u helay inuu hor fariisto culumo kala duwan kuwaa oo uu ka soo faa'iiday culuum wax ku ool ah, waxaase imaashaha Sheekh Cismaan ay ku beegantay dhimashada adeerkii Sheekh Axmed Sheekh Daa'uud oo ahaa markaa hoggaamiyaha reerka iyo degaanka ee dhanka diinta oo ay ugu horraysay dariiqada Axmadiyada, taa darteedna waxaa qasab ku noqotay Sheekh Cismaan in uu la wareego dacwada iyo dariiqada Axmadiyada oo uu dhaxlo hoggaanka taxanaha iyo horseedka dariiqada sannadku markuu ahaa 1977-dii.

Waxaa la og yahay in Sheekh Cismaan Sheekh Cumar Sheekh Daa'uud uu aad u dedaal badnaa isla markaana ay ka aflaxeen tarbiyaddiisa iyo daruustii uu marin jiray dad aad u tiro badan oo maanta ka mid ah waxtarka bulsahadeenna kuwaa oo ku kala firirsan dalka Soomaaliya iyo dibaddiisaba.

Sheekh Cismaan Xidig waxa uu ka mid yahay culumada dalkeenna caanka ka ah ee qayb lixaad leh ka qaadatay faafinta cilmiga gaar ahaan fiqiga iyo cilmiga tarbiyada dhinaca tasawufka iyo Alle ka cabsiga oo ay ku dheehan tahay aakhiro jacayl iyo adduun ka saahidid. Waxaynu ognahay in Sheekh Cismaan Xidig uu maanta ka mid yahay hoggaanka ugu sarreeya dariiqada Axmadiyada ee ka mid ah dariiqooyinka dalka Soomaaliya ka jira, lehna dad badan oo raacsan.

Sheekh Cismaan xidig waxaa kale oo uu bulshada u qabtay arrimo badan oo ay dadku ku qadariyaan, sida inuu marar badan dhexdhexaadiyey beelo dagaallamay, Ilaahayna sabab uga dhigay in ay ku wada noolaadaan nabad iyo walaaltinnimo. Sidoo kale waxaa uu Sheekhu ka mid ahaa culumadii aasaastey golihii sare ee fulinta ee maxkamaddii Islaamiga ahayd ee ka furantay degmada Kaaraan sannadkii 1995-tii illaa 1997-dii ka hor inta aanay dhicin khilaaf ka aloosmey hoggaamintii maxkamadda, sidaa darteedna uu Sheekhu isaga saahiday oo uu ka fogaaday.Sheekh Cismaan Xidig waxaa uu xubin ka ahaa golaha saree ee dariiqooyinka suufiyada ee dalka Soomaaliya kaa oo dhidabbada loo taagay sannadkii 2001-dii, sidoo kale waxaa uu Sheekhu ka mid ahaa xubnaha sare ee golaha Ehlu Sunna wal Jamaaca ee suufiyada.

Sheekh Cismaan Xidig waxaa uu caan yahay inuu soo saaray jiil uu ku soo tarbiyeeyay diinta Islaamka oo maanta bulshada Soomaaliyeed kaga jiro kaalin fiican, waayo Sheekhu waxaa uu leeyahay gole cilmiyeed mar walba laga aqriyo kutub iyo casharro lagu bartto labada asal ee Quraanka iyo Sunnada Nebigeenna suubban-naxariis iyo nabadgalyo korkiisa ha ahaato. Waxaa kale oo fadhiyada Sheekha mar walba laga aqriyaa adkaar iyo wardiyo joogto ah oo Ilaahay lagu xusayo, kuwaa oo uu Sheekhu ka allifay kutub dhowr ah si ay xirtiisa iyo ummadda kalab uga faa'iidaystaan.

Waxaa uu Sheekh Cismaan alifey kutub dhowr ah oo ka hadlaya dhinacyo badan, waxaana kutubtaa ka mid ah kuwo la daabacay iyo kuwo aan weli la daabicin oo farguri ah, dhammaantoodna waxay ku qoran yihiin afka carabiga. Kutubta uu qoray Sheekh Cismaan Xidig ee aadka u badan waxaa ka mid ah:

- Al-Minax al-Wahabiyaha fii Dammi al-Casabiyah wal-Qabaliyah.
- Alla'aali al-Saniyah fii Mashruuciyati Mowlidi Kheyri al-Bariyah.
- Al-Burhaan fii Jawaas al-Dikri bi-Lafdi Huw lil-Malik ald-Dayaan.
- Iqnaac al-Mu'miniin bi-al-Tabrruk bi-al-Saalixiin.
- Aniisu al-Jaliis fii Tarjumati Sayidii Axmed bin Idriis.
- Al-Tabyiin fii Adillah al-Talqiin.
- Al-Nasaa'ix al-Mursalah ilaa Dullaab al-Cilmi Lillaahi wal-Aakhirah.
- Tarjumatu al-Imaan al-Sheykh Daa'uud Calasow.
- Al-Towdiix fii Sharxi Adkaar al-Tasbiix.
- Al-Muntakhab fii Sharxi Awraadi al-Marxab.
- Risaaltu Qasi al-Shaarib.
- Risaaltu al-Tanbiih al-Iqtibaas fii Masaawii al-Waswaas.
- Al-Tuxfah fii Nashri Maxaasin al-Burdah.

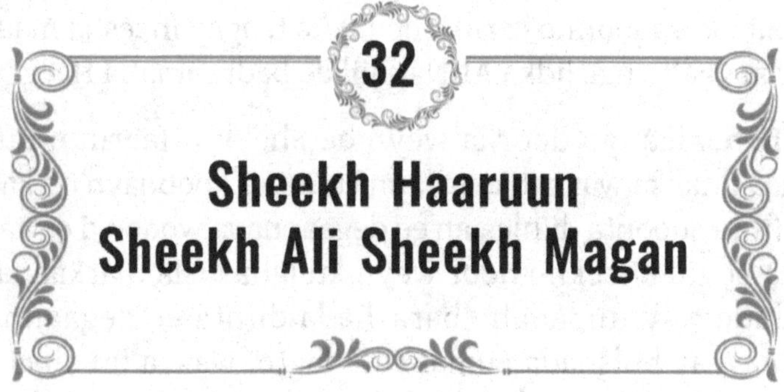

32

Sheekh Haaruun
Sheekh Ali Sheekh Magan

Sheekh Haaruun Sheekh Cali Sheekh Magan waxaa uu ahaa wiilka keliya ee Sheekh Cali dhalay, kuna soo barbaaray hoy diineed, waxaan uu fursad u helay in uu cilmi u doonto magaalada Harar ee Soomaali Galbeed oo ahayd xarun cilmiyeed loo doonto aqoonta diinta laamaheeda kala duwan maadaama ay ku sugnaayeen culumo tiro badan oo magaalada iyo daafaheeda k waday dhaqdhaqaaqyo cilmi oo aad u sarreeyay oo raadkoodii uu ka muuqdo dhammaaan geeska Afrika iyo Jasiiradda Carabta. Sidoo kale waxaa uu Sheekhu cilmi u doontay dalka Masar oo ay ku taallo hoyga cilmiga iyo aqoonta islaamka ee al As-har.

Dabayaaqadii dagaalkii kowaad ee adduunka ayuu degaannada woqooyi dib ugu soo laabtay, isla markiina waxaa uu halkaa ka bilaabay faafinta diinta iyo siduu dadka u bari lahaa Quraanka aqrintiisa, qoristiisa oo ay dheer tahay sidii loo xifdin lahaa-gaar ahaan carruurta iyo dhalinyarada, oo waxaa uu dhisay malcaamado; Waxaa la sheegaa in Sheekh Haaruun malcaamaddii iyo dugsigii uu dhisay uu ka sameeyey waxa loo yaqoonno cariish oo uu ka taagay meesha maanta uu ku yaallo masjidka Al-Nakhiil ee badhtamaha Hargeysa.

Dedaalka iyo doorka weyn ee Sheekh Haaruun uu ku lahaa dhanka waxqabadka kuma uuusan koobnayn oo kaliya faafinta aqoonta diiniga ah ee degaannada woqooyi e, waxaa kale oo uu Sheekhu door weyn ku lahaa isla markaana uu fududeeyay fursadaha barashada diinta ee degaannada kale ee ay bulshada Somaalidu degto. waxaa uu ahaa nin tawaaduc badan oo bulshada ku milan xiriir gooni ahna la leh odayaasha iyo hoggaankooda oo aan marnaba gooni ka noqon, waxay taasi keentay in uu bulshadiisa la qaybsado dhibka iyo dheefta, uuna ku kasbadey dabeecadahaa wanaagsan in ay ummaddu kalsooni buuxda ku qabto oo la maqlo taladiisa iyo hadalkiisaba, gaar ahaan goortii uu kala dhexgalo labo reer ama beelood marka ay isku dhacaan ama isfahan xumo dhacdo-Ilaahay ha u naxariisto.

33

Sheekh Ibraahim
Maxamed Cali (Suulay)

Sheekh Ibraahim Maxamed Cali oo ku magac dheeraa Sheekh Ibraahim Suulay, waxaa uu ku dhashay tuulada Deefow ee ka tirsan gobolka Hiiraan una dhow magaalada Baladweyne sannadku markuu ahaa 1932-dii, waxaana uu ku barbaaray isla tuuladaa oo uu ka galay dugsi Quraan isaga oo uu macallin u noqday macallin Cali Qubays oo qabiilka Dirta ahaa. Dugsiga ka dib waxaa uu bilaabay raacashada kitaabbada oo uu ka marsaday culumadii degaanka qaarkood sida Macallin Ismaaciil iyo Sheekh Xasan Axmed Cusmaan oo labadoodaba ay isku reer ahaayeen Sheekh Ibraahim Suulay, intaa ka dib waxaa ku xigey inuu Sheekha u wareegey dhinaca magaalada Baledweyne uuna ku biiray goobihii cilmiga shareecada iyo luqadda Carabigu ka socdeen, gaar ahaan duruustii Sheekh Cumar Axmed Diinlay oo reer Aw Xasan ahaa, waxaana uu ka aqristay culuumta Naxwaha iyo Sarfiga, muddo ka dibna waxaa uu u guurey degaanka Soomaaliyeed ee ay Xabashidu gumeysato gaar ahaan Qallaafe oo uu Sheekhu kula kulmay culumo dhowr ah sida Sheekh Maxamed Wali oo reer Aw Xasan u dhashay kaa oo Sheekh Ibraahim u aqriyey dhowr kitaab.

Xijaas iyo Sheekh Ibraahim Suulay

Muddo seddex sano ah oo ku negaaday deganaaka Soomaalida ee aynu soo sheegey waxaa uu safar ujeeddadiisu waxbarasho tahay uu ku aaday dhulkii barakaysan ee Makah al-Mukarrama iyo Madiina al-Munawara sannadku markuu ahaa 1945-tii isagoo ka ambabaxay Qallaafe dabadeedna sii marey Hargeysa iyo Barbara oo uu ka raacay doonii gaysay dalka Yeman. Mar aan wareestey Sheekha qudhiisu waxaa uu ii sheegey in uu gaaray magaalada Maka ka horna uu ku jiray safarro waxbarasho oo dalka Soomaaliya gudihiisa iyo Yaman ahaa, taa oo qaadatay muddo ka hor inta uusan gaarin dhulka barakaysan. Ka dib markii uu gutay waajibkii Xajka iyo Cumrada waxaa uu ku biiray goobihii cilmiga iyo duruusta ka socdeen ee ku firirsanaa xaramkii Ilaahay ee Maka gaar ahaan waxaa uu aad ugu taxnaa xalaqadii Sheekh Sayid Calawi al-Maaliki, xalaqadii Sheekh Xasan al-Mashaad, xalaqadii Sheekh Nuur Sayf, xalaqadii iyo daruustii uu bixin jiray Sheekh Maxamed Amiin al-Kutbi iyo xalaqadii Sheekh Cabdullaahi Darduur al-Jaawi, dhamaam culumadaas waxay ka mid ahaayeen culumada ugu firfircoonaa dhulkii Xijaas oo aad looga tilmaami jiray caalamka Islaamka, waxaana uu Sheekh Ibraahim culumadaa ka faa'iiday cilmi aad u badan oo la xiriiray luqadda carabiga iyo qaybaheeda kale duwan, fiqiga iyo usuushiisa, axaadiista Nabigeenna-naxariis iyo nabadgalyo korkiisa ha ahaatee, iyo culuumtii xiriirka la lahayd. Waxaa kale oo uu Sheekh Ibraahim wax ka aqristay muddadii uu joogay magaalada Maka Sheekh Xuseen oo Ogaadeen ahaa iyo Sheekh Isxaaq Cabdi oo Raxanweyn ahaa oo uu ka Bartay duruus iyo kutub xiriir la leh luqadda carabiga iyo axaadiista Rasuulka-naxariis iyo nabadgalyo korkiisa ha ahaatee, isla markaana waxaa u suuro gashey Sheekh Ibraahim Suuley in la guddoonsiiyo shahaado loogu oggolaanayo inuu Sheekh ku noqdo oo uu faafiyo cilmigii uu ka bartay dhulkaa barakaysan sannadku markuu ahaa 1960-kii, arrinkaana waa maqaam uusan qof walba gaari karin.

Ku soo noqoshadii dalka Soomaaliya

Markii ay Sheekha u suuragashey ujeeddadii uu ka lahaa safarkiisii waxbarasho ee uu ku tegay Maka iyo Madiina, waxaa uu Sheekhu ku soo laabtay dalkiisii 1961-dii oo markaa xor ah, waayo waxaa uu ka tegay dalka oo gacantii gumeysiga ku jira, markii xurnimada la qaadanayayna waxaa uu Sheekh Ibraahim ka mid ahaa dadkii iyaga oo jooga Maka aad iyo aad ugu farxay oo yeeshay kulammo ay ku muujinayaan farxaddooda ku aaddan xorriyadda iyo madaxbannaanida waddankoodu uu gaaray.

Sheekhu markii uu Soomaaliya ku soo laabtay waxaa uu u gudbay dhinaca dhulkii Soomaaliyeed ee NFD ee dowladda Kenya hoos yimaada oo uu gumeysigii Ingriisku gacanta u galiyey.

Doorkii Sheekh Ibraahim ee faafinta cilmiga

Markii uu Sheekhu gaaray dhulkii Soomaalida ee hoos imaanayay gumeysiga Kenya waxaa uu isla markiiba ka qayb qaatay faafinta aqoontii uu Ilaahay soo baray iyo waaya-aragnimadii uu ka soo helay degaannadii uu soo arkay oo dal iyo dibadba isugu jiray, sadaa darteed Dedaallada Sheekhu uu ku bixiyay faafinta diinta iyo cilmiga kuma aysan koobnayn oo kealiya duruusta joogtada ah ee uu ka aqrin jiray goobaha cilmiga sida masaajiddada iyo mowlacyada ee waxaa kale ee uu Sheekh Ibraahim ku dedadaalay sidii uu u suuragalin lahaa in la helo madarasad tayo leh oo si nadaam ah ku socota, isla markaana ardayda ka aflaxda ay helaan shahaado u dhiganta kuwo meelaha kale laga bixiyo. Shiukhu waxaa uu ku guulaystay inuu aasaasay madarasad ama dugsi tayo leh oo ay wax ku bartaan carruurta iyo dhalinyarada kaa oo uu ka sameeyey tuulada Taag Gaabo oo raacsan magaalada Mandheera ee dhulka Soomaaliyeed ee maamulka Kenya hoos taga. Sida uu ii sheegey Sheekh Ibraahim-Ilaahay ha u naxariistee, dugisgaa bilowgiisu waxaa uu ahaa geed hoostii iyo sabuurad keliya, markii dambana waxaa uu u xuubsiibtay in uu noqdo meel tacliinteedu sarrayso oo ardayda ka baxdaa ay noqdeen kuwo hore u sii wada waxbarashadooda heerka sare. Runtii dad badan oo Soomaali ah ayaa ka faa'iidaystay madarasada Sheekhu sameeyey, markii Sheekhu uu dib ugu laabtay dalka Soomaaliya waxay noqotay mid hore u sii socota oo laga faa'iidaysto.

Markii uu qarxay dagaalkii Soomaaliya iyo Itoobiya sannadkii 1964-tii waxaa uu Sheekhu dareemey deggenaansho la'aan soo foodsaartay degaannada uu ku noolaa, sidaa darteedna waxaa uu dib ugu soo laabtay dalkii Soomaaliya gaar ahaan magaalada Muqdisho, durbana waxaa uu u go`aansaday sidii uu u heli lahaa saldhig uu ka ambaqaadm oo uu ku faafiyo aqoonta uu xambaarsan yahay, waxaana u suuragashey inuu khadiib jimcada aqriya ka noqdo masjidkii al-Huda ee ku yiillay Siigaale, Hodan. Sheekh Ibraahim oo ahaa caalim ku xeel dheer axaadiista iyo culuumteeda waxaa uu si joogto ah u aqrin jiray kutubta xadiisyada noocyadooda kala duwan, waxaa uuna fadhigiisu ahaa masjidkii Marwaas ee degmada Xamarweyne, kutubta uu aqrin jirayna waxaa ka mid ah kitaabka Jawaahir al-Bukhaari iyo Jaamicu Saxiix al-Bukhaari laftiisa, sidoo kale kitaabka Lu'lu' wal-Marjaan, laakiin waxaa uu Sheekh Ibraahim ku caan ahaa aqrint kitaabka Riyaad al-Saalixiin ee uu qoray Imaam al-Nawaawi oo waxaa uu u aqrin jiray si joogto ah, markii uu dhameeyana isla markiiba waa uu soo bilaabi jiray. Waxaa la sheegaa inta ugu badan ee aqrisa kitaabka Riyaadka ay ka mid ahaayeen ardaydii Sheekh Ibraahim ka aflaxday.

Sheekh Ibraahim dedaalkiisii iyo faafintii cilmiga uu soo bartay ee lahaa hababka kala duwan ma uusan kale go'in. Inkasta oo ay daruustiisu u badnayd kuwo ka baxa masaajidda, haddana dedaalkaas kuma uusan koobnayn oo keliya kutub la aqriyo e, waxaa uu ahaa qof tarbiyadeeya xerta ku xiran islma markaana waxaa u suuragashey inuu aasaaso dugsi ama madaraso wax lagu barto oo uu u bixiyey madarasah al-Hudaa oo ka tirsanayd masjidka al-Hudaa ee ku yiil degmada Hodan. Dugsigaasi waxaa uu ahaa mid laga bixiyo casharro la xiriirta culuumta Islaamka sida Quraanka, Axaadiista, Axkaamta Islaamka iyo luqadda carabiga, taa oo u dhiganteay madaaristii uu Sheekhu ku soo arkey waddamdadii carbeed ee uu booqday sida Yeman iyo Sacuudiga. Waxyaalaha keeney is madarasa al Hudaa ay hano qaado waxaa ka mid ahaa in Sheekh Ibraahim naftiisa uu ka warqabay oo uu maamulkeeda gacanta kula jiray, mar kastana waxaa ku isku taxlujin jiray sidii loo horumarin lahaa loona cusbooneysiin lahaa manhajka madarasa iyo baahidda cilmiyeed ee loo baahan yahay waqti kastaba, waxaa uu Sheekhu ku dadaaley in ardayda ka qalin jabisa madarasaa ay la mid noqdaan kuwa ka qalin jabiya madaarista dalka ka jirta oo ku socota habka manaahijta Islaamiga ah sida madarasadii Sheekh Suufi, sidaa darteed waxaa uu xiriir la sameyn jiray hay`adaha waxbarasha sida kooxdii macallimiinta al As-har iyo maamulkoodii oo dalka joogay si ay aqoonsi dheeraad ah u siiyaan isla markaana loo helo aqoonsi ka taaba gali kara dalalka Carabta, waana uu ku guulaystay Sheekha arrintaa oo mar walba waa ay soo booqan jireen isla markaana waxaa ay ka caawin jireen kutubta iyo dhanka manaahijta.

Sheekh Ibraahim waxaa kale uu ka mid noqday macallimiintii wax ka dhigi jrey machadii la oran jiray Machad al Tadaamun ee ku yiiley magaalada Muqdisho isla markaana aas aastey Raabitadii Caalamka Islaamka oo saldhigeedu ahaa Magaalada Makkhah ee dalka Sacuudiga, machadkaa oo soo saarey dad barkii dambe culumo waaweyn noqday, qaar kalene waxbarashadoodii horey u sii wadey dabadeedna caan ka noqday dunida Carabta iyo Islaamka, nasiib xumase waxaa la wareegey machadkii oo hor istaagey habkii uu u socday dowladdii kacaanka ee uu hogaaminayey janaraal Maxamed Siyaad Barre 1969kii.

Laakiin arrinkaa ma uusan noqon mid hakiya dedaalladii uu Sheekh Ibraahim ku faafinayay aqoontii Ilaahay baray, isla markiina waxaa uu u wareegey inuu wax ka dhigo iskuulkii la oran jiray Sheekh Suufi oo uu ka mid noqday macallimiinta dugsigaa raacsanaa jaamacadda al As-har oo ardayda ka baxdaa qaarkood waxbarasho sare u aadi jiray dalka Masar si ay ugu biiraan aqoontii durugsaneyd ee ka socotay Jaamacadda al As-har.

Dadaaladda Sheekha kuma koobnayn oo kaliya macallin ka uu ka ahaa madarasadii al Huda iyo tii Sheekh Suufi oo aanu soo wada talmaamney, ee sidoo kale waxaa uu ahaa Sheekha qof xiriir fiican la leh dhammaan dadweynaha Soomaaliyeed meel ay joogaanba isla markaana u haya maamuus iyo qadarin sareysa oo waxaa uu Sheekha ku dadaali jiray in uu dalka ku soo wareego lana kulmo ummadda si uu ula qaybsado arrimaha la xiriira diinta Islaamka iyo faafinta dacwada Islaamka, isla markaana si joogto waxaa uu u wadey duruustii iyo casharradii uu ka bixin jrey labadii masaajid ee al Huda ee degmada Hodan iyo Marwaas ee degmada Xamar weyne sida aanu soo tilmaamney.

Doorkii Sheekh Ibraahim iyo dib u heshiisiinta:

In kasta uu Sheekh Ibraahim dareemayey in wadanka uu soo xumaanayo oo ayna soo food saartey degenaasho la`aan siyaasadeed haddane waxaa uu ka mid ahaa culumadii isku deydey in ay badbaadiyaan oo ay wax ka qabtaan arrinkaa, dadaalo badanna waxay ku bixiyeen sidii loo dejin lahaa kacdoomada siyaaseed ee ka hor yimid xukuumaddii uu hormoodka ka ahaa Madaxweyne Maxamed Siyaad Barre iyagoo kaashanaya wax garad Soomaaliyeed oo gaaryey illaa 180 qofood looguna magac darey guddiga dib u heshiisiinta ee wadaniga ah oo isugu jiray dad caadi ah iyo qaar ka socday dhinaca xukuumaddii Soomaaliyeed, laakiin arrinkaa uma aysan suuro galin in kastoo dadaalo badan ay ku bixiyeen xal u helidda deganaashaha dalka.

Markii uu qarxay dagaalkii sokeeye ee dalka Soomaaliya waxaa uu Sheekh Ibraahim ka mid ahaa culumadii iyo wax garadkii dowrka weyn ka qaadey sidii loo hakin lahaa dhibaatada sida xoogan u socotay, waxaana ay sameeyeen hay`ad la magac baxday kulanka culumada Soomaaliyeed oo isla markaana madax looga dhigey Sheekh Maxmed Macallin Xasan Allaha u naxariistee. Golahaas waxaa uu qayb weyn ka qaatay sidii loo joojin lahaa dagaaladdii afar bilood ee ka qarxay magaalada Xamar una dhexeeyey labadii hogaamiye ee Cali Mahdi Maxamed iyo Maxamed Faarax Caydiid inta aaney imaamin ciidamdii Mareykanka. Runtii waxaa uu Sheekh Ibraahim iyo saaxiibadii ku guuleysteen in ay furaan jidad badan oo xirmey iyo in xabadda laga joogiyo aagag badan oo magaalada ka mid ahaa, arrinkaana waa tii jidka u xaartey in ay labadii hogaamiye ay ku heshiiyaan xabad joojin waartey, taa oo suuro gelisey in dad badan oo qaxey ay magaalada ku soo noqdaan.

Sheekh Ibraahim waxaa uu ku dadaali jiray in uu ka qayb galo kulumada looga gol leeyahay dib u yagleelidda nabadda iyo dib u heshiisiinta ummadda sidaa darteed waxaa uu ka qayb galey shirar badan oo ay ka mid yihiin shirkii dib u heshiisiinta Soomaaliyeed ee ka dhacay magaalada Adis Ababa ee dalka Itoobiya sannadkii 1993kii isaga oo ka wakil ahaa golihii culumada Soomaaliyeed oo uu gudoomiye ku xigeen ahaa, taa oo ku tusin ayso heerka uu ka joogay sida loo heli lahaa Soomaali waa cusub u barya.

Sheekh Ibraahim iyo dadaalkiisii ku aadanaa Maxkamadihii Islaamiga:

In la helo nabad iyo deganaasha waa midda mar walba maanka Sheekh Ibraahim mar walba ka guuxeysey oo la oran karo geed gaaban iyo mid dheerba waa uu u hoos fadhiistey si ummaddiisa ay ku naalooto nabad iyo baraare, dedaalka Sheekha ee nabad raadintana kuma koobney oo kaliya magaalada madaxda dalka ee Muqdisho intastoo ay dhibaatada badankeed ay iyada ka soo burqaneysey, haddana waxaa niyadda Sheekha mar walba ku jirtay in geyiga Soomaaliyeed oo dhan in uu ku naaloodo nabad oo culaadda la joojiyo, sidaa darteed waxaa uu safar u galey meelo dhowr ah si loo sugo nabadda, waxaana ka mid ahaa meelihii uu tegay gobolka Hiiraan gaar ahaan magaalada Beledweyne oo colaad badan ka soo noqnoqotey waxaana Sheekha iyo dadkii la socday iyo waxgaradkii degaanka ay ku guuleysteen ujeedooyinkoodii inta badan, isla markaana waxaa ay u sameeyeen Maxkamd kala saarta ummadda, sidoo kale waxaa uu Sheekha ka mid ahaa culumadii safarka ku tagtey magaalada Baydhaba ee gobolka Baay oo ay u sameeyeen maxkamad Islaami ah, waxaana safaradaa nabadda lagu raadinayo la socday Sheekh Maxmed Macallin Xasan iyo culumo kale.

Sidoo kale colaadihii ka socday Xamar oo wajiyaal badan lahaa waxaa culumadii go`aan ku gaareen in ay in ay unkamaan maxkamad Islaami ah oo ujeedadeedu tahay in nabadda lagu sugo laguna cirib tiro burcadda iyo dhul jiifka meel walba oo degaannada koofureed ku baahdey shir looga hadalaayey arrinkaana waxaa uu ka dhacay hoteelkii Kaah oo ay ku kulmeen culumo uu ka mid ahaa Sheekh Ibraahim Suuley halkaana waxaa lagu sameeyey maxkamad Islaami oo hormood looga dhigey Sheekh Cali Maxamud (sh Cali Dheere) taa oo taabo gashey sanadihii 1993kii illaa 1994kii. Isdoo kale waxay culumada isku deydey in ay furaam maxkamad ka taaba gasha degaankii Siinaay ee Muqdisha oo ahaa meel culaad badan waayo waxay xuduud u ahayd labadii ciidan ee iska soo horjeeday kalane raacsanaa Cali Mahdi iyo Caydiid.

Sheekh Ibraahim Maxamed Cali oo ku magac dheeraa Sheekh Ibraahim Suuley taariikhdiisa iyo dadaalkii uu ugu jiray faafinta aqoontii uu yiqiinnay iyo sida ummadda loogu soo dabaali lahaa nabad iyo barwaaqo markii uu dalka ka dhacey dagaalo sokeeyo laguma soo koobi karo halka kan ee waxaa ila fiicnaan laheyn in loo gooni yeelo cilmi baaris ballaaran oo u Khaas ah Sheekh oo si hufan loogu soo bandhigo ummadda si jiilal soo socda ay uga faa'iidaystaan. Waxay ahaataba Sheekh Ibraahim waxaa uu ka mid ahaa culumadii Soomaaliyeed ee qarnigii tegay soo martey dalkeena kuwooda ugu firfircoon , dawcaddiisana waxay ahayd mid miisaan leh oo ka dhex muuqata dalka iyo dibidda, mar aan weydiiyey Sheekha habka uu ugu jecel yahay in diinta loo faafiyo waxaa uu ii sheegey in ay tahay habka iyo hanaanka ay jamaacadda Tabliiqa diinta u faafiyaan oo ku wareega daafaha dunada oo dhan, iyagoo aan rabin adduun iyo wax kale , oo ujeedaddoodu tahay oo kaliya in diinta Islaamka ay faafto.

Dhamashadii Sheekh Ibraahim Suuley:

Mudda ayuu Sheekhu waxaa uu la xanuunsanaa jiro sababtey in kuu ku ekaado gurigiisa ee ku yiiley magaalada Muqdisho, laakiin markii ciidamadii Itoobiya anka markii ay soo galeen magaalada Xamar 2006kii waxaa Sheekha loo qaatay magaalada Hargeysa oo uu ku geeriyooday maalin Talaado lixdii bishii Rabiicul awal sannadkii 1430kii taa oo waafaqsan labdii bishishii maarso sannadkii 2009kii isagoo sideedan jir ah Ilaahay ha u naxariisto.

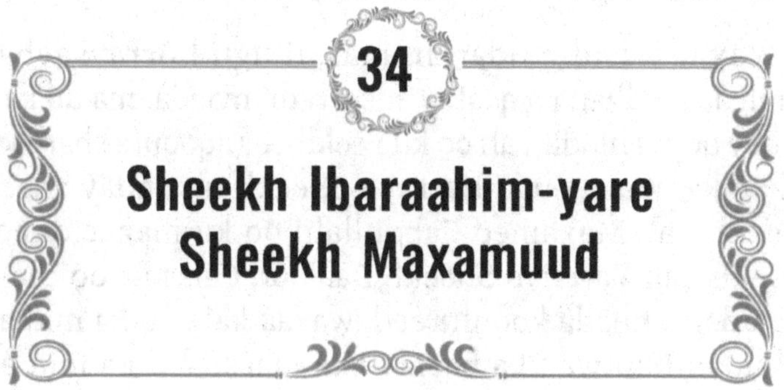

34

Sheekh Ibaraahim-yare Sheekh Maxamuud

$\mathcal{S}$heekhu Ibaraahim waxaa oo ku magac dheeraa Sheekh Ibraahim Yare waxaa uu 1892-dii ku dhashay baadiyaha Masagawaay ee ka tirsan gobolka Galgaduud, magaalada muqdishana u jirta 275km. Sheekh Ibraahim Yare waxaa uu ka soo jeeday qoys ehlu diin ah oo ku caan baxey aqoonta Shareecada Islaamka iyo u gargaaridda diinta Alle.

Waxaa la sheegaa in Sheekh Ibraahim uu ku soo koray agoonnimo ka dib markii uu aabbihii geeriyoodey, sidaa darteedna hooyadii ayaa la keli noqotay barbaarinta wiilkeeda-inkasta oo ay gacan ka heleysey adeerradiia, taasina waxay u suuragelisey in yaraantiisii uu helo barbaarin wanaagsan oo ay ugu horrayso in uu ku biiray dugsiyadii Quraanka laga baranayay ee degaanka. Markii uu ku guulaystey inuu Quraanka si wanaagsan u barto oo uu xifdiyo waxaa uu u soo jestay inuu barto aqoontii kale ee xiriirka la lahayd diinta, sida barashada tafsiirka Quraanka iyo Axaadiista Nabigeenna Muxammed-naxariis iyo nabadgalyo korkiisa ha ahaatee, barashada fiqiga iyo axkaamka shareecada.

Waxaa xusid mudan in markii ugu horraysayba uu cilmigaa oo dhan ka qaatay adeerradii maadaama uu ka soo jeedey qoys ehludiin ah oo ku xeeldheer aqoonta shareecada Islaamka. Waxaa ugu horrayn Sheekh u noqday adeerkii Sheekh Cali Maxamed Cabdullahi oo ku magac dheeraa Sheekh Cali Yare iyo Sheekh Daa'uud Calasow oo caan ka ahaa degaannada koonfureed, waxaa kale oo ka mid ahaa culumadii uu wax ka bartay isla markaana ka mid ahaa qoyska uu ka soo jeedo Sheekh Maxamuud Hiraabe Foodeey oo awoowe ugu aaddanaa.

Waxaa uu dareemay inuu u cilmi badan u baahan yahay, uuna u xeraysan karo, sidaa awgeedna waxaa uu galay safar uu ku doonayay inuu ku sii korarsado aqoonta diiniga ah, waxaana uu doortey inuu u xereysto xarun diineed magac iyo xushmad ku lahayd degaanno kala duwan oo dalka iyo dibaddiisa ka mid ah, taa oo ku tiil magaalada Marka ee gobolka Shabeellada Hoose, waana xarunta uu hoggaanka u hayay Sheekh Cali Maye al-Bakri. Waqtigaa waxay ku aaddanayd sannadkii 1904-tii, Sheekhuna wuxuu ahaa toban iyo laba jir markii uu la kulmey Sheekh Cali Maye oo u bixiyay Ibraahim Yare maadaama uu ahaa xerta Sheekha qofkii ugu yaraa waqtigaa, waxaana Sheekhu amray in si fiican loo soo dhaweeyo xerowga cilmi doonka ah. Nasiib wanaag Sheekh Ibraahim waxaa uu ku guulaystay inuu aqoon badan ka helo duruustii halkaa ka socotay muddo gaaban oo lagu qiyaasey saddex sano, isla markaana waxaa uu Sheekhiisa Sheekh Cali Maye ka heley Ijaaso iyo oggolaansho inuu faafin karo cilmigii uu bartay muddadii uu ku sugnaa golaha cilmiga Sheekh Cali Maye ee magaalada Marka, gaar ahaan in uu casharro ka bixiyo masjidka Sheekha ee lagu magacaabo masjid Raxma iyo kulammo gooni ah oo uu goobjoog ka ahaa Sheekh Cali Maye qudhiisu, taa oo ulajeeddadu ahayd in Sheekhu hubsado in lagu aamino ammaanada diinta iyo faafinta aqoonta kala duwan ee shareecada Islaamka.

Sheekh Cali Maye waxaa u soo baxday in uu ardaygiisa Sheekh Ibaaahim Yare u diro degaannadiii uu ka yimid si uu ugu faafiyo cilmigii uu soo bartay, dabadeedna uu wakiil uga noqdo Sheekhiisa oo ahaa hoggaamiye ka mid ah hoggaamiyaasha loo igmaday faafinta dariiqada al-Axmadiya ee caanka ka ah dhammaan degaannada bariga Afrika iyo goobo kale. Sheekh Ibraahim Sheekh Maxamuud waxaa uu gaaray degmada Cadale ee gobolka Shabeellada dhexe isaga oo xambaarsan himilooyinkii Sheekhiisa Sheekh Cali Maye iyo farriimihii uu soo faray, waxaa uuna ku biiray xarun diini ah oo lagu magacaabo "Koobish" oo lagu faafiyo aqoonta Islaamka taa oo uu aasaasay hogaankana uu u hayay Sheekh Ibraahim Cigalle oo ka mid ahaa culumadii Soomaaliyeed ee ka waraabtay xaruntii Sheekh Cali Maye ee magaalada Marka.

Markii uu Sheekh Ibraahim Yare gaaray xaruntii "Koobish" waxaa uu buuxiyay kaalin weyn oo bannaanayd, waayo? Sheekh Muuse Cigalle waa uu ka maqnaa degaanka isagoo ku mashquulsan safar dacwo oo uu ku marayay degaanno kale duwan si uu u faafiyo diinta, sidaa darteedna Sheekh Ibraahim waxaa uu ku mashquulay aqrinta kutubtii iyo cilmigii uu soo bartay isagoo soo saaray xer badan oo ka aflaxday daruustii uu sida joogtadaa uga bixin jiray xarun diimeedka

"Koobis". Waxaa xusid mudan in Sheekh Ibraahim da'diisu ahayd 18 jir markii uu tegay degaanka Cadale sannadkii 1910-kii. Muddo ka dib Sheekh Ibraahim waxaa uu bilaabay safarro wacdi iyo waano ah oo uu ku mari jiray degaannada u dhow oo isugu jiray baadiye, tuulo iyo magaalaba, si uu u gudo waajibkii Ilaahey ee ku aaddanaa faafinta diinta iyo baraarujinta bulshada, waxaana ka mid ah goobihii uu u safri jiray degaannada Mahadaay, Jowhar, Cadale iwm.

Markii uu Sheekh Ibraahim Yare muddo ku mashquulsanaa faafinta aqoonta diinita iyo wacyigalinta bulshada degaannada Cadale iyo hareeraheeda waxaa laga dalbaday inuu u soo wareego degaannadii uu asal ahaan ka yimid oo baahi aqooned ka jirtay, maadaama uu muddo wax ka aqrinayey xarunta Koobis, taana waxaa uu oggolaaday Sheekh Muuse Cigalle. Waxaa sidaa ugu suurogashay in uu u wareego degaannadii uu markii hore ka yimid ee Masagawaay oo uu ka faafiyay diinta, isla markaana uu noqday hoggaamiye bulshada la qaybsada nolosha guud ahaan oo ay aad u xushmeeyaan una jecel yihiin.

Sheekh Ibraahim dedaalada badan ee uu bixiyay kuma koobnayn oo keliya inuu aqriyo casharro diini ah e, waxaa uu door weyn ka qaatay horumarinta bulshada dhinacyo badan oo kala duwan, isagoo aasaasey duqsiyo badan oo Quraanka lagu barto, gaar ahaan goobo kala duwan si carruurta ay u bartaan Quraanka iyo aasaaska barashada diinta. Sidoo kale Sheekhu waxaa uu qeyb weyn ka qaatay hagaajinta bulshada oo aan ku koobnayn barashada diinta oo kaliya, iyo in laga hor tago khilaafka iyo wixii dadka kala geyn kara.

Sheekh Ibraahim-Ilaahey ha u naxariistee, waxaa uu geeriyooday taariikhdu markay ahayd 1968-dii, waxaana lagu xusuustaa inuu ahaa Sheekh caalim ah oo tawaaduc badan, kana fog adduunyo iyo jacaylkeeda, iyo isagoo wax badan la qaybsaday ummadda, sanooyinkii dambana waxaa uu bilaabay in uu u safro degaanno badan oo ku teedsan koofnurta Soomaaliya taa oo uu umadda ku baraarujinayay cabsida Alle iyo kor yeelidda diinta Islaamka.

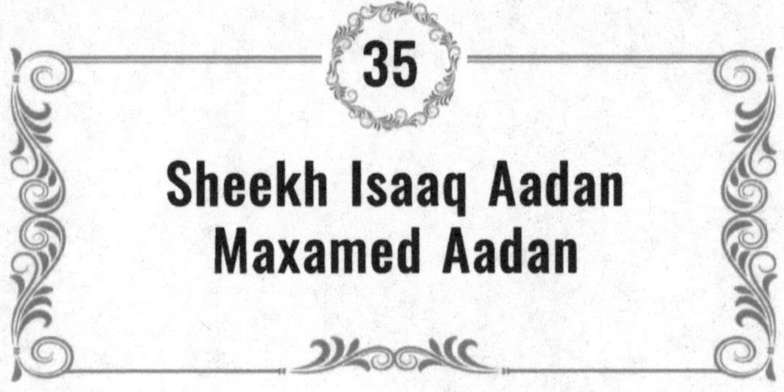

35

Sheekh Isaaq Aadan Maxamed Aadan

Sheekh Isaaq waxaa uu ku magac dheeraa Sheekh Macallin Isaaq, waxaana uu ka soo jeeday beesha Leysaan ee ka mid ah beelaha Digil iyo Mirifle. Waxaa uu ku dhashay baadiyaha degmada Bardaale Bayeed ee ka tirsan gobolka Baay magaalada Baydhabana u jirta qiyaastii 70km oo ka xigta dhanka galbeed. Degelka uu ku dhashay wuxuu ahaa degaan beereed loo yaqaannay Biyo Guduud. Sheekh Isaaq waxaa uu dhashay taariikhdu markey aheyd 1332-dii hijriyada oo waafaqsanayd 1912-kii, waxaa uuna ka soo jeeday qoys ehludiin ah oo lagu yiqiin akhlaaq iyo dabeecad wanaagsan, sidaa darteedna waxaa uu Sheekhu yaraantiisii ku soo barbaarey bay'ad caafimaad qabta oo dhaqanka Islaamku ku weyn tyahay gaar ahaan tuulada lagu magacaabo Bakallaabo ee ku taalla duleedka magaalada Baydadhabo. Waxaa u suuragashay inuu Quraanka halkaa ku barto oo uu ku xifdiyo sida ay u badnaayeen dadyowga dega degaannada koonfureed ee dalka Soomaaliya.

Waxbarashadii Sheekh Isaaq Aadan

Sida aanu soo tilmaannay Sheekh Isaaq waxaa uu ku soo barbaaray degaan ehludiin oo laga qaddariyo aqoonta Quraanka iyo in carruurtu ay ku barbaaraan barashada Quraanka, waana midda keentay in ay ku faafto degaannada uu ka soo jeedo dad badan oo xifdisan Quraanka, kuwo badanna ay degaannadaa ugu soo safraan sidii ay u noqon lahaayeen xaafidiin. Waxaa taa u weheliyay barashada cilmiga fiqiga iyo tasawufka dariiqooyinka, laakiin Sheekh Isaaq waxaa ku jiray rabitaan aad u weyn oo ah in uu sii korarsado cilmiga, sidaa darteed waxaa uu galay safar dheer oo uu ku doonayay sidii uu u heli lahaa cilmi ku filan.

Safarkiisu waxaa uu ka bilowday degmada Bardaale oo xarun u ahayd beesha Leysaan oo uu ka soo jeedo Sheekhu, isla markaana ay la degaan beelo kale oo Soomaaliyeed. Sheekh Isaaq halkaa waxaa uu kula kulmay Sheekh Axmed Cabdisamad oo u dhashay beesha Sheekhaal oo ku caanbaxday in dalka Soomaaliya looga dambeeyo xagga aqoonta diinta iyo hoggaaminta dadka muslimiinta ah, aadna loo qaddariyo, laakiin waxaa uu xulufo la ahaa beesha Leysaan. Sheekh Isaaq waxaa uu inta badan Sheekh Axmed Cabdisamad ka aqristay cilmiga Fiqiga, gaar ahaan kutubtii mad-habta Shaafiyada sida kitaabka Minhaaj al-Daalibiin ee uu qoray Imaam Nawaawi. Muddadii uu cilmi raacashada ku jiray waxaa geeriyooday Sheekhiisii Sheekh Axmed Cabdisamad-Ilaahey ha u naxariistee, oo uu aad dhimashadiisa uga murugooday, muddo dheerna ay ku taagnayd tiiraanyadii xanuunka badnayd ee ay ku reebtay. Markii Sheekha la xabaalay waxaa uu Sheekh Isaaq u soo gudbay magaalo Muqdisho oo oo uu warar ku helay inuu ka heli karo culumo la mid ah Sheekhiisii Axmed Cabdisamad, sidaa darteedna kama uusan baaqsan in uu u soo xeraysto culumadii Muqdisho joogtay oo xalaqaadka cilmiga ku hayay ,sida Sheekh Muxyadiin Macallin Mukarram oo loo amminsanaa inuu yahay caalimkii dalka, kuna xeel dheeraa Fiqiga Shaaficiyada oo loo yiqiin Nawawigii yaraa. Waxaa uu ka aqristay kutub dhowr ah oo ku saabsan axkaamta iyo fiqiga, markii uu Sheekh Muxyadiin geeriyooday-Ilaahey ha u naxariistee, waxaa uu Sheekh Isaaq u wareegay xalaqadii Sheekh Maxamed Eelaay ee ka soo jeeday beesha Eelaay oo ka mid ah beelaha Mirifle, waxaa uuna ka sii dhammaystirtay baahidii u haysay barashada cilmiga Fiqiga.

Intaa kuma uusan ekaannin e, Sheekh Isaaq waxaa uu meesha ka sii watay barashadii iyo baadigoobkii cilmiga diiniga ah, waxaana uu u xeraystay Sheekh Aadan Cabdiyow Mantaanow oo uu ka aqristay Tafsiirka Quraanka kariimka, markii uu isku kalsoonaadayna waxaa uu ku soo noqday degaannada Baay, gaar ahaan degmada Qansaxdheere oo uu kula kulmay Sheekh Cabdinuur oo loo yaqaannay Sheekh Cabdinuur Qansaxdheere, waxaana uu ka faa'iidaystay cilmiga luqadda carabiga, gaar ahaan waxaa uu ka aqristay Naxwaha iyo Sarfiga.

Doorkii Sheekh Isaaq ee dacwada iyo cilmi faafinta

Sheekh Isaaq Aadan Maxamed Aadan markii uu helay oggolaansho iyo in culumadiisii ay raalli ka noqdeen in lagu aammini karo inuu faafiyo cilmigii uu ka bartay, waxaa uu ku soo laabtay degaankii asalka u ahaa ee uu markii hore ka hayaamay si uu ugu faafiyo cilmigii uu soo bartay. Taana waa mid uu Rabbi waafajiyay oo wuxuu haleelay macnaha ay xamnbaarsan tahay Aayadda Ilaahey ee:

وَمَا كَانَ ٱلْمُؤْمِنُونَ لِيَنفِرُوا۟ كَآفَّةً فَلَوْلَا نَفَرَ مِن كُلِّ فِرْقَةٍ مِّنْهُمْ طَآئِفَةٌ لِّيَتَفَقَّهُوا۟ فِى ٱلدِّينِ وَلِيُنذِرُوا۟ قَوْمَهُمْ إِذَا رَجَعُوٓا۟ إِلَيْهِمْ لَعَلَّهُمْ يَحْذَرُونَ ﴿١٢٢﴾

"Mana aha inay Mu'miniinta oo dhan Baxaan, ee may Koox kastaha qaar ka baxdo inay Diinta kasaan, una igaan dadkooda markay u soo noqdaan waxay u dhawdahay inay digtoonaadaane." Suura al-Tawbah, 9:122

Aayaddu waxay tilmaameysaa in dadka qaarkood loo baahan yahay in ay cilmiga u safraan oo ay soo bartaan, dabadeedna ay u soo noqdaan degaannadii iyo dadkii ay ka tageen oo ay gaarsiiyaan waxa ay soo barteen.

Sidaa darteed Sheekh Isaaq markii uu ku soo noqday degaankiisii waxaa uu durbadiiba gudagalay inuu faafiyo wixii Ilaahey baray oo cilmi ah, daruustii uu aqrin jirayna waxaa ka faa'iidaystay dadyow badan, laakiin dadkaa waxaa ka mid ahaa arday iyo xer hanaqaaday oo iyagu meesha ka sii waday doorkii iyo kaalintii uu kaga jirey Sheekh Isaaq bulshada dhexdeeda. Haddii aynu wax ka tilmaannana waxaa ka mid ahaa:

Sheekh Caabid Aadan Macallin Maxamed;

Sheekh Aadan Xaaji Maxamed (Sheekh Macallin Aadan);

Sheekh Maxamed Sheekh Isaaq (wiilkiisii)

Sheekh Yuusuf Sheekh Isaaq (wiilkiisii);

Sheekh Mustafa Sheekh Isaaq (wiilkiisii);

Shariif Maxamed Cali (shariif Sanwiini);

Shariif Sayid Cali Shariif Nuurow Amiin Barkhadle;

Sheekh Cali Maxamuud;

Sheekh Macallin Kuusow Mursal;

Sheekh Cusmaan Nuurow (Reer Aw Xasan); Sheekh Cabdullaahi Sahal Fiqi Muxummud; Sheekh Maxamed Ibraahim Bakaal (Hubeer).;

Sheekh Maxamed Sheekh Cusmaan oo loo yiqiin Hobashoow; Sheekh Cali Mursal oo loo yiqiin Sheekh Cali Hariin.

La yaab ma leh in dad badan ay ka faa'iidaystaan xalqadihii uu qaban jiray Sheekh Isaaq Aadan, waayo? muddo badan ayuu wax aqrinayay oo faafinta cilmiga iyo diintu waxay u noqotay mid ka mid ah noloshiisa.

Waxaa intaa dheeraa in Sheekh Isaaq uu ahaa nin dadka oo dhan ay jecel yihiin oo aan marnaba isla weynayn, aadna uga warqabay bulshada uu la noolaa oo mar walba soo dhexgeli jiray, mararka qaarkoodna u kala dabqaadi jiray oo bulshada u ahaa mufti ay raalli ku yihiin wixii uu xukumo-kalsoonida ay ku qabeen cilmigiisa iyo cadaaladiisa darteed. Waxaa uu caan ku ahaa inuu aalaaba fariisto geed hoostii oo lagu magacaabi jirey Galool Quursoy oo loogu imaan jirey, dabadeedna uu dadka wax isku qabsada u kala xukmin jiray. Waxaa uu ahaa caalin saahid ah oo habeenkii Quraan aqris iyo tukasho badan. Markii uu soo gutay Xajkii iyo Cimradii waajibka ahayd ayuu dib ugu soo laabtay degaankiisii oo meeshaa ayuu ka sii waday casharradii iyo kutubtii uu aqrin jiray-xitaa markii uu indho belay, oo noloshiisa waqtiyadii u dambaysay ma uusan joojin faafintii diinta.

Dhimashadii Sheekh Isaaq Aadan

Sheekh Isaaq Aadan waxaa ay geeridu u timid isaga oo gudanaya waajibkii Alle saaray, joogana degaankiisii sannadku markuu ahaa 1426-kii hijriyada oo waafaqsanayd sannadkii 1996-dii, wuxuuna ifka kaga tegay carruur gaaraysa 16 rag ah iyo 9 dumar ah iyo ardey badan oo uu waxbaray- Ilaahay ha u naxariisto.

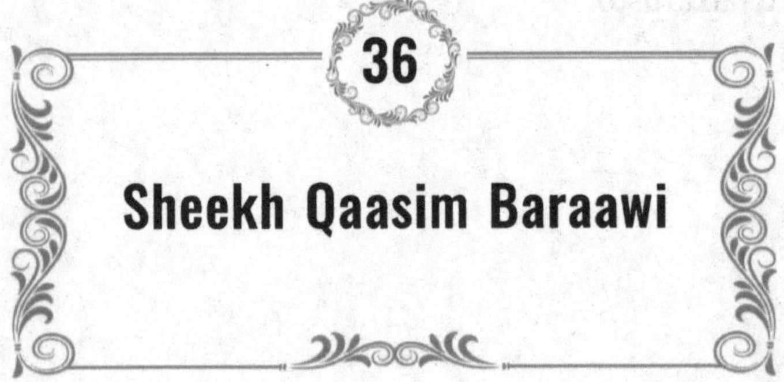

Dhalashada Sheekh Qaasim iyo barbaarintiisa

Shamsudiin Abii Muxammad Sheekh Qaasim bin Muxyadiin al-Baraawi waxaa uu 1299-kii hijriyada ku dhashay magaalada Baraawe ee gobolka Shabeellada Hoose ee Soomaaliya.

Sheekh Qaasim Baraawi waxaa uu ka soo jeeday qoys ehludiin ah oo caan ku ahaa wanaagga iyo samida isla markaan lagu yiqiinnay Alle ka cabsi, kuna dedaala tarbiyadda carruurtooda, sidaa darteed Sheekh Qaasim waxaa yaraantiisii la geeyay dugsi Quraanka kariimkaa uu ka barto, waxaana taa u wehlisey in Sheekh Qaasim Baraawi uu ku barbaaray waxna ku bartay isla degaankiisa Baraawe oo lagu yiqiinnay in ay joogaan culumo waaweyn oo caan ka ahayd Geeska Afrika, sidaa darteed waxaa uu nasiib u helay inuu wax ka barto hor fariistna culumadii hoggaanka u haysay faafinta diinta iyo difaaceeda, sida Sheekh Aweys Axmed al-Qaadiri al-Baraawi iyo culumo kale.

Waxbarashadiisii

Yaraantiisii, asaga oo aan weli quraanka dhammayn ayay is heleen Sheekhii mandaqadda ee Sheekh Aweys al-Qaadiri oo ka dhigtay gacanyarihiisii mar kasta la socday waxna u qori jiray, gaar ahaan gabayada iyo qasiidooyinka Sheekh Aweys uu Ilaahay iyo Nebiga ku ammaani jiray. La socodka iyo weheshiga Sheekha waxay bartay arrimo badan isaga oo ka qaatay meeshaa tarbiyaddii ugu fiicnayd ee soo marta dhanka cilmiga iyo ku dhaqanka diinta Islaamka iyo sabir dheeraad ah. Waxaa la sheegaa in ducadii Sheekh Aweys uu helay, Ilaahayna uu u aqbalay oo waxaa u furmay cilmiga iyo soo jiidashada bulshada.

Sheekh Qaasim yaraantiisii waxaa uu magaalada Muqdisho kula kulmay Sheekh Cabdiraxam Cabdullaahi al-Shaanshi oo ku magac dheeraa Xaaji Suufi ka dib markii uu soo gaarsiiyay hadiyad ahayd Lo' irmaan oo uu sheikh Aweys u soo dhiibay, laakiin fursadda la kulmidda Xaaji Suufi ma uusan dayicin e, aad ayuu ugu faa'iidaystay oo waxaa uu ka qaatay cilmi badan markii uu ku biiray casharradii uu bixin jiray, waxaa uuna halkaa ku Bartay dad badan oo ehlu cilmi ahaa oo xerta Xaaji Suufi ka mid ahaa, sida Sheekhii weynaa ee Sheekh Cabdullaahi al-Qudbi iyo kuwo kalaba, xilligaa ka dib ayayna marar badan isla safreen iyaga oo faafinaya diinta Islaamka, oo ay aalaaba dadka farayeen wanaagga, xumaantana ay reebayeen.

Doorkii Sheekh Qaasim ee faafinta aqoonta Islaamka

Markii uu Sheekh Qaasim al-Baraawi hanaqaadey oo uu xasilooni cilmi oo badan helay, loona arkay inuu yahay caalin, waxaa uu gumeysigii Tanyaanigu culays ku saaray inuu noqdo qaalliga magaalada Baraawe, laakiin taa waxaa uu Sheekh Qaasm u arkayay in looga mashquulinayo dacwada iyo cilmiga uu faafinayo oo laga fogaynayo goobaha kheyrka iyo la kulanka ehlucilmiga, sidaa darteedna waa uu diiay isaga oo Ilaahay talasaaranaya, in uu ka xijaabana ka tuugaya.

Muddo haddii uu ku jiray cilmi raacasho iyo la kulmidda culumadii dalka ugu waaweynayd waxaa u muuqatey inuu waajib ka saaran yahay faafinta cilimiga iyo dacwada Islaamka oo aysan hobboonayn in uu meel iska fadhiisto waqti uu dalku ku jiro gumeysi wata ujooddooyin aanay diinta Islaamku raalli ka ahayn, lidna ku ah danaha ummadda, sidaa darteed Sheekh Qaasim waxaa uu aad ugu mashquulay waqti badanna ku bixiyay sidii uu u gaarsiin lahaa dadka aqoontii uu Ilaahay baray, uuna ka helay kulammadii barakaysnaa ee uu la yeeshay culumo badan oo xushmad iyo qaddarin bulshadu u hayso. Sheekh Qaasim waxaa uu ahaa nin albaabkiisu uu u furan yahay dadka cilmi doonka ah oo ay mar walba la kulmi jireen, gaar ahaan xerta cilmiga raacata oo si joogta ah uu kula kulmi jiray Baraawe iyagoo kala horreeya. Waxaa caado u ahayd markii uu salaadda subax tukado in uu galo dersi tafsiir ah, dabadeed dersi ah xadiiska Nebigeenna- naxariis iyo nabadgalyo korkiisa ha ahaatee. Waqtiga barqada waxaa uu Sheekh Qaasim la kulmi jiray ardayda rabtey in ay wax ka bartaan Tasawufka oo uu u aqrin jiray kitaabka Imaam Gasaali ee Ixyaa Culuum al-

Diin, markii uu dhamaadana waxaa uu geli jiray duruusta luqada carabiga oo kala ahaa Naxwe, Sarfi iyo cilmi Caruud oo ah sida gabayada loo miisaamo ee loo dhiso.

Safarkii Sheekh Qaasim ee labada Xaram iyo Yeman

Sheekh Qaasim waxaa uu ahaa nin aad u cibaado badan, jecelna in uu Ilaahay ku xirnaado, waxaa kale oo u suuragashay inuu uu dhowr jeer tago labada Xaram ee Maka iyo Madiina oo qalbigiisa ayaa ku xirnaa goobahaas barakaysan. Inta uu joogo labadaa Xaram waxaa uu u badnaan jiray o ka qeybgalka xalqaaadka labada Xaram ka socday iyo culumada wax ka marin jirtay, gaar ahaanna xalaqadii caanka ahayd ee uu hoggaanka u hayay Sheekh Abuukar Najal al-Shadaa oo ogaaday heerka cilmiga Sheekh Qaasim, sidaa darteed waxay marar badan yeesheen aqoon isweydaarsi, weliba markii markii uu Sheekh Qaasim u bandhigay kutub dhowr ah oo uu qoray Sheekhiisii Sheekh Cabdiraxmaan Cabdullaahi al-Shaanshii (Xaaji Suufi), wuxuuna aad ula yaabay heerka uu gaarsiisnaa cilmigiisu. Waxaa uu Sheekh Abuukar al-Shadaa weydiiyey Sheekh Qaasim in Sheekhiisii uu nool yahay, markii uu u sheegay inuu dhintayna waxaa uu ku yiri: haddii uu noolaan lahaa Sheekh Suufi waan u safri lahaa.

Waxaa kale oo uu Sheekh Qaasim al-Baraawi u safray mandaqadda Xadramood ee koonfurta Yeman ku taalla, waxaana la sheegaa in safarkaa uu ku weheliyey Sayid Shariif Sayid Cumar oo ku magac dheeraa Shariif Qullatayn, waxayna halkaa kula kulmeen culumadii iyo akhyaartii reer Xadramood oo aad u soo dhaweeyay labada sheikh, sida ay ahayd caadada iyo akhlaaqda reer Yeman ahayd-gaar ahaan reer Xadramood oo iyagu u arkayay in Soomaaliya ay tahay qayb Yeman ka mid ah xagga dhaqanka, abtirsiga, iyo diinta. Culumadii ay la kulmeen waxaa ka mid ahaa caalimkii weynaa ee lagu magacaabi jiray aSayid Cali al-Xabshi oo hoggaamiye sare ka ahaa mandaqad Xadramood. Arrin la yaable ma aha, maxaa yeelay? reer Barawe iyo reer Xadramood waxaa ka dhexeeyay in ay isdhaafsadaan booqashooyinka iyo iska warqabka, oo waxaa la tilmaamaa booqashooyinkii ay culumo reer Xadramood ah ay ku tageen dalka Soomaaliya gaar ahaan magaalada Baraawe oo aad loogu soo dhaweeyaay, loona muujiyay kalgacayl iyo walaaltinnimo weyn, waxaana ka mid ahaa culumadii ay u suuragashay in ay booqdaan Baraawe Sheekh al-Xabiib Xuseen bin al-Sayid Cabdullaahi Caydiid oo ahaa ardaygii Sheekhii weynaa ee al-Xabiib Cali bin Xuseen al-Xabshi. Sida dhabtaa, isweydaarsiga booqashooyinka ee labada dhinac b waxay reebtay raadweyn oo waxay isdhaafsadeen waayo-aragnimo, cilmi iyo talooyin la xiriira mas'alooyin badan oo ku saabsanayd diinta islaamka iyo maslaxadda muslimiinta gobolka.

Sheekh Qaasim iyo safarkii Sinjibaar.

Sheekhu waxaa uu galay safarro badan oo uu uga gollahaa inuu la kulmo culumo iyo inuu bulshada qaybteeda cilmiga u oomman uu wax ugu faa'iideeyo, safarrada noocaas oo kale ah waxaa ka mid ahaa mid uu ku tegay jasiiradda Caddayn oo ku taalla badweynta Hindiya, kana tirsan dalka Tansaaniya ee dhaca Afrikada bari. Sheekh Qaasim waxaa uu halkaa kula kulmay dad aan yareyn oo u badan ehlucilmi gaar ahaan caalimkii weynaa ee Soomaaliyeed Sheekh Cabdulcasiis bin Cabdiqani al-Umawi oo uu u qasday la kulankiisa si uu uga qaato aqoon, waxaana la tilmaamaa inuu ka bartay habka loo soo bandhiga gabayada carabigaa iyo dhismahooda. Sidoo kale waxaa uu Sheekh Qaasim kula kulmay jasiiradda Caddayn qaaddigii weynaa ee Sheekh Muxyadiin bin al-Sheekh al-Qaxdaani oo uu isagana la kulmay kana faa'iidaystaey cilmigiisa badan. Safarrada uu Sheekh Qaasim geli jiray ma aanay ahayn kuwo kedis ah e, waxay ahaayeen kuwo uu Sheekhu ku talagalo oo leh ujooddooyin ay ugu horraysay aqoon kororsi iyo la kulanka bulshooyinka muslimiintaa ee walaalihiis ah.

Waxaa dadku ku yaqaanneen inuu ahaa caalin weyn oo diinta cilmi badan u leh gaar ahaan fiqiga iyo luqadda carabiga, wax badanna ka Bartay cilmiga tasawufka oo uu ka qaatay Sheekhiisii Sheekh Aweys Axmed al-Baraawi. Sidoo kale waxaa uu Sheekh Qaasim Baraawi la kulmay culumo Soomaaliyeed oo waaweyn sida Sheekh Cabdullaahi Qudubi iyo Sheekh Muxyadiin Macallin Mukaram, waxaana shaki ku jirin in Sheekh Qaasim ay ka faa'iidaysteen cilmigiisa, isaguna uu ka faa'iidaystay, waayo? xiriirka Sheekh Qaasim Baraawi uu la lahaa bulshada Soomaaliyeed waxay ahayd mid aan la soo koobi karin, gaar ahaan culumadii jihaadka ugu jiray faafinta diinta iyo aqoonta Islaamka.

Sheekh Qaasim al Baraawi markii dambe waxaa uu caan ku noqday gabayada af carabiga oo uu samayn jiray, qaarkoodna uu dib u hagaajin jiray ama casriyeen jirey, sidaa darteed waxaa uu ku caan baxay gabyaaga khumaasiga oo mecnaheedu tahay Shanleyda, maxaa yeeley marka uu gabay kale oo qof kale tiriyey arko waxaa uu u sameyn jiray si shan godle ah.

Waxaa uu Sheekhu ka tegay gabayo aad u tiro badan oo loo baahan yahay in lagu kulmiyo diiwaan si loo diraasadeeyo, loogana faa'iidaysto. Sidoo kale waxaa uu qoray kutub dhowr ah oo luqadda carabiga ka hadla, si gaar ahna cilmiga Sarfiga iyo Suugaanta carabiga.

Sheekh Qaasim Baraawi dedaal badan ayuu ku bixiyey sidii uu dadka u gaarsiin lahaa aqoontii uu u lahaa diinta gaar ahaan Fiqiga Shaaficiga iyo luqadda carabiga oo uu baxar ku ahaa, dadka aad loo tilmaamo oo ka aflaxay aqoontii Sheekh Qaasim Baraawi waxaa ka mid ahaa culumo waaweyn oo caan ka ahaa geeska Afrika sida Sheekh Muxyadiin Macallin Mukarram oo ka mid noqday ardadii iyo xertii wax ka baratay xalaqaadkii iyo casharradii Sheekh Qaasim, arrintaana la yaabi mayno, waayo? Sheekh Qaasim Baraawi inkasta oo uu degaankiisu ahaa magaalada Baraawe sida aanu hore u soo tilmaanney, haddana kuma uusan ekaanin halkaa ee waxaa uu ku dawaafay degaanno badan oo ka tirsan koonfurta Soomaaliya gaar ahaan degaankii weynaa ee la oran jiray Banaadir.

Ardaydii Sheekh Qaasim

Dedaalkii faraha badnaa ee uu Sheekhu ku bixiyay faafinta aqoonta waxaa ka soo baxay arrimo badan oo ay ka mid tahay in uu soo saaray dad ehlucilmi ah oo meesha ka sii wada jidkii Sheekhooda iyo faafinta cilmiga. Dadkaa waxaa ka mid ahaa oo ka hanaqaadey xalaqaadkiisii:

Shariif Maxamed Shariif Mudahar.

Sheekh Maxamed Suufi Sheekh Qaasim Baraawi. Sheekh Cabdiraxmaan Macallin.

Sheekh Xasan Xuseen al-Jibaali oo ku magac dheeraa Xasan al-Matuun oo ku duugan Magaalada Addisababa ee Itoobiya.

Sheekh Buurah al Baraawi. Sheekh Cabdulqaadir al Heysami.

Dedaallada iyo halganka uu u galey Sheekh Qaasim Baraawe faafinta cilmiga uu Ilaahay ku mannaystay waxay lahayd habab kala duwan oo kuma aysan koobnayn oo keliya fadhiyadii uu ku qaban jiray masaajidda, mowlacyada iyo gurigiisa e, waxaa kaloo jiray qaabab kale oo uu diinta ku faafiyay, sida kutub iyo rasaalooyin uu qoray. Waxaa kale oo jiray hab kale oo tiraab ah oo uu adeegsan jiray sida munaadarooyin iyo doodo uu ku caddaynayay arrimo diini ah. Waxaan xalaqaadka culumada ka marnaan jirin fatwooyin ay ku caddaynayaan axkaamta shareecada iyo arrimo la xiriira dhaqanka Islaamka ah-gaar ahaan Sheekh Qaasim waxaa uu ku xeeldheeraa fiqiga Shaafiga iyo kutubtiisa laga aqristo geeska Afrika. Sheekh Qaasim arrimo badan oo diini ah ayuu ku soo bandhigay hab tix ah oo uu ku muujinayey ammaanta Ilaahay iyo rasuulkiisa Muxammad-naxariis iyo nabadgalyo korkiisa ha ahaatee, iyo manaaqib iyo taariikhda culumada qaarkood sida Sheekh Aweys, Sheekh Cabdulcasiis Cabdiqani, Sheekh Cabdiraxmaan Cabdullaahi (Xaaji Suufi) i.w.m.

Kutubta uu qoray Sheekh Qaasim

Sheekh Qaasim Baraawi dedaalladii uu ku bixiyay faafinta aqoontiisa kuma aysan koobnayn oo keliya daruustii uu ku qaban jiray masaajidda iyo mowlacyada wax lagu barto oo kaliya e, waxaa kale oo jiray qoraallo uu uga gol ahaa inuu bulshada ku gaarsiiyo aqoonta uu u lahaa diinta iyo luqadda carabiga qaybaheeda kala duwan, sida Naxwe iyo Sarfi ama suugaanta ay ka mid tahay gabayga iyo qasiidooyinka oo uu ku cabbirayay jacaylka Nabigeenna suubban-naxariis iyo nabadgalyo korkiisa ha ahaato, iyo dadkii saalixiinta ahaa gaar ahaan culumadii uu wax ka qaatay sida Sheekhiisii Sheekh Aweys Axmed Baraawi.

Kutubta uu Sheekh Qaasim Baraawi qoray waxay isugu jiraan kuwa la daabaceay iyo kuwo laga yaabo in ay weli farguri yihiin ama makhduud ah. Waxaa ka mid ah kutubta Sheekhu uu qoray:

- Yowmun min al-Sarfi

Waa kitaab uu uga hadlayo cilmiga Sarfiga oo ka mid ah qaybaha luqadda carabiga, waxaana muuqata in Sheekh Qaasim uu ugu talagaley kitaabkaan ama risaaladaan yar dadkii wax ka baran jiray si ay ugu fududaato in ay degdeg u bartaan luqadda, waayo? Sheekhu waxaa uu kitaabkiisa u soo bandhigay si sahlan oo u fududaynaysa fahamka cilmiga Sarfiga. Kitaabkaa waxaa ku dedaaley daabacaaddiisa wiil uu dhalay Sheekh Qaasim Baraawi oo la yiraahdo Baasi Sheekh Qaasim waxaana lagu daabacay dalka Jarmalka sannadkii 1969-kii.

- Nuur al-Hudaa

Kitaabkaan waxaa uu ka hadlaya arrimo kala duwan oo diinta Islaamka asaaskeeda khuseeya, waxaana lagu daabacay kitaabkaa deeq uu bixiyey Maxamed Suufi.

- Majmuuc al-Qasaa'id fii Madxi Sayidi al-Anbiyaa Caleyhi al-Salaam wal-Tawsul bi Taaj al-Awliyaa' Sayidii Cabdulqaadir al-Jiilaani.

Kitaabkaan waxaa uu koobayaa qasiidooyin iyo gabayo lagu ammaanayo Nabigeenna-naxariis iyo nabadgalyo korkiisa ha ahaatee- iyo Sheekh Cabdulqaadir, habka uu ku socdo kitaabku waa hab iyo qaab uu ugu talagalay Sheekh Qaasim Baraawi ka dib markii uu gabayo iyo qasiidooyin ay dad kale tiriyeen uu hagaajiyay dabadeedna dib u soo curiyay markii uu hab shanlay ah (Khumaasi) u sameeyay, dabadeedna uu meel isugu keenay si uu u noqdo hal kitaab oo ay ummaddu si dhib yar uga faa'iidaysato. Waxaa xusid mudan in gabayada Nabigeenna-naxariis iyo nabadgalyo korkiisa ha ahaato- lagu amaanayo iyo Sheekh Cabdulqaadir Jiilaani ay mariyeen seddex culumo oo waaweyn oo geeska Afrikana caan ka ahaa, kuwaa oo kala ah: Sheekh Aweys Axmed Baraawi, Sheekh Cabdiraxmaan Suufi iyo Sheekh Cabdiraxmaan al-Saylici.

Kitaabkaa waxaa dabcadiisa seddexaad lagu daabacey madbacadda Mustafa al-Baab al-Xalabi ee Qaahira, Masar, sannadkii 1374-tii hijriyada oo waafaqsan sannadkii 1955-kii.

Kutubta uu qoray Sheekh Qaasim Baraawi waxaa ka mid ah oo kale:

- Unsu al-Aniis fii Manaaqibi al-Sheykh Aweys.
  Waa kitaab uu ku soo bandhigay manaaqibta iyo taariikhda Sheekhiisii Sheekh Aweys Axmed al-Baraawi al-Qaadiri.

- Xarfu al-Nidaa Urjuusah fii al-Naxwi wal-Sarfi.
  Waa tix dheer oo 500 oo tuduc gaaraysa oo uu uga hadlayo cilmiga Naxwaha iyo Sarfiga oo ka mid ah luqadda carabiga.

- Manduumatu Caqiidah al-Sunuusi
- Xaadiyah al-Arwaax.
- Muhayijah al-Afraax.

Dhimashadii Sheekh Qaasim Baraawi

Ilaahay ha u naxariistee, Sheekh Qaasim Baraawi waxaa uu ku geeriyooday, laguna xabaalay magaalo xeebeedda Baraawe, maalin jimco ah, 14-kii bisha Ramadaan ee sannadkii 1340-kii, waxaana lagu aasay meel u dhow masjidka Sheekh Cabdulqaadir Jeylaani ee Baraawe ku yaalla.

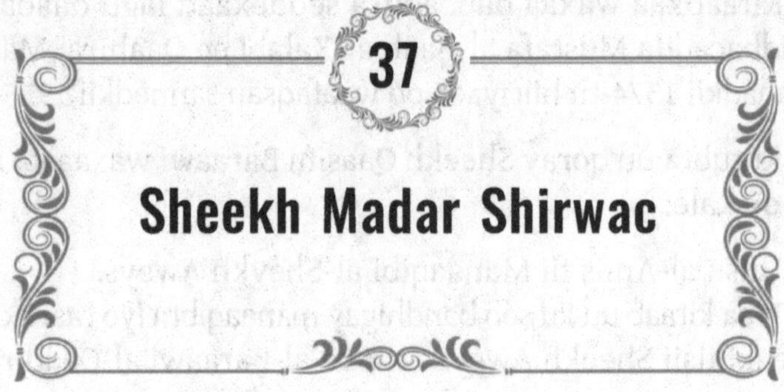

37

Sheekh Madar Shirwac

Sheekh Madar-Alle ha u naxariistee, waxa uu ka mid ahaa culumadii Soomaaliyeed ee caanka ka ahaa geyiga Soomaaliyeed gaar ahaan degaannada Waqooyi iyo weliba dhulka Soomaali galbeed, waxaana uu ahaa aasaasihii xerta loogu magac darey Jameecoweyn oo ah qayb ka mid ah dariiqada Qaadariyada oo ku faafsanayd degaanno kala duwan oo ay Soomaalidu degto iyo weliba bariga Afrika.

Doorkii Sheekha iyo hurmarka Hargeysa

Bilowgii Hargeysi waxa ay ahayd keyn jiq ah oo doox dhex maro laguna naanayso Maroodijeex maadaama oo uu ku badnaa maroodigu, waxaa kaloo joogi jirtay duurjoogta kale, sida Libaaxa. Waxaa uu dooxaasi lahaa ceel ay ka cabbaan reer miyiga socotada ah ee kolba goobtaas u dhaafayay dhinaca hawdka ama waqooyiga. Waxaa la sheegaa in Hargeysa uu dusha ka mari jaray waddada isku xidha Magaalooyinka Berbera iyo Harar oo ahayd waddo ay maraan ganacsiga iskaga gooshaya labadaas magaalo oo door weyn kaga jiray xiriirka geeska Afrika iyo Jasiiradda Carabta ee Yeman iyo Xijaas. Arrinkaasi kuma uusan qotomin oo kaliya dhinaca dhaqaalaha ee waxaa ka weynaa dhicanyada diinta iyo kan bulsheed dad badan oo kala duwan isku dhaafi jireen, waxaana dadka qaarkii qabaan in magaca Hargeysa uu ka yimid sabab la xiriirta wixii aynu soo sheegnay oo ah in magaca Hargeysa loola jeedo oo uu ka yimid Harar – geys oo macnaheedu yahay meeshii Harar kugu ridaysay ama waddadii Harar loo mari jiray oo markii dambe isu beddelay Hargeysa.

Sheekooyinka qaarkood waxaa ay sheegayaan in Sheekh Madar uu markii ugu hareysey magaalada Hargeysi u yimid si uu u kala dhexgalo beelo isku dhacay oo uu islaax iyo dib u hesheensiin dhex dhigo, waxaana arrinkaa kula taliyay culumo dhowr ah oo ku sugnaa magaalada Harar ee Soomaali galbeed. Waxaa uu Sheekh Madar magaalada Hargeysa yimid sannadkii 1860-kii, waxaana ku weheliyey koox culumo ah, dabadeedna waxaa uu Sheekh Madar qayb weyn ka qaatay horumarka magaalada iyo in ay noqoto xarun ay ku soo hirtaan bulshadu.

Xertii Sheekh Madar

Xerta Sheekh Madar oo loo yiqiin xerta Jameeco weyn waxay raacan jireen kutubta diinta, waxayna ahaayeen kuwo ku walaaloobay waxbarasho, horumar iyo wax wadaqabsi halbeegiisu yahay iskaashi walaaltinimo oo ku dhisan iskaawax-uqabso oo laga soo dheegtay dariiqadii Qaadiriyada ee uu markaa Sheekh Madar ka ahaa hormuudka.

Taariikh ahaan xertu markii hore waxay degtay meel u dhaw tuulada Cadaadlay, markii dambana waxay u soo guureen xaafadda Jameecoweyn oo loogu magac daray xerta, isla mar ahaantaana aaga taagay masjidkii ugu horreeyay ee magaalada Hargeysa laga dhiso. Masaajidkaas oo laga dhisay dhoobo dergad ah oo lagu daray caano geel ayaa waxa dhismihiisa ka qayb qaatay xertaas ku walaalowladay Jameecoweyn ee ka koobnayd dhammaan beelaha Soomalida iyo muslimiinta geeska Afrika qowmiyado ka mid ah.

Waxaan oran karnaa Sheekh Madar waxaa uu ka mid ahaa dadkii ugu horreeyay ee magaalada Hargeysa soo dega oo culumo ah, waxaa uuna faray xertii iyo culumadii la socotay in ay Ilaah talo saartaan oo ay joogteeyaan xuska Alle, waayo? marna Sheekhu ma uusan hilmaamin dardaarankii iyo talooyinkii ay soo fareen culumadii waaweynayd ee ay isku talada ahaayeen intii uu degganaa galbeedka Soomaaliya ee Harar iyo hareeraheeda oo kula talisay inuu u aado waqooyiga Soomaaliya si uu wanaagga u faro dadkii halkaa degganaa, dabadeedna uu ku faafiyo diinta Alle.

Muddo ka dib waxaa u suuragashey Sheekh Madar riyadiisii fiicnayd, waxayna noqdeen isaga iyo xertiisuba hormoodkii unnuga iyo dhidibbaada u taagay magaalada Hargeysa oo markaas ahayd ceel dhaan yimaaddo iyo keyn jiq ah oo lama degaana. Waxay Hargeysa ahayd ceel ay reeruhu geela uun keenaan oo colaado, keyn iyo habardugaag loo degi waayay.

Runtii, Sheekh Madar waxaa ka mid ahaa waxyaabihii uu bulshada kula talin jiray in ay ku dedaalaan beer falashada iyo wixii xiriir la leh horumarka bulshada sida farsamooyinka, si dhulka loo cammiro oo ay dad badan u soo degaan degaanka cusub, isla markiina waxaa u suuragaley in ay jamaacada Sheekhu ay hirgeliyaan dhisme masjid oo weyn si loogu cibaadaysto, loogana dhigto goob lagu faafiyo diinta. Waxaa xigtay in Sheekh Madar uu gudagaley hergelinta dhismooyin guryo degaan ah oo ay ku hoydaan xertiisa iyo dadka ku mashquulsan cilmi barashada.

Waayo ka dib markii ay soo shaac baxday dhaqdhaqaaqa Sheekh Madar iyo jameecadiisu oo ay xoogsadeen waxaa ay caawimaad ka heleen dowladdii Cismaaniyiinta iyo maamulkii Masar oo ka saaciday Sheekha sidii ay u horumarin lahaayeen magaalada, ugu horraynna waxaa laga taageeray sidii loo weynayn lahaa masjidkii dhisnaa oo laga dhigay dhismo dhagax ah sannadku markuu ahaa 1883-kii. Masjidku wuxuu noqday meel dacwada Islaamka laga hago, laguna aqriyo kutub dhowr ah sida Tafsiirka Quraanka, Axaadiista Rasuulka-naxariis iyo nabadgelyo korkiisa ha ahaatee, iyo Fiqiga Shaafiga.

Sheekh madar waxaa uu ku guulaystay inuu sameeyo maamul hufan oo ka fog dhanka qabyaaladda kaa oo suurageliyey in ay magaaladu noqoto mid horumarsan oo baayacmushtarka magaalada ay ka shaqaystaan ganacsiga noocyadiisa kala duwan sida: timirta, bariiska iyo burka.

Masjidka Sheekh Madar waxaa laga dhisay qabrigiisii iyo qubbad weyn kaa oo ku yiil xaafadda Sheekh Madar sannadkii 1895-kii. Sheekh Madar dariiqada uu haystay waxay ahayd dariiqada loo yaqaannoy Qaadiriya oo uu aasaasay Sheekh Cabdulqaadir al-Jeylaani.

38

Sheekh Maxamed Macallin Xasan

Barbaarintii Sheekha iyo safarradiisii waxbarasho

Sheekh Maxamed Macallin Xasan-Allaha ha naxariistee, waxaa uu ahaa Sheekh caan ka ah dalka Soomaaliya waxaa uuna ku dhashay baadiyaha degmada Buurhakabo ee gobolka Baay sannadkii 1936-kii, waxaa uuna ku barbaaray degaankaa oo ay abtiyaashii degaan. Yaraantiisii ayuu xifdiyey Quraanka oo uu macallin ugu ahaa abtigii kaa oo ka dibna baray axkaamta qaarkeed, ka dib markii uu u aqriyey kitaabka Safiinah al-Salaah, deetana Sheekh Maxamed waxaa uu u safray degaanka Jigjiga ee dhulka Soomaaliya si uu u sii wato raacashada cilmiga, halkaana waxaa uu kula kulmay culumo badan oo uu ka mid ahaa Sheekh Cali Jowhar iyo Sheekh Maxamed Cabdullaahi. Markii uu ka aflaxay degaannadaa wixii cilmi iyo aqoon yaallay waxaa uu u sii safray dalka Masar si uu ugu biiro jaamacadda al-As-har, isagoo sii maray dalalka Eratareeya iyo Suudaan. Waxaa uu gaarey magaalada Qaahira sannadkii 1958-kii, waxaana uu ku biiray xalaqaadkii ka socday al-As-har; markii uu dhammeeyey jaamacadda waxaa uu takhasus cilmiga tarbiyada ah ka qaatay jaamacadda Caynu al-Shamsi.

Soo noqodkii Sheekha iyo faafintii cilmiga

Sheekh Maxamed markii uu cilmi badan soo bartay ayaa uu 1968-dii dib ugu soo noqday dalka Soomaaliya, gaar ahaan magaalada Muqdisho, waxaana waqtigaa madaxweyne dalka ka ahaa Cabdirashiid Cali Sharmaarke, laakiin muddo gaaban ka dib waxaa taladii dalka la wareegay ciidammadii xoogga dalka oo uu hor kacayay Maxamed Siyaad Barre. Sheekhu waxaa uu waqtigaa la kulmay dhaqdhaqaaqyo aqoon iyo wacyigelin u badan oo ay wadeen jamciyado ay horseed ka yihiin culumo iyo aqoonyahanno isku bahaystay Ilaahay dartii, sida hay'adda lagu magacaabi jiray Raabidada Islaamka ee uu hogaaminayey Shariif Maxamud Shariif Cabdiraxmaan oo ku magac dheeraa Shariif Maryo-cadde.

Waxaa kale oo jirtay jamciyadda al-Nahda al-islaamiya oo dadka ku jiray ay yihiin culumo ka soo noqotey magaalooyinka barakeysan ee Maka iyo Madiina, waxna ka soo bartay dhulkaa barakeysan. kuwaa waxaa ka mid ahaa Sheekh Maxamed Axmed Garyare, Sheekh Ibrahim Suuley, Sheekh Cabdiqani Sheekh Axmed, iyo Sheekh Cali Suufi.

Sheekh Maxamed Macallin waxaa uu halkaa ka helay dhiirrigelin iyo wehel, isla markiina waxaa uu bilaabay inuu faafiyo cilmigii uu soo bartay gaar ahaan tafsiirka Quraanka kariimka oo uu ka bilaabay masjidka Sheekh Cabdulqaadir ee loo yiqiinnay Maqaamka oo ku yiil agagaarka Ceelgaabta ee xaafadda Xamarweyne.

Dersigii tafsiirka ee uu aqrin jiray Sheekh Maxamed Macallin waxaa uu xoogga saari jiray inuu aad iyo aad u caddeeyo tarbiyada Islaamka iyo kor u qaadidda fikirka iyo wacyiga qofka. Muddo ka dib Sheekh Maxamed Macallin waxaa loo magacaabay inuu noqdo madaxa waaxda arrimaha diinta ee raacsanayd wasaaradda caddaalada iyo arrimaha diinta ee Soomaaliya, waxaana uu qayb weyn ka qaatay kor u qaadidda iyo horumarinta maamulka wasaaaradda, isla markaana Sheekhu waxaa uu sii wadey dersigii tafsiirka ahaa ee uu ka aqrin jiray masjidka Maqaamka iyo wacyigelinta ummadda. Laakiin markii fikirkii Shuuciyaddu soo xoogaysatay waxaa Sheekha ka hor yimid diidmo kaga imaanaysay maamulka dowladda oo looga soo horjeedo dacwaddii Sheekhu waday, arrintaasina waxaa ay ku biyo-shubatey in Sheekha loo taxaabo xabsiga sannadkii 1976-kii isaga oo aan la hor keenin maxkamad, wuxuuna xirnaa ilaa sannadkii 1982-kii.

Sheekh Maxamed ma joojin dacwada Islaamka iyo faafinta cilmigii Ilaahay baray-xitaa sanooyinkii uu xirnaa waxaa uu gudan jiray inta karaankiisa ah waajibka faafinta kheyrka oo uu ka waday xabsiga gudihiisa, markii la soo daayayna waxaa uu meesha ka sii waday casharradii uu ka marin jiray masaajidda oo waxaa la oran karaa Sheekha naftiisa ayaa waxay jeclayd mar walba inuu ku jiro gudashada dacwada, weliba xilli uu dalka u janjeersaday dhinaca kacaankii iyo aragtidoodii ay ku taamayeen in ay ku hirgeliyaan hantiwadaaggii shuuciyadda iyo hogaannadii Midowgii Soofiyeedka.

Raad cilmiyeedkii uu Sheekhu ku reebay bulshada

Dersigii tafsiirka ee uu Sheekh Maxamed ka waday magaalada Muqdisho waxaa uu gaaray bulshada oo dhan, sidaa darteedna waxaa ku soo taxmay dad tiro badan oo u badnaa arday iyo shaqaale dowladeed, waxaana goobo badan ka muuqatay raadka xoogga leh ee uu Sheekha darsigiisu waqtigaa lahaa, gaar ahaan marka laga eego kobaca iyo koritaanka baraarugga dhallinta oo rag iyo dumar lahaa. Dersigiisu kuma uusan koobnayn oo kaliya ragga ee waxaa kale oo jiray daruus gooni u ha dumarka, tafsiir iyo muxaadarooyin nidaamsan oo uu siin jiray arday dumar u badnaa oo lahaa masjid gooni u ah, kaas oo uu Sheekh Maxamed Macallin aasaaskiisa iyo sharciyayntiisa door weyn ka qaatay intii uu madaxa ka ahaa waaxda arrimaha diinta ee wasaaraddii caddaalada iyo arrimaha diinta.

Waxaa la oran karaa Sheekh Maxamed Macallin raad weyn ayuu ku reebay habka iyo hannaanka loo aqriyo tafsiirka Quraan oo aan ahayn in la laqbeeyo Quraanka oo erey erey loo macneeyo keliya e, waxaa uu dersigiisu daarranaa in Quraanka iyo diinta ay tahay wax nolosha aadanaha la xiriira, loona baahan yahay in qofku uu mar walba la noolaado fariimaha Ilaahay dhex dhigay Quraanka Kariimka. Waxaa la oran karaa dersiga Sheekhu waxaa uu ahaa dhammaantiis casharro uu ku bixinayay tarbiyadda Islaamka iyo ku dhaqanka diinta oo loo baahan yahay in ay qof walba ka muuqato noloshiisa- rag iyo dumarba, oo halbeeg laga dhigto rabitaanka Alle oo keliya.

Waxaa ka soo baxay dedaalkii dheeraa ee uu Sheekhu wadey culumo dhowr ah oo meesha ka sii waday tubtii Sheekhooda gaar ahaan faafinta cilmiga oo ay ugu horrayso aqrinta tafsiirka Quraanka oo ku socdo habkii iyo hannaankii Sheekhu u waday oo xoogga saaraysay baraarujinta bulshada iyo wacyigelinta dhallinta si ay ugu xirmaan farriimaha Ilaahay iyo Rasuulkeenna suubban-naxariis iyo nabadgalyo korkiisa ha ahaatee. Culumadaa uu Sheekhu soo saaray waxay noqdeen kuwo ay ummadda u aydo, noqdayna beddel fiican ka dib markii Sheekh Maxamed xabsiga loo taxaabay oo himiladiisii iyo wixii uu ku taamayay ma aanay noqon mid istaagta. Culumada ka aflaxday dersigiisii oo isla markaana meesha ka sii waday manhajkii Sheekha waxaa ka mid ahaa: Sheekh Aadan Sheekh Cabdullaahi oo tafsiirka ka aqrin jiray masaajidkii isbahaysiga ee al-Tadaamun, taa waxaa u dheerayd in uu maalin walba ku lahaa idaacadda Muqdisho casharro joogto ah oo Ilaa iyo hadda laga soo daayo idaacado badan oo gudo iyo dibadba leh.

Waxaa kale oo culumadii wax ka baran jirtay xalaqadii Sheekh Maxamed Macallin ka mid ahaa Sheekh Maxamed Aw-Yuusuf oo masjidkii Towxiid ee ka hooseeyay taalladdii Dhagaxtuur. Sidoo kale Sheekh Muriidi Xaaji Suufi waxaa uu ahaa dadkii sida tooska ah ula wareegay darsigii Sheekha markii la xiray waxaana uu tafsiirka ka aqrin jiray masjidkii Arbaca-Rukun ee Xamar ku yiil ilaa intii laga joojiyayna halkaa ka waday. Sheekh Cabdiraxmaan Faarax Faahiye oo isna tafsiirka ka aqrin jiray masjidkii Nuural-Cayn ee ku yiil Xamarweyne, agagaarka Bacadlaha.

Sheekh Cabddulqaadir Sheekh Maxamed Aadan oo ku magac dheeraa Cukaasha waxaa uu ka mid ahaa dhalinyaradii sida xooggan u wadday tafsiirka Quraanka, waqtiyada fasaxa iskuulladana ka aqrin jiray masjidkii Afleyrshe ee Boondheere ku yiil. Shariif Sharafoow oo isna ka mid ahaa dadkii wax ka Bbrtay xalaqadii Sheekh Maxamed Macallin ayaa isna dhowr meelood wax ka aqrin jiray. Waayihii dambe waxaa si rasmi ah ula wareegay aqrinta tafsiirka dhowr qofood oo uu ka mid ahaa Sheekh Cabdimajiid Sheekh Cabdiqani Sheekh Maxamed Khaliif oo masaajiddo ku yaallay xaafadaha Hodon iyo Waaberi wax ku aqrin jiray. Waxaa iyana jirtay dersigii tafsiirka ahaa ee uu aqrin jiray Sheekh Maxamuud Ciise Maxamuud ee masjidkii Ceel Hindi ee ku yiil xaafadda Howlwadaag ee Xamar; dersigaa oo dad aad u tiro badan ay ku xirnaayeen ayaa waxaa ka aflaxay dhallin markii dambe meesha ka sii wadday faafinta cilmiga iyo baraarujinta dadweynaha.

Taasi waxay caddaynaysaa dedaalkii uu Sheekh Maxamed Macallin Xasan ku bixiyay faafinta aqoonta diinta Islaamka iyo raadkii uu ku reebay bulshada iyada oo ay xilligaa aad u adkayd marka laga eego himilooyinkii kacaankii 21-ka Oktoobar uu xanbaarsanaa iyo maamulkii ciidammadu gacanta ay ku hayeen oo u arkayay dedaallada Sheekh Maxamed Macallin in ay yihiin kuwo wiiqaya ujeeddooyinka kacaanka, haddana Sheekh Maxamed uma uusan joojin ujeeddooyinkiisa iyo waxa uu damacsanaa oo ahayd in uu faafiyo Ilaahay cilmiga uu baray, uuna ka tago raad kheyr oo waxtar noqda.

Waxaa ka mid ahaa dedaalladii Sheekha kutub uu qoray oo ay ka mid yihiin:

- Al-Tibyaan fii Masaa'ili Tasriifi al-Afcaal.
  Oo ah kitaab ka hadlaya cilmiga Sarfiga, welina lama daabicin.

- Kitaab al-Sifaad.
  Wuxuu ka hadlaya sifooyinkaa Alle.

Doorkii Sheekha ee dib u heshiisiinta bulshada

Dedaaladdii uu Sheekhu bixin jiray kuma aysan koobnayn oo kaliya faafinta cilmiga iyo dacwada Islaamka ee waxaa kale oo jirtay in Sheekhu uu si weyn isugu howlay soo celinta nabadgalyada iyo deggenaashaha dalka, ka dib markii ay burburtay nadaamkii dowlidnimo wixii ka dambeeyay dagaalladii sokeeye ee ka qarxay dalka. Sheekha iyo culumo kale waxaa ay ku guulaysteen in ay magaalo madaxda dalka ee Muqdisho ka aasaasaan gole loogu magacdaray kulanka culumada ee Soomaaliyeed, waxaana madax looga dhigey Sheekh Maxamed Macallin Xasan, isna waa uu ogolaadey si loo joojiyo dagaalka iyo burburka socda, dabadeedna dib loo yagleelo dowladnimadii iyo qarannimaddii Soomaaliyeed ee burburtey intii uu socday dagaalka sokeeye. Runtii waxay ku guulaysteen culumadaa uu hor kacayey Sheekhu dhacdooyin badan oo u suuragaliyay in ay degaanno dhowr ah ay ka hakiyaan dagaalladdii ka socday una dhexeeyay dad soomaaliyeed oo walalaal.

Sheekh Maxamed Macallin waxaan anigu bartay markii xabsiga laga soo daayay sannadkii 1982-kii, waxaana ka mid noqday dadka aadka ugu dhowdhow-inkasta oo ay da'daydu yarayd haddana Sheekha ayaan ka helay qalbi iyo albaab furan, waxaana aan ku bartay inuu yahay qof aan islaweynayn ummadduna u siman tahay haddana mar walba jecel hadallada cilmiga ku dhisan oo aan ummadda kala geyneyn. Waxaa uu ahaa nin aad iyo aad u aqris badan, haddaae jecel in mar walba uu wax faa'iidaysto oo uu dhegaysto dadka kale aadna u qaddariya dedaallada kale iyo arragtiyaha kala duwan.

Geeridii Sheekh Maxamed Macallin

Sheekh Maxamed Macallin Xasan waxaa uu ku geeriyooday takhtar ku yaalla magaalada Torino ee dalka Talyaaniga 14-kii Agoosto, sannadkii 2000, ka dib markii uu galay shil gaari isaga oo jooga magaalada Riyaad ee dalka boqortooyada Sacuudiga, waxaana loo soo qaaday dalka Talyaaniga oo uu ku geeriyooday. Waxaa maydkii Sheekha loo soo qaaday magaalada Xamar ee Soomaaliya oo lagu aasay. Ilaahay ha u naxariisto.

◆◆◆

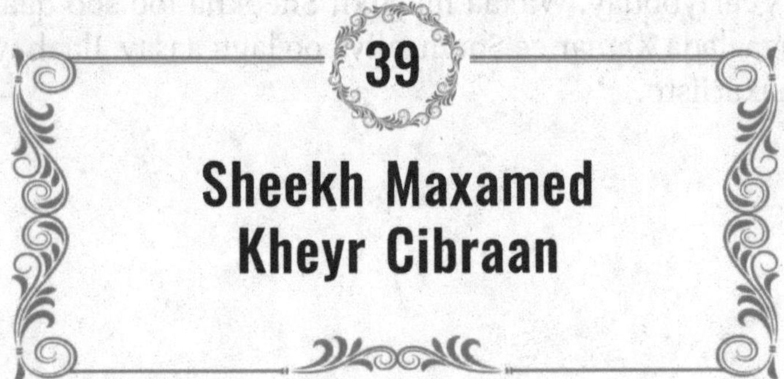

39

Sheekh Maxamed Kheyr Cibraan

Dhalashadii iyo barbaarintii Sheekha

Sheekh Maxamed Kheyr Cibraan Xasan waxaa uu ku dhashay tuulada Ufurow oo ka tirsan gobolka Baay una dhow degmada Baydhaba sannadku markuu ahaa 1350 Hijriyada, waxaa uu Sheekhu ka soo jeedaa qoys xoolo dhaqato ah oo ehlu diin ah oo hooyadii iyo aabbihii agtooda ayuu ku soo barbaaray, waxaana caado u ahayd dadka Soomaaliyeed in carruurtooda ay kula dedaalaan sidii ay u baran lahaayeen Quraanka kariimka, sidaa darteedna Sheekh Maxamed waxaa uu yariintiisii nasiib u helay inu Quraanka barto in kasta oo reerkooda ay markaa reer guuraa ahaayeen, haddana waxaa uu ku guulaystay oo u suuragashey in uu Quraanka barto oo uu xifdiyo. Waxaa macallin u ahaa macallin Cabdiraxmaan Macallin Xasan oo ka soo jeeday qoyska Sheekha ee beesha Lawaay, Raxanweyn, waana intii ay reerka Sheekhu deggenaayeen degaanka Ufurow, laakiin markii ay u soo guureen meel baadiye ah oo u dhexeysa degmooyinka Buurhakabo iyo Baydhabo, waxaa uu meesha ka sii waday barashadii Quraanka si uu u dhammaystiro intii u harsanayd.

Waxbarashadii Sheekh Maxamed Kheyr

Markii uu hanaqaaday Sheekh Maxamed Kheyr Cimraan oo uu 22 jir noqday, waxaa uu u wareegay inuu barto culuumtii waqtigaa degaankaa laga aqrin jiray, waxaana uu u xeraystay Sheekh Maxamuud Ugaarey oo ay Sheekha isku reer ahaayeen, waxaana uu ka marsaday cilmi la xiriira fiqiga islaamka gaar ahaan mad-habta Shaaficiyada, sida kutubta ay ka mid yihiin: Safiinah al-Salaad, Abuu Shujaac, iyo Minhaaj. Ka dib waxaa uu u safray degaannada Shabeellada Hoose si uu u sii siyaadsado cilmiga waxaa uu halkaana kula kulmay Sheekh Maxamed Lawaay oo uu xertiisa ka mid noqday, waxna ka aqrin jiray tuulada Goobweyn ee u dhow Buulomareer, halkaana waxaa uu ka helay cilmi badan, gaar ahaan Fiqiga iyo Axkaamka Islaamka oo u aqristay kutub ay ka mid yihiin Ibni Qaasim al-Gazi oo sharraxa Abii-shujaaca iyo Minhaajka oo uu qoray imaam al-Nawawi, waxaa uuna Sheekhu halkaa ku sugnaa muddo seddex sano ah. Isla goobtaa waxaa uu kaga faa'iidaystay Sheekh la yiraahdo Sheekh Yuusuf oo reer Eemad u dhashay gaar ahaan tuulada Maanyomurug ee raacsan degmada Qoryoolay oo uu ka dhammeystirtay Minhaajka.

Sheekh Maxamed Kheyr waxaa aad ugu sii weynaatay rabitaankiisa ahaa inuu cilmiga sii kororsado, sidaa darteedna waxaa uu u safray dhulkii barakaysnaa ee Maka al-Mukarrama iyo Madiina, sannadkii 1376-dii hijriyada si marka uu guto waajibaadka Xajka iyo Cimrada uu u sii wato waxbarashadiisii diinta, waxaana uu gaaray degaanka Dabaab ee ka tirsan dalka Yeman isagoo ka yimid dhinaca Jabuuti oo la socda dooni. Waxaa uu Yeman uga sii gudbay magaalada Jiisaan si uu u sii gaaro Xijaas, safarkaana waxaa uu Sheekha ku qaatay muddo afar bilood ah, markii uu gaaray Makana waxaa uu ku aaday waqtigii Xajka oo uu gutay, dabadeedna waxaa uu u sii gudbay magaalada Madiina sanandku markuu ahaa 1377-kii hijriyada. Markii uu dhammaystay arrimihii Xajka iyo Cumrada ayuu go'aansaday inuu u laabto dalka Soomaaliya oo uu gaarey isla sannadkaa dabayaaqadiisii, laakiin Sheekh Maxamed Kheyr naftiisa waxay ka maqnaan weyday goobihii barakaysnaa ee uu soo arkay, durbadiina waa uu u hiloobay, isla markaana waxaa uu goostay in uu ku noqdo. sannadkii 1979-kii hijriyada ayuu ku soo laabtay dhulkii barakaysnaa oo markii uu sannadkaa gutay Xajka, waxaa uu go'aansadey inuu ku negaado Maka si uu uga faa'iidaysto daruustii iyo casharradii ay bixinayeen culumadii waqtigaa ugu waaweynayd dunida muslimka, waxaana uu la kulmay oo uu wax ka bartay Sheekh Maxamed al-Itoobi oo caan ka ahaa degaannada Xijaas, sidoo kale waxaa uu ku xirmey xalaqadii Sheekh Xasan al-Mashaad oo culumada iyo imaammada Xaramka ka mid ahaa; sidoo kale xalaqadii Sheekh Calawi al-Maaliki, xalaqadii Sheekh Maxamed Cabdullaahi oo soomaali ahaa kuna xeel dheeraa axaadiista rasuulka-naxariis iyo nabadgalyo korkiisa ha ahaatee, iyo cilmiga la xiriira axaaadiista. Sidoo kale Sheekh Maxamed Kheyr waxaa uu ka faa'iidaystay xalaqadii uu Sheekh Cabdulxaq oo reer Bakistaan ahaa. Intaa kaa dib waxaa uu u safray magaalada barakaysan ee Madiina, waxaa uuna kula kulmay halkaa Sheekh Abuubakar oo Soomaali reer Daafeed ahaa oo kaga soo horreeyay magaalada, Sheekh Maxamed waxaa uu ku biiray dadkii wax ka baranayey halkaa sida Sheekh Abuubakar isagoo waxbarashada ka bilaabay machad ka tirsan jaamacadda Madiina, sannadkii 1387-kii hijriyada, waqtigaana waxaa uu ahaa 34 jir, waxaa uuna jaamacadda ka qalin jabiyey sannadkii 1391-dii hijiriyada.

Faafintii dacwada Islaamka iyo cilmiga

Markii uu dhammeeyay waxbarashadii heer jaamaceed oo ay uga horraysay aqoontii uu ka helay goobihii barakaysnaa ee Xijaas iyo Soomaaliya waxaa Sheekha loo doortay inuu ka mid noqdo dadka diinta faafiya ee ka tirsan Raabidada Islaamka, waxaana loo magacaabay in uu noqdo macallin wax ka dhiga macadka la yiraahdo Daarulxadiis oo ku yaallay magaalada Buwaaki ee jamhuuriyadda Saaxil al-Caaj ee galbeedka Afrika ka tirsan, waxaana uu shaqadaa hayay muddo labo sano ah, waxaase xusid mudan in Sheekhu mudaddii uu joogay meeshaa uusan ku gaabsan oo kaliya shaqada macallinnimada ee uu ahaa qof dhexgala bulshada oo xiriir fiican la leh muslimiinta mandaqada uu joogay, waxaana u suuragashey inuu ka guursaday halkaa taa oo u fududaysay in uu si dhib yar diinta Islaamka ugu faafiyo bulshadaa, lana qaybsado arrimaha ka dhexeeya dadka muslimka ah, taana waxay keentay in Sheekhu si fudud uu ugu wareego meelo badan oo ka mid ah dalkaa isagoo ah nin meel kasta ka soo jeediya dacwada Isalaamka.

Sheekh Maxamed Khery raad weyn ayay ku reebtay dacwadii u ka faafinayay dalkaa Saaxil al-Caaj oo xitaa markii uu ku soo noqday dalalka Sacuudiga iyo Soomaaliya waxaa uu ahaa qof mar walba ku wareega degaanno kala duwan, lana kulma dadka muslimiinta ah isagoo u sheegaya in ay qabsadaan kitaabka Alle iyo sunnada Rasuulkeenna- naxariis iyo nabadgalyo korkiisa ha ahaatee. Inkasta oo uu degaankiisu ahaa magaalada barakaysan ee Maka al- Mukarrama haddana mar walba waxaa uu ahaa nin dacwada Alle u banbaxa, oo xitaa marka uu joogo Maka dadka ayuu wacdin jiray, waxaana deris la ahaa masjidka al-Zuhayri ee xaafadda Malaawi ku yiil oo uu mar walba cassirka ka dib ka istaagi jiray, iyo isaga oo soo booqan jiray magaalada Jiddah gaar ahaan xaafadda ay u badan yihiin Soomaalide ee Kiiloosabca oo uu ku wacdin jiray. Waxa uu dadka kaga duwanaa waa in uu ku hadli jiray luqado kala duwan oo ay u dheer tahay lahjadaha Soomaaliga oo uu u badnaa inuu lahjadda Maayga kula hadlo dadka yaqaanna taa oo soo jiidatey dadyow badan.

Dedaalkii Sheekha ee xagga aqoonta

Sida aynu hore u soo tilmaannay Sheekh Maxamed Kheyr waxaa uu faafinta diinta ku bilaabay inuu noqday macallin dhiga diinta Islaamka, taana waxay keentay inuu mar walba ka ag dhow yahay goobaha aqoonta iyo cilmiga sida markii uu macallinka ka noqday madarasadii Daarulxadiis ee ku tiil dalka Saaxil al-Caaj. Waxaa kale oo uu Sheekhu qayb weyn ka qaatay dhismaha goobo aqooneed oo ay ka mid yihin iskuullo iyo macaahid wax lagu barto-gaar ahaan diinta Islaamka.

Waxaa kale oo uu Sheekhu deadaal badan u galay sidii ay u hirgeli lahayd in magaalada Kasala ee ku taal dalka Suudaan, gaar ahaan xadka ay la leedahay Eretireeya laga dhiso macad lagu barto afka carabiga iyo culuumta diinta Islaamka aasaaskooda, waxaana uu ugu magac darey machadkaas Machadka Ansaaru al-Sunna, isla markiina waxaa u ka mid noqday macalliniinta wax ka dhigta halkaa oo uu ku sugnaa muddo labo sano ah. Laakiin sannadkii 1396-kii hijriyada mar uu soo gaaray dalka Sacuudiga ayaa uu go'aan ku gaaray inuusan ku noqon Suudaan, wuxuuna si rasmi ah u degay dalka Sacuudiga gaar ahaan magaalada Maka-in kasta oo uu mar walba ka war hayn jiray dadkii iyo howshii uu ka bilaabay magaalada Kasala ee bariga Suudaan, ardaydii wax ka baratay Machadkaasna waa ay ka war hayn jireen Sheekhooda, waxayna u badnaayeen Eretareeyaan oo waxaan ku arki jiray guriga Sheekha marar badan oo aan ku booqday hoygiisa intii aan degganaa magaalada Maka iyo qaar badan oo aan isla dhigannay jaamacadda oo heer sare ka gaarey aqoonta.

Dhimashadii Sheekh Maxamed Kheyr Cimraan:

Sheekh Maxamed Kheyr waxaa uu ku geeriyooday magaalada barakeysan ee Maka al-Mukarrama, sannadkii 2006-dii isagoo 85 jir ah oo indhahana beelay, waxaana lagu xabaalay qabuuraha al-Macallaa-Ilaahay ha u naxariisto.

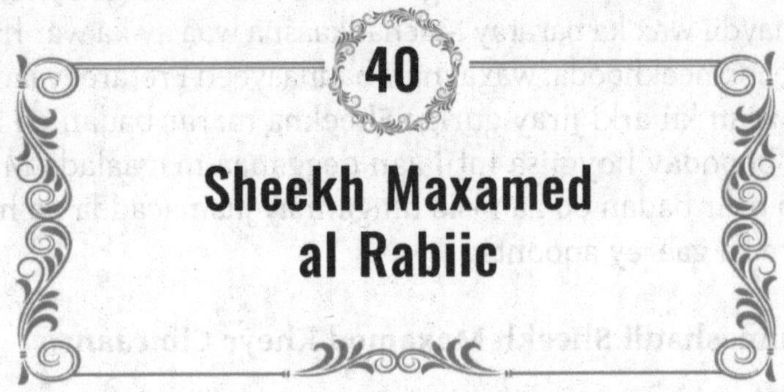

40

Sheekh Maxamed al Rabiic

Sheekh Maxamed Sheekh Yuusuf Sheekh Cabdiraxmaan Sheekh Cali oo ku magac dheeraa Sheekh Maxamed al-Rabiic, waxaa uu ka soo jeedaa beesha Abayoonis oo ka mid ah beelaha Geri Koombe. Sheekhu waxaa uu ku dhashay tuulada Bardaxle ee ka tirsan degmada Dhagaxbuur ee Soomaali Galbeed, sannadku 1921-kii.

Waxaa uu Sheekhu Quraanka xifdiyay isaga oo yar, ka dibna waxaa uu ku biiray daruustii laga marin jiray xalaqaadkii ay hoggaanka u hayeen culumo Soomaaliyeed oo ay ka bixi jirtay fasiraadda Quraanka iyo axaadiista oo ay aalaaba weheliyaan axkaamta shareecada iyo luqada carabiga oo heerar kala duwan ah, loona mariyo sida ay u kala horreeyaan. Waxaa sheekhu uu ku bilaabay kutubta heerka koowaad la qaato, sida kitaabka Naxwaha ee al-Ajruumiga iyo kitaabka Arbaciinka ee uu qoray imam al-Nawawi ee lagu soo uruuriyay Axaadiistii Nabigeenna suubban-naxariis iyo nabadgalyo korkiisa ha ahaatee, ka dibna hore ayuu Sheekh Maxamed Rabiic u sii socday oo marba tallaabo qaadayey illaa uu bartay cilmi badan ka dib markii uu soo fadhiistay goobo kale duwan oo ay culumadu ku bixin duruus iyo faafin cilmi oo noocyo kala duwan leh. Culumada uu Sheekh Rabiic ka aflaxay waxaa ka mid Sheekh Maxamed Khaliif Sheekh Axmed oo caan ka ahaa dhulka Soomaali galbeed, waxaana la oran karaa in badan oo cilmi iyo tarbiyad ah ayuu ka faa'iiday xalaqadiisa.

Sheekh Maxamed Rabiic markii ay u kala baxeen waxyaabo badan oo waayo-aragnimo iyo cilmi ah waxaa uu u go'ay sida ka muuqata dhaqdhaqaaqyadii uu soo maray dhanka suufinnimada iyo inuu ka saahido in badan oo adduun iyo howlihiisa, taana waxaa la oran karaa waa mid ka timid noloshii iyo dhaqankii culumadii uu u xereystey gaar ahaan Sheekhiisii Sheekh Maxamed Khaliif Sheekh Axmed.

Waxaa la sheegaa in Sheekhu markii uu hubsaday inuu gudbin karo cilmiga iyo tarbiyadda uu ku dhaqaaqay sidii uu ugu faafin lahaa degaannada Soomaaliyeed, isaga oo dareemayay in arrinkaasi uu waajib ku yahay, sidaa darteedna waxaa uu furay xarumo dhowr ah oo uu ku faafinayo jidkii uu ku qancay inuu ku socdo, xarumahaasna waxaa ka mid ahaa xurun weyn oo uu saldhig ka dhigtay oo uu ka aasaasay deegaanka Cayn oo ku tiil duleedka Dooxada Nugaaleed oo uu ugu magac darey Qubbada Abayoonis taa oo noqotay xarun uu Sheekh Maxamed Rabiic kula kulmo bulsho badan, uuna ka aasaasay xer isaga ku xiran oo ka qaata cilmigii iyo habkii uu doonayay inuu ku faafiyo diinta.

Sidaoo kale Sheekhu waxaa uu safarro kale duwan ku bixiyey degaanno badan oo ka mid ah dhulka Soomaaliyeed-gaar ahaan waqooyi galbeed iyo woqooyi bari, ka dib markii uu ka soo tegay degaannadii Soomaali galbeed. Waxaa la soo weriyey in goobaha uu tegay Sheekhu ay ka mid ahayd tuulada Xudun oo uu kula kulmay dadyow fara badan oo aad iyo aad u soo dhaweeyey, ka dibna uu ka sameeyey halkaas gole uu ku faafiyo barashada Quraanka iyo kutub kale. Sidoo kale waxaa uu dadka u soo gudbin jiray dariiqadiisa oo markii dambe loogu magac darey Rabiiciyada, dadka qaarkiina waxay u yaqaannen Timoweyn oo ka soo jeedda timihii Sheekha ee dhaadheeraa ee uu labada dhinac u kala rogi jiray ama u shanleyn jiray, taa oo ay kaga daydeen xertiisu, kuwa aan sidaa yeelin oo xerta ka mid ahna waxaa loo yiqiinnay Timo yar. Haddii aanu ka sii hadalno goobihii Sheekh Maxamed Rabiic maray ama uu muddo ku negaaday, waxaan oran karnaa intaa oo keliya kuma aysan koobnayn goobihii uu Sheekh Maxamed Rabiic ugu talagalay inuu ku faafiyo dariiqada Rabiiciyada e, waxaa kale oo uu unkay xarun cusub oo uu ka sameeyay magaalada Garoowe ee xarunta gobolka Nugaal. Waxaa kale oo xigtay xarun kale oo uu ka sameeyay degaanka Yagoori oo markii dambe noqotay xarunta Sheekha ee ugu weyn taa oo ay ka soo baxeen xer badan oo xanbaartey dariiqadii Rabiiciyada, gaarsiiyayna degaanno kale.

Dhinaca la dhaqanka bulshada waxaa la sheegaa in Sheekh Maxamed Rabiic uu ahaa nin bashaash ah oo aad ugu dheer sida bulshada loola sameeyo xiriirka, isla markaana deeqsi dadka soo dhaweeya ah, taana waxay keentay in uu la xidido beelo badan oo uu ka guursadey kuwaa oo aad u qadarin jiray Sheekha, sida beelaha Isaaq iyo Harti, waxaa uuna ka tegay carruur aad u badan iyo xer aan tiradooda la soo koobi karin. Dariiqada Rabiiciyada waxay fursad u heshay in ay ku faafto goobo kala duwan oo ka mid ah geyiga Soomaaliyeed, dad bandanna waxaa soo jiitay waxyaabihii ay jameecadu sameyn jirtay sida in sigaarka la cabbo, qaadka la cuno, taa oo aad ugu faafsaneyn degaannada galbeed iyo waqooyi.

Sheekh Maxamed Rabiic-Ilaahay ha u naxariistee, waxaa uu geeriyooday 17-kii bishii, Ramadaan sannadkii 1426-kii isaga oo 86 jir ah, waxaana uu ka tegay dad badan oo ku abtirsada dariiqadiisa iyo habkii uu wax u waday.

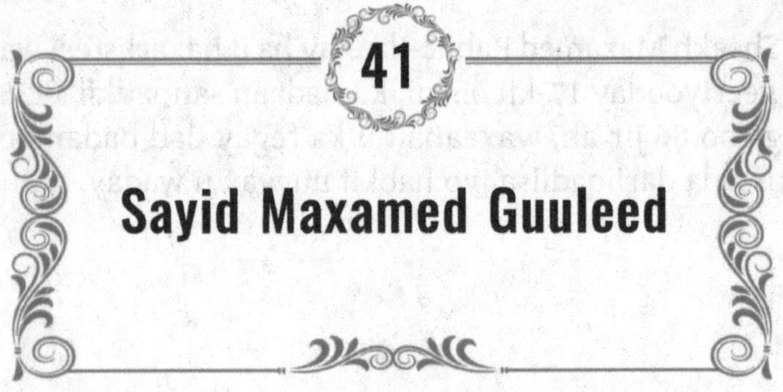

41

Sayid Maxamed Guuleed

Sayid Maxamed Guuleed waxaa uu sannadkii 1259-kii hijriyada ku dhashay tuulada Orwayn ee ka tirsan degaanka Shabeelle ee dhulka Soomaalida ee hoos yimaada maamulka Xabashida. Waxaa uu la noolaa labadiisa waalid oo soo barbaariyay. Hooyadiis waxaa lagu magacaabi jiray Muslimo, iyada ayaana qayb weyn ka qaadatay barbaarintiisa ka dib markii uu geeriyooday aabbihii isaga oo lix jir ah. Waxaa kale oo barbaarintiisa dusha u ritay oo booskii aaabbihii galay adeerkii macallin Cumar Guuleed, si fiicanna u tarbiyeeyay. Waxaa intaa dheeraa in uu kula dedaalay barashada Quraanka kariimka illaa uu xifdiyey Quraanka oo dhan, isla markiina waxaa uu noqday macallin dadka bara Quraanka oo fadhi gooniya leh ka dib markii uu macallinkiisii u oggolaadey in uu dugsi fadhiisan karo. Sayid Maxamed Guuleed yaraantiisii waxaa uu ahaa wiil aad u fahmo badan, mar walbana jecel wax barashada, sidaa darteed nawaxaa la sheegaa in ay yarayd in uu waqti badan ku lumiyo wax aan faa'iido u lahayn adduun iyo aakhiraba, waxaa uuna Ilaahay haleeshiiyay bay'ad iyo degaaan wanaagsan oo ku caawiyay inuu helo tarbiyad wanaagsan.

Sayid Maxamed Guuleed markii ay u buuxsantay sanadii labo iyo tobnaad, waxaa uu joojiyey howshii uu ka hayay dugsigii Quraanka ee uu lahaa adeerkii macallin Cumar oo ahaa macallinkii Quraanka baray, sababtoo ah waxaa niyaddiisa gashay inuu hore u sii wato barashada diinta Islaamka, gaar ahaan Axkaamta Shareecada, sidaa darteedna waxaa uu ku guulaystay inuu aad u barto fiqiga shaaficiga ka dib markii uu ka aqristay dhowr kitaab.

Intaa dabadeed Sayid Maxamed Guuleed waxaa uu xoogga saaray culuumtii kale oo ay ugu horraysay labada asal ee diinta ee Tafsiirka iyo Axaadiista Nabigeenma Muxammad-naxariis iyo nabadgalyo korkiisa ha ahaatee. Sidoo kale waxaa u suuragashey inuu bartay luqadda carabiga laamaheeda kale duwan ee Naxwaha iyo Sarfigu ay ka mid yihiin. Aqoontii uu fursadda u helay Sayid Maxamed Guuleed kuma aysan ekayn intaa oo kaliya e, waxaa kale oo jirtay inuu Sheekhu ku xeel dheeraaday culuum ay ka mid yihiin Mandiqa, cilmi Bayaanka, cilmi Caruudka oo ah barashada habka loo mariyo gabayga carabiga iyo gododkiisa.

Inkasta oo Sayid Maxamed Guuleed lagu Bartay cilmiga shareecada iyo Axkaamta Islaamka, hadane waxaa uu u leexday dhanka cilmiga tasawufka iyo saahidnimada aduunka oo la yiraahdo aad ayuu ugu xeeldheeraa illaa uu ka noqday Sheekh dadka ku tarbiyadeeya cilmiga tasawufka iyo dariiqada Saalixiyada oo uu ka mid ahaa culumadii ugu horraysay ee dariiqada ka dhaqangelisay geeska Afrika.

Waxaa la sheegaa in Sayid Maxamed Guuleed markii uu gaarey 15 jir uu u batay dhanka cibaadada Alle oo uu ka yara fogaaday aduun iyo howlihiisa ka dib markii uu jeclaadey keli ahaanshaha iyo cibaada Ilaahay, taa oo uu u arkayay in uu kula dagaallamayo naf iyo shaydaan.

Safarkii Sheekha ee gudaha Soomaalida Xorta ah

Sida aan soo tilmaannay Sayid Maxamed Guuleed waxaa uu ka soo jeeday degaanka Shabeelle ee gobolka Soomaalida Itoobiya gaar ahaan tuuladii uu ku dhashay kuna barbaaray, laakiin muddo ka dib waxaa uu go'aansadey inuu u safro koonfurta Soomaaliya gaar ahaan gobolka Shabeellada hoose, laakiin intii uusan ambabixin waxaa uu ku dedaaley sidii uu u heli lahaa qof wanaagsan oo la qaybsada safarka si ay isugu weheshadaan cibaadada Alle iyo jidka toosan, ugu dambeyntiina waxaa uu helay himiladiisii ahayd in uu helo rafiiq wanaagsan oo shareecada Islaamka wax ka garanaya ka dib markii uu la kulmay Sheekh Cali Ciise oo ahaa nin cibaado badan saahidna ah, waayo waxaa uu ka tirsanaa dariiqada al-Axmadiya, gaar ahaan qaybteeda al-Raxmaaniya oo uu ka qaatay Sheekh Xasan Macallin, waxaana la sheegaa in Sheekh Xasan qudhiisu uu ka qaatay dariiqada Sheekh lagu magacaabo Sheekh Mowlaanaa Cabdiraxmaan (marna loo yiqiinnay Sheekh Cabdiwaaxid) oo caan ka ahaa geyiga Soomaaliyeed. Waxaa Sheekh Maxammed wehel ugu noqday jidkaa dheer Sheekh Cali Ciise oo ay in muddo ah wada socdeen, isuna kaashanayeen cibaadada Alle iyo jidkiisa toosan.

Intii uu dhex mushaaxayay degaannada gobolka Shabeellada hoose ee koonfurta Soomaaliya, waxaa uu Sayid Maxamed Guuleed sii maray kuna hakaday degaanka Daafeed ee degmada Wallaweyn ee ka tirsan Shabeellada Hoose, waxaa uuna halkaa kula kulmay Sheekh lagu magacaabo Macallin Ibraahim Keed oo ahaa nin Quraan ruug ah oo aan habeen iyo maalinba afkiisa ka qaadin aqrinta Quraanka kariimka. In muddo ah ayuu la joogay Sayid Maxamed oo uu marti u noqday macallin Ibraahim oo ay isu kaalmaysanayeen u gargaaridda diinta iyo cibaadada Ilaahay.

Sayid Maxamed Guuleed waxaa uu muddo ka dib doortay in uu dib ugu laabto dhulkii iyo dadkii uu ka yimid ee degaanka Shabeelle ee Soomaali galbeed si uu ugu faafiyo Ilaahay wixii uu baray ee cilmi ah, wakiilna uu u noqdo dariiqada Axmadiyada gaar ahaan, Al-Rashiidiyada oo ah qayb ka mid ah dariiqada weyn ee al-Axmadiyada, waayo? waxaa uu dareensanaa in dadkii uu ka soo tegay ay baahi weyn u qabaan barashada Shareecada Islaamka iyo ku dhaqanka diinta. Waxaa uu waajibkii ka saarnaa fidinta diinta iyo ku tarbiyaynta dadka waxa ay shareecadu ina farayso uu u gudan jiray si hufan oo xamaasad leh, taa oo uu ku guulaystay ka dib markii uu la kaashadey dad ehlukheyr ah oo reer Shabeelle ah. Inkasta oo dadka qaarkii ay ka hor yimaadeen, haddana waxaa uu ku adkaystay sidii uu u gaari lahaa yoolkiisa ku aaddan faafinta diinta Islaamka iyo ku dhaqanka farriinta shareecadeenna wanaagsan.

Safaradii barakeysaa ee Sheekhu galay

Sayid Maxamed Guuleed intii uu joogay degaankii neeshiisa waxaa uu ku hawlanaa faafinta diinta iyo cilmigii uu Ilaahay baray, muddo ka dibna waxaa uu goostay in uu safarro dhowr ah uu galo kuwaa oo uu uga gol lahaa sidii uu rugo iyo dad kale duwan uu u gaarsiin lahaa axkaamta diinta iyo farriinta Alle, sidaas darteedna waxaa uu u safray goobo kale duwan oo uu ugu horrayntii ka bilaabay socdaal uu ku tegay tuulada lagu magacaabo Rowda oo ka tirsaneyd dhulka Shabeelle. Waxaa uu go'aansadey inuu dego kuna negaado, taa oo u suuragelisey in uu fursad u helo faafinta cilmiga iyo inuu dad badan ku tarbiyeeyo dariiqadii uu wakiilka u ahaa. Inkasta oo ay dad dhowr ah ay ka hor yimaadeen oo ka biyodiiden Sheekha iyo dacwadii uu waday oo u arkayay inuu kala wareegayo hoggaanka tuulada, haddana waa uu u sabray wax kasta oo kaga yimaada jidka uu ku faafinayo diinta Alle, muddo ka dibna waxaa uu go'aansaday inuu u wareego tuulo kale oo lagu magacaabo Khaatim oo ku tiil isla Shabeelle isaga oo ay la socdaan xertiisii iyo ardaydiisii oo doorbiday in ay Sheekhooda la socdaan oo aanay ka harin. Waxaa se tilmaan mudan in dadka la soo guuray uu ka mid ahaa Sheekh la yiraahdo Sheekh Cali Gaas oo xiriir aad u xooggan uu u dhxeeyay asaga iyo Sayid Maxamed Guuleed muddo aad u dheerna ay saaxiibbo ahaayeen, waxaana la sheegaa in Sayid Maxamed Guuleed uu guursaday gabar uu dhalay Sheekh Cali Gaas taa oo sii xoojisay xiriirkii labada Sheekh ka dhexeeyay. Sayid Maxamed Guuleed iyo xirtiisuba muddo badan ayay degganaayeen tuuladaa aynu soo sheegnay oo noqotay meel cilmiga iyo diinta loo soo doonto maadaama uu Sheekhu degey uuna ku mashquulsanaa barista iyo faafinta cilmiga iyo dariiqadii uu xanbaarsanaa.

Muddo ka dib waxaa uu u guuray tuulo kale oo la yiraado Kulan Mu'min oo ku tiil degaanka Karinle ee ay degaan beesha Karinle Hawiye isla markaana hoos timaadda dhulka Shabeelle ee Soomaali Galbeed, sida caadada u ahaydna waxaa uu Sayidku ku mashquulay sidii uu ku tarbiyayn lahaa dad badan, uuna u faahfaahin lahaa shareecada Islaamka iyo ku dhaqankeeda, waxayna tuuladii Kulan Mu'min noqotay saldhig wayn oo waxay ku caan baxday cilmi iyo diin oo uu hoggaanka u hayay Sayid Maxmed Guuleed, waxaana ku kulmay dadweyne aad u tiro badan oo ay ku jiraan culumo aqoon dheer u leh diinta Islaamka. Tuulada Kulan Mu'min iyo dadweynaheeduba aad iyo aad ayey u soo jiiteen Sayidka iyo xertiisa wayna ku maqsuudeen. Waxaa la sheegaa in tuuladaa uu ugu dhashay wiilkii ka dhaxley diinta iyo dariiqada ee Sheekh Cabdiwaaxid Sayid Maxamed Guuleed oo lagu tilmaamo inuu yahay ruuxa sida rasmiga ah tiirka ugu taagey dariiqada Saalixiyada, horayna u sii anbaqaadiyay dedaalladii aabbihii iyo culumadii kale ee dal iyo dibadba joogay. Sannadkii 1293-dii hijriyada waxaa Sayid Maxamed Guuleed ku soo booqday tuulada Kulan Mu'min Sheekh weyn oo uu aad u jeclaa, aadna uu u qadarin jiray oo lagu magacaabo Sayid Axmed Cabdiwaaxid (Cabdiraxmaan) waxaa uuna marti u noqday Sayid Maxamed Guuleed iyo dadweynihii tuulada Kulan Mu'min oo si weyn u sooray.

Sayid Maxamed Guuleed waxaa uu ka faa'iidaystay booqashada Sayid Axmed Cabdiwaaxid, isla markaana waxaa uu ku guulaystay inuu ka qaato ijaaso iyo oggolaasha inuu Sheekh ugu noqdo dariiqada Rashiidiyada ee ah farac ka mid ah Axmadiyada, waxaana arrinkaa ku weheliyay xertiisa oo uu aad ugu farxay labada Sayid ee Sayid Axmed Cabdiwaaxid iyo Sayid Maxamed Guuleed. Taa waxaa wehliyey in Sayid Axamed uu u wakiishay Sayid Maxamed Guuleed inuu dariiqada ku faafiyo degaanno badan oo miyi iyo magaalo isugu jira, taa oo uu ku guulaystay ka dib markii Sayid Maxamed meelo kale duwan uu gaar siiyey dacwacadii iyo barnaamijkii dariiqada, isla markaana dad aad u badan ay soo raaceen ayna dariiqada ka mid noqdee. Arrimahaas oo dhan waxay suuragaleen intii uu noolaa Sayid Axmed

Cabdiwaaxid, markii uu geeriyoodayna waxaa lagu aasay tuulo lagu magacaabo Cayn oo u dhaxeysa labada magaalo ee Qabridahar iyo Dhagaxbuur balse xigta dhanka Qabridahar.

Waxaa xusid mudan in Sayid Maxamed Guuleed uu mar walba la jaanqaadayay wixii ka socday dunida Muslimka gaar ahaan labada Xaram ee barakaysan ee Maka iyo Madiina, gaar ahaan heerarka dacwada iyo dariiqadu soo martay, waxaana la dhihi karaa waxaa uu Sheekhu ogsoonaa dhammaan isbedelladii ay soo martay dariiqadii Axmadiyada ee ahayd: Axmadiya oo ah sidii uu ku ogaa Sheekh Axmed Idriis, ka dibna Al-Rashiidiya markii uu hoggaanka qabtey Sheekh Axmed Ibraahin Rashiid iyo Saalaxiya oo ah doorkii ugu dambeeyey ka dib markii uu Sheekha dariiqada noqday Sheekh Maxamed Saalax al-Duwayxi, taa oo macnaheedu tahay sida uu u sarreeyey wacyiga Sayid Maxamed Guuleed iyo ka warqabka dunida muslinka iyo marxaladihii ay mar walba ku sugnaayeen.

Marka aynu jelleecno taariikhda Sayid Maxamed Guuleed waxaa xusid mudan in uu Sheekhu ka mid ahaa toddobo culumo Soomaali ah u badan oo loo soo wakiishey faafinta dariiqada Saalixiyada, isla markaana si toos ah uga qaatay dariiqada Sheekh Maxamed Saalax oo saldhiggiisu ahaa magaalada Maka al-Mukarrama, culumadaana waxaa ka mid ahaa: Sayid Ismaaciil Isxaaq oo reer Burco iyo agagaarkeeda ahaa, Sayid Cali Nayroobi, Sayid Ibraahim Sheekh Xasan Dabarre oo degmada Diinsoor iyo tuulooyinka ku dhow degganaa sida tuulada Misra, Shariif al-Ahdal Sayid Maxamed al-Ahdal oo magaalada Kismaayo saldhig u ahayd, Mujaahid Sayid Maxamed Cabdulle Xasan hoggaamiyihii Daraawiishta iyo Sayid Cali Daqarre, dhammaan culumadaanina waxay ka sharaabeen meel keliya oo ay ka soo qaateen dariiqada Saalixiya Rashiidiya Axmadiya.

Sheekh Sayid Maxamed Guuleed aad ayuu ugu xirnaa Sheekhiisii Sayid Axmed Cabdiwaaxid, mar walbana talooyinka iyo tubta toosan ayuu ka qaadan jiray oo waxaa uu u hayay ixtiraam iyo kalgacayl aad u weyn , talooyinka uu u soo jeediyana waa uu qaadan jiray, isla markaana waxaa uu ku dedaali jiray inuu mar walba soo booqdo maadaama aysan isku meel deggenayn, muddo ka dibna Sayid Maxamed Guuleed waxaa uu u guuray tuulo kale oo lagu magacaabo Mukhtaar oo iyadana aan sidaa uga fogayn degaankiisii hore ee Kulun Mu'min oo labada degaanba waa uu u dhaxeeyay xer ayuuna ku lahaa.

Muddo markii uu joogay waxaa Sheekha u soo baxday in uu u safro dhanka koonfurta Soomaaliya gaar ahaan degaanka ay degaan beelwaynta Shiidle ee ah degaan beereedka ku yaalla Shabeellada dhexe taariikhdu markay ahayd 1303-dii hijriyada, laakiin muddo waxaa uu ku negaadey degmada Baardheere oo caan ku ahayd cilmi iyo culumo tiro badan, isla markaana lahayd jameeco diineed oo ku caanbaxday barashada fiqiga iyo axkaamta Islaamka ee mad -habta Shaaficiyada, ka dibna waxaa uu foolka saaray dhanka reer Shiidle oo uu jeclaystay inuu saldhig ka dhigto-laga yaabeena in talo ay ku siiyeen culumadii uu ku xirnaa gaar ahaan Sheekhiisii Sayid Axmed Cabdiwaaxid, markii uu gaaray meeshii uu rabayna waxaa uu sal dhigtay tuulada Liimah oo ay degaan reer Shiidle. Sayid Maxamed Guuleed markii uu gaaray degaanka Shabeellada Dhexe aad iyo aad ayaa looga faa'iidaystay, waxaa uuna noqday hoggaamiye ummaddu u baahneynd oo yimi waqtigii ku habboonaa, waayo? baahi badan ayay dadku waxay u qabeen cilmi iyo tarbiyad diineed oo ay ku kalsoonaan karaan.

Sayid Maxamed Guuleed wuxuu aasaasay degaanno dhowr ah oo uu kulligood ugu magac daray magacyadii dhulalkii barakeysnaa sida Maka, Madiina iyo Baladul-Amiin, qaarkoodna waxaa uu u bixiyey magacyo la mid ah kuwii magaalooyinkii muslimiinta, saldhigna u ahayd khilaafadii islaamka sida Baqdaad oo kale, qaar kalana waxay lahaayeen magacyo qiimo badan oo kheyr iyo duco laga rajaynayo sida Mubaarak, Khaatum, Macruuf, Rowda i.w.m. Waxaa kale oo arrinkaa u wehleiyay inuu dikriga Alle iyo barashada diinta ku cammiray dhammaan degaannadaa.

Waxaa u suuragashey Sayid Maxamed Guuleed inuu in badan oo himiladiisii ahayd uu gaaray, taa oo ay ugu weynayd sidii ay u faafi lahayd dariiqadii uu wakiilka ka noqday, raadad badan oo kheyr ahna ka tegay, waxaana uu aduunka ka galbaday-Ilaahay ha u naxariistee, isagoo naftiisa raalli ka ah, habeen Jimco ah bishuna ahayd laabatankii Dilxij, sannadkii 1353-dii hijriyada.

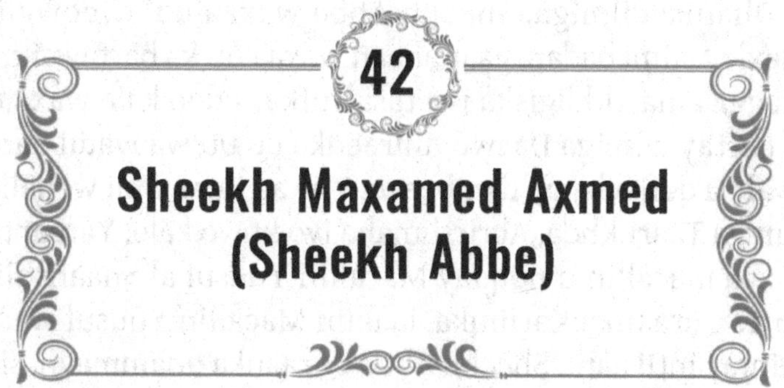

Sheekh Maxamed Axmed (Sheekh Abbe)

Sheekh Sheekh Axmed Sheekh Maxamuud Sheekh Cabdiraxmaan waxa uu ku magac dheeraa Sheekh Abbe, waxaana uu ka soo jeedaa beesha Shaanshi oo ka mid ah beelaha Banaadiriga ama reer Xamar ee dega goobo kale duwan oo koonfurta dalka ka tirsan.

Sheekh Abbe waxaa uu ku dhashay magaalada Muqdisho horraantii bishii Rabiica al-Awal ee 1355-tii hijriyada, aabbihiina waxaa uu geeriyooday isaga oo shan jir ah, waxaana kafaalo qaaday oo la wareegay barbaarintiisa awoowgii oo ku tarbiyadeeyey tarbiyad wanaagsan, waqti badanna geliyey si uu u noqdo wiil hormood u noqda ummaddiisa, sidaa darteed waxaa uu mar walba awoowgi ku dedaali jiray inuu la socdo wiilka uu awoowaha u yahay marka uu ka qayb galayo kulammada diinta iyo cilmiga ku qotoma, mar walba aan cidlayn, taana waa midda dhaxalsiiyay Sheekh Abbe inuu yaraantiisiiba jeclaada cilmiga iyo cibaadada Alle oo waxaa la sheegaa in uu salaatullayl tukan jiray isaga oo yar.

Dhanka cilmiga, Sheekh Abbe waxaa uu awoowgii ka dhexley cilmi badan, gaar ahaan waxaa uu ka bartay cilmiga falagga ama xiddigiska iyo tasawufka, sidoo kale waxaa uu ka bartay cilmiga Daawo dhireedka oo uu waayadii dambe uu ahaa qofka looga dambeeyo. Waxaa intaa u sii weheliyey cilmiga Taariikhda, Abtirsiimaha iyo kuwo kale. Yaraantiisii waxaa macallin u noqday Macallin Yuusuf al Shaanshii oo baray Quraanka Kariimka, laakiin Macallin Yuusuf waa uu dhintay intii aanu Sheekh Abbe Quraanka dhammayn, sidaa darteed waxaa kaalintii buuxiyay Macallin Xaydar oo reer Fiqi ahaa, isla markaana hayay dugsi Quraanka lagu barto oo uu wax badan ka faa'iiday, waxaana ugu dambeyntii uu quraanka ku dhammeeyay xalaqadii lagu baran jiray Quraanka iyo cilmiga kale ee lagu qaban jiray masjidka Aay Eedaay ee ku yiil xaafadda Xamarweyne ee Muqdisho.

Markii uu awoowgii dhintey waxaa aad ugu dedaashey hooyadii oo markii uu qaangaarey u guurisey gabar ay qaraabo yihiin, Ilaahayna waxaa uu Sheekh Abbe xaaskaa ka siiyey carruur toddobaa isugu jira gabdho iyo wiilal (seddex wiil iyo afar gabdhood), muddo yar ka dibna hooyadii waa ay dhimatay.

Sheekh Abbe waxaa uu ku soo barbaaray degaan diineed oo cilmi leh, maadaama uu ka soo jeeday qoys diinta ku xeeldheer taa oo ka dhigtay Sheekha qof aad loo ixtiraamo oo xushmo iyo xurmo ku leh degaanka uu ku noolaa, waana midda ka dhigtay in laga tixgaliyo goobaha cilmiga iyo dib u heshiisiinta oo uu ahaa hormuudka ummadda ku dhaqan magaala madaxda dalka Soomaaliya ee Muqdisho.

Waxaa xusid muadan in Sheekh Abbe uusan marna u safrin sidii uu cilmi uga korarsan lahaa gudaha dalka Soomaaliya iyo dibaddiisa, laakiin waxaa uu ka aflaxay culumadii joogtay magaalada Muqdisho oo uu ka qaatay culuum kala duwan ka dib markii uu ku dedaalay uuna taxnaaday xalaqaadkii iyo duruustii laga aqrin jiray magaalada daafaheeda gaar ahaan casharradii ka socday degmooyinka Xamarweyne iyo Shangaani oo joogto ahaa, loogana soo safri jiray dalka gudihiisa iyo dibaddiisa, waxaana uu u badnaa xalaqadii iyo daruustii joogtada ahayd ee uu hormoodka ka ahaa Sheekh Cabdimajiid Sheekh Maxamed Sheekh Suufi oo ku magac dheeraa Sheekh al-Cadaa', waxaama Sheekhaan la yiraahdaa waxaa uu buuxiyay booskii awoowgii, culuumta uu bartayna waxaa ka mid ah: Naxwe, Sarfi, Caqiido, Balaaqo, Mandiq, Fiqi, Tasawuf, Tafsiir iyo Xadiis oo uu aad u jeclaa.

Sheekh Abbe culumo badan ayuu la kulmay oo uu ka qaatay culuum kala duwan waxaana ka mid ah:

- Sheekh Cumar oo reer Aw Xasan ahaa oo uu ka qaatay kutub uu ka mid yahay Safiinuhu.
- Sheekh Maxamed Muxyadiin Macallin Mukarram oo uu ka qaatay kitaabka Abii Shujaaca iyo Minhaajka oo ah kutub fiqiya, waxaa uuna ka aqristay ilaa fasalka Salaatul Musaafir.
- Sheekh Abuukar Muxyadiin Macallin Mukaram oo uu ka faa'iidaystay qayb ka mid ah kitaabbada al-Irshaadka iyo Minhaajka.
- Shariif Xuseen Cumar Caskar oo uu ka aqristay kitaabka Alfiyada.

- Sheekh Khaliif Faarax Nuur oo Ogaadeen ahaa isla markaana uu ka bartay kutubta Saxiixul Bukhaari, Saxiixul Muslim, Sunan al-Nasaa'i, Sunan al-Tarmadi, al-Waraqaad, Qadru al-Nadaa iyo Alfiyada Ibnu Maalik.
- Sheekh Muniir Qaasim Baraawi oo uu ka Bartay kutub ay ka mid yihiin al-Sullam iyo al-Maquulaat Al Casharah.
- Sheekh Yuusuf oo ah Sheekhaal reer Aw Qudub u dhashay, waxaa uu ka aqristay qaar ka mid ah kutubta kookooban ee Mukhtasaraadka.
- Sheekh Sayid Calawi al-Maaliki oo u ijaaseeyay kutub dhowr ah oo la xiriirta Axaadiista, lana naqtiimey, ijaasadaasi waa ay qoran tahay.

Dhanka Tasawufka iyo dariiqooyinka Sheekh Abbe waxaa Sheekh ugu ahaa:

- Sheekh Axmed Muxyadiin BaaFadli oo uu ka qaatay dariiqada Qaadiriyada oo siiyay Ijaaso.
- Sheekh Maxamuud CabdulMutajali Khaliifa oo Azhari reer Masar ahaa, waxaa uuna ka qaatay dariiqada al-Naqshabandiya, sidoo kale waxaa uu ka dhagaystay kitaabka al-Xikam ee uu qoray Ibnu Cadaa'illaahi al-Sikandari.

Markii uu hubsadaey Sheekh Abbe inuu u bareeri karo faafinta cilmiga iyo diinta waxaa uu fadhiistey masjidka Aay Eedaay oo uu ka aqrin jiray kutub tiro badan muddo dheer, kutubtaa oo la xiriirtay Quraanka, axaadiista iyo fiqiga, sidoo kale kutub ku saabsan luqadda, taariikhda, tasawufka i.w.m.

Runtii, dad badan ayaa ka aflaxay daruustii uu Sheekh Abbe aqrin jiray, waxaa uuna ka tegay arday badan oo markii dambe sii gudbisay cilmigii ay Sheekhooda ka barteen.

Sheekh Abbe waxaa uu ahaa nin caan ka ah dhammaan dalka iyo dibadda oo waxaa soo booqan jiray dad aad u badan oo danooyin kala duwan ka lahaa, sida in ay ka faa'iidaystaan cilmigiisa ama fatwo weydiinaysa, waxaa kale oo ka mid ahaa dad doonaya in uu daaweeyo iyo dad aqoonyahan u badan oo dal iyo dibadba uga imaan jiray oo ka qaadan jiray culuumta taariikhda, fiqiga, tasawufka iyo culuum kale. Waxaa lagu xasuustaa Sheekh Abbe inu tarbiyeeyay dad aad u badan, uuna soo saaray aqoonyahanno ku xeeldheeraaday diinta Islaamka.

Ilaahay ha u naxariisto, Sheekh Abbe waxaa uu ku geeriyooday dalka Yeman, magaalada Cadan sannadkii 2008-dii, waxaana lagu aasay magaalada Xamar, gaar ahaan qubuuraha awoowgii Sheekh Suufi.

43

Sheekh Maxamed Rooble Birkaan

Sheekh Maxamed Rooble Birkaan Cabdi Ibdow Macallin Isaaq Cabdi Soomow Eedin Aadan Maxamed Masuuse Dhafarre Waaqabe, waxaa uu ka soo jeedaa beelaha Raxanweyn ee dega dhulka Soomaali galbeed, waxaana la tilmaamaa in oday Birkaan ka yimid dhankaas, dabadeedna uu soo degay deegaannada Baay iyo Bakool oo illaa hadda ay deggan yihiin dad ku abtirsada Sheekha oo aad u badan.

Taariikh ahaan Sheekh Birkaan markii ugu horraysay wuxuu soo degay meel lagu magcaabo Sarmaan oo ka tirsan gobolka Bakool oo uu ka guursaday, maadaama uu Sheekh caalima ahaana dadkii degaankaas deggenaa aad ayay ugu farxeen imaashaha Sheekha, wayna soo dhaweeyeen iyagoo ugu deeqey beer iyo ceel, isla markaana ku sharfay gabar uu guursadao, sida caadada dadka Soomaaliyeed ahayd oo aad ayay u xushmaynn jireen culumada. Waxaase u gaar ahaa dadka degaanka in Sheekhu uu la joogo si ay ugu faa'iidaystaan, laakiin taa ma aysan dhicin oo Sheekhu wuxuu u guuray meel lagu magcaabo tuulada Caashi-gaabo oo ay dagaan beesha Leysaan oo aad iyo aad u soo dhoweeyay, siiyayna beer aad u weyn.

Sheekh Maxamed Rooble waxaa uu ku dhashay tuulada Kurdun ee gobolka Baay sannadkii 1881-kii, qoys ahaanna waxaa Sheekha la dhashay seddex rag iyo labo haween ah, ragguna waxay kale ahaayeen Luqmaan Rooble, Isaaq Rooble iyo Haamis Rooble, habluhuna waxay kala ahaayeen Umeeri Rooble iyo Haawo Rooble, waxaana xusid mudan in Sheekh Maxamed Rooble uu ugu yaraa reerka.

Waxbarashadii Sheekha

Sheekh Maxamed Rooble waxaa uu Quraanka kariimkaa xifdiyay asagoo siddeed jir ah, waxaana macallin u ahaa macallin Isxaaq oo aad caan ugu ahaa degaannada uu ka soo jeeday Sheekhu. Sheekh Maxamed Rooble muddo yar ayuu ku bartay Quraanka, dadabadeedna toban jirkiisaba waxaa uu caawin jiray macallinkiisa oo uu u ahaa Kabiir ama caawiye macallin dugsi, taana waxay ku timid fahamka iyo sidii ugu firfircoonaa waxbarashada, oo ay dheer tahay inuu baarri u ahaa macallinkiisa oo uu mar walba adeeci jiray. Taa waxay gaarsiisay in degaanka uu ka noqday caan, isla markaana la qadariyo.

Markii uu ku guulaystay xifdinta Quraanka waxaa uu Sheekhu gudagaley sidii uu u sii siyaadsan lahaa cilmiga kale ee la xiriira barashada diinta Islaamka, sidaa darteedna waxaa uu u safray magaalada Baydhabo oo markaa ahayd xarun diinta aad looga barto, waxaana uu si toos ah ugu taxmay duruustii joogtada ahayd ee halkaa ka socotay, sida xalaqadii uu hormuudka ka ahaa Sheekh Moogi Bogodi iyo xalaqadii uu hoggaaminayay Sheekh Abdullaahi Jannaay, waxaa uuna ka faa'iiday cilmiga fiqiga iyo kutub badan oo la xiriirta axaadiista Nebiga-naxariis iyo nabadgalyo korkiisa ha ahaatee, wuxuuna nasiib u helay in labadaa Sheekh uu ka helo Ijaaso la xiriirta cilmigii uu ka bartay.

Intaa kuma aysan ekayn safarrada Sheekhu u galay kororsaiga cilmiga e, waxaa durbadiiba soo gaartay in kitaabka Minhaajka laga bilaabay tuulada Kaayow, si toos ah ayuuna u aaday oo uu ka qaybgalay dhegaysiga kitaabkaa iyo kitaabbo kale oo iyagana ijaaso loo siiyey iyo inuu faafin karo cilmigii uu meeshaa ka bartay. Waxaa uu sii watay barashadii cilmiga diinta, laakiin markaan waxaa uu ku biiray xertii uu hoggaanka u hayay Sheekh Maxamed Diyow oo degganaaa tuulada Koronbood, muddo ka dibna waxaa uu u sii gudbay tuulada kale ee lagu magacaabo Keberi oo markaas uu casharro ka bixin jiray Sheekha la yiraadho Sheekh Maxamed Yarow Kariiri oo ka soo jeeday qabiilka Lawaay. Sheekh Maxamed Rooble intaa kuma uusan ekaanin e, waxaa uu u sii gudbay degmada Baardheere oo caan ku ahayd aqrinta fiqiga shaaficiga gaar ahaan kitaabka Minhaajka.

Aasaaskii dariiqadiisa

Waxaa uu Sheekh Maxamed Rooble waqti badan ku bixiyay barashada cilmiga noocyadiisa kala duwan ilaa uu go'aansaday in uu dib ugu noqdo degaankii uu ka tegay gaar ahaan degamda Bardaale Bayeed, sannadkii 1941-kii, ka dib markii uu hubsadaey inuu u istaagi karo faafinta diinta iyo cilmigii uu soo bartay, halkaana waxaa uu ka aasaasay dariiqo diineed oo isaga gaar u ah, kana soo jeedda Sheekh Cabdulqadir Jiilaani, waxay ku aaddan tahay xilligii la magac baxay Sabti Ludaayti, laakiin muddo ka dib dariiqada xarunteeda weyn waxaa loo wareejiyey degaanka la magac baxay Kooror oo u jirta degamada Bardaale Bayeed shan kiiloomitir.

Tuuladii Sheekhu soo degey aad ayay u cammirantay oo waxaa ka aasaasmay dhaqdhaqaaq bulsheed iyo diimeed taa oo uu hormuud ka ahaa Sheekhu, waxaana uu bilaabay inuu casharro joogto ah aqriyo, dad badanna ay ku soo taxmeen, waxaana la sheegaa in dadka qaarkood uga imaan jireen meelo fog fog, mararka qaarna waxaa dhaceysay in haddii qofku ka aflaxo cilmiga sheekha iyo tarbiyaddiisa uu haddiiba qofkaas ku noqonayay meeshii uu ka yimid, Sheekhuna si fiican ayuu u sagootin jiray oo xoolo iyo guurba isugu dari jiray, isla markaana uu kula dardaarmi jiray inuu faafiyo cilmiga, daacadna uu ka noqdo ammaanada duudkiisa saaran.

Waxaa la sheegaa in Sheekh Maxamed Rooble uu ahaa nin Alle ka cabsi badan oo ducadiisana la ajiibo, dad badan ayaana jeclaan jiray inuu u duceeyo ama uu Quraan ku aqriyo.

Sheekh Maxamed Rooble waxaa lagu yaqaannay aftahannimo iyo in uu yahay nin aad u xikmad badan, mararka qaarkoodna waxaa uu marin jiray suugaan uu ku cabbirayo cilmiga iyo Alle ka cabsiga.

Geeridii Sheekh Maxamed Rooble

Sheekh Maxamed Rooble waxaa uu ku dhintey tuulada Koorar ee u dhow degamada Bardaale Bayeed sannadku markuu ahaa 1988-kii-Ilaahay ha u naxarasiitee, waxaana uu ka tegay 17 rag ah iyo 17 hablood, waxaana shiikah aad looga xurmeeyaa degaannada koonfureed.

44

Sheekh Maxamed Yarow Hariin

Sheekh Maxamed Yarow Axmed Cabdi Cismaan Iidow Masuusi waxaa uu ku magac dheeraa Sheekh Maxamed Yarow Hariin, taa oo loo tiirinayey inuu ka soo jeedo beesha Hariin ee Raxanweyn. Waxaa dhashay Xabiibo Cismaan oo ay aabihii isku reer ahaayeen, waxaa uuna ku dhashay tuulada Kurti ee u dhow degmada Waajid ee gobolka Bokool, sannadkii 1910-kii. Yaraantiisiiba waxaa uu xifdiyay Quraanka kariimka, isla markiina waxaa uu bilaabay barashada kutub yaryar oo uu Sheekh ugu noqday Sheekh Cali Maxamuud oo ku magac dheeraa Sheekh Caliyow Maamadow oo ka soo jeeday degmada Buurhakabo, ka dibna waxaa uu ku biiray xalaqadii uu aqrin jiray Sheekh Yuusuf Hilowle.

Sheekh Maxamed Yarow labada Sheekh ee uu la kulmay waxaa la oran karaa waxay ahaayeen culumadii ugu muhiimsanayd ee uu la kulmo, kaalin weyna ka qaatay horumkiisa cilmiyeed oo gaar siiyey inuu ku fadhiisto kursiga cilmiga si uu u gudbiyo aqoontii iyo kutubtii diiniga ahaa ee uu soo bartay ka dib markii uu ka helay ijaaso ama oggolaasho kalsooni ah culumadii wax soo bartay si uu u faafiyo cilmigiisii, waxaa taa wehelisay culumo kale oo iyana uu Sheekh Maxamed Yarow wax ka bartay, sidaa darteedna la yaab ma lahan in uu Sheekh Maxamed Yarow hoggaamiyo xalaqaad kala duwan muddo soddon sannadood ah oo uu ku gudbinayey cilmigii uu Ilaahay baray. Waxyaalaha caawiyay waxaa ka mid ahaa in Ilaahay siiyay fahmad dheeri ah oo uu kaga soocnaa xertii iyo dadkii uu wax la baran jiray waqtigiisii, markaa ka dibna waxaa uu fadhiistay goob cilmiga uu ku faafiyo taa oo uu ka bilaabay inuu wax ku aqriyo magaalada Baydhabo, gaar ahaan masjidkii jaamaca ee loo yiqiin masjidka Carabta oo bartamaha magaalada Baydhabo ku yiil.

Waxaa fursad u helay daruustii uu Sheekhu bixin jiray dad aad u badan oo wax ka bartay, sida badanna waxaa uu aqrin jiray fiqiga shaaficiga gaar ahaan kitaabka Minhaajka ee uu sharxay al Qalayuubi, Ilaa loo aqoonsadey inuu ka mid yahay culumada fiqiga ku xeeldheer ee dalka Soomaaliya.

Sheekh Maxamed yarrow Hariin waxaa uu heleeley culumadii waqtigiisii ugu waaweyneyd degaanka Baay sida Sheekh Aadan Geeladle iyo Shariif Yarow oo muddo dheer ahaa imaamka iyo khadiibka masjidka jaamaca ee Baydhabo iyo Sheekh Macallin Cabdiyow iyo culumo kale.

Waxaa ka mid ahaa dad markii dambe noqday culumo waaweyn oo cilmiga wax ka faafiyey tusaale ahaan Sheekh Maxamed Xuseen, Sheekh Axmed Cali, Sheekh Abuukar

Cabdullaahi Xasan oo ku magac dheer Sheekh Abuukar Gacamey iyo Sheekh Aadan Maxamuud.

Saahidnimadii Sheekh Maxamed Yarow

Sheekh Maxamed Yarow waxay dad badan ku tilmaameen inuu ahaa caalim saahid ah oo aanay adduunyada iyo xaalkeedu agtiisa ku weynayn, isla markaana xalaal quute ah oo mar walba ku dedaali jiray cibaadada Alle, dadkii u dhawaana waxay sheegeen inuu habeenkabadankii uu ku leysan jiray salaad iyo Quraan aqris oo uu caan ku ahaa inuu mar walba aqriyo isaga oo aan kitaabka Quraanka fiirin maadaama uu xifdisanaa, markii uu haleeley cudur feeraha ka galay oo muddo hayayna kama uusan tegin cibaadadii iyo Quraan aqriskii.

Dhimashadii Sheekha

Sheekh Maxamed Yarow Hariin waxaa uu ku dhintay magaalada Baydahbo, taariikhdu markay ahayd bilowgii bishii Xajka (Dulxij), sannadkii 1389-kii oo waafaqsan 1978-kii, waxaa uuna ahaa 86 jir. Waxaa lagu duugay qubuurihii Baydhabo, meel u dhow masjidka Shariif Caliyow Jaabow-Ilaahay ha u wada naxariisto.

Sheekh Maxamed Yarow Hariin waxaa uu ka tegay labo hablood oo la kala yiraahdo Aamino Sheekh Maxamed Yarow oo uu siiyey Sheekha xirtiisa mid ka mid ah oo la oran jiray Sheekh Abuukar Cabdullaahi Xasan (Sheekh Abuukar Gacamey) iyo Xaliimo Sheekh Maxamed Yarow oo u dhaxday Cabdi Isaaq oo ka mid ahaa akhayaarta magaalada Baydhabo, ganacsadana ahaa.

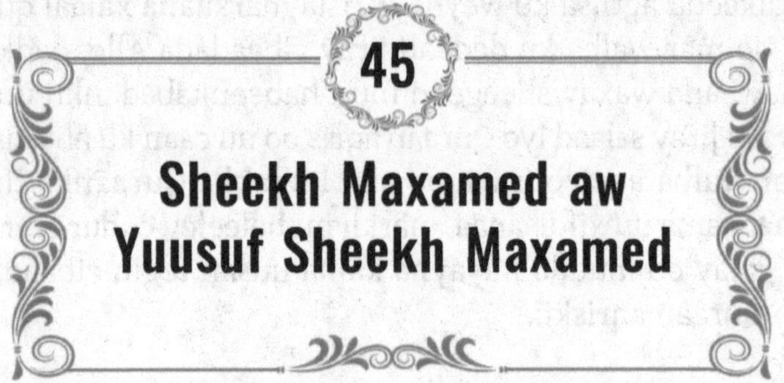

45

Sheekh Maxamed aw Yuusuf Sheekh Maxamed

Dhalashadii iyo barbaarintii hore:

Sheekh Maxamed aw Yuusuf, waxaa uu ka dhashay beesha Ogaadeen gaar ahaan jifida Cabdalle, qoyska reer Cali Wanaag. wuxuu ku dhashey kuma barbaaray deegaanka Qorraxey ee dhulka Soomaali galbeed halkaas oo qowskoodu deganaa waqti uu dhulkaa ku jirey gacanta Xabashida oo illaa iyo hadda aanan xaalku is bedelin, sidaa darteed Sheekha naftiisa ma aysan jeclaanin inuu ku hoos noolaado maamulkii gumeysiga oo uu hogaaminayey boqorkii Itoobiya ee Xayle Salaase. waxaa uu doorbidey inuu u soo haajiro dhulkii kale ee Soomaalida ee xorta ahaa, ugu danbeyntiina wuxuu saldhigtay caasimaddii Soomaaliya ee Muqdisho.

Halgankiisii waxbarsho:

Xaalka sheikh ee dhanka cilmiga ma uusan xumeyn markii uu yimid Xamar waayo deegaanka uu ka yimid wuxuu ahaa meel cilmiga aad looga aqriyo, culumo tiro badanna ku noolaayeen oo ay ka mid ahaayeen Sheekh Cali Jowhar Boqorre oo ahaa caalim ay wax ka barteen culumo aad u tiro badan, Sheekh Cabdiraxmaan Cowl, Sheekh Maxamed Nuur Xirsi, Sheekh Cali Aroomoo iyo Xaaji Cali Ibraahim oo beesha Leysaan / Raxanweyn ahaa madarasana ku lahaa magaalada Dirir Dhaba. waxaan shaki ku jirin in Sheekhu inta uu ku noolaa dhulkaa aad uga faa`iideystey qaar ka mid ah culumadaa ka dib markii uu bartey Quraanka aqrintiisa, qoristiisa iyo xifdintiisa. dhulka Soomaali galbeed oo ku jirey gacanta Xabashida, dadka Soomaaliyeed waxay dareemayeen in dadaal badan ay u galaan sidii caruurtooda ay u heli lahaayeen barbaarin fiican oo ku qotonta diinta Islaamka, mar kastana waxaa u fududaa in caruurta xagga cilmiga diiniga lagula dadaalo oo ay ka mid aheyd casharada Fiqiga, tafsiirka Quraanka iyo Axaadiista, taa waxaa dheeraa oo kale barashada luqada carabiga qeybaheeda kale duwan. Sidaa darteed Sheekhu markii uu soo gaarey magaalada Xamar waxaa u bilownaa cilmi badan oo ma uusan aheyn nin markaa u baahnaa inuu ka soo bilaabo meel hoose.

Waxaa xusid mudan in Sheekhu inta uusan soo gaarin magaalada Xamar in muddo ah ku hakadey magaalada Luuq ee gobolka Gedo uuna soo gaarey sanadkii 1950kii halkaana uu kula kulmey dhowr culumo oo uu u xereystey kana qaatey aqoon badan gaar ahaan daruus la xiriirta Fiqiga oo ay culumada aagaa ku xeel dheeraayeen xiriirna la lahayd magaala cilmiyeedka Baardheere ee ku caan baxdey cilmiga Fiqiga Shaaficiga.

Markii uu soo gaarey magaalada caasimadda ee Muqdisho Sheekh Maxamed waxaa uu si toos ah ugu taxmey xalqadihii iyo daruustii ka socotey magaalada gaar ahaan waxaa uu aad iyo aad ugu taxnaa masjidka Sheekh Cabdulqaadir ee loo yaqaaney Maqaamka ee ku yiilley xaafadda Xamarweyne halkaa oo uu ka raacan jirey daruus kala duwan oo ka mid ah kuwo la xiriira luqada carabiga kaa uu ka aqristey Sheekh Cabdiraxmaan Sarfiile oo ku caan ahaa cilmiga luqada carabiga gaar ahaan cilmiga Sarfiga, waxaana la arki jirey mar walba bartamihii lixdameeyadii iyo horraantii lixdimaadkii labadooda oo meel gooni ah ka fadhiya masjidkii Maqaamka oo Sheekh Maxamed ka dhageysanayo casharro Sarfi ah, Sheekh Cabdiraxmaan Sarfiile.

Waayo, Sheekh maxamed waxaa uu aad ugu hamin jirey in uu wax ka faafiyo Tafsiirka Quraanka. sidaa darteed waxaa uu marka hore door bidey inuu iska dhiso oo si fiican u sugo cilmiga luqada oo la'aantiis ay adag tahay in qofku heer sare ka gaaro haddii aanay u kale baxsaneyn luqada carabiga, gaar ahaan Naxwaha iyo Sarfiga. La yaab ma la ha in Sheekhu xoogga saaro hagaajinta luqada ka hor intaanu u fadhiisan faafinta diinta oo ay ugu horreysey Tafsiirka Quraanka iyo Axaadiista Rasuulkeenna naxariis iyo nabadgalyo koriisa ha ahaatee.

Sheekhu, in uu ahmiyad gooni siiyo dhinaca luqada waxay aheyd arrin ku faafsan dhammaan cululamada dhexdeeda oo ay mar walbana fari jireen, laakiin Sheekh Maxamed waxaa intaa u dheeraa in markii uu Sheekh diinta faafiyo noqdey oo aqriya Tafsiirka Quraanka kariimka, waxaa uu ahaa qof meesha ka sii wada dhageysiga iyo barashada luqada carabiga gaar ahaan Naxwaha iyo Sarfiga. Aalaaba waxaa la arki jirey isaga oo ku soo biiraya xalqadihii ka socdey masjidkii Dhagaxtuur ee taaladii Dhagaxtuur hoosteeda ku yiiley, oo ay aqrin jireen ardadiisa; sida darsigii uu aqrin jirey Sheekh Cabdiraxmaan Weyteenii oo Weyteen ahaa, kuna saabsanaa Sarfiga. darsigaa waxaa la aqrin jirey marka Sheekh Maxamed aw Yuusuf casharka Tafsiirka ka baxo, isagoo isla markiina ku soo biiri jirey xalqada. runtii Sheekh Maxamed wax dareen ah kama uusan qabin in uu casharro ka dhageysto mid ka mid ah ardadiisa ku taxneyd darsiga Tafsiirka iyo masjidkii uu isaga Imaamka iyo Sheekha ka ahaa.

Waxay ahaataba rixlada safarka waxbarasho ee Sheekh Maxamed aw Yuusuf waxaa ay aad u xoogsatey markii uu xoogga saarey in uu kor u qaado aqoontiisa ku aaddan Quraanka kariimka ah, gaar ahaan Tafsiirka iyo in lagu tarjumo afka Soomaaliga si uu ugu faafo fahanka bulshada Soomaaliyeed ee uu Sheekhu ka soo jeedey.

Sheekhu, waxaa uu ka mid ahaa culumadii iyo xirtii sida xooggan ugu taxantey darsigii caanka ahaa ee Tafsiirka ee uu marin jirey Sheekh Maxamed Macallin Xasan oo wax ka soo bartey dalka Masar gaar ahaan jaamacaddii al Ashar, ka horna wax ku bartey degaanadii uu ku dhashey ee Buur Hakaba iyo agagaarkeeda, ka dibna cilmi u doontey degaannada Soomaali galbeed oo kula kulmey halkaa culumadii Soomaaleed kuwoodii ugu waaweynaa xagga cilmiga sida Sheekh Cali jowhar iyo xaaji Cali Ibraahim oo Dirir Dhaba deggaanaa.

Sheekh Maxamed Macallin Xasan waxaa uu ugu muhimsanaa culumadii uu Sheekh Maxamed aw Yuusuf ka qaatey Tafsiirka Quraanka kaa oo ka socon jirey masjidkii Sheekh Cabdulqaadir ee Maqaamka, kuna yiilley magaalada Xamar, kamana tegin inuu ku taxnaa illaa laga xiro Sheekhiisa, marka darsiga dhammaadana waxaa uu Sheekh Maxamed aw Yuusuf caan ku ahaa inuu ku soo celiyo darsigii maalintaa baxay oo uu aqriyey Sheekh Maxamed Macallin.

Waxaa kale oo la sheegaa in uu Sheekh Maxamed aw Yuusuf ka aqrisan jirey Tafsiirka markii ugu horeysey ee uu soo gaarey magaalada Muqdisho Sheekh lagu magacaabi jirey Sheekh Maxamed-Ogaadeen oo reer Isaaq ahaa oo ay ku kulmi jireen isla masjidka Maqaamka ee Xamar, bartamihii lixdanaadkii ee qarnigii tegey, dhageysiga Tafsiirkaas cid kale kuma aysan wehlin Sheekh Maxamed aw Yuusuf oo isaga kaligii ayey ku ekeyd, waxaana la arki jirey labada Sheekh oo tiir gees ah masjidka ka fadhiya, halkaasna casharka Tafsiirka si joogta ah ugu aqrista, waxaana dhici karta in Sheekha uu dalabka xagiisa ka yimid si uu si deg deg ah uga faa`iideysto Sheekh Maxamed-Ogaadeen cilmigiisa Tafsiirka la xiriira, ka dibna waxaa sheekhu si toos ah ugu soo biirey casharadii Tafsiirka ee uu aqrin jirey Sheekh Maxamed Macallin Xasan sida aanu horey u soo tilmaamney. taasi waxay cadeyneysaa baahida, jacaylka iyo jeelka uu u qabey Sheekh Maxamed aw Yuusuf barashada Tafsiirka Quraanka kariimka ah, isla markaana uu badsanayey culumo kale duwan oo uu ka dhageysto Tafsiirka si ay u siiyaan ijaaso iyo ogolaasho in uu gudbin karo Tafsiirka, sida caadada iyo hido ka raaca culumadii muslimiinta iyo barashada diinta Islaamka ay ahayd.

Sheekhu, markii uu joogey deegaanadii uu ku dhashey kuna barbaarey waxaa raad weyn ku lahaa kooxihii dariiqooyinka, gaar ahaan dariiqada Qaadiriyada laakiin, markii uu yimid magaalada Muqdisho waxaa raad weyn ku reebey casharadii uu bixin jirey Sheekh Nuurudiin Cali Axmed oo ku caan ahaa dhaleecaynta iyo ka hor imaadka kooxihii dariiqooyinka iyo waxyaabaha Bidcada ah ee aan waafaqsaneyn Shareecada

Islaamka, iyo waxyaabo kale oo uu Sheekh Nuur u arkayey in ay yihiin Shirki iyo Alle ka fogaan. sida la ogsoon yahayna Sheekh Nuur waxaa uu xanbaarsanaa dacwadii uu wadey Sheekh Maxamed Cabdiwahaab ee ku noolaa degaanada Najdi ee Bogortooyada Sacuudiga, sidaa darteed Sheekh Maxamed aw Yuusuf waxaa laga dareemeyey darsigiisii Tafsiirka ahaa ee uu ka aqrin jirey masjidkii ka hooseeyey taalada Dhagaxtuur in uu waxyaabo badan ku raacsanaa dacwadii uu horseedka ka ahaa Sheekhiisu Sheekh Nuurudiin, gaar ahaan waxaan xasuustaa in Sheekh Maxamed xoogga saari jirey in Illaahey loo baraxyeelo baryada iyo cibaado oo idil marka uu marayo ama soo gaaro Aayadaha Quraanka ee ka hadlaya Towxiidkii Alle kor ahaaye.

Taa macneheeda ma aysan aheyn in Sheekh Maxamed aw Yuusuf uu wax walba ku raacsanaa Sheekh Nuura Diin ee waxaa jirey waxyaabo kale uusan ku raacsaneyn sida in Nabiga naxariis iyo nabadgelgo korkiisa ha ahaatee lagu tawasuli karo Jaahiisa oo Illaahey marka la baryayo lagu dari karo in Illaahey aqbalo ducada fadliga iyo jaaha Nabigeena suuban nabadgelgo korkiisa ha ahaatee, runtii arrinkaa wax ku cusub culumada muslimiinta ah ma aheyn oo waa ay ku kale aragti duwanaayeen Sheekhan oo waxaa Sheekha la mid ahaa oo arragtidiisa oo kale qabey Imaam Axmed bin Xanbal iyo Sheekh Maxamed Cali Showkaani oo labadaba ahaa culumo waaweyn oo caan ahaa noolaana xilliyo kale duwan.

Sida uu u jeclaa Sheekh Maxamed aw Yuusuf aqoonta iyo inuu mar walba korarsado cilmiga ku aadan barashada diinta waxay aheyd mid la yaab leh wax bandanna laga faa`iideysan karo gaar ahaan tawaaduca iyo isla weyni la`aanta ku jirtey mar walba, taa oo aan marqaati ka ahaa waayihii aan dhageysan jirey casharro Tafsiir ah o uu aqrin jirey. Waxaa kale oo Sheekha lagu xasuustaa inuu ku taxmi jirey casharro

ay aqriyaan xir casharkiisa Tafsiirka ku taxneyd marka uu
ka baxo darsigiisa oo la arkayey inuu ka mid noqdo dadka
dhageysanaya daruustaa ay aqrinayaan ardadiisu. Taasi
waxay tilmaam cad u ahayd isla weyni la`aanta iyo inuu
isku kalsoonaa, waxaana ka mid ah daruustaa aannu soo
sheegney oo uu dhageysan jirey casharadii uu aqrin jirey
Sheekh Ismaaciil Qaabiil oo Gudobiirsi ahaa iyo casharkii
Sheekh Cabdullaahi Mire Hiraabe oo Murursade ahaa oo uuna
ka dhageysan jirey kutub Axaadiista Rasuulka ah naxariis iyo
nabadgalyo korkiisa ha ahaateee sida kitaabkii Riyaadka ee
Imaam Nawawi, run ahaantii tilmaamaha noocaan oo kale
ah waa kuwii lagu yiqiiney culumada Illaahey ku kalsoon
oo saahidiinta ah oo aanan marnaba isla weyneyn.

Tawaaducii, hogoshadii iyo adkeysigii Sheekha:

Marar badan waxaan halakan ku soo cel celiney in Sheekh
Maxamed ahaa nin Saahid ah oo aduunyadu qiimo badan
ugu fadhiyin, waana arrinka ay dad badan oo Sheekha
garanayey ay marqaati ka yihiin kuwaa oo u badan ardadiisii,
waxaana Sheekha soo food saartey nolol aad u adag markii
dagaaladii sokeeye ay dalka ka qarxeen, waayo kuma uusan
jirin dadkii ka qaxay caasimadda inkastoo dadkii ay isku
beesha ahaayeen intooda badan ay ka tageen magaalada
oo mar kasta waxaa uu aaminsanaa awoodda Alle iney wax
walba ka weyn tahay, xitaa markii ay dad wax magarato ah
oo tuugo ah ay dhaawaceen Sheekha kama uusan tagin Xamar
illaa uu kaga dhinto markii tii Alle u tamid waa uu deganaa,
wax xiriir ahna lama uusan sameynin ardadiisii oo aduunka
meel kasta joogta oo dad maalqabeena iyo madaxba noqdey.
waxaa uu ahaa in mar kasta xaaladiisa dhaqaale qariya oo
aanan dadka la socodsiinin. Noloshiisa badankeedna waxaa
uu ku qaadan jirey qol yar oo masjidka ku yiiley oo uu ku

hoydo dadkana ku qaabilo gaar ahaan waagii uu joogey masjidkii Dhagaxtuur, markii uu u wareegey masjidkii uu dhisey Xaaji Ibraahim Uunlaaye ee xaafadda Wadajir ku yiiley ka dibna, xaaladdiisa wax weyn iskama bedelin.

Casharkii Tafsiirka ee Sheekha:

Sida la wada ogsoon yahay oo aanu marar badan soo tilmaamney waxaa uu Sheekh Maxamed aw Yuusuf ku caan baxay inuu ahaa Sheekh caalim ah oo waqtigiisa inta badan ku bixiyey inuu fasiro oo uu faafiyo Quraanka kariimka micneyntiisa oo uu ku macneyn jirey afka Soomaaliga muddo aad u badan si ay dad badan u fahmaan macnaha uu xanbaarsan yahay hadalka Alle iyo fariimaha uu ugu talo galey iney adoomadiisa fahmaan dabadeedna ku dhaqmaan. Sheekh Maxamed aw Yuusuf waxaa uu nasiib u heley inuu ku mashquulo shey ama wax lagu mashquulo wixii ugu fiicnaa oo ah Tafsiirka Quraanka kariimka, kalsoonida uu arinkaa ku qabayna waxaa laga dheegan karaa sida uu isugu xilsaarey darsiga Tafsiirka oo uu ka aqrin jirey masjidkii ka hooseeyey taalladii Dhagaxtuur ee xaafadda Xamar Jabjab, sida caadada Sheekha u aheydna waxaa uu bilaabi jirey bisha Rajab sanad walba oo uu aqrin jirey maalin walba marka laga reebo maalinta Jimcaha oo uu nasan jirey.

Waxaase xusid mudan in dadaalka Sheekha uu gaarey inuu darsiga labo goor oo kale duwan aqriyo oo kale ah marka salaadda Casar laga baxo, isla markaana waxaa isla darsigii ku soo celin jirey salaadda Maqrib ka dib si uu u haleelo qofkii markii hore uu ka tagey, waxaana xasuustaa in meelo kale fog fog oo Muqdisho iyo daafaheeda ah looga imaan jirey. Habka iyo hanaanka uu u aqrin jirey waxay ahayd in Sheekhu uu maalin walba aqrin jirey oo uu fasiri jirey qadar Maqro ah oo qeyb jiska Quraanka ka mid ah, taa macneheedu waxay tahay in Sheekhu dhameyn jirey Tafsiirka Quraanka oo dhan mudo sideed bilood ah labo goor. Inkastoo darsiga Sheekha u badnaa hab laqbo ama in xoogga la saaro micnaha Quraanka iyo tarjamadiisa oo af Soomaali lagu tarjamo si loo garto isku xirka iyo habka uu u socdo Qoraalku, haddana Sheekh Maxamed aw Yuusuf kama uusan tagi jirin in lagu dul istaago fahamka ujeedada Quraanka iyo farriimaha uu xanbaarsan yahay iyo in lagu cibro qaato qisooyinka iyo doodda Quraanka iyo wixii dhacey quruumihii hore. Sheekha si joogto ah ayuu darsiga u wadey illaa ay kaga timaado geeridii Ilaahey u qadarey, taana waxaa uu ku gaarey adkeysiga iyo sabarka uu Rabigiis siiyey.

Natiijada uu gaarey Sheekh Maxamed aw Yuusuf ajarka iyo raali ahaanshaha Illaahey ka sokow - haduu Eebbe idmo - waxaa uu soo saarey dad aad u tiro badan oo ay adag tahay in la koobo oo markii danbe noqdey kuwo iyagu daafaha dunida dacaladeeda ku faafiya fasiraadda Quraanka kariimk, taas oo uu Sheekhu ka heli doono ajar aad u badan.

Xajkii Sheekha iyo tiiraanyadii ka danbeysey:

Sheekh Maxamed aw Yuusuf waxaa uu Illaahey qadarey inuu soo guto waajibkii Xajka iyo Cimrada sanadkii 1981dii, waqtigaa oo dad badan ay ku qulqulayeen wadamada Khaliijka oo xoolo badan heystey fursado badanna ka jireen, laakiin Sheekha waxaa uu jecleystey inuu dalkiisii ku soo noqdo iyo qolkii uu ka deggenaa masjidkii uu wax ka aqrin jirey oo uu ka doorbidey inuu dibadda ku noolaado si uu u helo nolol adduun oo fiican, laakiin Xajka ka dib markii uu ku soo laabtey magaala madaxdii dalka ee Muqdisho waxaa uu la kulmey arrin aad iyo aad ugu murjisey waayo intii uu maqnaa waxaa geeriyootey gabadhii ahlu kheyrka aheyd ee dhistey masjidkii Sheekhu uu wax ka aqrinayey oo uusan ka qeyb galin salaaddii Janaaso iyo duugteedii oo uu jeclaan lahaa inuu ka mid ahaado dadka ka qeyb qaadanaya aaska xaajiyadda Illaahey ha u naxariistee oo uu u hayey abaal badan.

Murugta waxaa ku sii dhaqaajiyey in qaraabadii Xaajiyadda geeriyootey lagu xabaaley masjidka dhinaciisii iyaga oo ula jeedey wanaag iyo naxariis ay la doonayeen marxuumadda, laakiin Sheekh Maxamed aw Yuusuf waxaa uu fahansanaa in ariinkaa ay tahay mid khilaafsan sharciga Islaamka iyo Sunnadii Nabigeena Muxammed naxariis iyo nabadgelyo korkiisa ha ahaatee. Sheekha isaga oo aanan ku buuqin qaraabadii isla markaana aanan ka tagin masjidkii ayuu u sheegey ineysan fiicneyn arrinkaa dabadeedna uu soo jeediyey in darbi yar loo dhexeesiiyo Qabriga iyo Masjidka si salaada ay u nabadgasho oo aanan wax tashwiis iyo muran ah la galin ummadda ku soo tukaneysa. Dhimrinta iyo wanaag la hadalka waxaa uu ahaa dabeecad uu lahaa Sheekh Maxamed aw Yuusuf Illaahey ha u naxariistee.

Dhimashadii Sheekh Maxamed aw Yuusuf:

Sheekh Maxamed aw Yuusuf waxaa uu geeriyoodey maalin Isniin ah 17 kii bishii Muxaram sanadkii 1433kii oo waafaqsan 12kii desember sanadkii 2011kii, waxaana lagu duugey xabaalaha magaalada Afgooye ee gobolka Shabeelada hoose. Sheekha waxaa uu adduunka ka tagey isaga oo aanan carruur dhalin, waxaadse moodaa in ardadii iyo xirtii wax ka baratey ay maanta u arkaan in uu waalidkood yahay oo meel ay joogaanba u soo duceenayaan, Illaahey janadiisa ha ka waraabiyo danbigiisana Allaha dhaafo.

46

Sheekh Muriidi
Xaaji Suufi

Sheekh Muriidi Xaaji Suufi Maxamed Diinleh Shagaalah al Shaanshi, waxaa dhashey Xaajiya Nuurah Xaaji Idriis Cusmaan Nuur al Shaanshi, Sheekh Muriidi waxaa uu ku dhashey magaalada Muqdisha taariikhdu markey ahayd 1950kii, isla magaaladaa ayuuna ku barbaarey waxna ku bartey illaa iyo inta reerkiisa ay u guureen magaalada Marka iyo Baraawe ee gobolka shabeelada hoose. Sheekha yaraantiisii waxaa uu jeclaa ahlu cilmiga iyo goobaha waxbarashada, sidaa darteed waxaa uu mar walba imaan jirey goob cilmiyeed uu wax ku aqrin jirey Sheekh Nuural-Diin Cali oo caan ka ahaa geyiga Soomaaliyeed. In kastoo darsigii uu bixin jirey Sheekh Nuural-Diin ay dad dhaliilo u soo jeediyeen oo lagu eedaynayey inuu diiddan yahay dariiqooyinka iyo arrimaha suufiyada, hadana Sheekh Muriidi kama uusan harin darsiga Sheekha taa oo ku tusineysa hamuunta iyo jeceylka uu u qabey cilmiga, laakiin si rasmi ah waxaa uu Sheekh Muriidi cilmi raacista ka bilaabey masjiskii caanka ahaa ee Aay Eedaay ee ku yiiley degmada Xamar Weyne ee magaalada Xamar gaar ahaanna u dhawaa gurigii Sheekh Maxamed Axmad Maxamud oo ku magac dheeraa Sheekh Aba. Halkaas wuxuu ka bilaabey xifdiga Quraanka Kariimka isagoo 15 jir ah illaa uu ku guuleysto inuu xifdiyo Quraanka badankiisa, waxaana macallin u ahaa Sheekh Cumar oo ku magac dheeraa Baaba Cumar al shaanshi oo masjidka Imaam ka ahaa.

Ka dib waxaa uu Sheekh Muriidi wax ka bartey Sheekh Maxmed Axmed (Sheekh Aba) cilmigii uu ka barteyna waxaa ka mid ahaa cilmiga Naxwaha gaar ahaan kutubta Ajruumiya iyo Cimriidhiga, dhanka Fiqiga waxaa u ka bartey kitaabka Abii Shujaac iyo Subad oo Mad-Habta Shaafiga ah. Dhinaca Tafsiirka waxaa uu Sheekh Muriidi ka dhageystey Sheekhiisa Sheekh Aba dhowr jus oo quraanka ah. Axaadiista waxaa u ka qaatey kitaabka Riyaad al Saalixiin ee Imaam Nawawi uu qorey dhammaantiis. Cilmiga Caqiidada waxaa uu ka aqristey kutubta Sunusiga iyo Caqiidatu Cawaam. Marka loo leexda cilmiga Tarbiyadda iyo Akhlaaqda wanaagsan waxaa uu Sheekhiisa ka dhageystey kutubta ay ka mid yihiin Tacliimu Mutacalim fii Dariiqul Cilmi. Sidoo kale cilmiga Tasawufka waxaa uu aqristey kitaabka Ixyaa u Culuumu al-Diin iyo kitaabka Adkaarta iyo Dikriga ee uu qorey sh Nawawi. Arrimaha aanu soo sheegney waxay ku tusineysaa in Sheekh Muriiti uu ahaa yaraantiiba nin ku dadaala cilmaga jecelna goobaha culumada ay joogaan iyo daruustooda.

Nolasha Sheekh Muriidi ee aqooneed waxaa raad weyn ku reebay tubtii uu u tarbiyadeeyey Sheekhiisii Sheekh Abe oo ku soo dadaaley tan iyo yaraantiisii gaar ahaan dhanka caqiidada oo uu ka aqristey caqiidada Ashcariyadda sida aanu horey u soo tilmaamney, laakiin Sheekh Muriidi markii uu aqristey kutub kale sida kuwa ay qoreen culumada ay ka mid ahaayeen Sheekh Ibnu Taymiya iyo ardeygiisii Ibnu Qayim waxaa uu ku dhawaadey fikirka la magac baxay salafiya siiba dhanka sifaadka Alle iyo magacyadiisa.

Waxay ahaataba Sheekh Muriidi waxaa uu horey u sii wadey barashadii cilmiga diiniga ahaa, isla markaana waxa uu ku biirey daruus badan oo ka socotey goobo badan oo ka tirsan magaalada Muqdisho, gaar ahaan daruustii uu bixin jirey Sheekh maxamed Macallin Xasan ee tafsiirka oo ka socotey masjidka Sheekh Cabdulqaadir oo loo yaqaaney Maqaamka kuna yiilley xaafadda Xamar weyne. Waxaa kale uu ka qaatey Sheekh Maxamed Macallin cilmiga Naxwaha sida kitaabka Alfiya ibnu Maalik oo uu qaybo badan ka dhageystey, waxaa taa wehliyey in Sheekh Muriidi uu ka faa`iideystey Sheekh Maxamed Macallin cilmi badan oo uu ka heley daruustii iyo Muxaadaraadkii uu bixinayey Sheekhu.

Waxaa ka mid ahaa culumadii uu Sheekh Muriidi ka faa`iideystey Sheekha la yiraahdo Sheekh Ibraahim Suuley oo uu ka qaatey kitaabka uu Sheekha ku caan baxay oo la yiraahdo Riyaad al Saalixiin iyo kitaabka Lu`lu`iyo Marjaan. Waxaa kale ee uu Sheekh Muriidi wax ka qaatey Sheekh Shariif Cabdi Nuur, cilmiga Xadiiska sida kutubta Bukhaari, Cumdatul Axkaam, Baluuqul Maraam iyo Manduumatul Bayquuni. Isla Sheekh Shariif Cabdi Nuur waxaa u ka qaatey cilmiga Usuulu fiqiga gaar ahaan kitaabka Jamcu Matuun.

Markii uu Sheekh Muriidi ka aflaxay duuruustii iyo xalaqaadkii diiniga ahaa ee ka socdey daafaha Xamar waxaa uu u wareegey dhanka tacliinta rasmiga ah waxaana uu bilaabey dugsiga Macallin Jaamac ee hoose sanadku markuu ahaa 1962kii, ka dibna waxaa uu ku biirey machadka Siiba oo uu ka bartey cilmiga maamulka iyo maareenta kana qaatey shahaadada labo sano ka dib.

Markii ay u dhammaatey waxbarashadii dugsiyada waxaa uu doortey Sheekh Muriidi sanadkii 1974kii inuu noqdo macallin wax ka dhiga dugsiga magaalada Qardha ka dibna dugsiga Caluula ee ka wada tirsan gobolka waqooyi Bari, waxaa uu howsha macallinnimada ku jirey illaa sanadkii 1981kii.

Waxaa uu Sheekhu u wareegay dhanka ganacsiga ka dib markii uu isaga tagey howshii macallinnimada waxaana uu bilaabey inuu ka ganacsado dharka, maacuunta iyo waxyaabo kale oo khuseeya howlaha guryaha, taana waxay u suuro galisey inuu magaalooyin iyo degmooyin badan booqdo oo wadanka gudihiisa iyo dibaddiisaba isugu jira, gaar ahaan wadamada ay ka midka ahaayeen Sacuudiga, Imaaraadka, Kenya, Tansaaniya, Saambiya iyo Taylaaniga.

Sheekh Muriidi iyo Dacwada Islaamka:

Waxaa xusid mudan in Sheekh Muriidi uu bilaabey ka shaqeynta dacwada Islaamka dhalinyaranimadiisii waxaana uu ahaa ruux sii gudbiya cilmiga diiniga ah ee u ka aflaxay culimadiisii, sida inuu aqrin jirey kutubta fiqiga iyo axkaamta shareecada, gaar ahaan fiqiga mad-habta Imaam Shaafici. Kutubta uu aqrin jirey Sheekha waxaa ka mid ahaa: Abii shujaac ka dib darsigii tafsiirka Sheekh Maxamed Macallin Xasan. Waxaa kale ee meesha iyana ku jirey kutubta Ajruumiga, Cimriidiga, Kawaakibka, Qadru Nadaa, Alfiyatada iyo Laamiyada imaam Maalik, xadiiqatu tasriif ee cilmiga Naxwaha iyo Sarfiga isugu jirey uuna u aqrin jirey dhallintii dhageysan jirtey darsigii Sheekh Maxamed Macallin.

Kama marneyn duruusta Sheekha uu bixin jirey tafsiirka Quraanka ee u ka waday masjidka Jaamaca Shingaani ee degmada Shingaani ku yiil.

Ka dib markii xukuumaddii Kacaanka ay bilawdey iney xirxirto dhallintii ku xirneyd dhaqdhaqaaqyadii baraaruga islaamiyiinta sanadkii 1977kii waxaa uu Sheekhana xoojiyey faafinta diinta, waayo meesha waxaa ka baxay culumo iyo dhallinyaro wax aqrin jirtey oo qaarkood baxsadey qaar kalena la xirey, laakiin culumadii iyo dhalinyaradii reer Banaadiriga sida Sheekh Muriidi iyo Sheekh Shariif Aba Nuur wax dhib ah lama kulmin waayo kacaanka shaki badan kama uusan qabin.

Masjidkii Arbaca Rukun iyo Qoraaga buuggaan:

Iyada oo aad u babaneysa dabeesha kacaanka iyo seeftiisa ayaa Sheekh Muriidi waxaa uu ku sii adkeystey inuu sii dardar galiyo daruustii uu bixin jirey gaar ahaan tafsiirkii Quraanka Kariimka ee uu ka waday masjidkii Sheekh Cabdulqadir, waxaa uuna markii danbe u soo wareegey masjidkii taariikhiga ahaa ee Arbo Rukun, taana waxaa ay ka timid Sheekh Maxamed Guuleed Kaarshe oo ahaa agaasimaha guud ee wasaaradda arrimaha diinta iyo cadaaladda oo dalbadey u wareegidda masjidka Arbaco Rukun isla markaana bixiyey warqad fasax ah, arrinkaana Sheekh Muriidi waa uu u riyaaqay waxaa uuna xoogga saarey darsigaa tafsiirka waayo daruustii uu ka waday goobaha kale ee ay ka mid aheyd masjidka jaamaca ee Shingaani dadka ku xiran waxay ahaayeen kuwa deggan xaafadda oo kaliya, laakiin waxaa la filayey iney ka badnaan doonto kuwa imaan doono kan Arbaca Rukun, waana tii dhabowdey oo waxaa uu noqdey darsiga Sheekha mid ay ku soo xirmaan dhallintii magaalada ee ka ag dhaweyd Saxwada Islaamka oo aan anigu ka mid noqdey, taana waxay keentay markii danbe in la joojiyo darsiga ka dib amar adag oo ka soo baxay madaxii hay`adda nabadsugidda Soomaaliya taa oo ay wehliso handadaad ku socota Sheekh Muriidi haddii uusan u hogaansamin amarka dowladda ee la xiriira joojinta darsiga tafsiirka ee masjidka Arba Rukun.

Sida aan horey u sheegey waxaan soo haleeley darsiga Sheekh Muriidi anigoo dugsiga dhexe dhigta waxaana ka dhageystey Sheekha inta u dhaxeysa suuradda Xaj iyo al Acraaf, kadibna waa la joojiyey darsigii. Runtii casharka tafsiirka ee Sheekh Muriidi waxaa uu ii ahaa kii iigu horreeeyey ee tafsiirka Quraanka oo aan dhageysto, waxaase xusid mudan in aan ka mid ahaa dhallintii da`da yareyd ee diyaarin jirtey halka uu Sheekha wax ku aqrinayo sida miiska, kursiga, makarafoonka iyo kitaabka iwm.

Inkastoo darsigii Arbaco Rukun la joojiyey ka dib gooddin iyo handadaad soo wajahdey Sheekh Muriidi iyo hoggaankii masjidka, haddana arrrinkaa ma aysan ka reebin Sheekha inuu ka fogaato faafintii cilmiga ee waa uu ku adkeystey inuu weli sii gudbiyo cilmigii uu Illaahey barey, goobo kalena waa u ka bilaabey sida inuu culuum badan aqriyo oo Tafsiir, Axaadiis iyo Naxwa isuga jira.

Muddo ka dib gaar ahaan markii maamulkii dowladda Kacaanka uu dhaciifey Sheekh Muriidi waxaa uu dardar geliyey faafinta cilmiga iyo diinta, sida isagoo ka bilaabey masjidkii Bangaariga ee ku yaalley meel u dhow Danwadaagaha iyo masjika wadajir ee Muqdisha kuwada yaalley, waxaana uu halkaa ku lahaa xalqad weyn oo uu ku aqrin jirey kutubta ay ka mid yihiin Taajul Usuul ee Axaadiista Rasuulka, iyo kutub Naxwo ah sida: Tuxfatul sunnah oo ahaa sharaxa kitaabka al Ajruumiga, Cimriidiga, Mulxatul Icraab, al Kawaakib al Duriya, Qadrul Nadaa iyo al Alfiyatul Maalik. Sidoo kale waxaa uu bixin jirey Sheekha cilmiga Sarfiga oo uu ka aqrin jirey kitaabka Laamiyatul Afcaal iyo Fatxul Ladiif sida aan soo sheegney mar hore. Dadaalka Sheekha waxaa uu gaarey in uusan joojin faafinta cilmiga markii uu dhacey dagaalkii ahliga in kasta uu ku soo aruurey masjidka Marwaas ee ku yiilley degmada Xamar Weyne, daruusta uu bixin jirey Sheekha waxaa u dheeraa in uu ahaa Imaamka iyo Khadiibka masjidka isagoo meesha ka sii wada duruustii uu ku faafinayay cilmiga gaar ahaan tafsiirka Quraanka iyo axaadiista sida kitaabka Cumdatul Axkaam, Abuu Jibra, Riyaadul Saalixiin, Raxiiqul Makhtuum iyo Suwar min Xayaatul Saxaaba ee Siiradii Nabiga - naxariis iyo nabadgalyo korkiisa ha ahaatee.

Dacwadii Sheekh Muriidi iyo duriistii uu bixin jirey waxaa ka faaiideystey dhallin tiro badan oo ku tarbiyowdey xalqadihii Sheekha, waxaana aniga sharaf ii aheyd in aan ka mid ahaa dhallintaa ku xirneyd darsiga Sheekha.

Buuggii uu qorey Sheekh Muriidi

Sheekh Muriidi waxaa dedaalkiisii aqooneed ka mid ahaa in uu qorey kitaab uu kaga hadlayey Naxwaha Carabiga oo aan wali la daabicin aniga ogaalkeygii, kitaabka macluumaadka ku qoranna waxaa uu qoraagu ka soo saarey kitaabka naxwaha ah ee Al Ajruumiyada ee uu qorey Sheekh Abuu Cabdullaahi Muxamed bin Daa`uud al Sanhaaji oo loo yaqaano ina Ajruumi oo geeriyoodey taariikhdu markey aheyd 723 hijriyada.

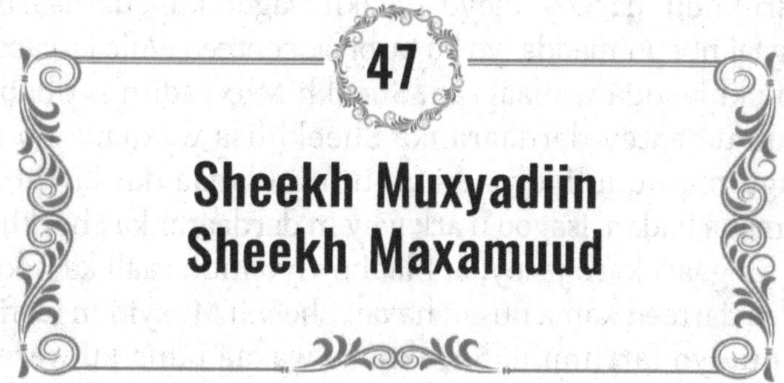

47

Sheekh Muxyadiin Sheekh Maxamuud

Sheekh Muxyadiin Sheekh Maxamuud oo reer WarSheekh ahaa wuxuu soo jeedey beesha Celi Cumar ee ka mid ah qabiilka weyn ee Abgaal waxaa uuna dhashey sanadkii 1882kii. Sheekha waxaa uu ku barbaarey dhaqan wanaagsan oo waafaqsan diinta Islaamka, markii uu soo hanadqaadeyna waxaa uu nasiib u yeeshey inuu ka mid noqdo xirtii iyo ardadii wax ka baraneysey xalqadihii uu hayey Sheekh Maxamed Cismaan Cabdi Xiltire oo ku magac dheeraa Sheekh Ooyaaye, sababta Sheekha loogu bixiyey Sheekh Ooyaaye. waxaa la sheegaa in Sheekha markii uu maqlo digriga iyo xuska Illaahey inuu cabsi iyo jeceyl Alle uu u ooyn jirey. Sheekh Muxyadiin waxaa uu ka mid ahaa ardadii uu tarbiyadeeyey Sheekh Ooyaaye gaar ahaan Sheekh Muxyadiin waxaa uu si gooni ah ugu dhawaa Sheekhiisa oo kalsooni badan uu ka heystey.

Taasna wuxuu ku heley inuu u wakiisho faafinta diinta Islaamka iyo dariiqadii Qaadiriyada ee uu ka soo jeedey Sheekh Ooyaaye, waxaana uu u direy degaanada Shabeelada dhexe taariikhdu markey aheyd 1932kii isagoo kula dardaarmey hagaajinta ummadda iyo ku tarbiyadeenteeda Alle ka cabsiga iyo akhlaaqda wanaagsan. Sheekh Muxyadiin si dhab ah ayuu u qaatey dardaaranka Sheekhiisa waxaana uu aad isugu mashquuliyey sidii uu u fulin lahaa dardaarankaa qiimaha badan, isagoo u arkayey in dardaaranka Sheekhiisa uu ku gaari karo jeceylka Illaahey iyo inuu raali ka noqdo, sidaa darteed kama uusan hakan Sheekh Muxyidiin faafinta diinta iyo farriimihii Sheekhiisa waxaa uuna ku wareegi jirey degaanno dhowr ah si uu ula kulmo ummadda, sida degaanada ay ka mid ahaayeen: Aadan Yabaal, Cadale, WarSheekh iyo Jowhar.

Sheekh Muxyadiin waxaa uu xoogga saarey sidii uu dadka ugu tartansiin lahaa cabsida Illaahey iyo jeceylka Nabiga - naxariis iyo nabadgelyo korkiisa ha ahaatee - isagoo adeegsan jirey habab kale duwan oo qaarkood soo jiida bulshada isagoo ku gudbin jirey wacdigiisa tix iyo tiraabba. Sheekh Muxyadiin waxaa uu caan ku ahaa jecelka dadka iyo soo dhaweentooda oo ay u dheer tahay martisoorkooda gaar ahaan dadka masaakiinta ah iyo kuwa aanan waxba heysan.

Markii uu heer ka gaarey faafinta diinta iyo dardaarankii Sheekhiisa waxaa uu ku soo wareegey magaalada Muqdisho oo uu ka dhigtey meel uu si rasmi u deggan yahay isla markaana uu ku tarbiyadeen jirey xir iyo ardey badan gaar ahaan xaafadda Kaaraan oo ahayd saldhiggiisa.

Waqtigaa uu Sheekhu u soo wareegey magaalada Xamar waxaa aad u xoogganaa maamulkii gumeysiga Talyaaniga oo gaarey inuu shacabka Soomaaliyeed ka qaado lacag iyo xoolo jisyo ama cashuur ahaan ah, arrintaas dadkii uu ka mid ahaa Sheekhu aad ayay uga dhiidhiyeen. Sheekhu kuma koobneyn diidmada gumeysiga hadal ahaan kaliya ee waxaa uu kala hortegey ka hor imaad xoogan oo ku diidan yahay lacagaha uu gumeysigu saarey.

Ugu danbeyntiina dhaqdhaqaaqa Sheekha uu hormuudka ka ahaa waxay keentey inuu aqbalo hogaamiyihii maamulkii gumeysiga talyaaniga ee magaalo madaxda oo la oran jirey Gasayaale diidmada Soomaalida oo waxaa uu gumeystahay ku qasbanaadey inuu joojiyo baadda iyo xad gudubka uu damacsanaa markaa iyo inuu soo daayo dad badan oo u xirnaa, taana waxay ka danbeysey magaca iyo maamuuska uu Sheekhu lahaa, gumeysiguna waxaa uu u arkaayey xal in Sheekh Muxyadiin taladiisa la qaato isla markaana la taageero dadaalkiisa ku aaddan degenaashaha bulshada iyo dalkaba.

Sheekhu waxaa uu geeriyoodey sanadkii 1978kii - Illaahey ha u naxariisto - waxaa uuna ka tegey raad muuqda iyo farac barakeysan oo uu hormuud u yahay Sheekh Shariif Sheekh Muxyadiin oo la wareegey hoggaanka jidkii iyo dariiqadii Sheekh Muxyadiin ku taagnaa. Reerka Sheekha waxaa ka mid ah Sheekh Cabdiraxmaan oo nin dhalinyaro ahoo caalim ku ah diinta iyo luqado badan oo ay ka mid yihiin luqadda Carabiga iyo Ingriiska, isla markaana ku hadla luqadda dalka Sweden oo uu Sheekhu deggan yahay, isla markaana ka wada dadaalo badan oo diinta ku faafinayo, Illaahey ha xafido.

48

Sheekh Muxyadiin Macallin Mukarram

Sheekh Muxyadiin Macallin Mukaram al Qaxdaani wuxuu ka soo jeeday beelaha Banaadiriga, gaar ahaan reer Fiqi, waxaa uuna dhashey sanadkii 1247kii ee hijriyada isagoo ku barbaarey agoonimo oo waxaa soo korisey hooyadii ka dib markii uu dhintey aabihii. Inkasta uu la noolaa hooyadii oo kaliya haddana waxay ku dadaashey in wiilkeeda uu la mid noqdo carruurta kale ee haysata labada waalid, waxayna ku dadaashey sidii uu u baran lahaa diinta Islaamka ee ay ugu horreysey barashada Quraanka kariimka iyo cilmigii kale ee suurto galka ahaa.Sheekh Muxyadiin Macallin Mukaram oo lahaa faham aad u sarreeya waxaa u suuro gashey inuu aad wax u bartey gaar ahaan aqoontii Fiqiga iyo kutubtii markaa suurta galka aheyd in uu helo.

Culumadii tiqiinney Sheekh Muxyadiin aad ayey u ammaaneen cilmigiisa iyo waracnimadiisa iyo sida uu xiriirkiisa u fiicnaa, waxaa ka mid ahaa culumada aadka u ammaantey Sheekha, caalimka weynaa ee Soomaaliyeed oo la oran jirey shiiikh Abuubakar bin Sheekh Xaaji al Mahdi, Sheekh Abuubar Sheekh Muxyadiin iyo kuwo kale oo badan, dhammaan culumadaa waxaa ay ku tilmaameen in Sheekh ahaa caalim ku xeel dheer Tafsiirka Quraanka isla markaana kulansadey cilmi badan oo la xiriira Fiqiga Imaam Shaafici oo uu aad ugu caan baxay iyo in uu ahaa caalim buuni ah fahamkiisuna aad u sarreeyo. Tilmaaha ay culumadii tiqiinney Sheekha siiyeen waxaa ka mid ahaa inuu ahaa nin naxariis badan oo aan dadka iska weyneyn, ahaana geesi aan la gabban oraahdiisa oo deeqsi ah.

Sheekh Muxyadiin Macallin Mukaram, waxaa uu ahaa qof looga danbeeyo aqoonta uu u lahaa Fiqiga iyo fahamka Axkaamta shareecada Islaamka laga soo dhalaaliyey ee Kitaabka iyo Sunnada Nabigeennii suubbanaa -naxariis iyo nabadgalyo korkiisa ha ahaatee - sidaa darteed waxaa ku taxnaa casharrada Sheekhu bixin jirey dad culumo waaweyn ah iyo xir badan oo ka kale yimid degaano aad u kale fog oo dalka Soomaaliyeed ka mid ah, waxaana loo arki jirey waqtigiisa caalimka ugu muhiimsan kutubta mad-habka Shaaficiga oo ay ka mid ahaayeen Irshaadka iyo Minhaajka.

Runtii waxaa la oran karaa Sheekh Muxyadiin wuxuu ahaa Sheekh ay culumo badan ka qaateen cilmiga, gaar ahaan kuwa ku abtirsado marka la taxayo silsiladda culumadii ku xeel dheeraa Fiqiga Shaaficiyada ee geeska Afrika, waxaana xusid mudan dadka cilmi doonka ahaa ee ka kale yimid degaano kale oo aanan waxba heysan inuu caawin jirey haddii uu awoodo, iyo isagoo ka dalban jirey dadka wax haysta iney caawiyaan dadka xirtiisa ka mid ah ee aanan waxba heysan una yimid iney diinta Islaamka bartaan, arrinkaana waxay sababtey ineysan dadkii cilmi doonka ahaa badankood aysan dareemin iney marti ku yihiin magaalada.

Sheekh Muxyadiin waxaa uu cimrigiisa inta badan uu ku gudey inuu faafiyo cilmiga iyo inuu dadka faro wixii kheyrka ku jiro isla markaana ka reebo wixii xumaan iyo Alle ka fogaansho ah isaga oo aan u aabbo yeelin qofka kana cabsan, Illaahey mooyaane.

Waxaa la tilmaamaa in Sheekh Muxyadiin Macallin Mukaram uu darsigiisii ka duwanaa casharrada kale marka loo eego dhinaca nadaaminta iyo habka uu ku socdey oo aheyd mid joogta ah oo rac-rac leysaga danbeeyey. waxaa dhab ah in dad badan ka faa`iideysteen xalqadihii Sheekh Muxyadiin oo ay ka qaateen cilmiga uu aqrin jirey kuwaas oo u badan Fiqiga Shaaficiga sida aan horey u soo tilmaamney oo ay ka mid ahaayeen:

- Minhaaj al-Taalibiin;
- Tuxfat al-Muxtaaj Sharx Minhaaj;
- al-Mughnii;
- Irshaad al-Ghaawii;
- Fatxul Jawaad, iwm.

Geeridii Sheekh Muxyadiin:

Sheekh Muxyadiin Macallin Mukaram waxaa uu geeriyoodey isaga oo 63 jir ah sannadku markuu ahaa 1337kii hijriyada Illaahey naxariistii Jano ha ka waraabiyee, waxaana dhaxalkii cilmiga ahaa ee la reebey meesha ka sii waday dhashii uu dhaley iyo ardadii ka aflaxdey casharradii joogtada ahaa ee uu aqrin jirey Sheekhu.

Waxaa uu Sheekhu ka tagey carruur iyo kuwo ay iyaga sii dhaleen oo ka farcamey oo meesha ka sii wadey jidkii Sheekha ee faafinta cilmiga gaar ahaan Fiqigii Shaaficiyada oo qaban jirey daruus iyo casharro ay dad badan ku xiran yihiin, haddii aannu wax ka tilmaamno qaarkood waxaa ka mid ahaa:

Sheekh Maxamed Sheekh Muxyadiin Macallin Mukaram.

Sheekh Abuubakar Sheekh Muxyadiin Macallin Mukaram.

Sheekh Cali Sheekh Muxyadiin Macallin Mukaram.

Intoodaba waxay ahaayeen dad culumo ah oo lagu bartey cilmi iyo iney ahaayeen qaalliyaal ummadda u kale saara xaqqa iyo baadilka, sida uu ahaan jirey aabbahood Sheekh Muxyadiin Macallin Mukaram. Waxaa kale oo jirey iyana culumo ay dhaleen kuwa aanu soo sheegney oo iyana jidkii awoowgood ku socdey oo qeyb ka qaatey iney faafiyaan cilmigii awoowgood iyo iney la wareegaan jagadii qaallinimada oo looga bartey aabbayaashood. Waxaana ka mid ah: Sheekh Maxamed Sheekh Cali Sheekh Muxyadiin Macallin Mukaram oo ku magac dheeraa Sheekh Baanah. Sheekh Muxyadiin Sheekh Abuubakar Sheekh Muxyadiin Macallin Mukaram oo ku magac dheeraa Sheekh Diinley. Dhammaantood Illaahey ha u naxariisto.

Ardadii Sheekh Muxyadiin ka aflaxdey:

Horey waanu u soo sheegney in darsiga Sheekh Muxyadiin Macallin Mukaram looga imaan jirey Muqdisho daafaheedo oo idil iyo meelo kale duwan oo fog iyo in casharrada Sheekha dad badan oo xir iyo culumaba ah ay ka faa`iideen, haddaba dadkaas waxaa ka mid ahaa:

Sheekh Maxmed Faqi Yuusuf oo Shaanshi ahaa. Shariif Abuubakar shariif oo loo yiqiiney yaa rijaal. Sheekh Cali Suufi Cabdiraxmaan.

Sheekh Cabdullaahi Qudbi Macallin Yuusuf.

Sheekh Cali Samatar.

Sheekh Maxamed Xaaji Cumar Baraawi.

Sheekh Qaasim al Baraawi.

Shariif Cali Abiibakar Caydaruus.

Sheekh Xuseen Cadde iyo kuwo kale.

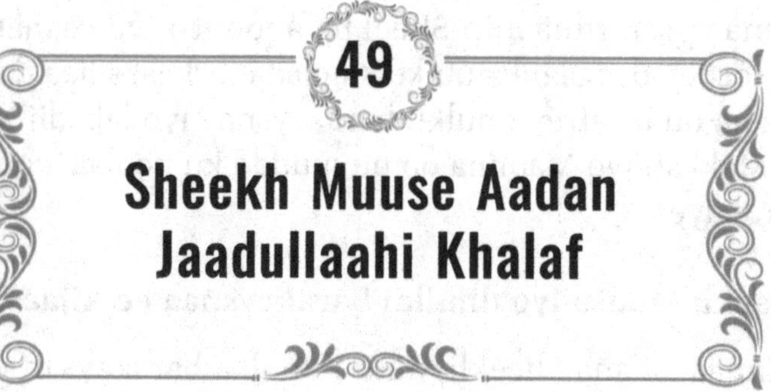

49

Sheekh Muuse Aadan Jaadullaahi Khalaf

Sheekh Muuse Aadan Jaadullaahi Khalaf waxaa loogu yeeri jrey Sheekh Muuse Soomaali oo lagu koofaari jirey mudadii danbe ee uu ku noolaa magaalada Dimishiq ee dalka Suuriya. Sheekh Muuse Aadan Jaadullaahi Khalaf waxaa uu ku dhashey tuulada Xaaji ee dhanka waqooyo ka xigta magaalada Hargeysa , dalka Soomaaliya , sannadku markuu ahaa 1294kii hijriyadii oo waafaqsan sanadkii 1874kii.

Isla degaankii uu ku dhashey Sheekh Muuse Aadan iyo hareeraheeda oo ay ka mid tahay magaalada Hargeysa ayuu ku barbaarey waxna ku bartey oo ay ugu horreysey barashada Quraanka kariimka ah iyo kutub culuumta fudud ee billowga ah, iyadoo ay la jirto tarbiyadda iyo dhaqan wanaagsan oo uu ka heley reerkii uu ka soo jeedey iyo degaankii uu ku noolaa gaar ahaan macallimiintiisii Qoraanka iyo casharrada kaleba. Sheekha waxaa la oran karaa wuxuu ku barbaarey tarbiyad wanaagsan oo waafaqsan diinta Islaamka oo tayo wacan uuna ka arkey dhammaan dadkii hoggaanka u hayey barbaaritaantiisa iyo waxbarashadiisa, laakiin sida muuqata kuma aysan filnaanin Sheekha aqoontii iyo casharradii ka socdey deegaanka uu ku sugnaa markaa, sdiaa darteed waxaa uu u safrey dhulkii barakeysnaa iyo labadii Xaram ee Makkah iyo Madiina oo uu muddo ku noolaa waxna ka baranayey.

Sheekh Muuse iyo dhulkii barakeysnaa ee Xijaas:

Imaanshaha Sheekh Muuse dhulka barakeysan waxaa shaki ku jirin ineysan isaga imaanin si sudfo ama kadis ah ee ay ku timid ka dib markii uu maqley dhaqdhaqaaqa aqooneed ee xooggan ee ka socdey halkaa, iyo jeceylka iyo baahida uu u qabey Sheekh Muuse Aadan inuu guto waajibkii Illaahey ee tiirka Xajka.

Markii uu gutey waajibkii Xajka iyo Cumrada waxaa uu Sheekh Muuse la kulmey culumo badan kuwaasoo uu ka qaatey aqoon badan markii uuu ku biirey xalqadihii tirada badnaa ee ku firirsanaa labada Xaram ,Makkah iyo Madiina dacalladooda qaar ka mid ah. Waxaase xusid mudan in Sheekhu uu aad ugu xeel dheeraadey cilmiga gaar ahaan Quraanka kariimka oo waxaa la sheegaa in uu aad u yiqiinney qirooyinka kale duwan ee Quraanku leeyahay oo loo yaqaanno tobonka aqris ee lagu aqriyo Quraanka isagoo ka qaatey cilmigaa culumadii ugu caansaneyd Madiina al Munawara.

Waxaa jirtey in Sheekh Muuse Aadan cilmiga uu ka bartey labada magaalo ee barakeysan in mar walba uu helayey Ijaaso iyo ogalaansha ay culumadii uu wax ka bartey ku kolsoonaadeen aqoonta uu heley iyo inuu gudbin karaba, arrinkaana waxaa uu ku gaarey dadaal aad u badan oo Sheekhu sameeyey iyo isagoo Illaahey ugu deeqey maskax iyo garasho wanaagsan oo ay wehliso xusuus xooggan oo u suuro galisey inuu weeleeyey dhammaan aqoontii iyo casharradii xiriirka ahaa ee uu ka heley xalqadihii ay hoggaanka u hayeen culumadii labada Xaram.

Sheekh Muuse Aadan waxaa uu ahaa nin saahid ah oo aan adduunyada macno weyn ugu fadhinin, cibaado badan oo waxaa lagu tilmaamey inuu laasimi jirey inuu cibaadeysto saqdii dhexe habeenkii waqti ay dadka ay jiifaan, dharaartiina mararka qaarkood soomo oo xitaa haduuna soomin aan cunto badan cunin, waxaa uu ahaa nin aad caato u ah oo aan buurneyn. Dadku waxay ku jeclaadeen inuu ahaa waji furfuran oo hadal yar mar walbana u badan masjidka taana uu caan ku noqdey.

Intii uu magaalada Madiina al Munawara joogey Sheekh Muuse Aadan waxaa uu qaatey dariiqada lagu magacaabo dariiqada al Idriisiya al Rashiidiya gaar ahaan qeybteeda al Dandaraawiya waayo waxaa macallin ugu noqdey oo uu ka qaatey dariiqada Sheekh Maxamed Axmed al Dandaraawi oo ka mid ahaa hoggaamadii iyo macallimiintii ugu firfircoonaa dariiqadaa ka dib markii uu arkey in Sheekh Muuse yahay nin deggan oo akhlaaq wanaagsan, waxaa dhex marey fadhiyo badan oo Sheekh Muuse ka heley cilmi iyo tarbiyad badan gaar ahaan adkaaraha iyo hannaanka dariiqada oo uu qofku ku dhaqmayo Illaaheyna ku caabudo. Waxaa la sheegaa xiriirka labada caalim ee Sheekh Muuse iyo macallinkiisa Sheekh Maxamed Axmed al Dandaraawi in ay socotey muddadii uu ku sugnaa magaalada Madiina oo uusan marnaba ka faaruqi jirin macallinkiisa, waayo waxaa uu u arkayey inuu u yahay tusaale wanaagsan oo uu mar walba ku dayan karo.

Safarkii Sheekha ee magaalada Dimishaq :

Muddo ka dib Sheekh Muuse Aadan waxaa uu u safrey magaalada Dimishaq ee xarunta u ah dalka Suuriya ka dib markii uu ka heley codsi ay ka dalbadeen koox culumo ah inuu ugu yimaado magaalada Dimishaq, taana waxaa shaki ku jirin iney ku suurto gashey ka dib markii ay maqleen dabeecadda wanaagsan iyo wax walba oo wanaag ah in lagu sheegey Sheekh Muuse, ayna jecleysteen reer Dimishaq oo ay horseedayaan culumadooda inuu la wadaaga Sheekhu nolosha adduun oo ay meel ku wada noolaadaan.

Isla durbadiiba waa uu aqbaley Sheekh Muuse oo uma aysan cuntamin inuu diido codsi walaalihiis ay isku diinta yihiin uga yimid kalgaceyl iyo walaaltinimo awgeed oo waxaa uu u boqooley dhulkii Shaam gaar ahaan magaalada Dimishaq. Ixtiraam weyn ayayna dadkii siiyeen markii ay muuqda iyo dhaqanka Sheekh Muuse arkeen iyo inuu yahay nin saahid ah oo akhlaaq wanaagsan Illaaheyna cilmi badan siiyey gaar ahaan aqoon badan u lahaa cilmiga la xiriira Quraanka kariimka, waxaana la soo wariyey in meel kasta oo uu tago Sheekh Muuse uu kala kulmayey soo dhaweyn iyo ixtiraam gooni ah oo loo hayey Sheekha ka dib markii ay soo gaartey in uu yahay caalim ka mid ah culumada muslimiinta oo wax ku soo bartey labadii Xaram ee barakeysnaa.

Waxaase muuqata in soo dhaweynta weyn iyo kalsoonida Sheekh Muuse lagu qabey ay ka danbeeyeen xiriirkiisa wanaagsan ee uu la lahaa bulshadii ku nooleeyd labada

Xaram gaar ahaan magaalada Madiina al Munawara oo ka soo gudbiyey farriin wanaagsan iyo in uu mudan yahay iney ka faa`iideystaan, waxaana filayaa in arrinkaa si goonni ah ay uga shaqeeyeen dariiqadii uu ku biirey culumadeeda ee al Idriisiyada aheyd gaar ahaan Sheekhiisa Sheekh Maxamed Axmed al dandaraawi.

Markii uu Sheekh Muuse gaarey magaalada Dimishaq waxaa loo sameeyey soo dhaweyn mug leh oo ay weheliso ixtiraam iyo qadarin, taana waxay ku reerbtey Sheekha raad weyn isla markiina waxaa uu goostey inuu ku noolaado degaanka cusub oo uu ka unkey qoys cusub ka dib markii uu guursadey haweeney ahlu diin ah kana soo jeedda reer qiimo iyo qaayo badan oo lagu magacaabo Ruqiya Seydaan taa oo u sii kordhisey Sheekha ixtiraam gooni ah oo loo arkayey inuu ka mid yahay hoggaamada ahlu diinka iyo dadka u saaxiib ah aqoonta ee bulshada Dimishaq, waxaa xaaskiisa Ruqiya Seydaan uu Illaahey ka siiyey gabar kaliya taa oo lagu magacaabo Faadumo Sheekh Muuse Aadan oo iyadana ka tagtey hal wiil oo lagu magacaabi jirey Cabdira`uuf al Wasaan oo Illaahey siiyey caruur aad u badan oo noqdey dad Saalixiin ahlu cilmi ah oo ku barbaarey hab dhaqankii iyo manhajkii awoowgood Sheekh Muuse uu ku socon jirey isla markaana ka heystey bulshada reer Dimishaq ixtiraam iyo qadarin goonni ah.

Runtii Sheekh Muuse Aadan waxaa uu ahaa nin caalim ah oo aad iyo aad looga weyneeyo bulshadiisa gaar ahaan culumada dhexdeeda oo meel uu tagaba la kulma soo dhaweyn xooggan islma markaana hadalkiisa aan la diidin, laakiin Sheekh Muuse waxaa uu u noolaa sida nin faqiir ah oo adduunka ka saahidey in kasto uu ahaa nin qani ka ahaa nafta oo xasillooni kal iyo laab ah heysta taa oo ka soo maaxdey aqoonta uu u lahaa diinta iyo dardaarankii macallimiintiisii labada Xaram ee wax soo bartey gaar ahaan Sheekh Maxamed Axmed Dandaraawi oo macallin ugu ahaa dhanka tasawufka iyo tarbiyadda kulana dardaarmey inuu laasimo oo joogteeyo meel uu tagaba ku xirnaanta Alle iyo goobaha kheyrka ee Illaahey laga xuso.

Sheekh Muuse Aadan waxaa uu dareemeyey intii uu joogey dhulka Shaam mas`uuliyad weyn oo ku aadan sida uu u gudbin lahaa cilmiga iyo dardaarankii uu xanbaarsanaa gaar ahaan markii uu dhintey Sheekh Maxamed al Khaalidi al Raashidi al Axmadi sanadkii 1321kii hijriyada - Illaahey ha u naxariistee - laguna duugey qabuuraha Bawaabatu al Muudaan ee Dimishaq. waxaa la oran karaa Sheekh Muuse dadku kuma aysan jeclaanin oo kaliya inuu ahaa hoggaan culumo oo saahid ah oo kaliye ee mar walba waxaa uu ku mashquulsanaa faafinta diinta iyo cilmigii uu Illaahey soo barey oo uusan marna ka daalin intii uu noolaa Illaa uu Illaahey ka oofsadey, dadaalkaa dheer waxaa ka soo baxay natiijooyin badan oo ugu muhiimsaneyd inuu soo saarey dad badan oo markii danbe noqdey culumo waaweyn oo diinta faafiya, waxaana ka mid ah dadkii uu soo saarey:

Sheekh Maxamuud Wadax al Muniitii.

Sheekh Rashiid Carafah.

Sheekh Maxamuud Xaamud.

Sheekh Badrul Diin al Xasani.

Sheekh Maxamed Bahaa`ul Diin al Baydaar.

Sheekh Raashid al xaal.

Sheekh Saadiq Badrul Madani.

Sheekh Cabdulwahaab bin Yaxya al salaaxi, iyo kuwo kale.

Geeridii Sheekh Muuse Aadan:

Sida caadada ah oo uu Illaahey qadarey qof walba maalin bey imaaneysaa waqtigii uu ka tagi lahaa adduunkan. Sheekh Muuse Aadan Jaadullaahi Khalaf waxaa uu noolaadaba waxaa ay tii Alle u timid sanadku markii uu ahaa 1334kii hijriyada oo waafaqsaneyd sanadkii 1917kii, waxaana lagu aasey meeshi uu ku geeriyoodey ee magaalada Dimishaq ee xarunta dalka Suuriya gaar ahaan qubuuraha Bawaabatul Miidaan siiba meel u dhaw qabriga Sheekhiisii Sheekh Maxamed Daahir al Khaalidi.

Sheekh - Muuse Illaahey ha u naxariistee - waxaa uu ka tagey taariikh wanaagsan iyo raad fiican, taas oo keentey in qorayaasha iyo culumada u dhuun daloola qorista taariikhda dadka magaca ku leh bulshada ay u garteen iney qoraan taariikhda inkasta oo uu ka soo jeedey geeska Afrika haddana ma uusan noqon Sheekh Muuse Aadan nin laga tagi karo markii la falanqeynayo taariikhda dadka wax galka ah. Qofka uu yahay kama aysan qarsooneyn bulshooyinkii kale duwanaa ee uu ku soo dhex noolaadey Sheekh Muuse oo waxaaba loogu yeeri jrey Sheekh Muuse Soomaali oo lagu koofaari jirey madadii danbe ee uu ku noolaa magaalada Dimishiq ee dalka Suuriya Illaahey ha u naxariisto.

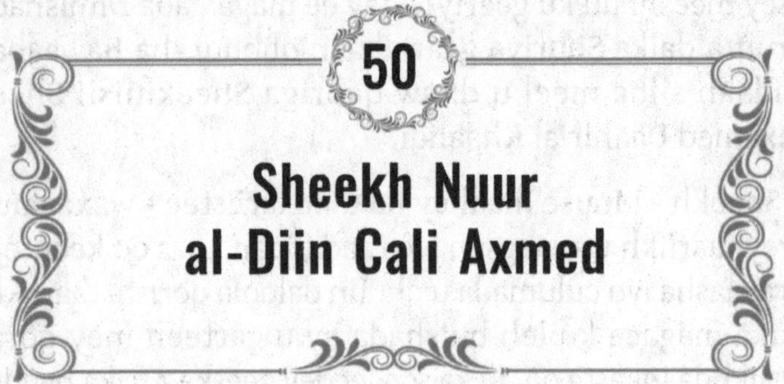

50

Sheekh Nuur al-Diin Cali Axmed

Abuu Maxamed, Sheekh Nuur al-Diin Cali Axmed Colow waxaa uu ku dhashey degaannada woqooyi bari ee Soomaaliya sanadku markuu ahaa 1335kii ee hijriyada, waxaana uu ku barbaarey guriga labadiisa waalid oo ku soo tarbiyadeeyey akhlaaq wanaagsan. Inta uu yaraa Sheekh Nuur al-Diin waxaa uu Quraanka ku bartey aqalkooda oo abbihii ayaa u ahaa macallinkii ugu horreeyey ee u xarriiqa Quraanka waxaana u suuro gashey inuu Quraanka badhkii barto.

Rixladii cilmiga ee Sheekh Nuur al-Diin:

Ka dib markii uu soo xoogeystey waxaa uu gudo galey safar uu ku doonayo inuu cilmi ku raadsado, waxaa uuna safarkiisii ugu horreeyey ku tagey degmada Xaafuun ee caanka ah sanadku markuu ahaa 1343kii halkaas oo uu kula kulmey culumo ay ka mid yihiin macallin Cumar Maxamed oo uu ka bartey Quraanka intii u harsaneyd. Halkaa waxaa uu kula kulmey oo kale Sheekh Maxamed Cali Xareed oo reer Xaafuun ahaa, waxaana uu ka aqristey kitaabka Safiinatul Salaad iyo kitaabka Abuu Shujaac. Waxaa kale uu Sheekh Cali aqristey kitaabka la yiraahdo Manhaajul Qawiim waxaana Sheekh ugu noqdey Sheekh Maxamed yuusuf, sidoo kale kitaabka Minhaajka waxaa uu ka aqristey Qaadi Sheekh Cali Maxamud Aadan. Sidoo kale waxaa uu dhageysan jirey duruustii Shariif Maxamed Cali gaar ahaan kuwa tafsiirka iyo cilmiga carabiga. Culumadii uu wax ka bartey Sheekh Nuur al-Diin waxaa ka mid ah Sheekh Maxamed Maxamud Sharmaarke oo uu qeybaha danbe ee tafsiirka ka bartey iyo Sheekh Maxamed Cali oo uu ka dhageystey Manhaaj al Daalibiin qeybtiisa seddexaad. Run ahaan culumo intaa ka badan ayuuu Sheekh Nuurudiin cilmiga ka bartey oo reer Xaafuun ahaa sida Qaadi Sheekh Ibraahim Cumar oo uu ka aqristey kitaabka Fatxu al Maciin iyo kitaabka al Ajruumiya oo Naxwo ah.

Sheekh Nuur al-Diin waxaa uu safarro badan ku bixiyey degaano badan oo ka mid ah waqooyi bari iyo qaybo kale oo ka tirsan gudaha dalka Soomaaliya, waxaa uuna la kulmey culumo fara badan oo uu ka qaatey cilmi badan oo kale duwan, waxaana la sheegaa inuu ka qeyb qaadan jirey duruustii Sheekh Aadan Axmed Muuse ee uu ka qaban jirey tafsiirka Quraanka iyo casharro fiqi iyo Axkaamta shareecada ku saabsan sida kitaabka ibnu Qaasim, Subadka iyo Manhaaj al Daalibiin . Dhanka Xadiiska waxaa uu ka qaatey kutubta ay ka mid yihiin Arbiciinka iyo Abuu Jamra. Isla Sheekhiisa waxaa uu ka qaatey cilmiga tasawufka iyo saahidnimada sida kitaabka Tanbiih al Gaafiliin, Tanwiir al Quluub, Dahaaratu al Quluub, Duratu al Naasixiin, Daqaa`iq al Akhbaar iyo Kifaayatu al Atqiyaa.

Dadaalo badan ayuu ku bixiyey Sheekh Nuur al-Diin inuu culumo badan la kulmo si uu cilmi uga qaato waxaana u suuro gashey inuu gaaro degaanada ay ka mid yihiin Ayl, Qardho iyoTaleex inta uusan u gudbin koofurta Soomaaliya gaar ahaan magaalada Muqdisha. Magaalada Ayl waxaa uu kula kulmey kana faa`iideystey cilmigoodii culumada ay ka mid yihiin: Sheekh Yuusuf Xasan, Sheekh Cilmi Cabdullaahi, Sheekh Maxamed Faarax, iyo Qaadi Xirsi Maxamed. Magaalooyinka Qardho iyo Taleex markii uu tegey shiik Nuur waxaa uu ka ogolaadey codsi ugu yimid culumadii degaanadaas oo ka dalbadey inuu cilmigiisa wax uga faa`iideeyo ummaddda gaar ahaan casharrada la xiriira tafsiirka Quraanka. Xiriir fiican ayuu la lahaa culumada degaanka Taleex kuwaa oo ay ka mid yihiin Sheekh Cabdullaahi Cilmi Shire doon, Sheekh Xirsi Nuur, Sheekh Aadan Cali Mataan, Sheekh Maxamed Aadan iyo Sheekh Abyan Kuura. Runtii doorka Sheekh Nuur ka soo baxay ee faafinta aqoonta uu lahaa waxaa laga dareemey goobo badan oo ka mid ah degaanada waqooyi bari waxaana u suurto gashey Sheekha inuu ka miro keeno dadaalkaas uu bixiyey.

Safarkii Muqdisha:

Muddo ka dib Sheekh Nuur waxaa uu arkey in culumada degaanada uu ka soo jeedey uu la kulmey, laakiin uu baahi u qabo wali inuu aqoontiisa kor u aado, sidaa darteed waxaa uu go`aan ku gaarey inuu safarro dibbadda iyo gudahaba ah galo, laakiin waxaa uu ku hormarey gudaha oo uu ugu horeyntiiba uu u safrey magaalada Muqdisha si uu ula kulmo culumadii magaalada kuna biiro daruusta ay bixiyaan. Ugu horreyntii Sheekh Nuur waxaa uu ku biirey xalqadii caanka ka aheyd degaanada koofureed ee uu hoggaanka u hayey Sheekh Maxamed Muxyadiin Macallin Mukaram oo ah wiilka Sheekhii fiqgai ku caanka ahaa iyo Qaadigii magaalada Muqdisha Macallin Muxyadiin Mukaram, waxaana uu ku taxmey Sheekh Nuur xalqadii uu aqrin jirey kitaabka Minhaajka ee uu qorey Imaam Al Nawawi, sidoo kale waxaa uu ku xirnaa xalqadii walaalkiis ka weyn Sheekh Abuu Bakar Sheekh Muxyadiin oo uu ka aqristey kitaabka Irshaadka ee uu qorey Al Muqri. Markii Sheekh Nuur uu ka faa`iideystey degaankii Banaadir waxaa uu ku laabtey degaanadii uu ka soo jeedey ee waqooyi bari.

Safarkii Cadan:

Markii uu Sheekh Nuur ka soo laabtey Muqdishu kuma uusan daahin degaankiisa ee isla markiiba waxaa uu u sii gudbey dhinaca yaman gaar ahaan waxaa uu ku hakadey magaalada Cadan halkaas ee uu kula kulmey Sheekh Maxamed Saalim al Biixaani iyo Sheekhiisii Sheekh Maxamed al Cabbaadi, labada Sheekhba waxaa uu ka faa`iideystey cilmi badan gaar ahaan dhanka towxiidka waxaana uu ka aqristey kutubta caqiida iyo bidcada kale caddeysa, taa oo la oran karo Sheekh Nuur oo caan ku ahaa la dagaalanka bidcada iyo quraafaadka waxaa raad ku reebey labadaa Sheekh, waana inta uusan tagin Makkah iyo Madiina ka hor.

Gaalkacyo iyo aas aaskii dugsi waxbarasho:

Sheekhu muddo ka dib waxaa uu ku soo noqdey dalka Soomaaliya oo uu ka soo degey magaalada Boosaaso, laakiin waxaa uu u sii gudbey magaalada ku taal bartamaha Soomaaliya ee Gaalkacyo, meeshaana waxaa uu ka sii wadey faainta cilmiga, isaga oo ka dab qaadanaya horumarka uu ku soo arkey dalka Yaman waxaa uu ka aas aasey magaalada Gaalkacyo dugsi uu ugu magac darey dugsiga al Curwatu al wusqaa, taa oo ay la jirto duruustii iyo wacdiyadii uu ka bixin jirey masaajidda iyo goobaha lagu kulmo.

Muddo ka dib Sheekh Nuur waxaa ka horyimid culumo dhowr ah oo ka biyo diidey sida uu wax u wadey gaar ahaan in duruustiisa ay ku badneyd ceebeynta dadka u abtirsada dariiqooyinka oo uu u arkayey iney dhunsan yihiin, taana waxay ku qasabtey inuu sii wadi waayo barnaamijkiisii.

Safarkii Sheekh Nuur iyo dhulkii barakeysnaa:

Markii uu muddo joogey magaalada Gaalkacyo ayuu Sheekh Nuur go`aan ku gaarey inuu dhulkii barakeysnaa ee Makkah iyo Madiina u safro si uu u soo guto waajibka Xajka iyo Cumrada, taa oo ay wehliso inuu la kulmo culumadii xijaas si uu u sii korarsado cilmiga diiniga ah, sidaa darteed waxaa uu u safrey magaalada Barbara si uu dooni uga raaco, waxaana u suuro gashey inuu heley dooni ku sii socota Yaman, waxaa uuna u sii gudbey dhinaca Jiisaan oo xuduudka Sacuudiga ayaa lagu hakiyey taariikhdu markey aheyd 1366kii hijriyada, dabadeed maalmo ka dib waxaa loo ogolaadey inuu gudaha soo galo ka dib markii uu boqor Cabdulcasiis oo ahaa markaa boqorka Sacuudiga codsigiisii aqbalay.

Meelna kuma uusan joogsan illaa uu ka gaaro meeshii uu hamuunta weyn u qabey oo ah Makkah iyo Beydkii Illaahey taariikhdu markey aheyd 18 bishii Shawaal sanadkii 1366kii hijriyada, isla sanadkaas ayuu gutey waajibkii Xajka iyo

Cimrada, ka dibna waxaa u suuro gashey inuu la kulmo boqor Cabdulcasiis oo markaa ku sugnaa Makkah sida caadadiisa aheydna kulamo la qaata culumada iyo dadweynaha kale, taana waxay keentey in boqorku karaameeyo Sheekh Cali hadiyadna u siiyey dhowr kutub.

Fursadda ah in uu Makkah joogo waxay u noqotey mid aad u weyn qeyb weynna waxay ka qaadatey dhammeyska jidkii cilmiga uu ku doonayey sidaa darteed waxaa uu ku biirey goob cilmiyeed Xaramka ka tirsaneyd oo la yiraahdo (Daarul Xadiis) oo culuumta Islaamka laga barto gaar ahaan sida magacaba ka muuqda Axaadiista Nabigeena - naxariis iyo nabad gelyo korkiisa ha ahaatee - iyo wixii la xiriira oo aqoon ah. Halkaa waxaa uu Sheekha Cali kula kulmey culumadii caalamul Islaam ugu caansaneyd waagaa sida: Sheekh Cabdirisaaq Xamsa oo reer Masar ahaa, Sheekh Abuu Saciid iyo Sheekh Cabdi al Xaq oo labadoodaba ka soo jeedey Hindiya, dhammaan culumadaa iyo kuwo kaleba waxaa uu Sheekh Nuur al-Diin bin Cali ka heley cilmi aad u badan ka dib markii uu ka aqristey kutubtii ugu caansaneyn cilmiga Xadiiska sida: Saxiixul Bakhaari, Saxiixul Muslim, Sunan Abii Daa`uud, Sunan al Tarmidi, Sunan al Nisaa`i, Sunan Ibnu Maajah iyo Muwada`a Ibnu Maalik, ka dibna waxaa halkaa laga gudoonsiiyey Sheekha shahaado aqooneed oo lagu aqoonsanayo heerka uu ka gaarey cilmiga Xadiiska loona idmey inuu faafiyo ruqsad ama ogolaashana u siin karo ardadiisa iney sii faafiyaan cilmigaas qiimaha badan ee xiriirka la leh Sunnadii Nabigeena naxariis iyo nabad gelyo korkiisa ha ahaatee.

Sida aanu horey u soo sheegney Sheekh Nuur al-Diin waxaa uu la kulmey culumadii ugu caansanaa dadyowga muslimiinta dabadeedna uu ka qaatey culuum badan , waxaana ka mid ahaa culumadaa: Sheekh Cabdulcasiis Ibnu

Baas waxaa uuna ka dhageystey kitaabka la yiraahdo Fatxul Majiid, sidoo kale waxaa uu la kulmey Sheekh Cabdullaahi bin Xasan Qaadigii mandaqada Xijaas iyo wiilkiisii Sheekh Cabdulcasiis, sidoo kale Sheekh Xasan Aala Sheekh, Sheekh Maxamed Xaamid al Fiqi oo reer Masar ahaa waxaa uuna ka dhageystey daruus dhowr ah. Waxaa kale oo uu la kulmey Sheekh Nuur al-Diin hogaamiyihii ururka Akhwaanul Muslimiin Sheekh Xasan al Banaa, dhammaan culumada oo dhan waxaa u suura gashey Sheekha inuu kula kulmo Xaramkii Barakeysnaa oo uu ka faa`iideysto cilmigooda.

Soo noqoshadii Sheekh Nuur al-Diin iyo Soomaaliya:

Muddo ka dib Sheekh Nuur al-Diin waxaa u cuntumi weydey in cilmigii uu bartey uu la fadhiisto Xijaas , waxaa uu mar walbana ka fikiri jirey sidii uu ugu faafin lahaa dalkiisii , sidaa darteed waxaa uu ku soo laabtey Soomaaliya isagoo xanbaarsan cilmi badan oo ay u wehliyaan kutub aad u tiro badan, wuxuuna soo abbaarey magaalada Gaalkacyo oo uu ka bilaabey duruus joogto ah, laakiin muddo ka dib waxaa ka hor yimid culumo dhibsadey sida uu Sheekha wax u wado waxayna ku dacweeyeen Gumeystihii Ingiriiska oo dalka hayey waxaan loo soo dhoofiyey magaalada Qardho oo iyada qudheeda lagu xirey muddo ka dib, laakiin Sheekha uma uu aabbo yeelin ee fidintii cilmiga waxaa uu ka sii wadey xabsiga , dabadeedna waxaa loo soo wareejiyey Boosaaso oo uu muddo joogey iyo degaanada waqooyi bari sida degmada Caluula.

Rixladii labadaad ee Muqdisha:

Sheekh Nuura al-Diin safarka uu ku yimid ma aysan aheyn markii ugu horeysey, waana uu garanaayey sida ay xaaladdiisa noqon doonto gaar ahaan marka la eego in magaalada ay ka duwan tahay degaanadii uu ka yimid dhinaca dhaqaalaha iyo nolosheeda, sidaa darteed waxaa uu xoogga saarey sidii uu qowskiisa ugu heli lahaa nolol wacan oo karaamo leh taana waxay keyntey inuu tartan u galo shaqo qaadinimo ah oo maxkamada ka soo baxdey , tartankiina waa uu ku guuleystey oo waxaa uu ka mid noqdey shaqaalihii maxkamadda, taas oo ka dhigtey in sheekha si deggan uu cilmigii uu xanbaarsanaa u gudo isaga oo aanan marna u aabba yeelin culumadii dariiqooyinka oo ka hor yimid sida uu wax u wadey.

Jaamacaddii al As-har:

Sanooyin badan oo uu ka shaqeenayey maxkamadda kana mid ahaa culumadii wadanka, haddana Sheekha kama uusan laba labeynin inuu ka faa`iideysto fursad waxbarasho oo uu ka heley dalka Masar gaar ahaan jaamacadda caanka ah ee As-har al Shariif si uu cilmi u sii kororsado ulana kulmo culumadii reer Masar. Waxay aheyd sanadkii 1380kii markii uu haleeley kulliyadda shareecada ee raacsan jaamacadda al As-har. Kuma aysan koobneyn cilmiga iyo faa`iidooyinka uu ka heley jaamacadda al As-har oo kaliya, balse shiih Nuur waxaa uu la kulmey kana faa`iideystey culumadii iyo aqoon yahankii reer Masar. Mararka qaarkoodna waxaa dhaceysey in isaga uu u faa`iideyo ummadda, waayo waxaa uu soo qori jirey intii uu Qaahira joogey qoraailo xul ah oo ku soo bixi jirey majaladaha cilmiga ah.

Madaxa maxkamada:

Ka dib markii Sheekh Nuur u ka soo laabtey rixladii cilmiga ee uu ku tagey dalka Masar waxaa loo magacaabey inuu noqdo Gudoomiyaha maxkamada Rafcaanka ee dalka kuna tiilley mgaalo madaxda Muqdishu, taana waxaa uu ku heley aqoonta uu u lahaa sharciyada gaar ahaan shareecada Islaamka, muddo ka dibna waxaa loo magcaabey la taliyaha gudoomiyaha maxkamadda sare ee dalka.

Sheekh Nuur iyo maamulka dowladda:

Intii aanu talada dalka la wareegin kacaankii 21kii oktoobar, Sheekh Nuur waxaa uu ka mid ahaa madaxdii dalka gaar ahaan qeybta maamulka maxkamadaha, isla markaana waxaa uu ku howllanaa faafinta diinta Islaamka oo uu masaajidada ka wadey duruus xooggan, dadkana waxay arkayeen cilmiga Sheekha iyo baaxaddiisa, waxaasa mar walba ka hor imaanayey dacwada iyo wacdiga Sheekha uu wadey culumadii dalka ugu waaweyneed oo aad u dhaliiley habka iyo hannaanka uu wax u wado Sheekh Nuur.

Safarradii uu ku tagey Sheekhu wadamada qaarkood waxaa uu ku soo arkey in ay ka jiraan ururo diinta u adeega oo ku mashquulsan sidii loo faafin lahaa tacaaliimta diinta, laakiin Sheekh Nuur waxaa uu aad ula dhacsanaa sida ay wax ku wadeen iyo aragtiyadooda jamaacadii la oran jirey Ansaarul Sunnah, sidaa darteed waxaa uu ka aas aasay dalka Soomaaliya jameeco la mid ah taa aannu soo sheegney oo uu isagana madax ka noqdey. Arrinkaan wax la yaab ah ma laheyn waayo Sheekha waxaa uu kula kulmey magaalada Makkah Sheekh Maxamd Xaamud al Fiqi oo ahaa madaxii jamaacada Masar oo ay halkaa isku barteen Sheekh Nuur kutub dhowrana ka aqristey, ka dibna xiriirkoodii Meesha ka sii socdey markii uu Masar tegey.

Muddo ka dib Sheekh Nuur waxaa loo magacaabey inuu noqdo agaasimaha arimaha diinta ee wasaaradda Caddaaladda, isla markaana sii wado howshii la taliyaha gudoomiyaha maxkamadda sare.

Dacwadii iyo duruustii Sheekh Nuur wadey kuma aysan koobney oo kaliya inuu ka wado goobaha ay ka mid yihiin masaajidda ee waxaa uu isku kallifay in ay gaarto madaxda qaarkood iyo maal qabeenada oo uu ugu talo galey fadhiyo gaar ah , waxaana ka mid ahaa dadkaas: Yaasiin Nuur Xasan wasiirkii gudaha, Maxamed Abshir Muuse madaxii boliiska Soomaaliya, mararka qaarkood waxaa daruustaa imaan jirey madaxweyne Aadan Cabdulle Cusmaan iyo Sheekh Mukhtaar Maxamed Xuseeen gudoomiyihii barlamaanka, Cabdirisaaq Xaaji Xuseen wasiirkii koowaad iyo wasiirro iyo xubno baarlamaan oo kale. Waxaa intaa u dheereyed in Sheekh Nuur uu dersi ku lahaa dugsiga sare ee booliska Soomaaliya intii u dhexeysey sanadii 1963kii illaa 1969kii dugsigaa oo ay ka soo qalin jabin jireen saraakiisha booliska ee dalka.

Wax qabadkii Sheekh Nuur:

Dacwadii iyo cilmi faafintii uu Sheekh Nuur al-Diin wadey waxay qaadatey heerar iyo tabo kale duwan, oo sida aannu horey u soo sheegney kuma aysan ekeen oo kaliya wacdi masaajid laga bixiyo, balse waxaa jirtey habab kale oo si heer sareeysa loo soo abaabuley sida inuu casharro ka bixin jirey dugsiyo iyo machadyo dalka gudihiisa iyo dibadiisaba ku yiil sida machadkii Kisauni ee magaalada Banbaasa ee Kenya ku yiil iyo machad kale oo Isna Kanbaale ee dalka Ugaandha ku yiil. Waxaa kale uu Sheekha macallin ka noqdey machadkii Daarul Xadiis ee raacsanaa Xaramka Makkah.

Dadaalada Sheekh Nuur waxaa ka mid ah in uu ahaa qofkii ay ka soo curate fikradda machadkii lagu magacaabi jirey machadka tadaamunka Islaamka ee ay dowladda boqortooyada Sacuudiga dhistey isla markaana maamulkiisa iyo qorshihiisa dhaqaale iyo waxbarashaba gacanta ku haysey, ka dib markii uu xiriir la sameeyey boqorka dalka Sacuudiga boqor Faysal bin Cabdulcasiis isaguna ka ogolaadey codsi uu Sheekh Nuur u soq direy kagana dalbanayey in Sacuudigu machad Islaami ah iyo masjid weyn ka dhisaan Soomaaliya gaar ahaan Muqdisha, waxaana isla markiiba suuro galey dhismihii Machadka oo noqdey mid ay ka faa`iideen dad badan oo noqdey waxtarka ummadda iyo hogaamiyaal horseeda tacliintii dalka. Inkasta uu mashruucii masjidka dib u dhacay hadana waxaa lagu guuleystey in la taago masjidkaa 1975kii kaas oo loogu magac darey masjidka Isbahaysiga Islaamka. Runtii Sheekh Nuur dhibaato badan ayuu kala kulmey dacwadii uu wadey, dhowr goorna waa loo taxaabey xabsiga, markii uu arkey in uusan la tilaabo qaadi Karin dowladdii kacaanka waxaa uu door bidey inuu dibadda ku noolaado, sida la og yahayna kama uusan daalin inuu ku mashquulo faafinta dacwada Islaamka.

Kutubtii uu qorey:

Dadaaladii uu ku bixinayey Sheekh Nuur faafinta diinta Islaamka oo kale duwan waxaa ka mid ahaa in uu qorey kutubo dhowr ah oo dhammaantood ku saabsan tacaaliinta diinta Islaamka, in kastoo badanaa uu kaga hadley arimaha caqiidada hadane kama aysan marneyn axkaamta shareecada iyo aadaabta Islaamka. Kutubtaa qaarkood waa la daabacay qaarna wali lama daabacin waxaana ka mid ah kutubta uu qorey Sheekh Nuur; Hidaayat al-Mustafiid fii Cilm al-Tawxiid; Waa kitaab arrimaha towxiidka ka hadlaya waxaana lagu daabacy dalka Masar taarikhdu markey aheyd 1381 Hijriyada oo waafaqsan 1961, waxaa uuna ka kooban yahay 64 bog. Nawaaqid al-Islaam: Waa kitaab ka hadlaya waxyaabaha buriya Islaamka ama towxiidka. Buuggaa waxaa lagu daabacey si taxane ah majalad ka soo baxda Qaahira ee dalka Masar oo lagu magacaabo hadyi nabawi sanadkii 1379 Hijriyada. al-

Tacdiim al-Mashruuc: Waxaa lagu soo daabacay kitaabkaan si taxane ah majalada Nuurul Islaam oo hoos timaada al Ashar ee Masar sanadkii 1379 H. al-Mawaarriith al-Sharciyyah fil Madaahib al-Arbaca'a: Waa kitaab khuseeya cilmiga dhaxalka oo uu Sheekhu ku xeel dheeraa waana la daabacay. Al-Faraa'id: Waa kitaab yar oo la mid ah kii ka horreeyey oo ka hadlaaya dhaxalka. al-Qawl al-Sadiid fil Nahiy can al-Tandiid: Kitaankaan waa la daabacay. Axkaam al-Fitrah: Waxaa kitaakan ka hadlaya axkaamta fidrada iyo akhlaaqda wanaagsan. al-Shifaacah: Kitaabkaan waxaa u ka hadlayaa arrimo ku saabsan shafeecada waana la daabacay. Axkaam al-Salaah; Kitaab ka hadlaya axkaamta Salaadda. Kitaab al-Janaa'iz; Kitaab ka hadlaya axkaamta Janaasada. Shajarat al-Tawxiid wa Shajarat al-Shakk: Kitaabkaan waxaa uu ka qorey Sheekha towxiidka iyo shirkiga waxa u dhexeeya.

Dhimashadii Sheekh Nura diin:

Sheekh Nuur waxaa uu ku geeriyoodey magaalada Riyaad ee dalka Sacuudiga 28 bishii Oktoobar sanadkii 1995 kii da`diisana waxay aheyd 81 jir, waxa uu nasiib u heley in salaadiisii jinaasada ay ku tukadeen culi,o waaweyn oo ka mid ahaa Sh. bin Baas muftigii dalka Sacuudiga oo ay aad isku garanayeen, Illaahey ha u wada naxariisto.

51

Macallin Nuur
Maxamed Siyaad

Macallin Nuur Maxamed Siyaad waxaa uu ku dhashey tuulada Mareeg ee gobolka Galgaduud ee bartamaha Soomaaliya ka tirsan sanadkii 1920kii waxaana uu ka soo jeedey qoes reer baadiyo ah. Macallin Nuur Maxamed Siyaad yaraantiisii waxaa uu bartey Quraanka Kariimka oo uu heer sare ka gaarey, ka dibna waxaa uu u soo wareegey magaalo madxdii dalka ee Muqdishu waxaa uu nasiib u heleyna inuu ka mid noqdo ardadii iyo xirtii wax ka baraneysey Sheekh Maxmed Biyamaalow oo ahaa culumadii markaa ka tirsanaa dariiqada Qaadiriyada oo ugu caansanaa dalka.

Sheekh Biyamaalow markii uu arkey dadaalka Macallin Nuur Maxamed Siyaad ayuu wuxuu kula dardaarmey inuu dardar geliyo faafinta diinta gaar ahaan Quraanka Kariimka taa oo ka dhigtey macallinka nin u go`ey oo kaliya inuu hormuud ka noqdo dugsi Quraan illaa uu caan kaga noqdey degaanada Xamar iyo hareeraheeda, waxaa intaa u dheer in macallinka uu isku taxluujiyo faafinta dugsiga noocaas oo kale ah iyo dhismahooda, sidoo kale dhismaha masaajid badan oo u suuro gashey inuu sameeyo, waxaana la sheegaa in macallinku uu nadrey ama uu ballan qaadey inuu dhisi doono masaajido tiradoodu aad u badan tahay, waxaana uu ku guuleystey inuu dhiso 33 masjid oo laga taagey degaano badan oo dalka ka mid ah. Sheekh Maxamed Biyomaaloow waxaa uu u dardaarmey Macallin Nuur Maxamed Siyaad oo kale inuu hore u sii wado dariiqadii uu hoggaanka u hayey ee Qaadiriyada isaga ka dib. Waxaa la sheegaa in Macallin Nuur uu dugsigii ugu horeeyey uu macallin ka noqdey sanadku markuu ahaa 1944kii isagoo 22 jir ah, kamana suulin inuu ku dadaalo qofka caruurta iyo dhalinyarada bara Quraanka Kariimka ah.

Macallin Nuur Maxamed Siyaad waxaa uu ahaa nin saahid ah oo aan aduunyada wax weyn u arkin mar kastana waxaa uu xiran jirey labo go`oo cad cad, taa waxaa u dheer in dadkii yiqiiney ay ku barteen in uusan aheyn mid aad ugu hiiliyo dariiqadii Qaadiriyada ee uu ka tirsanaa oo aad ayuu u soo dhaween jirey dariiqooyinka kale ee dalka ka jirey, waxaana muuqatey sanooyinkii danbe in uu aad u soo dhaween jirey dadka ku abtirsada fikradaha Akhwaanu muslimiinta iyo Salafiyiinta oo uma uusan arkeynin dad ay kala fogaan karaan.

Macallin Nuur Maxamed Siyaad al Qaadiri waxaa uu ku geeriyoodey magaalada Nayroobi ee dalka Kenya taariikhdu markey aheyd 29 bishii nofenber sanadkii 2009kii, waxaana lagu xabaaley qubuurihii magaalada Xamar, duugtiisana waxaa ka soo qeyb galey dad aad u tiro badan oo aad u qadarin jirey Macallinka Illaahey ha u naxariistee. Macallinka waxaa uu ka tegey carruur iyo xir aad u badan oo uu ku tarbiyadeeyey aqoon iyo Alle ka cabsi badan iyo in adduunka laga saahido. Waxaa howlihii iyo jidkii tarbiyada meesha ka sii wada wiilkiisa Khaliif Cabdulqaadir Macallin Nuur oo uu horey ugu tarbiyadeeyey inuu howlihii kheyrka ahaa uu sii wado, gaar ahaan dugsiyadii Quraanka ee hoos imaanayey Macallinka.

Macallin Nuur waxaa lagu xasuustaa waxyaabo badan uu ka tegey sida Qubuurihii waqfiga ahaa ee uu ummadda u sameeyey kuna sadaqeystey oo illaa hadda isaga loogu magac darey, sidoo kale waxaa lagu xasuustaa dadaaladii uu u geley in umadda uu ka dhex abuuro heshiis iyo joojinta dagaalo badan oo ka dhex qarxay degaanada koofureed ee uu joogey wixii ka danbeeyey 1990kii Illaahey ha u naxariisto.

52

Sheekh Xasan Xuseen Hilowle

Sheekh Xasan Xuseen Hilowle oo ka soo jeedo beesha Garre (Karre) hooyadii waxaa lagu magacaabi jirey hooyo Xabiibo Macallin Dhaayo oo ay isku beel ahaayeen aabihii. Sheekh Xasan waxaa uu ku dhashey tuulo yar oo lagu magacaabo Maarsiib oo hoos timaada degmada Afgooye ee gobolka Shabeelada hoose, sanadkuna marka uu ahaa 1913kii ka dib markii uu u soo guurey aabihii Sheekh Xuseen Hilowle mandiqadaas oo uu ka noqdey qaali dadka ku kala saara shareecada Islaamka.

Sheekh Xasan Xuseen Hilowle waxaa soo barbaariyey labadiisa waalid inta uu yaraa oo ka soo jeedey labo qoys oo ahlu diin ah sumcad wanaagsanna ku lahaa bulshada dhexdeeda, aabihii Xuseen Hilowle waxaa la dhashey walaalo badan oo lab iyo dhadigba isugu jirey, isla markaana waxaa uu dhaley carruur dhowr ah oo rag iyo dumarba lahaa inta uusan dunida ka tegin ka dib markii uu Illaahey oofsadayna taariikhdu markey aheyd 1922kii, taa oo macnaheedu tahay in uu ka tirsanaa Sheekh Xasan Xuseen Hilowle qoys weyn oo isku duuban.

Sheekh Xasan Xuseen Hilowle waxaa uu ku korey agoonimo ka dib markii uu dhintey aabihii isaga oo sagaal jir ah, waxaase tarbiyadiisii iyo abaabintiisa meesha ka sii wadey hooyadii oo la oran karo waxay buuxisey kaalintii aabaha .Wiilkeeda waxay ku dadaashey inuu noqdo mid tarbiyad iyo aqoon wanaagsan hela, sidaa darteed waqti hore uu fursad u heley inuu ka qeyb galo goobaha cilmiga lagu aqriyo ka dib markii uu xifdiyey Quraanka kariimka, waxaana macallin u noqdey macallin Maxamed oo ku magac dheeraa (Maxamed Waleysa) oo ka soo jeedey beesha Sheekha ee Garre (Karre).

Waxaana xusid mudan in tuulada Sheekhu ku dhashey ee Maarsiib ay ku caan ahayd culumo iyo dad aftahano ah, taana waxay dhaxalsiisey Sheekh Xasan Hilowle inuu ku barbaaro sidoo kale bay`ad ama degaan cilmi iyo dhaqan wanaagsan lagu yiqiin isla markaana raad fiican ku reebey dhanka tarbiyada iyo aqoonta yaraantiisiiba.

Marka la yaab ma laheyn in fursad uu u helo inuu dhalinyaranimadiisa u xireysto culumo magac iyo xurmo ku leh geyiga Soomaaliyeed gaar ahaan degaanada koofureed oo idil, sida inuu noqdey araday wax ka bartey Sheekh Cabdiwaaxid Sayid Maxamed Guuleed oo lagu tiriyo inuu ahaa Sheekhii gunta u dhigey dariiqada Saalixiyada degaanadii uu deganaa , markii uu kula kulmey magaalada barakeysan ee

Makkha al Mukaram Sheekh Maxamed Saalax al Daweyxii oo ahaa Sheekhii Saalixiyada hoggaanka u hayey, waqtigaa, Sheekh Cabdiwaaxid waxaa uu wakiil u ahaa aabihii Sayid Maxamed Guuleed markii ugu horraysay ee uu hor fariistay imaamka Saalixiyada Sayid Maxmed Saalix al- duwayxi kana qaatay Ijaazada dariiqada.

Waxaa la oran karaa la kulanka Sheekh Xasan Hilowle uu la kulmey Sheekh Cabdiwaaxid waxay dhaxalsiisey inuu fursad weyn u heley ka qaadashada cilmi iyo tarbiyad lagu kalsoon yahay oo leh xiriir silsilad oo ku tiirsan tiir adag. Waxaa kale iyana jirtey in Sheekh Xasan ka heley tarbiyad wanaagsan iyo aqoon diineedba taasma uu ka qaatey Sheekh Maxamed Eelaay oo ahaa Sheekh caalim ku ah labada asal ee Quraanka , Xadiiska iyo culuumta ka farcanta labadooda, Inta ugu badanna caan ku ahaa aqrinta Fiqiga gaar ahaan kutubta ay ka mid ahaayeen Minhaajka oo uu ka aqrin jiray masaajidka wayn ee ku yaala degmada Afgooye loona yaqaano masjidka Ceelyaraw, kaas oo dad badan ay ka aflaxeen ka dib markii uu iftiimiyay qarnigii tagay Sheekh Maxamed Eelaayow oo Fiqiga Shaaficiga in badan looga danbeeyay koonfurta Somaliya, dadka uu Ijaasada siiyayna ilaa haatadan la joogo ay muuqato dadaalkoodii anfaca ay umadda ugu fadhiyaan. Waxaa kale oo taa u dheereed in uu ahaa Sheekh Maxamed Eelaay ruux saahid ah isla markaana ku xeel dheer shareecada Islaamka, waxaana la sheegaa inuu naftiisa u hibeeyey faafinta aqoonta iyo tarbiyada Islaamka oo uu u jeelanaa markasta – Illaahey ha u naxariistee – faa`iido badan ayuuna kala kulmey Sheekh Xasan Hilowle wada joogista Sheekhiisa.

Waqti kooban gudihiisa ayuu Sheekh Xasan Hilowle ku dhameeyay barashada kitaabka Minhaajka, isla markaana waxaa la siiyay Ijaaso ah inuu aqrin karo kitaabkaa oo inta badan loo shardiyo faham dheeri ah , maalmo uu kaaliye u ahaa sheekhiisa Maxaamed Eelaayow ayuu Masjidka ceelyaraw xirta ugu celin jiray kitaabka taasoo siisay awood dheeri ah inuu sugo kitaabka,, kadibna uu ula guuray aqrinta kitaabka Minhaajka xalaqad ka aasaasantay Degmada Qoryoolay oo uu Sheekh Xasan ka ahaa hormuud dad badanina ay ka aflaxeen markii danbe .

Sheekh Xasan waxaa uu caan ku ahaa inuu xiriiriyo culumadii uu wax ka soo bartey oo mar walbana uu ka fikiri jirey in ay xaq weyn ku leeyihiin, Sidaa darteed waxaa uu xiriir fiican la lahaa sheekhiisa Sheekh Maxaamed intii uu noolaa oo dhan isagoo ka war hayn jiray noloshiisa, caafimaadkiisa iyo baahidiisa, xagga kutubta waxaa uu isku dayi jiray inuu ka haqab tiro. Marar badan oo uu ka yimid magaalada barakaysan ee Makka ayuu u keenay kutub Sheekhu rabay sida Umuhaatka lixda ah saasna ku kasbaday duco inta badan uu dhihi jiray waxay ii furtay jacaylka cilmiga.

Culumada kale ee uu Sheekh Xasan u hor fariistay cilmigana ka bartey waxaa ka mid ah Sheekh Maxamed Yarow oo loo yaqaanay sheekha Naxwaha ee deeganadaas dad badanina ay ka aflaxeen duruustiisa, waxaa uu fariisan jiray masjidkiisa ku yaaley tuulada Daarul Salaam oo hoostimaada degmada Aw dheegle ee gobolka Shabeelada hoose. Waxaa kale uu cilmi ka qaatey Sheekh Siidow Abaa Jibil oo uu ka faa`iideystey xalqadihii iyo daruustii uu aqrin jirey oo u badnaa luqada carabiga.

Sidoo kale Sheekh Xasan Hilowle culumadii uu wax qaatay waxaa ka mid ah Xaaji Colow oo asal ahaan ka soo jeedey dalka Yaman isla markaana degganaa degmada Afgooye kuna lahaa meherado ganacsi. Xaajiga waxaa uu ahaa caalim ku xeel dheer shareecada Islaamka dadaal badanna wuxuu ku bixin jirey sidii uu u faafin lahaa cilmigii Illaahey barey oo ku aadanaa labada asal ee Quraanka iyo Axaadiista Nabigeena – naxariis iyo nabad gelyo korkiisa ah ahaatee –

Sheekh Xasan Hilowle oo saaxiib dhawna la ahaa Xaajiga marna ahaa Sheekhiisa waxaa u suuro gashey inuu ka barto cilmiga daawooyinka dabiiciga ah iyo sida laysugu daaweeyo dhirta iyo daawooyinka asal kasoo gaarka ah ee u baahan in macallin laga qaato.

Culumadii uu wax ka bartey Sheekh Xasan Hilowle waxaa ka mid ah oo kale Sheekh Aadan Maxmuud Cowlyahan oo u dhashey beesha Ogaadeen gaar ahaan Cowlyahan looguna magac darey, waxaa uu ka qaatey Tafsiirka Quraanka oo caan ku ahaa Sheekh Aadan ka dib markii uu kula kulmey magaalada Muqdisha.

Dhinaca Tasawufka iyo Saahidnimada waxaa Sheekh uga ahaa Sheekh Cali Siidow Xaaji Muumin oo ka soo jeedey beesha Begedi laakiin markii danbe waxaa uu xiriir weyn la yeeshey culumadii tasawufka ugu waaweynaa ee dalkeena iyo dibadiisaba, ka dib markii uu la kulmey Sayid Cabdiwaaxid Sayid Maxamed Guuleed oo ka mid ahaa culumada dariiqada Saalixiyada ugu waaweynaa ee geeska Afrika. Sh Xassan markii uu dhowr goor safar ku tagey magaalooyinka barakeysan ee Makka iyo Madiina, safarradiisa kuma aysan koobneyn oo kaliya Xaj iyo Cumro ee waxaa jirey inuu la kulmey culumo dhowr ah oo uu wax ka aqristey kana qaatey Ijaasooyin cilmi ah, waxaana la oran karaa luqada carabiga oo uu aad ugu fiicnaa ayaa u fududeysen in uu xiriir la yeesho culumo dhowr ah oo ku noolaa dhulkaa barakeysan, sida kulumadii cilmiyeed ee uu la qaatey Sayid Ibraahim al Rashiid althaani (labaad) iyo Sayid al Xaaji Calawi al Yamani oo uu ka faa`iideystey aqoon badan. Marka la yaab ma laheyn in Sheekh Xasan Hilowle uu xiriir adag oo wanaagsan la lahaa dhammaan xarumihii dariiqada Saalixiyada ee dalkeena iyo xarunta xudunta u aheyd dariiqada ee Makka oo uu fadhigiisa ahaa hogaamiyhii guud Sheekh Maxamed Saalax al Duweyxii.

Intaa dabadeed Sheekh Xasan Hilowle qeyb weyn ayuu ka qaatey faafinta dacwada Islaamka dad badanna waa uu soo saarey oo hormuud u noqdey faafinta diinta iyo aqoonta Islaamka, isaga oo adeegsanaya duruus uu bixin jirey iyo booqashooyin kale duwan oo uu ula jeedey wacyi galinta bulshada iyo ku hagidda jidka toosan.

Xalqadihii cilmiga ee uu hayey waxaa iyadana ka mid ahaa kuwii uu ka bixin jirey masjadkii uu dhisey ee ku yiiley tuulada Misre Barre oo ku tiil Shabeelada hoose. Waxaase xusid mudan in tuuladaa qudheeda uu aas aasey Sheekh Xasan isaga oo ula jeeday inuu unko bulsho ku xeel dheer diinta iyo ku dhaqankeeda.

Sheekh Xasan culumadii uu la kulmey waxaa uu ka faa`iideystey cilmi badan sida qaybaha luqada carabiga ee Naxwaha iyo Sarfiga, sidoo kale cilmiga Balaaqo iyo Mandiq iyo dhammaan wixii la halmaala. Waxaa ka mid ah ardadaa Sheekh Cabdalla Khaliif oo caalim ku xeel dheer Tasawufka ahaa.Waxaa kaloo xusid Mudan inuu Sheekh Xasan Hilwole door wayn ka ciyaaray fidinta dariiqada Saalixiyada iyo ilaalinta maamulka dhexe oo fadhigiisu ahaa Misra wayn. waxaa uu si siman ula Shaqeeyay hoggaanadii kala duwanaa ee soo maray maamulka inta uu noolaa Sida Sheekh Cabdiwaaxid, Sayid Xasan , Sayid Saalix iyo Sayid axmed naxriistii eebe ha wada gaadhee dhammaan .

Dhanka qoraalka iyo alifaadda waxaa jirtey iyana in Sheekh Xasan uu ka tagey dhowr kitaab oo uu qorey inskastoo aanan wali la daabacin sida:

- لفظ الدعاء ومدلولاته المختلفة في القرآن الكريم
- حكم اطالة الصلاة " وان فيكم لمنفرين "
- الصواب في التفاسير

Dhammaan kutubta aannu soo sheegney waxaa ay xiriir la leedahay aqoonta Sheekh Xasan oo ku aaddan dhinaca shareecada Islaamka iyo Quraanka kariimka gaar ahaan tafsiirka Quraanka, waana kutub aan wali la daabicin oo far guri ku qoran. Inkastoo sheekha uu u badnaa barashada diinta islaamka qaybaheeda kala duwanaa , haddana waxaa uu mar isku dayay yaraantiisii inuu haleelo School lagu barto af talayaaniga , cabbaar ayuu dhigtay ilaa uu gaaray heer uu fahmi karo luqadda talayaaniga oo markaas maamul ahaana ka ariminaayay gayiga Somaaliya , taasoo marar badan fursad u siisay inuu shaqo ka helo maamulkaa markaa taagnaa laakiin waa uu diiday isagoo u arkayay hoos u dhac inay ku tahay maqaamkiisa diineed inuu la shaqeeyo maamul gumayste ah.

Sheekh Xasan Xuseen Hilowle waxaa uu ku geeriyoodey degmada Afgooye ee Shabeelada hoose bishii Rajab sanadkii 1418 hijriyada taa oo waafaqsan bishii nofenbar sanadkii 1997kii Illaahey ha u naxariistee – waxaana uu ka tagey dad aad u tiro badan oo isugu jira kuwo uu dhaley iyo dhashoodii, waxaase xusid mudan in dhasha Sheekha qaarkood ay noqdeen culumo iyo aqoon yahan ku xeel dheer aqoon kale duwan.

53

Sheekh Xasan Macallin Muumin

Sheekh Xasan Macallin Muumin waxaa u ka mid ahaa culumadii Soomaaliyeed ee caanka ku ahaa faafinta diinta Islaamka waxaa uuna ka tirsanaa dariiqada al Axmadiya. Sheekha waxaa uu ku dhashey degaanada gobolka Hiiraan, dhanka barbaarintiisa waxaa soo korisey hooyadii waayo waxaa uu ahaa agoon aabbihii isaga oo yar dhintey. yaraan ayuu ku bartey Quraanka waxaana u suuro gashey inuu xifdiyo ka dibna isaga ayaa waxaa uu noqdey Kabiir caawiya macallinkiisa, markii danbane u sii gudbey inuu macallin ku noqdo baridda Quraanka Kariimka.

Sheekh Xasan ayaa doonasho cilmi u soo aadey magaalada Muqdisho oo kula kulmey culumo badan oo wax ka bartey sida Mowlaanaa Sheekh Cabdiraxmaan oo uu la kulmey. Sheekh Xasan kuma ekeen safarrada uu galey inuu u sii siyaadsado cilmiga oo kaliya ee waxaa kale uu safar u tagey dhulkii barakeysnaa ee Makka iyo Madiina oo markii uu gutey waajibkii Xajka iyo Cimrida waxaa uu kula kulmey halkaa culumo badan oo ka kale yimid dunida Islaamka daafaheeda kale duwan.

Sheekhu muddo ka dib waxaa uu ku soo laabtey dalkii Soomaaliya si uu ugu faafiyo wixii Illaahey soo barey isaga oo adeegsanayo safarro kale duwan oo uu ku marey degaano dhowr ah oo ka tirsan koonfurta Soomaaliya si uu ula kulmo ummaddiisa sida degaanada Wanle Weyn (Daafeed) ee gobolka Shabeellada hoose iyo Mahadaay gaar ahaan tuulada Buule Fuuley ee gobolka Shabeellada dhexe, ugu danbeyntiina waxaa uu ku hakadey meel u dhow tuulada Basra ee xigta dhanka degmada Balcad oo uu sahansadey si ay u noqoto degaankiisa rasmiga ah oo uu ka faafinayo diinta Islaamka. Run ahaantii inta Sheekh Xasan ku dhex jirey safarrada uu ku kala bixiyey degaano badan waxay dadku ku barteen deganaansho iyo tawaaduc ay u dheer tahay aakhiro jeceeyl aan adduun xoogga saarin, taa oo ay dadka aad u soo jiidatey isla markaana ay u arkeen inuu yahay Sheekha qof lagu daydo oo hoggaamiye diineed ah.

Arrinkaa la yaab ma leh waayo talooyinkii iyo waanooyinkii uu Sheekhu mar walba ku soo celcelin jirey waxaa ka mid ahaa in qofku uu ka fogaado kibirka iyo is qaad qaadka, isla markaana la xasuusto in Illaahey innaga abuurey ciid dhoobo ah, dhig iyo xinjir. Waxaa ka mid ahaa talooyinkii uu soo jeedin jirey in qofka mar walba uu yeesho saaxiib wanaagsan iyo in qofka uu ku camal falo waxa uu barto, waayo waxaa uu Sheekhu u arkayey qofka talooyinka iyo waanooyinka uu bixiyo ku camal falin qof indho aanan laheyn isla markaana gacanta ku hayo faynuus iyo iftiin aanu ka faa`iideysan karin laakiin dadka kale ay ka faa`idaan.

Sheekh Xasan Muumuin waxaa uu dhintey Illaahey ha u naxariistee maalin arbaco ah bishii dil xaj ee sanadkii 1289kii hijriya oo ku began sanadkii 1872kii waxaana lagu duugey tuulada Basra oo ahayd saldhigiisa.

Sheekh Nuur Xuseen Macallin Diir Jaadaay

$\mathcal{S}$heekh Nuur Xuseen Macallin Diir Jaadaay, waxaa uu ku dhashay tuulada Basra oo ku taal gobolka Hiiraan sanadku markuu ahaa 1885kii. Muddo ka dib waxaa ay reerkii uu ka soo jeedey Sheekha u soo guureen tuulo lagu magacaabo Mansuur oo u dhow degmada Jalalaqsi ee ka tirsan gobolka Hiiraan.

Dhanka waxbarashadiisa, Sheekh Nuur Xuseen kama uu duwaneyn carruurta Soomaaliyeed oo kale, gaar ahaan yaraantiisii waxaa uu si toos ah tuulada la soo tilmaamey uga bilaabey dugsi quraanka kariimka laga barto sida caadada Soomaalidu ahayd, markii uu quraanka barteyna waxaa uu u baahdey shiiku inuu sare u sii qaado aqoontiisa diineed sidaa darteed waxaa uu u xireestay Sheekh la yiraahdo Sheekh Cusmaan Sheekh Xasan Macallim, lama oga waxaa uu ka bartey Sheekhaas laakiin waxaa shaki ku jirin inuu ka faa`iideystey cilmi diini ah oo isugu jira Axkaamta Islaamka ama Fiqi gaar ahaan fiqiga Shaaficiga oo caan ku ahaa barashadiisa gayiga Soomaaliyeed oo dhan, sida kutubtii laga aqrin jirey dhulkeenna oo ugu caansanaa Safiinatul Najaad iyo Salaadba, Illaa laga gaaro kitaabka Minhaajka, sidoo kale waxaa degaanada Sheekh Nuur Xuseen ku barbaarey laga aqrisan jirey cilmiga luqada la xiriira sida Naxwaha iyo Sarfiga. Taariikhdu markay ahayd 1919 kii Sheekh Nuur waa uu xanuunsadey sidaa darteed waxa loo soo safriyey degmada Jilib oo ka tirsan Gobolka Jubbada Hoose sababo caafimaad awgeed si looga daaweeyo cudurka juudaanka oo haleeley Sheekha, waxaana la geeyey rug caafimaad gaar ahaan isbitaalka weyn oo halkaa ku yiilley laguna daaweyn jirey cudurka juudaamka oo lagu xareyn jirey dadka qaba cudurka juudaamka.

Sheekh Nuur Xuseen dadaallo badan ayuu ku bixin jirey faafinta diinta iyo hagaajinta bulshada intii uu ku jirey takhtarka looga daaweynayey cudurka Juudaamka, waxaana Illaahey waafajiyey in ay dad badan qaataan talooyinkii iyo waanadii uu u soo jeedin jirey, halka kuwo kale ay ka biyo diideen kana hor yimaadeen Sheekha. Markii uu Illaahey caafimaad siiyey waxaa uu dhisey Sheekh Nuur tuulo uu ugu magac darey Baladu Kariim oo u dhaw degmada Jilib.

Markii uu dhintey Sheekh Nuur Xuseen waxaa lagu aasey meeshii uu degganaa oo ahayd tuulada Baladul Kariim oo lagana dhisey masjid lagu cibaadeysto isla markaana cilmi lagu raacdo. Waxaase la yaab laheyd xilliyadii ururka xag jirka ah ee Al Shabaab ay gacanta ku dhigeen degaanada koonfureed in ay ku dhaqaaqeen burburinta qabriga Sheekh Nuur Xuseen iyagoo u arkayey in lagu xad gudbayo qabriga Sheekha oo ay aaminsanaayeen in xirta shiiikha raacsan iyo dad kaleba ay ku dhaqaaqaan waxyaabo ka soo horjeeda caqiidada Islaamka, markey joogaan Baladul Kariim iyo qabriga Sheekha agtiisa.

Runtii Sheekh Nuur Xusseen wuxuu ka mid ahaa culumadii ugu waaweynaa qarnigii tagay ee dariiqada suufiyada, sidaa darteed markii uu dhintey sannad waliba waxaa laysugu imaan jirey qabrigiisa oo ay soo siyaaran jireen dad aad iyo aad u tiro badan oo ka kale yimid meelo kale duwan oo geeska Afrika ku yaal, dadka tagaya qofkasta waxaa uu geyn jirey hanti inteey dooniba ha le'ekaatee.

Sheekh Nuur waxa uu lahaa xir aad u tiro badan oo lagu qiyaasi jirrey kumanaan, inkastoo markii uu Sheekh Nuur dhintey ay yaraadeen. Xaruntiisa waxay ahayd tuulada Baladul Kariim oo 12 km u jirta degmada Jillib dhanka waqooyi, waxay tuulada dhanka kale ka jirtaa wabiga Jubba, waxay ku taallaa mid ka mid ah dhulbeereedyada ugu hodansan Soomaaliya.

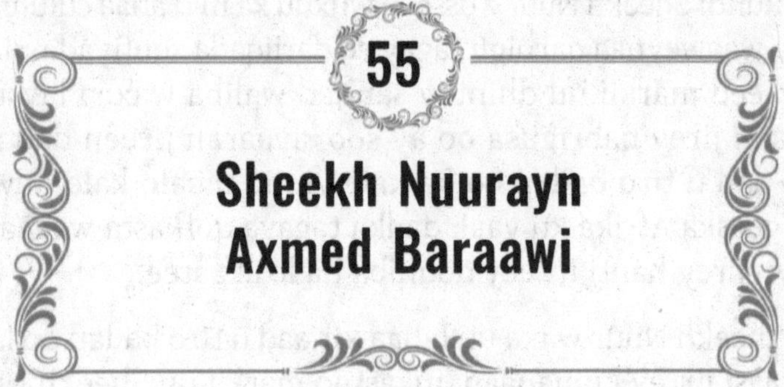

55

Sheekh Nuurayn
Axmed Baraawi

Sheekh Nuurayn Axmed Baraawi Axmed Saabir al Baraawi al Axmadi waxaa uu ku dhashey magaalada Baraawe sanadkii 1251kii hijriyada. Sheekha isla magaaladaas ayuu ku barbaarey waxna ku bartey Quraanka kariimka iyo kutub dhowr ah oo u badneyd Fiqiga Shaaficiga. Dhalinyaranimadiisii waxaa muuqatey inuu ahaa qof aad u dadaal badan oo jecel la joogga culumada iyo goobaha wanaagsan oo ay ka mid ahaayeen masaajidda iyo mowlacyada si uu ugu cibaadeysto waqtiyo kale duwan oo ka mid aheyd habeenkii saqda dhexe waqti ay dadku jiifaan.

Markii uu Sheekh Nuurayn Axmed Baraawi uu Illaahey u sahley inuu barto qeybo badan oo ka mid ah Shareecada iyo Axkaamta Islaamka oo ay wehliyaan aqoonta Quraanka iyo axaadiista waxaa uu u iishey dhinaca Tasawufka oo waxaa uu noqdey suufi saahid ah, waxaana Illaahey u aqbaley sidii uu doonayey oo waxaa uu la kulmey Sheekh Xasan Macallin Muumin oo hogaamiyaashii dariiqada Axmadiyada ka mid aha iyo Sheekh Maxamuud Waceys oo uu Sheekha ka qaatey ijaasadii dariiqada Axmadiyada. Waxaana xusid mudan in labada Sheekh ee Sheekh Xasan Macallin iyo Sheekh Maxamuud Waceys ay ka mid ahaayeen culumadii la kulantey Mowlaanaa Cabdiraxmaan oo la yiraahda waa Sheekha dariiqada keenay wadanka Soomaaliya ka dib markii uu ka soo qaadey Sheekh Axmed Idriis al Faasi oo Ashraaf ahaa.

Runtii waxaa la sheegaa in Sheekh Nuurayn Axmed Baraawi qalbigiis aad ugu qancey la kulankaa culumada iyo qaadashada dariiqada oo waxii markaa ka danbeysey waxaa uu u ekee nin gaarey ujeedadii uu adduunka u joogey, umana ay muuqan dhaldhaalka aduunka oo waxaa uu dhibsan jirey xaaladda markaa bulshadii Baraawe ay ku sugneyd, sidaa darteed waa uu ka haajirey magaaladii oo waxaa uu u guurey meel xoogaa ka fog oo uu ka aas aasey degaan uu ku noolaado oo uuna u bixiyey Dhulkii Raxmadda, arrinkaana dad badan ayaa la dhacay oo la soo guurey Sheekh Nuureyn, waxaana ka mid ahaa suufigii weynaa ee reer Baraawe Xaaji Sadiiqul Muhaajir. Mudda yar ka dib degaanka Raxma waxaa ku soo aruurey dad badan oo cilmi doon ah oo Sheekh Nuureyn ka faa`iideystey cilmi badan, waayo Sheekhu waxaa uu ku dadaali jirey inuu casharro badan oo cilmi ah uu bixiyo maalin walba, taasoo ay u dheereyd wacdi joogto ah oo uu dadka kala hadlaayey in laga fogaado waxyaalaha munkarka ah oo Illaahey caradiisa keena, wixii kheyrna lagu dadaalo, arrinkaana tuulada Raxma wey ku faa`iidey oo waxay noqotey meel cilmi iyo cibaado laga helo oo camirantey.

Magaca iyo sumcadda Sheekh Nuureyn meelo kale duwan ayay gaartey oo kuma aysan ekaan Baraawe iyo degaanada ku wareegsan keliya, oo wax la yaable ma laheyn in uu la soo xiriiro suldaan Saciid Barqash oo xukunkiisa ku soo fidey koofurta Soomaaliya, saldhigiisuna ahaa magaalada Muqdisha oo Sheekh Nuureyn waxaa loo magacaabey inuu noqdo qaalli ummadda u kala xaqdhowra, waxaana laga soo idmey magaalada Sinjibaar oo waagaas hoos imaaneysay saldanadii Cumaaniyiintu ay hoggaanka u hayeen oo waaliga suldaan Barqash u magacaabey hoggaaminta qeyb ka mid ah Soomaaliya. Runtii cadaaladda Sheekha iyo habkii uu ummadda u kale saarayey aad ayey raad badan ugu reebtey bulshada qaarkood oo ku diirsadey cilmiga iyo cadaaladda Sheekh Nuureyn wax ku kale saarayey.

Sheekh Nuureyn iyo dhulkii Barakeysnaa:

Sheekh Nuurayn Axmed Baraawi waxaa mar walba qalbigiisa ku weynaa gudashada waajibka Xajka iyo Cumrada iyo jeceylka uu u qabey booqashada labada Xaram ee barakeysan Makkah iyo Madiina, waxaana u suuro gashey in marar badan uu booqdey dhulkaa. Maxabada iyo hamuun aad u badan ayuu u qabey Sheekha kacbada iyo meelaha barakeysan ee lagu gudo cibaadada Alle ee Xaj iyo Cumro oo ay wehliso siyaaradii masjidka Nabigeenna suuban Muxamed bin Cabdullaahi naxariis iyo nabadgalyo korkiisa ha ahaatee. Muddooyinkii uu Sheekh Nuureyn ku sugnaa dhulkaa barakeysan waxaa uu xiriir walaaltinimo oo ay ku jirto is wareysi iyo kale war qaadasho la yeeshey dadkii muslimiin ahaa ee ka kale yimid daafaha dunida oo ay is dhaafsadeen akhbaaraha iyo xaaladaha ay ku sugan yihiin ummadda Islaamka meel ay joogtaba. Waxaa intaa u dheeraa kulamada gooni goonida ah ee uu la yeeshey Sheekh Nuureyn culumo kale duwan oo uu kula kulmey labada Xaram kuwaas oo ahaa culumo ku xeel dheer aqoonta diinta ee kale duwan, waxaa ay isdhaafsadeen kana wada hadleen arrimo diinta salka ku haya oo u badan Axkaam iyo mas`alooyin xiriir la leh Nuxurka Islaamka. Waxaana la oran karaa Sheekh Nuureyn wax badan ayuu ka faa`iideystey kulamadaa, meeshana kama marneyn in Sheekha qudhiisa laga faa`iideystey.

Dadka soo wariya ama wax ka qora taariikhda Sheekh Nuurayn Axmed Baraawi waxay hoosta ka xarriiqaan kulankii Sheekhu la yeeshey intuu Makkah joogey muftigii mad-habta Shaaficiyada ee Xaramka Makkah al Sayid Abii bakar Shadda gaar ahaan su`aalihii diiniga ahaa ee u badnaa dhanka Fiqiga Shaaficiga ay is dhaafsadeen. Waxaa la sheegaa in muftiga uu weydiiyey Sheekh Nuureyn su`aalo dhowr ah oo ay ka mid aheyd:(inuu u kale caddeeyo mas`alooyinka dahsoon oo aan aadka u muuqanin ee ku jira kitaabka Icaanatu al daalabiin العين فتح حاشية الطالبين إعانة), laakiin arrimahaas oo dhan waxaa uu Sheekh Nuureyn ka bixiyey jawaabo waafi ah oo qanciyey muftiga kana yaabiyey heerka Sheekh Nuureyn ka gaarey cilmiga dabadeedna waa uu isku duubey isaga oo oronayo Sheekh Nuureyn waa aabbaheen, taa oo muujineysa ixtiraamka uu u hayo Sheekha iyo isaga oo qiraya heerka uu ka gaarey cilmiga gaar ahaan kutubta Fiqiga Shaaficiga markii uu ka yaabey cilmigiisa iyo fahamkiisa cilmi ee sarreeya.

Raadkii aqooneed ee Sheekh Nuureyn:

Aqoonta Sheekh Nuureyn u lahaa diinta waxay aheyd mid aan qarsoomi karin oo muuqata, taana waxaa qirey culumo badan intii uu dalka gudihiisa joogey, sida uu caddeeyey muftigii degaanka Banaadir iyo nawaaxigeeda Sheekh Cabdiraxmaan Cabdullaahi al Shaanshi oo ku magac dheeraa Xaaji Suufi ama Sheekh Suufi oo dad weynaha iyo xirtiisa ku boorrin jirey iney booqdaan hoyga uu deggan yahay Sheekh Nuureyn ee Baraawe si ay uga faa`iideystaan cilmigiisa, waayo Sheekh Nuurayn Axmed Baraawi waxaa uu ka mid ahaa culumadii reer Baraawe oo qeyb weyn ka qaatey faafinta diinta waqtigiisii iyo ilaalinta dhaqanka Islaamka.

Sheekh Nuurayn Axmed Baraawi waxaa lagu xasuustaa dadaalkii iyo jihaadkii uu la galey gumeysigii Talyaaniga ee waqtigiisa dhulka Soomaaliyeed ka talinayey iyo hagarsigii uu damacsanaa oo ku aaddaneyd in diinta Islaamka la waxyeelo gaar ahaan in diinta laga saaro dad u badnaa dhalinyaro oo loo soo direy qolooyinka faafiya diinta Masiixiyadda ka dib markii gumeysiga uu dhisey kaniisad looga gol lahaa baadiyeeynta dhallinta da`da yar, laakiin dadaaladii iyo ka hortaggii xoogganaa ay horseedayeen culumadii uu ka mid ahaa Sheekh Nuureyn ayaa fashiliyey dhammaan xeeladihii iyo hagardaamadii uu gumeysigu damacsanaa.

Dadaalada iyo halgnka uu u marey Sheekh Nuureyn faafinta diinta iyo iska caabinta xumaha gumeysiga iyo la dagaalanka xumaha idaylkii waxay aheyd mid la taaban karo oo waxaana muuqatey raadadkii uu ka tagey Sheekhu oo ka mid ah tix iyo tiraab ay dadku xifdiyeen oo qaarkood la hayo gaar ahaan dhanka gabayada iyo qasiidooyinka uu carabiga ku soo bandhigey, waayo Sheekh Nuureyn waxaa uu Illaahey siiyey aftahannimo weyn oo uu ku cabirayey dareenkiisa diineed iyo dadnimo. Gabayadiisana in kastoo ay u badnaayeen ammaanta Alle iyo Rasuulkiisa Muxamed naxariis iyo nabadgalyo korkiisa ha ahaatee kama aysan marneyn haddana inuu wanaagga ku faro xumahana ku tusaaleeyo in laga fogaado. Gabayada diiniga ahaa ee uu marin jirey Sheekh Nuureyn waxay soo jiiteen dad aad u badan oo ay ka mid ahaayeen culumadii waaweyneyd ee dalka sida Sheekh Cabdiraxmaan Suufi oo jeclaan jirey in uu Sheekh Nuureyn ku luqeeyo marka leysku yimaado si loogu cibro qaato isla markaana dhegaha loogu raaxeeyo hibada iyo aftahannimada Illaahey ku manneystey Sheekh Nuureyn.

Ardadii Sheekh Nuureyn:

Dad badan ayaa ku xirnaa duruustii uu bixin jirey Sheekh Nuureyn Axmed Baraawi, weyna adag tahay in la tilmaamo xirtii iyo culumadii ka aflaxdey xalqadihii iyo casharadii uu bixin jirey Sheekha, laakiin waxaa la tilmaamaa qaar ka mid ah kuwaa si ay u cadaato heerka uu gaarsiisnaa dadaalka Sheekh Nuureyn ku bixin jirey faafinta aqoonta iyo dacwada Islaamka. Waxaa ka mid ahaa kuwaa: Sheekh Aba Sheekh bin Xaaji Dalxa al Xaatami, waana Sheekha markii uu geeriyoodey Sheekh Nuureyn kaalintiisa buuxiyey oo fadhiistay booskiisii si uu u sii wado wax qabadkii Sheekhiisa iyo tubtii uu jeexay. Sidoo kale waxaa ka mid ahaa culumadii wax ka baratey Sheekh lagu magacaabo Sheekh Macallin Nuurey bin Xaaji Cabdulqaadir al Dacfaraadi oo markii danbe ku xeel dheeraaday Fiqiga mad-habta Shaaficiga kuna caan baxay inuu yahay caalim faqiih ah.

Dhimashadii Sheekh Nuureyn:

Sheekh Nuurayn Axmed Baraawi Axmed Saabir al Baraawi waxaa uu geeriyoodey 23 kii bishii dul qacda sanadkii 1327kii hijriyada isagoo 87 sano jir ah Illaahey ha u naxariistee, waxaana waqtigiisa badankii uu ku idleeyey sidii uu Illaahey u raalli galin lahaa oo uu dacwadiisa u gudan lahaa isagoo u hurey arrinkaa naf, waqti iyo maalba.

Shariif Nuurow Amiin Barkhadle

Shariif Nuurow Amiin Barkhadle waxaa uu ku dhashey tuulada Jamaalah ee u dhow degaanka Biyooley ee raacsan degmada Tiyeeglow ee gobolka Bakool sanadku markuu ahaa 1892kii.

Shariif Nuurow waxaa uu ka soo jeedaa beesha Ashraaf oo ku abtirsata Xassan iyo Xuseen awlaaddii Sayid Cali oo loo yaqaano (Aala Beyd). Shariifku waxaa uu ku barbaarey tuulada Jamaalaha oo ah degaan ay wada degaaan beelaha Raxanweyn iyo Ashraafba, laakiin reerka shariif Nuurow waxay ahaayeen kuwo guur guura oo degaano kale duwan ayey degeen oo ka mid ah dhulka koofurta Soomaaliya, waxaana uu ku soo barbaarey rajey ka dib markii ay hooyadii dhimatey oo waxaa ku soo dadaaley barbaarintiisa iyo wax baristiisaba aabbihii shariif Amiin Barkhadle, sidaa darteed Sheekh Nuurow yaraantiisiiba waxaa uu xifdiyey Quraanka kariimka isla markaana waxaa uu bartey culuum iyo kutub kale duwan oo billow fiican ah.

Waxaa la sheegaa in shariif Barkhadle oo awoowe u ahaa shariif Nuurow inuu ahaa caalim aqoon u leh diinta Islaamka gaar ahaan Fiqiga Shaaficiga isla markaana wax dheer dadkii ay isku waqtiga ahaayeen iyo isagoo aruuriyey kutub aad u tiro badan oo lagu qiyaasey iney maktabad buuxiyeen taas oo ay ka dhexleen awlaadiisii uu ugu horreeyey shariif Amiin, laakiin waxaa dhacdey in shariif Amiin uusan ka faa`iideysan dhaxalkii uu aabbihii ka tagey gaar ahaan kutubtii tirade badney laakiin waxaa uu nadrey oo uu ballan qaadey in uu caruurtiisa ku dadaali doono, sidaa darteed shariif Nuurwo shariif Amiin shariif Barkhadle waxaa uu fursad u heley dadaal iyo caawinaad dheeraad ah ee uu bixiyey aabbihii shariif Amiin si uu wiilkisa u noqdo caalim ku xeel dheer diinta Islaamka waxna ka faafiya cilmiga.

Safaradii cilmiga ee shariif Nuurow:

Shariif Nuurow Amiin Barkhadle waxaa uu nasiib u heley dadaal aad u badan uu ku bixiyey aabbihii si uu wax u baran lahaa sidaa darteed isla yaraantiisii waa ay ka muuqatey inuu ku sii socdo jidkii culumada ee cilmiga. Xalqadihii uu ka faa`iideystey waxaa ka mid ahaa xalqadii iyo duruustii uu aqrin jirey Sheekh Cabdiraxmaan Buulle oo beesha Gellidi ee Raxanweyn ka soo jeedey, waxaana u suuro gashey shariif Nuurow inuu ka qaato Sheekhiisa kutub dhowr ah oo ay ka mid ahaayeen kitaabka Minhaajka ee imam Nawawi iyo kutub kale oo yar yar. Laakiin markii Sheekh Cabdiraxmaan Buulle u safrey degmada Baardheere si uu u sii siyaadsado cilmi, waxaa uu shariif Nuurow sii watey cilmi raadintiisa waxaana uu u safrey degmada Buurhakaba uu kula kulmey Sheekh Ibraahim Isaaq Burhaan oo beesha Eelaay ka soo jeedey oo uu muddo wax ka aqrisanayey kana helay cilmi ay ka mid yihiin Tafsiir, Naxwe iyo Sarfi oo luqada carabiga la xiriira, shariif Nuurow aad iyo aad ayuu u xiiseenayay casharrada Sheekhiisa Ibraahim Isaaq Burhaan oo uu ku taxnaa illaa uu Sheekha ka geeriyoodey Illaahey ha u naxariistee kana heley cilmi iyo khibrad badan. Geerida ku timid Sheekhiisa kuma aysan reebin niyad jab ee meeshaas waxaa uu ka sii wadey taladii iyo waanooyinkii uu ka heli jirey aabihiis shariif Amiin iyo culumadii wax soo bartey, sidaa darteed waxaa uu meesha ka sii wadey cilmi raadintii oo uu u sii boqooley dhankaa iyo goob cilmiyeedka caanka ka aheyd degaanada Soomaaliya oo dhan oo ah magaalada Baardheere oo uu kula kulmey hoggaamihii jameecada Baardheere Sheekh Cali Macallin Muudeey oo imam u ahaa jameecada Baardheere isla markaana hayey xalqad cilmiyeed lagu barto kutubta Fiqiga mudooyinkii u dhexeeyey 1910 – 1942 kii, gaar ahaan shariif Nuurow waxaa uu ka qaatey Sheekhiisi kutubta ay ka mid yihiin Irshaadka iyo minhaajka oo ka mid aheyd casharadii uu bixin jirey Sheekh Cali Macallin Muudeey.

Muddo ka dib shariif Nuurow Amiin waxaa uu ku laabtey degaanadii Baay gaar ahaan magaalada Baydhabo, waxaana uu la kulmey Sheekh Maxamuud Shariif Xaamud oo culumada degaanka ka mid ahaa waxaana uu ka qaatey kitaabka Shaadibiyada oo uu ka bartey cilmiga gaarka ah ee xiriirka la leh Quraanka kariimka ah iyo sida loo aqriyo. Sidoo kale waxaa uu shariifka la kulmey Sheekh Cabdi Aadan oo ka soo jeedey beesha Yantaar ee Mirifle oo reer Qansax dheere ahaa, waxaa uuna ka qaatey cilmiga Balaaqada oo xiriir la leh luqada carabiga iyo hab dhaceeda.

Waxaa xusid mudan in shariif Nuurow aysan ku ekeyn culumadii uu la kulmey inta aanu soo tilmaamney oo kaliya balse ay jiraan culumo kale oo waaweyn oo caanka ka ahaa dhammaan bariga Afrika Sheekh Aweys Axmed al Baraawi iyo Sheekh Maxmed Sheekh Cilmi oo degganaa magaalada ku taalley xeebta ee Marka, aheydna xarunta gobolka Shabeellada hoose. Waxaa kale oo ka mid ahaa culumadii uu la kulmey Sayid Maxamed Xuseen iyo wiilkiisii Sayid Ibraahim Dabarre oo ka soo jeedey Beesha Dabare ee Digil oo degganaa degmada Diinsoor ee gobolka Baay.

Doorkii shariif Nuurow ee faafinta diinta:

La kulankii uu la kulmey Shariif Nuurow culumo badan oo kale duwan kuwaas oo ku kala noolaa deganano kala durugsan, waxay u sahashey inuu ka helo cilmi badan oo ay wehlisey tarbiyad wanaagsan oo kitaabka iyo sunnada

Nebigeenna naxariis iyo nabadgalyo korkiisa ha ahaatee ku saleysneyd, markii ay culumadaa ku kalsoonaadeen in Shariifka uu gudbin karo oo diyaar u yahay inuu ku fadhiisan karo kursigii cilmiga ee muqadaska ahaa waxaa uu Shariifka dusha u ritey mas`uuliyaddaa weyn ee ah in uu faafiyo cilmigii iyo diintii uu soo bartey.

Waxay ahaataba shariif Nuurow waxaa uu muddo ku mashquuley faafinta diinta, waxaa uuna aqrin jirey kutub dhowr ah oo u badneyd Fiqiga iyo Tafsiirka, waxaana la sheegaa in Shariifka uu ahaa in aad u wacdi badan oo codkar ah dadkana deeqsiin kara waxa uu rabo.

Xalqadihii uu Shariif Nuurow hayey waxaa ku xirnaa dadyow aad u fara badan oo run ahaantii ka faa`iideystey cilmiga Shariifka, isla markaana waxaa jirey xir iyo ardey isku taxlujisey iney si fiican ugu qaataan cilmiga badan ee Sheekhooda Illaahey barey, sidaa darteed waxaa la tilmaamaa dad dhowr ah oo ka hanaqaadey xalqadihii iyo daruustii uu aqrin jirey Shariifka, kuwaana waxaa ka mid ah tusaale ahaan:

Shariif Sayid Cali iyo Shariif Macallin Nuurow oo ahaa labadoodaba wiilal uu dhaley Shariif Nuurow. Sidoo kale waxaa ka aflaxay casharradii uu bixin jirey Shariifka dad dhowr ah oo uu ka mid ahaa Sheekh Cali Dhuub iyo Sheekh Gaabow.

Kaalinta uu Shariif Nuurow ka qaatey horumarinta degaankiisa kuma aysan koobneyn oo kaliya inta aanu soo sheegney ee waxaa kale uu Shariifku kaalin buuxda ka qaatey in uu aas aasey tuulo gaar ah oo uu u bixiyey tuulada Rowda taas oo raacsan degmada Buur Hakaba.

Dhimashadii Shariif Nuurow:

Shariif Nuurow waxaa uu geeriyoodey sannadkii 1989kii, Illaaheyna waxaa uu siiyey cimri dheer oo barakeysan waxaa uuna ku geeriyoodey 99 jir. Waxaa uu Shariif Nuurow ka tagey carruur gaareysa 27 oo isugu jira 12 rag ah iyo 15 hablood. Illaahey ha u naxariisto Shariif Nuurow Amiin Barkhadle waxaa uu ahaa caalim dadka oo dhan ay jecel yihiin oo u dhexeeyey dadka oo dhan gaar ahaan dariiqooyinkii diiniga ahaa in kasta uu u janjeerey dariiqada Saalixiyada hadane kama muuqan in uu ku birey ama uu kuwa kale faquuqayo, waxaana muuqatey inuu aad ugu dhawaa culumada cilmiga ku xeel dheer gaar ahaan kuwooda Fiqiga xanbaarsan iyo Quraanka oo aad iyo aad u qiimeyn jirey una hayey ixtiraam iyo sharaf gooni ah.

Taa waxaa u weheliyey in uu ahaa nin akhlaaq wanaagsan oo samir badan oo ka shaqeysta beertiisa iyo geeliisa si uu uga kaaftoomo dadka kale, haddii uu Illaahey wax siiyana waxaa uu ahaa nin aad u sadaqo badan.

Inta uusan geeriyoonin waxaa uu fursad u heley Shariif Nuurow inuu dhowr goor xajiyey oo ay u danbeysey 1974kii ka dib markii uu soo siyaartay dhulkii barakeysnaa ee Makkah iyo Madiina waxaana la socdey wiilkiisii Sheekh Sayid Cali, waxaana la sheegaa inuu la kulmey Sheekh Ibraahim Rashiid oo ah caalimkii markaa hoggaanka u hayey dariiqadii Rashiidiya intii uu joogey Xijaas. Illaahey ha u naxariisto waxaa uu ahaa nin cibaado badan oo aaney si fudud u dhaafin salaatul leylku oo Quraan aqris badan.

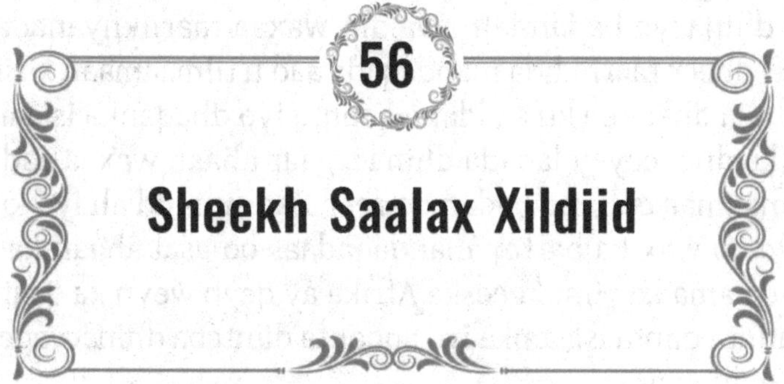

56

Sheekh Saalax Xildiid

Sheekh Saalax Xildiid - Illaahey ha u naxariistee - waxaa uu ku dhashey degmada Caluula ee gobolka woqooyi bari, laakiin waxaa uu ku barbaarey degaanka Hobye ee gobolka Mudug, waxaana uu la noolaa walaashii ka weyn ee uu qabey suldaan Keenidiid oo ahaa abbihii dhaley suldaan Cali Yuusuf oo Hobyo xukumayey waqtigaa, Keenidiidna waxaa uu deggenaa meel Hobyo u dhow oo lagu magacaabo Dooxo.

Sheekh Saalax Xildiid waxaa uu ahaa Sheekh ka soo jeeda beesha Majeerteen gaar ahaan Siwaaqroon, waxaa ayna xaruntiisa ahayd meel lagu magcaabo Bareeda oo u dhow degmada Caluula ee gobolka woqooyi bari. Sheekh

Saalax yaraantiisa waxaa uu bartey Quraanka kariimka sida caadada ummadaha muslimiinta ah gaar ahaan dadka Soomaaliyeed, laakiin aqoonta ugu badan ee uu u lahaa diinta Islaamka waxaa uu ka soo bartey mandaqadda Xadraamuud oo ka tirsan koofurta dalka Yaman ee dariska la ah dalka Soomaaliya, taana waxay ina tusineysaa in xiriir aad u weyn ay lahaayeen labada dal ee Soomaaliya iyo Yaman oo dhinacyo badan leh , laakiin waxaa taariikhyanada ku xeel dheer taariikhda mandaqada aad u tilmaamaan xiriirka qotada dheer ee ku aaddan aqoonta iyo dhaqanka Islaamka ee ka dhexeeyey labada dhinac, gaar ahaan waxaa aad loo tilmaamaa culumo badan oo reer Xadramuud ah iyo kuwo kale oo wax ka bartey mandaqadaas oo asal ahaan ka soo jeeda ama ka yimid geeska Afrika ay qeyb weyn ka qaateen faafinta diinta Islaamka iyo aqoonta diintaba dhinacyadeeda kale duwan.

Sheekh Saalax Xildiid waxaa uu ka mid ahaa dadkii ku barbaarey waxna ku soo bartey goobihii cilmiga ku caan baxay ee ku yiilley magaalada Xadramuud ee dalka Yaman mudadii uu ku noolaa gaar ahaan meesha lagu magacaabo Tariim oo ay tif ka ahaayeen culumo buuniyaal ah oo culuumta Islaamka qeybaheeda kale duwan ku takhasusay.

Sheekh Saalax Xildiid waxaa la sheegaa iney u suuro gashey inuu la kulmey Sheekha caanka ka ahaa dunida Islaamka oo lagu magacaabo Sheekh Maxamed Cabdiwahaab al Najdi oo ah caalimka hormuudka u ahaa dacwadii Islaaxiga ee ka curatey gobolka Najdi ee dalka Sacuudiga, in kastoo aan la sheegin meesha ay ku kulmeen haddana waxaa dhici karta in kulanka dhex marey labada Sheekh uu ahaa waqtigii Xajka oo ay muslimiinta ku kulmaan dhulka barakeysan ee Makkah iyo Madiina, sidoo kale wey dhici kartaa in dhulkii Najdi ay kulmeen markii uu Sheekh Saalax safar ku tagey dhulkaas, waxay ahaataba waxaa ka muuqatey dacwadii iyo daruustii Sheekh Saalax aqrin jirey in ay ahaayeen kuwa raad weyn ku leh dacwadii Sheekh Maxamed Cabdiwahaab, markii uu ku soo laabtey dalka Soomaaliya waxaa uu noqdey culumadii ugu horreysay waqtigiisa oo la dagaalanta khuraafaad iyo bidcada diinta oo ku faaftey dhulka Soomaaliyeed, taana waxay keentey in dad badan oo culumadii suufiyada ah ay la dagaalameen Sheekh Saalax kana horyimaadeen sida uu u waday aqrinta kutubta iyo wacdiga diiniga ah.

Sidoo kale xirtii ka aflaxdey daruustii iyo xalqadihii Sheekh Saalax iyana waxaa ka muuqatey iney yihiin kuwa ka hor imaanayay culumadii suufiyada oo dhulka Soomaaliya u badnaa sababna u ahaa faafinta diinta Islaamka iyo ku dhaqankeeda, taa oo lagu macneyn karo in dacwadii Sheekh Saalax Xildiid ay hanaqaadey illaa ay ku faaftey dhulka waqooyi bari ee Soomaaliya gaar ahaan degmada Caluula iyo hareeraheeda.

Waxaa la sheegaa in Sheekh Saalax Xildiid dad badan ay ka aflexeen daruustii uu bixin jirey kuwaa oo tiradoodu ka badneyd boqol, waxaana ka faa`iidey cilmi badan gaar ahaan arrimaha xiriirka la leh Caqiidada iyo Towxiidka Alle oo uu baxar ku ahaa Sheekh Saalax, arrinkaana waxaa ka muuqda raadkii dacwadii uu hormuudka ka ahaa Sheekh Maxamed Cabdiwahab iney saameysey Sheekh Saalax iyo kulumadii uu la yeeshey culumadii reer Xadramuud oo iyagu qudhoodu la oran karo raad weyn bey ku reebtey cilmiga iyo hannaanka diinta uu u faafin jirey Sheekh Saalax, waxay ahaataba waxaa la og yahay in Sheekh Saalax Xildiid uu ka tagey raad diineed iyo cilmi aad u weyn gaar ahaan degaanadii uu ka soo jeedey ee Caluula iyo hareeraheeda, in kastoo ay jireen ka hor imaad xooggan oo kaga yimid dhinaca culumadii degaanka ku soo horreeysey oo u arkey habka iyo hannaanka uu la yimdi Sheekh Saalax iney tahay mid cusub oo ka soo horjeedda dhaqankii culumadii hore ee ku abtirsan jirey Suhdiga iyo cilmiga Tasawufka ama suufinimada dar Alle iyo in adduun laga dheeraado.

Waxay ahaataba Sheekh Saalax Xildiid waxaa lagu xasuustaa inuusan noqon nin la qarin karo oo durbadiiba waxaa soo if baxay inuu yahay nin caalim ah oo isku kalsoon difaaci karana waxa uu rumeysan yahay isla markaana ka muuqato kalgaceyl uu u qabo dadkiisa oo aan isla weyni ku jirin, laakiin aan ka gabban xaqa iyo xaqiiqda uu aaminsan yahay, waana mudda keentey in uu ka kor noqdo dhammaan dadkii ka hor yimi.

Sheekh Saalax waxaa kale oo lagu xusuustaa inuu ka tagey raad mug leh oo aan ku koobneyn xirtii iyo dadkii ka aflaxey duruustii uu aqrin jirey kuwaa oo ku faafey degaano kale duwan oo ku firirsan gobolka woqooyi bari, ee waxaa kale oo jirey iyana raadad Suugaaneed oo isugu jira Tix iyo Tiraab uu ka tiriyey cabsida Alle iyo in loo kali yeelo cibaadada iyo wixii uu la kali yahay, taas oo uu ku cabirey afkiisa hooyo ee Soomaaliga ah dad badanna ay korka ka qabteen. In kastoo aanan la heyn qoraallo la diiwaan geliyey ee ku xusan arrinkaa haddana waxaa Sheekh Saalax laga hayaa qoraal mug leh oo uu ku qorey afka Carabiga kaas oo ka hadlaya sharxayana Towxiidka Illaahey iyo faahfaahin la xiriirta Caqiidada Islaamka, waxaana uu ugu magac darey kitaabkiisa: Sharx al-Tawxiid Wa Macaaniyyah al-Saamiyyah wa Nawaaqidahu.

Inkastoo aan wali la daabicin kitaabkaan oo uu yahay Makhduud ama far guri sida uu ii sheegey Sheekh Jaamac Cumar Ciise – Illaahey ha u naxariistee – oo ahaa qoraa ku xeel dheer taariikhda iyo dhaqanka geeska Afrika, taa ay u dheereed inuu ku dhashey degaanadaa kuna barbaarey, isla markaana waxaa uu tilmaamey Sheekh Jaamac in kitaabka asalka ah ama kuwo la soo minguuriyey la heli karo haddii laga doondoono degmada Caluula ee uu ka soo jeedey Sheekh Saalax Xildiid Illaahey ha u naxariistee.

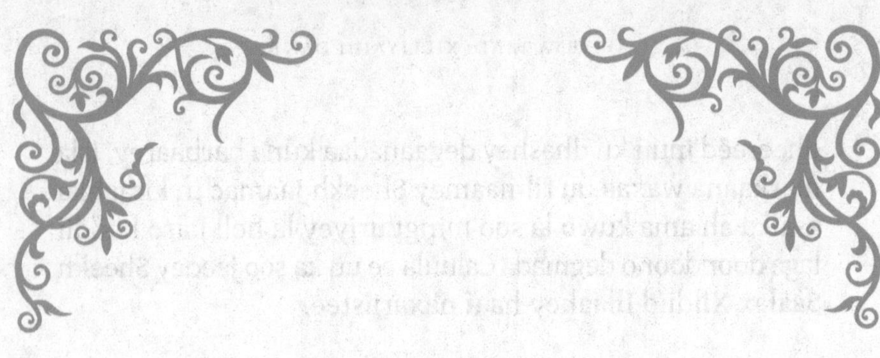

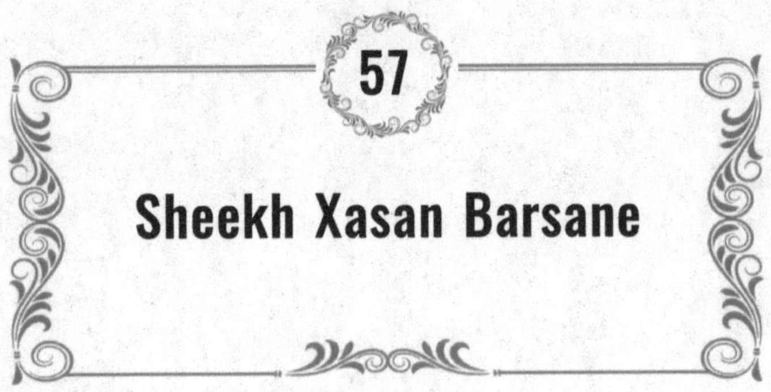

57

Sheekh Xasan Barsane

Sheekh Xasan Sheekh Nuur Sheekh Axmed oo loo yaqaaney " Sheekh Xasan Barsane " wuxuu ka dhashey beesah Gaaljecel waxaa uuna ku dhashay tuulada loo yaqaan Ubaadi oo u jirta qiyaas ilaa 68Km magaalada Jowhar, caasimadda Gobolka Shabeelaha dhexe sannadku markuu ahaa 1853 kii. Sheekha waxaa uu ka soo jeedey qoys ahlu diin ah oo ku dadaala caruurtooda sida caadada ummadaha muslimiinta ay tahay, sidaa darteed waxaa uu sheekh Xasan Barsane Qur'aanka Kariimka uu bartay isagoo yar, waxuuna ku bartay tuulada Ubaadi. Meesha kama marneyn inuu helo cilmi dheeraad ah oo u sii fura jidka kheyrka, sidaa darteed markii uu akhristay kutub aan badneyd waxaa uu gudo galey sidii uu horey ugu sii wadan lahaa cilmiga, si ay arrintaa ugu suurto gashana wuxuu aaday meel walbo oo uu is lahaa cilmi baa ka sii kororsan kartaa.

Sheekha Xasan Barsane meelaha uu cilmiga u doontay waxay u kale qeybsamaan goobo cilmiyeed ku yaalla gudaha dalka Soomaaliya gaar ahaan gobolada koofureed iyo kuwo dalka ka baxsan gaar ahaan xarumihii cilmiga ugu muhiimsanaa isla markaana barakeysnaa ee ku yaaley Xijaas. Marka aynu dib ugu soo noqonno dalka Soomaaliya gudhiisa goobaha uu u safrey Sheekh Xasan Barsane ee uu doonayey inuu kula kulmo culumo uu ka qaato tarbiyad diini ah iyo cilmi waxaa ka mid ahaa tuulo la yiraahdo Mateey Aw Xasan oo ku taalla degmada Afgooye, halkaas oo uu kutub dhowr ah ka soo aqristey, sidoo kale waxaa uu u safrey iyana magaalada Muqdisho oo caan ku aheyd xalqado tiro iyo tayoba leh oo ku firirsanaa magaalada iyo daafaheeda.

Waxuuna markii dambe uu gaaray dalka dibaddiisa gaar ahaan magaalada barakeysan ee Makkah al Mukarama oo uu tagay laba jeer oo kala duwan wuxuuna halkaas ku soo gutay waajibkii Xajka iyo Cimrada isagoo dhinaca kalena fulinaya sidii ay u suurto gali laheyd ujeedadiisii aheyd cilmi inuu helo isagoo halkaana kula kulmey culumo dhowr ah oo uu ka qaatey cilmi uu raadinayay una hamuunqabey, waxaana guud ahaan uu halkaas ku maqnaa muddo ka badan saddex sanadood.

Run ahaantii Sheekh Xasan Barsane dhulkaa barakeysan kama uusan helin oo kaliya cilmi, tarbiyad iyo cibaado ee waxaa kale oo uu ka heley xamaasad iyo guubaabooyin kor u qaadey shacuurkiisii wadaninimo iyo islaamnimoba taa oo ku aadaneyd sidii Isticmaarka reer yurub oo qeybsadey wadamo badan oo muslim ah isaga caabbin lahaayeen si ay u gaaraan xornimo iyo gobonimo ay ku noolaadaan iyagoo muslim ah gaari karana waxay ay doonayaan, arrinkaana waxaa ay dhaqaajisey xamaasaddii Sheekh Xasan barsane sida dadyow badan oo muslimiin ah u dhaqaajisey una taabatey damiirkooda dadnimo iyo Islaanimo. Dhabtii la yaab ma leh arrinkaa waayo magaalada barakeysan ee Makkah waxay aheyd meel ay dadyowga muslimiinta ay ku kulmaan isla markaana xarun u aheyd culumo u janjeerey in Jihaad lala galo gaalada ku soo duushey dhulalka muslimiinta, waxaana suuro galey in hagaamiyaal badan oo Masar, Liibiya, Marooko, Jasaa`ir Soomaaliya iyo Suudaan ah ay ka dab qaateen halkaa si ay ula dagaalaan cadowga ku soo duuley, sida Mahdigii Suudaan, Sunnuusigii Liibiya, Sayid Maxamed Cabdulle Xasan iyo mujaahidiin kale oo ku kula firirtey dalalkii ay qeybsadeen reer Yurub.

Sheekh Xasan Barsane markii uu soo laabtay , dalka waxaa soo buux dhaafiyay gumeysteyaal kala duwan oo markaas iyo ka horba ku sugnaa dalka tan iyo intii ay dhacday qeybsashadii Qaaradda Afrika sanadkii 1884kii, waddankeenana ay soo galeen waddamada Faransiiska, Talyaaniga iyo Ingiriiskau gu danbeyntiina qabsadey oo qeybsadey waddankeenna dhammaantiis.

Sheekhu wuxuu ka biyo diiday inuu ku hoos noolaado gumeystaha isagoo ka door biday inuu Shahiido isagoo dhawraya sharafta Diinta iyo dalka, sidaa darteed waxaa uu go`aan buuxa ku gaarey sidii uu uga qeyb qaadan lahaa halganka gumeysi diidka ah ee ka socdey dalka gudihiisa, waxaana dhacdey in mudo gaaban ka dib Sheekh Xasan uu dhexgalay dadka soomaaliyeed ee gumeysiga necbaa isagoo isku keenay xoogag dhalinyaro u badan oo tiradooda lagu qiyaasay ilaa dhawr kun oo ku firirsanaa gobollada Koofureed, isla markaana u suuro geliyey iney helaan tababar dheeri ah iyo wacyi gelin, ka dibna uu sheekha naftiisa uu horkacey mujaahidiintii xurnimo doonka ahaa ee u kacay difaaca Diinta iyo dalka.

Durbabiida waxaa soo food saartey Sheekh Xasan iyo xirtiisii uu hoggaanka u hayey dhibaato kaga imaaneysey gumeysiga iyo gumeysi raaca oo waxaa soo bannaan baxay hanjabaado iyo Caga jugleyn badan oo ka imanayey cadowga ummadda gaar ahaan gumeystahii Talyaaniga oo iyagu markaas heystay dhammaan koofurta Soomaaliya, waxaa kale oo sheekha handadaad ay uga imaaneysey dawladda Itoobiya oo aheyd dalka kaliya ee Afrikaan ah kana qeyb galay qeybsashada dalalka Afirka ee shirkii magaalada Berlin ka dhacey sannadkii 1884kii.

Geesiga soomaaliyeed Sheekh Xasan Barsane dhag jalaq uma siin dhammaan aflagaadada iyo hanjabaadda iyo Baqdin galinta aakad u tiro badnayd oo kaga imaaneysay dhanka gumeystahii Fajistiga dowladda Talyaaniga iyadoo sheekha lagu amrey inuu talyaaniga isku soo dhiibo waxaana xiligaas talyaaniga Soomaaliya wakiil uga ahaa Jeneral la oran jiray Mario Devechio.

Waxaa la yaab laheyd gumeysigii ku soo duuley dalka iyo dadka Soomaaliyeed in uu faafinayey dacaayado raqiis ah oo ugu marmarsiinyoonaney sababta uu ula dagaalamayo mujaahidiinta gobonimo doonka ah ee uu hormuudka ka ahaa Sheekh Xasan Barsane. Wuxuu gumeystuhu falkiyey been ah inuu u dirirayo siduu uga xoreyn lahaa dad uu adoonsi ku heysto Sheekhu, sidaa darteed dagaalka ka dhexeeya Soomaalida uu hoggaamiyo Sheekh Xasan Barsane iyo dowladda Talyaaniga ay tahay sidii loo xoreyn lahaa dadyowga la adoonsado, si kastaba ha ahaatee Sheekh Xasan Barsane wuxuu go'aansaday inuu la dagaallamo gumeystihii talyaaniga uusanna isku dhiibin isla markaana ka xoreeyo dalka soomaaliya diintana kor loo qaado.

Gumeystaha waxaa u muuqdey oo ka go'nayd kaliya siduu u fulin lahaa riyadiisa ku aaddan inuu hanto dalka iyo dadka Soomaaliyeed, waxaana uu arrinkaa u qaaday tallaabooyin kale duwan , sidaa darteedna waxay dagaal xooggan la galeen jamaacadii Sheekh Xasan Barsane uu horjoogaha u ahaa, waxayna mar walba ka dalbayeen inuu isa soo dhiibo lana abaal marin doono isla markaana ay waqti u qabteen isa soo dhiibistiisa, haddiise uu dagaalka sii wado waxaa lagu handadey in uu la kulmi doono dhibaato xooggan.

Waqtigii ay talyaaniga u qabteen sheekh Xasan Xarsane inuu isku soo dhiibo markii uu dhamaaday ayaa waxaa bilowday dagaaladii fool ka foolka ahaa ee uu Sheekh Xasan la galay gumeystihii. Sheekha iyo gumeystaha waxay goobaha dagaallada isaga hor yimaadeen marar badan iyagoo dhammaan dagaaladii uu la galay gumeystaha uu kaga guuleystay.

Allaha u naxariistee sheekh Xasan Barsane dagaaladiisa kuma aysan koobneyn oo kaliya kuwo uu la galey oo kaliya gumeysigii Talyaaniga ee waxaa kale oo jirey iyanadana kuwo kale ee uu la galey gumeysiga Itoobiya waxaana dagaaladaas laga xusi karaa dagaalkii la magac baxey Gumar Shee oo dhacey sannadkii 1905kii, kaa oo ahaa dagaalkii ugu horreeyay ee uu la galay Itoobiya oo markaas isku dayaysay inay la wareegto qaybo ka mid ah dhulka Soomaaliyeed, waxaana dhacdey in ciidamada Itoobiya oo aad u hubeysnaa ay soo gaareen tuulada la yiraahdo Taytayle oo ka tirsan degmada Balcad oo inyar u jirta magaalada muqdisho Waxaana dagaalkaas dadka soomaaliyeed ay kasoo hooyeen guulo waaweyn iyadoo ciidamadii kusoo duuley dalka somaaliya gudahiisa ay ka baxeen iyaga jab iyo guuldarro daran la kulmay. Waxay ahaataba Sheekha iyo kooxdiisa waxay galeen dagaallo kale duwan waxaana ka mid ahaa dagaalladaa gaar ahaan kuwa ay Talyaaniga la galeen:

- Dagaalkii Buulo Barde oo dhacay sannadkii 1922kii.
- Dagaalkii Ceel dheere oo dhacay sannadihii 1922kii iyo 1923kii.
- Dagaalkii Hiilweyne oo dhacay sannadkii 1923kii.
- Dagaalkii Jiliyaale oo dhacay sanadkii 1924kii.

Sheekh Xasan in kasta uu cad iyo cududba ka yaraa cadowga haddana niyadda iyo xamaasadda ay haysteen waxaa ay ka sarreysey midka gumeysiga uu ku dagaalamaayey.

Sheekh Xasan Barsane waxaa uu ahaa hoggaamiye ay ka go`neyd sidii uu u xoreyn lahaa waddanka, waxyaabaha suuro galiyey in uu goobo badan ku jabiyo gumeysiga waxaa ka mid ahaa isagoo xuley ciidamo niyaddooda aad u sareysey oo uu mar walbana kormeerayey isagoo kor u qaadaya niyadda iyo mooraalkooda gaar ahaan waxaa uu Sheekha caan ku ahaa inuu ciidanka ka barbar dagaallamo isagoo dhiirri galin jiray una sheegi jiray in ay haleyaan Shahaado ama Sharaf Aakhiro iyo Aduunba.

Laakiin muddo ka dib nasiib xumo waxaa gumeysiga u suuro galey inuu gacanta ku dhigo hoggaamiye Sheekh Xasan Barsane ka dibna la dhigey xabsi ku yiilley magaalada Muqdisho sanadku markuu ahaa 1924kii oo isla markiiba ay ku xukumeen 30 sano oo xarig.

Talyaaniga 3 sano ka dib waxay haddana isku dayeen inay dilaan Sheekh Xasan Barsane iyagoo ugu dambeyntii ay u suuro gashay bishii Jannaayo 13keedii sanadku markuu ahaa 1927kii inay sun ku buufiyaan qolkii uu ku xirnaa ugu danbeyntiina halyeeygii soomaaliyeed Sheekh Xasan Barsane ayaa u geeriyooday suntii.

Dhulka Soomaaliyeed kuma uusan cusbeyn halgankii sheekh Xasan Barsane iyo jameecadiisa ay u galeen xoreynta dalka iyo dadka oo ay weheliso difaaca diinta Islaamka, waxaana isaga la mid ahaa dhaqdhaqaaqyadii isaga ka horeeyey iyo kuwii ka danbeeyeyba ee arrinkaa dhexda u xirtey wax kastana u hurey, gaar ahaan dhaqdhaqaaqyadii uu horseedayey Sayid Maxamed Cabdulle Xasan oo horseed u ahaa ciidamadii Daraawiishta ee ka degaalameysey waqooyiga dhulka Soomaaliyeed, waxaana xusid mudan in labada halgan ay wadaageen iney ahaayeen kuwo diin ku dhisan oo ka soo wada jeeda dariiqadii Saalixiyada ee Jihaadka u guntatey, sida kooxo iyaga la mid ah ay uga jireen dhulalka Masar, Liibiya iyo Suudaan.Sheekh Xasan Barsane waxa uu ahaa caqabadihii ugu waaweynaa ee ka hor yimid gumeystaha Talyaanigu kala kulmay koonfurta Soomaaliya iyadoo aanba dhihi karno sheekha wuxuu ahaa quwada kali ah ee dagaallo waaweyn kaga hortimid.

Illaahey ha u naxariisto Sheekh Xasan sheekh Nuur sheekh Axmed waxaa maydkiisa lagu aasey qubuurihii Sheekh Cabdiraxmaan Suufi oo ku yiil Xamar, waxaana la sheegaa in markii danbe loo qaadey meydka oo lagu aasay degmada Jiliyaale oo markii hore Sheekh Xasan Barsane xarun diimeed u aheyd si kor loogu qaado maamuuskiisa iyo karaamada uu muteystey, waayo halgamaa Sheekh Xasan Barsane waxaa uu u dhintey difaaca dalka , dadka iyo diinta oo wuxuu iska diidey gumeysi doonayey inuu dalka si fudud ku qabsado dabadeedna soo fara geliyo diinta iyo karaamada ummadda.

58

Sheekh Xasan Macallin Cali Mareexaan

Sheekh Xasan Macallin Cali oo ku magac dheeraa Sheekh Xasan Mareexaan waxaa uu ka soo jeedey beesha Sade Mareexaan sida magaciisa ka muuqata isagoo caan ka ahaa xilligiisa degaanada Soomaaliyeed qaarkeed. Yaraantii Sheekh Xasan lama hayo sida ay aheyd barbaarintiisu laakiin waxaa shaki ku jirin in Sheekh Xasan uu ka soo jeedey qoys Soomaaliyeed oo dhaqankoodu aanu ka duwaneyn Soomaalida kale, waxaa intaa u dheeraa Sheekha aabbihiis waxaa uu ahaa macallin dugsi Quraanka bara caruurta, sidaa darteed isla yaraantiisii ayuu ku biirey dugsiyada Quraanka Kariimka laga barto ee uu aabbihii macallinka ka ahaa, markii reerku deggenaaa gobolka Gedo iyo markii

355

ay u guureen dhanka Soomaali galbeed oo uu aabbahii ka ahaa macallin dugsi Quraan taas oo fursad u siisey Sheekh Xasan inuu si fiican Quraanka u barto, dabadeed waxaa uu ka mid noqdey xalqadihii ka socdey goobaha cibaadada sida masaajidda iyo mowlacyada kuwaa oo lagu aqrin jirey daruus la xiriirta Quraanka, Axaadiista iyo Fiqiga Islaamka gaar ahaan mad-habta Shaaficiyada oo uu Sheekh Xasan ku xeel dheeraa.

Waxaa uu la kulmey culumo badan oo uu ka aqristey kutub sida Sheekh Cabdisalaam oo reer Jigjiga ahaa isla markaana ka mid ahaa xirtii ka aflaxdey Sheekh Cabdiraxmaan bin Axmed al Saylici, waayo Sheekh Xasan waxaa uu kula kulmey Sheekhiisa magaalada Jigjiga oo markii danbane loogu yeeri jirey Sheekh Xasan Jigjiga. Waxaa kale oo uu cilmi ka raacdey inta uu ahaa dhalinyaro degaanka Faafan ee ka tirsan dhulka Soomaali galbeed oo uu u kale gooshi jirey si uu ula kulmo culumadii Soomaaliyeed oo ku firarsaneyd degaanadaa.

Waxaa soo baxdey waayihii danbe in Sheekh Xasan uu yahay caalim si fiican u yaqaana culuum badan laakiin aanan is muujin, laakiin markii la ogaadey Sheekh Xasan kama uusan baqiilin inuu gudbiyo Illaahey wixii cilmi ahaa ee uu barey, si hagar la`aan ah ayuau u gudbin jirey oo xiriir fiican ayuu la lahaa dadka wax ka barta oo ku taxan duruustii uu bixin jirey, waxaana lagu tilmaami jirey Sheekha inuu yahay nin aad u soo dhaweeya dadka tabaaleysan ama musaafirka ah.

Marka la yaab ma leh haddii ay xir badan ka aflaxeen cilmigii Sheekha oo muddo xir u ahaa, waxaana la tilmaamaa qaar ka mid ah dadka cilmiga ka qaatey oo markii danbe noqdey culumo laga faa`iideyso sida: Sheekh Shaafici oo markii danbe noqdey Sheekha degmada Caabudwaaq, Sheekh

Xuseen Axmed Nuur oo gobolka Gedo ka muuqdey aadna ugu xeel dheeraa culuumta la xiriirta luqada carabiga kaa oo markii danbe aas aasey madaaris badan sida madarasadii la oran jirey Nuur al Islaam, madrasada al Nahda al Tacliimiya lidraasaad al Islaamiya. Waxaa kale oo ardayda Sheekh Xasan Mareexaan cilmiga ka bartey ka mid ahaa Sheekh Shariif Cabdi Nuur oo caan ka ahaa dhammaan meel ay Soomaali degto iyo Sheekh Maxamed Axmed Nuur Cumar Samatar (Garyare).

Intaa oo dhan waxay tilmaan u tahay in Sheekh Xasan Macallin Cali oo ku magac dheeraa Sheekh Xasan Mareexaan uu ahaa caalim laga aflaxay cilmigiisii kana tagey waxtar fiican oo ay bulshadu u aaydo isaga ka dib, Illaahey ha u naxariisto.

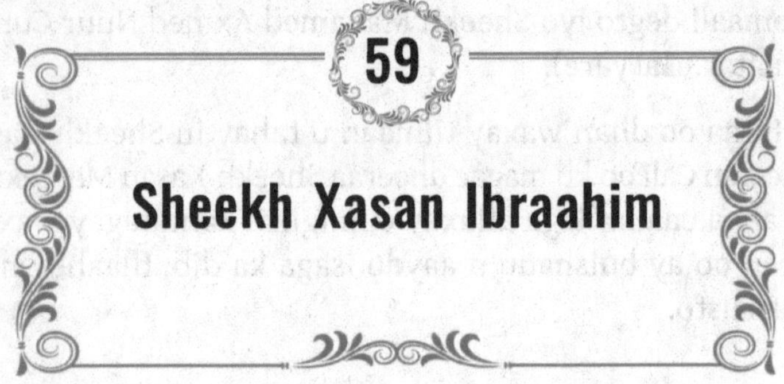

59

Sheekh Xasan Ibraahim

Sheekh Xasan Ibraahim waxaa uu ku magac dheeraa Sheekh Xasan yabarow waxaa uuna ku dhashey gobolka Shabeelada hoose gaar ahaan degaanka Wanlaweyn oo u jirta magaalada Muqdisho 90 km, waxbarashadiisana waxay aheyd isla degmada Wanlaweyn oo uu ku bilaabey barashada Quraanka Kariimka, ka dib waxaa uu u safrey magaalada Muqdisho si uu wax uga soo barto lana kulmo culumadii joogtey halkaa. Markii uu hubsadey in horey uu u sii socon karo waxaa uu u safrey dhulkii barakeysnaa ee Makka si uu u soo gudo waajibka Xajka iyo siyaarada Cumrada, waxaa uu halkaa kula kulmey culumadii Xaramka ka dib markii uu gutey waajibkii saarnaa ee Xajka iyo Cumrada, waxaana uu si gooni ula kulmey Sheekh Maxamed al Makki oo caalim weyn ahaa, isla markaana ka mid ah culumadii dariiqada Axmadiyada, waxaana la sheegaa in Sheekh Xasan Ibraahim uu Ijaasao ku aaddan dariiqada Axmadiyada ka qaatey Sheekh Maxamed Makki.

Waxay ahaataba Sheekh Xasan Ibraahim Yabarow waxaa uu ku soo laabtey dhulkii uu ka tagey ee Soomaaliya gaar ahaan degaanadii koofureed ka dib markii uu soo gutey waajibaadkii Xajka iyo Cumrada, markii uu dalka ku soo laabteyna waxaa uu gudo galey inuu safarro ku kala bixiyo dhowr degaan oo ka mid ah koonfurta Soomaalida si uu bulshada ugu gudbiyo ammaanadii uu xanbaarsanaa isla markaana wacdi iyo waano u ujeediyo, waxaana la socdey xir aad u tiro badan oo lagu qiyaasey illaa iyo seddex boqol oo xir ah, degaanadii ay booqdeen waxaa ka mid ahaa: gobolada Shabeelada hoose, Baay, Bakool iyo Gedo, ugu danbeyntiina waxaa ay sahansadeen meel dhul ah oo ay ka aas aaseen nolol iyo degaan taa oo maanta loo yaqaano Baardheere taariikhdu markey aheyd 1235 hijriyada oo waafaqsan sanadkii 1819 ka dib markii uu Sheekh Xasan Ibraahim uu talo ku bixiyey.

Meeshaasna waxaa uu Sheekhu aas aasey jameeco diini ah oo ku caan baxdey jameecadii Baardheer, dadka qaarna u yaqaanaan jameecadii Ubaarey taa oo tilmaameyso canbuurka ama khamiiska iyo cimaada ay xiran jireen ragga iyo xijaabkii ay xiran jireen dumarka. Sheekh Xasan Ibraahim dadaal weyn ayuu ku bixiyey horumarinta jameecadiisa iyo guud ahaan magaalada Baardheere, waxaa uuna ku dadaali jirey faafinta cilmiga iyo horumarinta bulshada isagoo aad ula dagaalamey khilaafaadka jameecada iyo wixii keeni kara burbur iyo mashaqo, meeshaana waxaa ka soo baxdey bulsho leh maamul iyo kale danbeen kuna dhaqma shareecada Islaamka oo sal adag, markii uu geeriyoodey Sheekh Xasan

Ibaahim waxaa meesha ka sii socdey isku duubnidii bulshada iyo faafinta diinta.

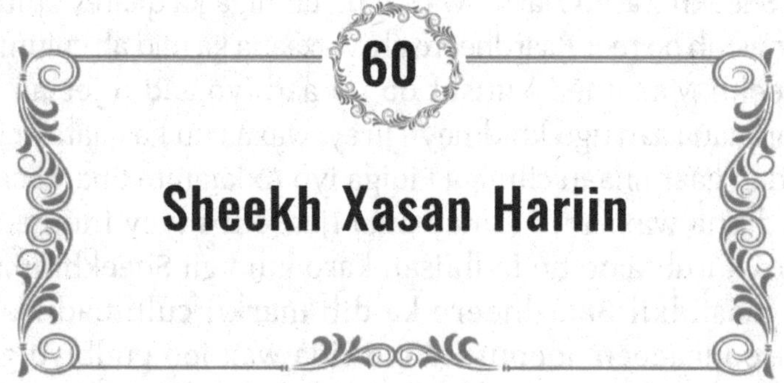

60

Sheekh Xasan Hariin

Sheekh Xasan Hariin oo ku magac dheer Sheekh Xasan-weyne waxaa uu ka soo jeedey beesha Hariin ee Raxanweyn sida ka muuqato magaciisa, Sheekhu waxaa uu ka mid ahaa culumadii Baardheere. Sheekh Xasan Hariin waxaa uu noolaa qarnigii 13aad hijriyada waxaa uuna ahaa caalim ku xeel dheer Fiqiga gaar ahaan Fiqiga Shaaficiga una istaagsanaa barisnta kitaabka la yiraahdo (Irshaadul Qaawii) iyo aqrintiisa oo loo aqriyo dadka baranaya oo cilmiga raacanaya, waxaana lagu tilmaami jirey inuu yahay halyeygii kitaabka Irshaad al Qaawi oo aad loogu baran jirey magaalada Baardheere, kitaabkaa oo ka mid ah kutubta mad-habta Shaaficiyada ee caanka ka ahaa dalka Soomaaliya.

Waxaana la sheegaa in Sheekh Xasan Hariin uu ahaa beeraley noloshiisa ku tiirsan waxyaabaha uu ka sameeyo dhoobada sida dhariga iyo ashuunka oo uu markii uu soo saaro iibin jirey, intaa waxaa u dheeraa oo uu ku noolaa waxyaabaha beertiisa uga soo go`a maadaama uu beeraley ahaa.

Sheekh Xasan Hariin waxaa uu cilmiga ka qaatey culumo dhowr ah oo reer Baardheere ah, waxaana ka mid ah culumada Sheekh Maxamed Yuusuf oo uu aad iyo aad u jeclaa isla markaana aad ugu khidmeyn jirey, waxaa uu ka qaatey cilmi badan gaar ahaan cilmiga Fiqiga iyo Axkaamta Shareecada, ka dibna waxaa uu idmey ama Ijaaso u siiyey inuu aqrin karo kutubta oo uu fadhiisan karo kursigii Sheekhnimada ee masjidkii Baardheere ka dib markii culumadiisa ku kalsoonaadeen aqoontiisa iyo sida wax loo gudbiyo gaar ahaan Sheekh Maxamed Yuusuf oo aad u daneyn jirey rajo badanna ka qabey.

Sheekh Xasan Hariin isaga oo ku dhaqmaya talada Sheekhiisii waxaa uu gudo galey inuu cilmiga uu bartey ka aqriyo masjidki Baardheere ka dib markii uu ku fadhiistey gogoshii iyo kursigii cilmiga oo uu ku fadhiisan jirey Sheekhiisa iyo culumo kaleba, isla markaana xir badan ayaa ku soo taxantey oo aad iyo aad ula dhacsaneyd cilmigiisa iyo habka iyo hannaanta uu wax u wadey, waxaa xusid mudan in dadka dhageysan jirey Sheekh Xasan Hariin aysan aheyn oo kaliya dad billow ah oo cilmi doon ah balse ay ku jireen kuwo culimo ah laakiin cilmiga Sheekh Xasan quudareenayey, kuwaana waxaa ka mid ahaa Sheekh Cabdiraxmaan Sheekh Ibraahim Macallin oo ku magac dheeraa Sheekh Cabdiraxmaan Irdho waayo waxaa uu ka soo jeedey qabiilka Irdho oo ka mid ah beelahah Shanta Caleemood ee dega degmada WanleWeyn. Iskastoo ay Sheekh Cabdiraxmaan irdho wax u kale baxsanaayeen uusan aheyn nin bilow ah oo kutubta Fiqiga wax ka garanayey hadane waxaa uu si joogta ah ugu taxnaan jirey daruustii uu bixin jirey Sheekhu. Waxaa la sheegaa in Sheekh Cabdiraxmaan Irdho markuu arkey xaaladda hooseysey ee dhaqaale oo uu ku noolaa Sheekh Xasan Hariin in uu u adkeysan waayey dabadeedna uu isugu yeerey xertii wax ka aqrisaneysay darsiga Sheekha oo uu u soo jeediyey iney caawiyaan Sheekhooda oo ay beertiisa u falaan taa oo ay ku guuleysteen ka dib markii maalin oo dhan ay ku jireen beerta Sheekh Xasan kana shaqeynayeen taa oo Sheekh Xasan aad u farax galisey markii uu ku soo noqdey hoygiisa dabadeedna aad iyo aad ugu mahad celiyey xirtii oo uu ugu horreeyo Sheekh Cabdiraxmaan Irdho ka dib markii uu ogaadey in isaga uu ka danbeeyey arrinkaa.

Waxay ahaataba Sheekh Xasan Hariin waxaa la dardaarmey Sheekhiisii Maxamed Yuusuf oo u soo jeediyey talo ah inuu cilmiga uu bartey uu gaarsiiyo degaankii uu ka yimid ee Buulo Gaduud gaar ahaan inuu aad u faafiyo kitaabka Irshaadka, isla markaana waxaa booskiisii iyo darsigiisa ka aqrin jirey masjidka Baardheere loo xilsaarey inuu qabto Sheekh Cabdiraxamaan Irdho. Sheekh Xasan Hariin ama Sheekh Xasan-Weyne waxaa uu ku geeriyoodey magaalada Baarhdeere sannadkii 1956kii oo isla goobtaa ayaa lagu xabaaley Illaahey ha u naxariistee.

61

Sheekh Xasan Yuusuf Maxamed

Sheekh Xasan Yuusuf Maxamed Cali Maxamed-Adeer waxaa uu ka mid ahaa culumadii Soomaaliyeed, waxaana uu ku dhashey tuulada Jalcad ee bariga degmada Jamaame dhacda kana tirsan gobolka Jubbada hoose sannadku markuu ahaa 1925kii. Sheekh Xasan Yuusuf waxaa uu ku barbaarey waxna ku bartey isla meeshii uu ku dhashey ee tuuladii Jalcad waxaa uuna ahaa agoon ka soo jeeda qoys danyar, oo xoolo dhaqato beeraley ah, waxaa soo karsadey hooyadii lagu oo lagu magacaabi jirey Aamino Maxamed Sheekh.

Barbaarinta iyo waxbarashadiisa:

Waxaa uu ku soo korey agoonimo sida aannu hore u soo sheegney oo aabbihii waxaa uu dhintey isagoo seddex jir ah sidaa darteed waxaa uu ku soo korey agoon hooyadii kaliya la jooga oo uu meesha ka maqan yahay doorkii aabbaha, laakiin hooyadii waxay ku dadaashey iney wiilkeeda uusan ka harin kuwa asaagiisa ah sidaa darteed waxaa ay ku bixi sey dadaal aad u weyn oo uu kula jaanqaado caruurta la mid ka ah. waxaa Illaahey u qaddarey inuu xifdiyo Quraanka kariimka isagoo yar waxaana macallin u ahaa Macallin Barre oo tuulada macallin ka ahaa. Tarbiyadda iyo barbaarinta uu heley Sheekh Xasan Yuusuf yaraantiisa waxaa qeyb weyn ka qaatey adeeradii oo garab ku siiyey hooyada oo mar walba ka warqabey xaalka wiilka agoonka ah ee ay adeerada u yihiin, taana waxay keentey in xaaladda reerka ay noqoto mid deggan oo fursad u siisa hooyada sidii ay wiilkeeda ugu heli laheyd barbaarin wanaagsan.

Arrinkaana waxaa uu albaabada u furey in uu horey ugu sii socdo waxbarashada. Sheekh Xasan Yuusuf oo markii uu soo hanaqaadey ku biirey xalqadihii iyo duruustii ay culumadii degaanku aqrin jireen, sida xalqadihii uu sheekha ka ahaa Sheekh Abuubakar Nuur al Cumaani oo uu ka qaatey labada kitaab oo la kala yiraahdo (Buniya al Islaam iyo Macrifatu al Iimaan). Intaa dabadeed meel ma uusan fadhiisan ee waxaa uu meesha ka sii watey aqoontii uu korarsanayey waxaa uuna u safrey magaalada cilmiga ee xeebta ku taal ee Marka ahna xarunta gobolka Shabeelada hoose, halkaana waxaa uu kula kulmey culumo aqoon u leh diinta qeybaheeda kale duwan, dabadeedna waxaa uu sii watey safarradii aqoonta uu ku raadinayey oo waxaa uu u kale gooshey Muqdisho, Xudur iyo meelo kale, intaa oo dhan ujeedadiisu waxay ku ekeed oo kaliya siduu u heli lahaa cilmi ku filan taa oo u suuro gashey ka dib markii uu la kulmey waxna ka bartey culumadii dalka ugu caansaa waqtigaa oo uuka bartey cilmi badan oo dhanka Shareecada ah iyo isagoo Ijaaso u heley cilmiga Tasawufka iyo dhaqanka suubban.

Safarrada uu u galey cilmi korarsi ma aheyn kuwa fudud ee waxaa uu arrinkaa u marey Sheekh Xasan Yuusuf daruufo adag, laakiin Illaahey ayaa u fududeeyey in uu yeesho adkeysi iyo niyad weyn oo meel kasta oo uu tageyna aad ayaa loogu soo dhaweeyey, waana sida uu Nabigeennu horey u yiri: (ninkii cilmi dartii u safra Illaahey waxaa uu u sahlaa jidka Janada) Xaddiis.

Sanadkii 1947kii ayuu Sheekh Xasan Yusuf waxaa uu safar cilmi ah ku tegey degaanaka Malad ee koofurta magaalada Marka ku yaala isagoo cilmi doon ah waxaa uuna halkaa kula kulmey Sheekh Xasan Macallin Maxamuud iyo Sheekh Xasan Muudey oo uu ka wada qaatey casharro diini ah. Sidoo kale waxaa uu ku biirey xalqaddii uu aqrin jirey Sheekh Xasan Nuur Abgaalow oo uu ka qaatey kutub kale duwan oo ka mid ahaa Manhaajku, waxaana xusid mudan in Sheekh Xasan Nuur Abgaalow uu ahaa xirtii ka aflaxdey Sheekh Ibraahim Gaashaan. Culumada Sheekh Xasan ka cilmiga ka qaatey waxaa kale oo ka mid ahaa Sheekh Cabdullaahi Macallin Yuusuf oo ku magac dheeraa Cabdullaahi-Daarwado oo uu ku biirey xalqaddii uu ka bilaabey degaanka Malad waxaa uuna ka qaatey duruus u badan Fiqi gaar ahaan kutubta Shaaficiyada ee ay Soomaalidu aqristaan sida Minhaajka oo kale. Sheekh Xasan Yuusuf aad ayuu ugu dhawaadey Sheekhiisa Cabdullaahi Macallin Yuusuf sida badanna waxaa u jeclaa la jooggiisa taas oo keentey inuu qoraallo badan oo cilmi ah xifdiyo isagoo ka dhigtey qof uu ku daydo oo tusaale wanaagsan u noqda dhanka cibaadada iyo akhlaaqdaba.

Culumada uu wax ka bartey waxaa kaloo ka mid ah Sheekh Maxamed Weheliye oo qabiilkiisu Biyomaal ahaa, waxaa uuna ka qaatey cilmiga luqada carabiga sida kutubta Naxwaha oo ay ka mid ahaayeen Ajruumiga iyo Qadru Nadaha. Waxaa kale oo Sheekh Xasan u xereystey Sheekh Maxamuud Macallin Bashiir oo Ogaadeen ahaa gaar ahaan waxaa uu ka qaatey kitaabka weyn ee Alfiyada ibnu Maalik ee Naxwaha ah, Sheekh Aadan Dheere oo Ogaadeen ahaa isagana waxaa uu ka qaatey Tafsiirka.

Sheekh Xasan Yuusuf waxaa uu muddo ku mashquulsanaadaba cilmi raadis iyo la kulan culumo markii danbe waxaa uu u go`ay oo u sii jeestey dhanka Tasawufka isagoo ka saahidey waxyaabo badan oo noloshiisa ka mid ahaa, arrinkaana iskama uusan imaanin ee waxaa uu u lahaa tarbiyad iyo aqoon uu ka qaatey culumo dhowr ah ka dib markii uu u xereystey kana heley Ijaaso ama ogolaansho inuu ku dhaqmi karo isla markaana faafin karo, waxaana ka mid ahaa culumadaas caalimkii weynaa Sheekh Cali Maye oo reer Marka ahaa kana mid ahaa hogaamiyaalkii dariiqada Axmadiyada. Waxaa kaloo ka mid ahaa culumadii uu ka qaatey cilmiga Tasawufka Sheekh Cali Muumin iyo Sheekh Muxyadiin Cali iyo Sheekh Muxyadiin Aweys Dheere oo ahaa hogaamiyihii tuulada Baladul Amiin ee raacsaneyd degmada Afgooye.

Intaa kuma uusan ekaanin Sheekh Xasan Yuusuf ee waxaa kale oo u safrey degaanka WarSheekh ee ka tirsan gobolka Shabeelada dhexe halkaana waxaa uu kula kulmey Sheekh Cabdiraxmaan Cumar Celi oo uu ka qaatey dariiqada Saylaciyada oo ah qeyb ka mid ah Qaadiriyada. Intaa kuma uusan ekaanine ee waxaa kale oo uu u safrey gobolka Bokool gaar ahaan magaalada Xudur si uu u helo wax dheeraad ah oo xiriir la leh cilmiga tarbiyadda iyo Tasawufka, ka dibna waxaa uu haleeley inuu la kulmo qaalligii magaalada Sheekh yarow waxaa uuna ka qaatey Ijaaso la xiriirta dariiqada Qaadiriyada.

Doorkii Sheekh Xasan Yuusuf ee faafinta diinta:

Sheekh Xasan Yuusuf waxaa uu ogaa in qofkasta oo caalim ah oo diinta barta ay waajib ku tahay inuu faafiyo wixii uu soo bartey oo ay deynna ku tahay haddii uusan sidaa yeelin isla markaana la weydiin doono maalinta Aakhiro, sidaa darteed Sheekh Xasan dareenka noocaas ah waxaa uu ahaa mid aad ugu weyn oo waxaa uu waqti badan ku bixiyey inuu dadka gaarsiiyo wixii Illaahey soo barey oo aqoon ah, waxaana uu qaban jirey fadhiyo uu ku gudbinayo aqoontiisa ay bulshada u baahneyd gaar ahaan dadka cilmi doonka ah oo meelo kale duwan ugu yimid sidii ay uga qaadan lahaayeen aqoontiisa.

Mudooyinkii danbe waxaa uu ku soo noqdey Magaalada Marka oo uu ka aas aasey gole lagu faafiyo aqoonta diinta qeybaheeda kale duwan, waxaa kale oo la sheegaa in golahaas lagu daweyn jirey dadka qaarkood iyadoo la isticmaalayo daawooyinka gudaha dalka oo dhirta u badan iyo Quraan.

Runtii Sheekh Xasan Yuusuf aqoontiisa kuma aysan koobneyn oo kaliya dhanka diinta ee waxaa kale oo uu aqoon u lahaa arrimo kale oo la xiriira daaweynta cudurrada qaarkood iyo taariikhda inkastoo uu caalim ku xeel dheer ahaa Fiqiga isla markaana u janjeera dhanka Tasawufka.

Cilmiga iyo aqoonta uu lahaa Sheekh Xasan Yuusuf kuma aysan imaanin oo kaliya xalqadihii iyo culumadii uu hor fadhiistey ee waxaa kale oo jirey habab kale oo uu ku gaarey heerka cilmigiisa sida in uu ahaa nin aad u aqris badan, umana kale soocneyn nooca kutubta uu aqrin jirey ee waxaa la sheegaa in Sheekhu uu cilmi walba wax ka aqrin jirey gaar ahaan culuumta la xiriirta Kitaabka iyo Sunnada oo ay u dheereyd cilmiga luqada carabig la xiriira. Sheekh Xasan waxaa laga dhaxley maktabad weyn oo kutubta diiniga u badnaayeen taasoo uu in badan ku ictikaafi jirey ama aqrin jirey gaar ahaan habeennadii.

Sheekhu wuxuu ahaa nin sakhi ah oo naxariis badan dadkana ay jecel yihiin oo aanan adduunka xoog saarin kuna mashquulin, waxaana la yiraahdaa jeceylka dadka ay u qabaan Sheekha waxaa keeney inuu iyaga u dhawaa oo uusan waxba kala hari jirin markey caawimaad u baahan yihiin lana qeybsado dhibka iyo dheefta.

Sida caadada u aheydna Sheekh Xasan badanaa casharrada uu gudbinaayo waxaa uu ku qaban jirey masaajidda oo uu dareemayey iney leedahay ajar goonni ah, waxaa kale oo wehliyey in hoygiisa uu ahaa mid aan marna dadka laga celin oo uu bulshada u furnaa si ay uga faa`iideystaan Sheekha gaar ahaan dadka u baahan in mas`alo ama arrimo diini ah loo kala caddeeyo. Taa waxay keentey in dad aad u badan ay ku xirnaadaan xalqooyinka iyo golooyinkii uu hogaanka u hayey iyo casharadii uu bixin jirey iyo wacdiyadii, saas oo ay jirto hadane waxaa la tilmaamaa dad si gooni ah uga faa`iideystey dadaalada Sheekha oo waliba meesha ka sii wadey dadaalkii Sheekhooda iyo riyooyinkiisii, dadkaana waxaa ka mid ahaa culumo ay ka mid yihiin:

Sheekh Nuur Maxamed Cismaan Jeelle oo ah Sheekhii tuulada Nambar 50.

Sheekh Axmed Yuusuf Kooleey oo Sheekh u ahaa degmada Baraawe.

Sheekh Maxamed Maxamuud Digriyoow.

Sheekh Maxamed Maxamuud Macallin Cabdi al Abgaali.

Sheekh Cabdiraxmaan Caddaawe oo Sheekh ka ahaa degmada Jamaame. Dhimashadii Sheekh Xasan Yuusuf:

Sheekh Xasan Yuusuf Maxamed Cali Maxamad-Adeer waxaa uu ahaa Sheekh caalim ah ee diinta ka faafin jirey degaannada koofureed gaar ahaan Shabeellada hoose waxaa uu geeriyoodey maalin Axad ah 5tii bishii Jamaadul Awal sanadkii 1422kii hijriyada oo waafaqsan 26kii bishii Luuliyo sanadkii 2001kii Illaahey ha u naxariisto waxaa uu ahaa caalim weyn oo cibaado badan oo tawaaduc badan oo aan is qaad qaadin dadkuna jeclaayeen.

62

Sheekh Xaydar Maxamed Isxaaq

Sheekh Xaydar Maxamed Isxaaq Faqi Kalafow waxaa uu ka soo jeedaa beesha Eemid ee ka mid ah beelaha Raxanweyn gaar ahaan Boqol hore. Sheekh Xaydar waxaa uu ku dhashey tuulada la yiraahdo Hoobishi oo ka tirsan gobolka Bokool una dhow degmada Biyooleey, waxaa uuna dhashey taariikhdu markey aheyd abbaarihii inta u dhexeysa 1235- 1240 hijriyada sida la sheegey.

Waxbarashadii Sheekh Xaydar:

Dhanka waxbarashada Sheekh Xaydar Maxamed Isxaaq waxaa uu ka soo jeedey qoys ahlu diin ah sidaa tarteed waxaa uu ka bilaabey inuu barto Quraanka kariimka caruurnimadiisii, waxaana Sheekh u ahaa aabbihii oo la tilmaamey inuu ahaa nin ku dadaala tarbiyadda caruurtiisa oo uu ka mid ahaa Sheekh Xaydar, gaar ahaan waxaa uu xoogga saari jirey Sheekh Xaydar oo u arkey aabaha in wiilkiisa uu yahay wiil fahamkiisu fican yahay sadaa darteed raali ayuu uga ahaa inuu waqtigiisa ku bixiyo barashada diinta, halka caruurta kale ay u badnaayeen iney caawiyaan reerkooda.

Sheekh Xaydar Maxamed Isxaaq fursad ayuu ka helay aabbihii ka dib markii uu u ogolaadey codsi uu u soo jeediyey wiilkiisa Xaydar, taas oo ah in uu ku mashquulo barashada aqoonta diinta Islaamka safarro kala duwanna u galo sidii uu u heli lahaa cilmi, sidaa darteed aabbihii arrinkaas aad ayuu ugu farxay sahay uu jidka ku marana waa uu siiyey. Sheekha da'diisu markaa waxay aheyd 17 jir, meelaha uu safarrada cilmiga u aadeyna waxay u qeybsamaan labo qeybood:

Dalka gudihiisa gaar ahaan degaanada koonfureed oo ay ka mid tahay degmada Baardheere oo aheyd xarun diimeed oo ay ka socdeen duruus tiro badan gaar ahaan Fiqiga Shaaficiga, waxaana u suuro gashey Sheekh Xaydar Maxamed Isxaaq inuu jilbaha u dhigtey kutubta ay ka mid yihiin: Minhaajka, Tambih, Irshaad iyo kutub kaleba.

Sidoo kale Sheekh Xaydar waxaa uu u xereystey degmada Baraawe ee Shabeellada hoose oo ku caan aheyd culumo aad u tiro badan kuna xeel dheer qeybaha kale duwan ee diinta, waxaana shaki ku jirin in Sheekh Xaydar uu ka faa`iideystey daruustii ay bixinayeen culumada reer Baraawe oo la sheegey in laga soo doonan jiray meelo kala duwan oo fogfog oo gudaha waddanka iyo dibaddiisaba leh. Ka dib Sheekh Xaydar waxaa uu u sii boqooley dhanka magaalada Marka

oo xudun u ah gobolka Shabeellada hoose isla markaana uu
degganaa Sheekh Cali Maye oo ahaa caalin weyn oo caan ka
ahaa gudaha dalka iyo dibaddiisa, kana tirsanaa hoggaanka
dariiqada Axmadiyada gaar ahaan kuwii loo igmadey iney
noqdaan wakiillada dariiqada ee geeska Afrika, sida aannu
ku soo aragney taariikhdiisa.

Marka laga hadlayo waxbarashii Sheekh Xaydar iyo
culumadii uu ka qaatey cilmiga ka dib markii uu ka aqristey
kutub khuseysa diinta waxaa muhim ah in la xuso degaankii
uu ku barbaarey ee Buurhakabo oo iyana ay goob joog ka
ahaayeen culumo waaweyn oo waqtigooda u hurey faafinta
aqoonta Islaamka iyo hagaajinta bulshada, gaar ahaan waxaa
la tilmaamaa Sheekh weyn oo caan ka ahaa degaanka oo
lagu magacaabo Sheekh Xasan Faqi oo ku xeel dheeraa
Axkaamta Fiqiga Shaaficiyada. Sheekh Xaydar waxaa uu
Sheekh Xasan Faqi ka qaatey kana aqristey kutub dhowr
ah dabeedna waxaa uu ka heley Ijaaso iyo ogolaasho in uu
Sheekh Xaydar wixii uu ka bartey aqrin karo ama gudbin
karo.

Culumadii uu wax ka bartey Sheekh Xaydar Maxamed
Isxaaq aad ayey u tiro badnaayeen halkaanna laguma soo
koobi karo, wixii uu ka faa`iideystey culumadiisa waa uu
sii gudbiyey oo ma uusan noqonin Sheekh Xaydar qof la
fadhiista wixii uu soo bartey.

Makiinaddii Raxanweyn:

Dadaalka uu ku bixiyey Sheekh Xaydar faafinta diinta iyo
wacyi gelinta bulshada waxaa u wehliyey inuu Sheekhu qeyb
weyn ka qaatey waqtigiisii sidii loo heli lahaa kutub Quraanka
Kariimka iyo kutubta loo adeegsan jiray xalqadihii ka socdey
degaankiisa, taa macneheedu ma aha in uu soo iibin jiray

ama la keeni jiray ee waxaa uu Sheekh Xaydar lahaa far iyo qoraal wanaagsan sidaa darteed waxaa uu soo guurin jiray kutubta, wuxuuna ahaa minguuriye adkeysi badan. Waxaa la sheegaa inuu gacantiisa ku qorey kitaabka Quraanka iyo kutub kaleba, waxaana lagu xasuustaa qoraalkiisa oo fiican ka sokoow inuu si dhaqsi ku jirto uu u qori jiray kutubta isagoo aanan daalin, waxaase intaa u dheeraa in qorista kutubta aysan ka aheyn shaqo ama dhaqaale ka raadi, balse uu ula jeedey sidii uu u faafin lahaa cilmiga iyo inuu ka helo ajir, dhaqsa u qorista Sheekha waxay aheyd mid uu caan ku noqdey sidaa darteedna loo bixiyey inuu yahay makiinaddii Raxanweyn.

Dhanka faafinta cilmiga waxaa uu Sheekh Xaydar Maxamed Isxaaq aqrin jiray oo uu Sheekh ku ahaa culuum badan oo ay ka mid ahaayeen Fiqiga Shaaficiga gaar ahaan cilmiga Faraa`idka, culuumta luqada, Axaadiista Tafsiirka iyo culuumta Quraanka kale, waxaana uu caan ku ahaa aqrinta kitaabka Shaadibiyada oo uu ka qaatey Sheekhna ugu ahaa Shariif Maxamuud Shariif.

Aasaasidda tuulooyin iyo jameeco diineed:

Muddo markii uu ku jiray Sheekh Xaydar Maxamed Isxaaq waxbarasho iyo diin faafin waxaa uu ku noqdey degaankii uu asal ahaan ka yimid isagoo da`diisu tahay afartan sano. Dadkii degaanka aad iyo aad ayey ugu farxeen imaanshaha Sheekha oo isla markiina waxaa loo guuriyey gabar uu nin Sheekh ah dhalay, inkasta uu horey u soo guursadey, meeshaana waxaa ugu dhashey wiil iyo gabar oo loo bixiyey Maxamed iyo Caasho, laakiin in muddo ah ka dib markii Sheekh Xaydar uu casharro badan ka aqriyey degaankiisa wax badanna dadka wacdiyey waxaa uu kari waayey koox dhalinyaro ah oo ka hari weydey ciyaaraha ay ku jireen waxyaabo uu Sheekhu u arkayey xumaan iyo munkar waxaa uu goostey in uu isaga guuro degaanka mana uusan aqbalin codsiyadii kaga yimid odayaashii degaanka, taana waxay keentey inuu u soo wareego degaan kale oo uu ka aas-aasey jameeco diinta isku gargaarta ka dib markii uu aas-aasey tuulo cusub oo uu ku camirey diin iyo cilmi kana dhisey masjid dad badanna ay u soo guureen , tuuladaa waxaa loo bixiyey Garasgod.

Sidoo kale waxaa uu aas-aasey tuulo kale sidii tii hore waxaana loo bixiyey Waaf Dhaay, sida tii hore tuulada waxaa uu ka bilaabey dhismo masjid iyo aqallo yar yar dabadeedna waxaa uu ku camirey wanaag sida daruus joogto ah oo ka socotey iyo Quraan xafid.

Sidaa ayuu xaalka Sheekh Xaydar Maxamed Isxaaq ahaa illaa iyo muddo oo waxaa la yiraahdaa waxaa uu aas aasey dhowr tuulo oo gaaraayo toddobo tuulo oo laga oogo sunnadii Nabigeena Muxammed – naxariis iyo nabadgalyo korkiisa ha ahaate – tuulo kastana waxaa uu ka sameyn jiray jameeco ku dadaasha barashada diinta iyo faafinta dacwada. Waxaase la tilmaamaa tuulooyinkii uu aas-aasey Sheekh Xaydar tuulada la yiraahdo Madiina oo uu ugu magac darey Magaaladii Nabigeena - naxariis iyo nabadgalyo korkiisa ha ahaate – meel kastana waxaa uu ka bilaabi jiray dhismaha masjid oo u dhexeeya degaanka.

Geeridii Sheekh Xaydar:

Sheekh Xaydar Maxamed Isxaaq waxaa uu muddadii danbe ku xasiley tuulada Madiina oo uu degganaa illaa ay u timid tii Alle, ka dib markii uu in muddo ah caloosha ka xanuunsanaa, isagoo markaa da`ah Illaaheyna u barakeeyey cimrigiisa, mar walbana waxaa uu ku duceysan jiray inuu

Illaahey siiyo khaatimo wanaagsan, isla ducadaas waxaa uu ku qori jiray kutubtii uu soo minguurin jiray markii uu dhammeeyo gadaasheeda, sidoo kale ummadda oo dhan waa uu u duceyn jiray gaar ahaan carruurtiisa oo Illaahey ka baryi jiray inuu ka dhigo iyag iyo dhashoodaba ahlu diin bulshada u horseeda kheyrka. Sheekha waxaa uu ka tegey sida aannu horey u soo tilmaamney Maxamed iyo Caa`isha oo la yiraahdo waxaa uu Sheekhu Caaisha ku darey Sheekh Cabdiraxmaan Axmed al Saylici oo reer Godle ahaa gaar ahaan beesha Disow oo ka mid ah beelaha Boqol hore oo ay wehliyaan beesha Sheekh Xaydar ee Eemad iyo beelaha Qoomaal iyo Yalalle.

Jameecooyinkii iyo xalqadihii diiniga ahaa ee uu ka tagey Sheekh Xaydar waxaa meesha ka sii wadey wiilkiisii Sheekh Maxamed oo aabbihii ka dhexley diin iyo cilmi, ummaddiina ay ku aflaxeen isla markaana noqdey bedbel kheyr qaba oo buuxiya kaalintii Sheekha. Sheekh Maxamed Sheekh Xaydar waxaa uu ka tagey toddobo rag iyo dhowr dumar ah oo dhammaantood noqdey ahlu cilmi, meeshana ka sii wadey dhaxalkii awoowgood Sheekh Xaydar Illaahey ha u naxariistee.

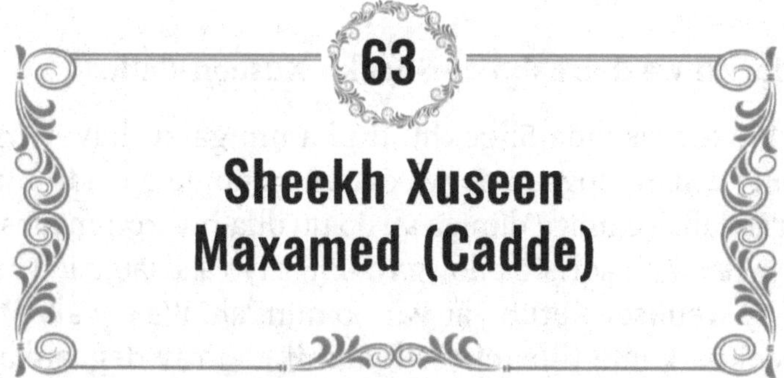

Sheekh Xuseen Maxamed Maxamuud oo ku magac dheeraa Sheekh Xuseen-Cadde kana soo jeedo beesha Madulood gaar ahaan Abgaal, Hooyada Sheekha waxaa la yiraahdaa Culumo Hilowle oo ay isku reer ka soo wada jeedeen xaajigeedii Maxamed Maxamuud. Waxaa uu ku dhashey gobolka Shabeellada dhexe gaar ahaan baadiyaha tuulada Raage Ceelle sanadku markuu ahaa 1336kii hijriya oo waafaqsan 1915kii. Qoyska uu ka soo jeedo waxay ahaayeen qoys reer baadiye ah oo ahlu diin ah, inkasta uu Sheekh Xuseen-Cadde ku soo barbaarey xaalad adag oo agoonnimo ah haddane hooyadii waxay ku dadaashey sidii uu ula mid noqon lahaa carruurta asaagiis ah, waxaa uu heley wixii ay caruurta kale heysteyn, waxaana xusid mudan inuu isla yaraantiisa bilaabey dugsi Quraanka uu ka barto oo uu macallin u noqdey Macallin Axmed Macallin oo ka soo jeedey isla degaanka. Sheekh Xuseen-Cadde kama uusan tagin degaanka uu ku dhashay kuna barbaarey illaa uu ka gaarey 22 jir oo ka dib u wareegey dhanka caasimadda magaalada Muqdisho.

Safarkii waxbarasho ee Sheekh Xuseen-Cade:

Waxbarashada Sheekhu uu hammiga ku hayey intaa kuma aysan joogsan ee waxaa uu gudo geley sidii uu ku baran lahaa cilmiga diiniga ah oo uu dhalinyaronimadiisiiba bilaabey inuu aqristo bilowga cilmiga iyo aadaabta loo maro oo ay wehlisey kutub yar yar oo diini ah. Waxay ahaataba Sheekha kuma fillaanin xalqadihii ka jiray degaanka uu ku dhashey kuna barbaarey ee waxaa uu dhowr safar ku bixiyey dhinaca degaannada koofureed oo uu ugu horeyntii ka bilaabey magaaladii cilmiga iyo culumada ee Muqdisho, halkaana waxaa uu joogey muddo aad u dheer kulana kulmey culumo waaweyn oo ku xeel dheeraa aqoonta Islaamka.

Muddadii uu Sheekh Xuseen ku jiray rixlada waxbarasho waxaa uu ka qeyb galey xalqado iyo daruus kale duwan oo uu ku bartey aqoon kala duwan, waxaana la tilmaamaa xalqadihii uu aad u xiiseeynayey ee ku aaddanaa Fiqiga in uu uga xereystey reer Sheekh Muxyadiim Macallin Mukarram oo lagu tilmaamo iney ahaayeen albaabkii mad-habka Shaaficiga ee geeska Afrikha gaar ahaan kutubta ay ka mid ahaayeen Minhaajka, Irshaadka iyo sida badan kutubtii sharraxdey kitaabka weyn ee Minhaajka, sidaa darteed Sheekh Xuseen waxaa uu nasiib u yeeshey inuu la kulmo gurigii Fiqiga ka soo jeedey oo uu hor fariistey Sheekh Maxamed Sheekh Muxyadiin Macallin Mukaram iyo Sheekh Abiikar Sheekh

Muxyadiin Macallin Mukarram oo labaduba ka soo jeedey gurigii Fiqiga.

Sida muuqata Sheekh Xuseen aad ayuu u jeclaa casharrada Fiqiga oo culumo dhowr ahna waa uu hor fariistey si uu uga qaato cilmigaa, kuwaa oo ay ka mid ahaayeen Sheekh Cadde Sheekh Maxamed Suufi iyo Sheekh Cali Maxamuud Macow oo ku magac dheeraa Sheekh Cali-Mataan oo xalqadiisa ka tilmaamneyd magaalada Muqdisho. Waxaa xusid mudan in Sheekh Cali-Mataan uu ahaa Sheekhii ugu horreeyey ee uu ka aqristey kutubta ay ka mid yihiin Safiinatul Salaad.

Sheekh Xuseen kuma aysan koobneyn barashadiisu dhanka Fiqiga ee waxaa uu sidoo kale waqti badan ku bixiyey barashada luqada carabiga iyo Tafsiirka, waxaana la sheegaa inuu ka aqristey cilmiga luqada gaar ahaan Naxwaha iyo Sarfiga xalqaddii Sheekh Cabdiraxmaan Sheekh Cumar oo u dhashey beesha Celi Cumar ee Abgaal kana soo jeedda degaanka WarSheekh oo ku caan aheyd cilmiga luqada carabiga.

Doorkii Sheekh Xuseen ee faafinta cilmiga:

Markii uu ku kalsoonaadey Sheekh Xuseen cilmigii uu ka qaatey culumadii uu u xereystey ogaadeyna inuu gudbin karo aqoontaas isla markaana uu oggolaasho ka helay macallimiintii iyo culumadii uu ka qaatey cilmiga gaar ahaan Axkaamta Islaamka waxaa uu gudo galey inuu aqriyo kutubta Fiqiga Shaaficaga kuwaas oo markii danbane caan ku noqdey, waxaana dadka ahlu cilmiga soo jiidatey habkii iyo hannaankii uu u aqrin jiray kutubta oo joogtada aheyd. waxaa la sheegaa in Sheekh Xuseen wixii ka danbeeyey ay silsiladda taxanaha culumada Fiqiga ay maraan isaga iyo reer Sheekh Muxyadiin Macallin Mukaram sida badan, gaar ahaan kitaabka Minhaajka oo uu ku caan baxay.

Dadaalka uu ugu jiray Sheekh Xuseen inuu faafiyo aqoontii uu bartey kuma aysan xayirneyn oo kaliya magaalada Muqdisho ee waxaa uu mararka qaarkood door bidi jiray inuu safar ku aado goobo kale oo ka baxsan caasimadda Muqdisho oo ay ka mid ahaayeen degaanno ku kale yaalla Shabeellada hoose iyo dhexe iyo Jubada hoose, waxaana xusid mudan in aysan kale go`laheyn daruustii iyo kutubtii uu aqrin jiray oo la sheego in muddo 50 sano ku dhow socotey, sidaa darteed la yaab ma lahan in dad badan ay ku abtirsadaan Sheekha marka ay tilmaamayaan cidda ay u tiiriyaan iney ka qaateen cilmiga Fiqiga ama uu maro silsiladda taxanaha culumadooda.

Waxay ahaataba Sheekh Xuseen waxaa uu fadhigiisa ahaan jiray oo uu ku aqrin jiray dhowr masjid oo soo kale marey marxalado kale duwan sida masjidkii Aflayrshe ee ku yiilley degmada Boondheere ee Xamar, masjidkii Gobka iyo kii Xaaji Yabarow Cumar oo dhammaantoodba ku yiilley magaalada Xamar.

Sheekh Xuseen waxaa lagu bartey inuu ahaa nin adkeysi badan oo aanan baajinin casharradii uu bixin jiray iney daruuf adag jirto mooyaane, waayo waxaa uu u jabjabnaa faafinta iyo gudashada waajibkii ka saarnaa gaarsiinta cilmigii uu bartey, waxaa uu arintaana u arkayey iney tahay mid uu Alle ugu dhawaanayo, sidaa darteed casharro aqrinta waxay ka mid aheyd qeyb noloshiisa ka mid oo cibaado ah.

Arrimahaas aynu soo xusney oo dhan waxay ku tusinayaan niyadda Sheekhu sida ay ugu weyneyd inuu ka tago raad fiican oo bulshada anfaca. Muddada dheer ee uu shiiku ku howllanaa faafinta cilmiga gaar ahaan Fiqiga Shaaficiga waxaa ka soo baxay miro wanaagsan oo ay ugu horreeyaan in xalqadihiisii ay ka aflaxeen dad badan oo ay adag tahay in la tiro koobo, laakiin waxaannu tilmaami karnaa qaar ka mid ah oo noqdey hoggaanka bulshada Soomaaliyeed gaar ahaan dadkii u janjeerey dariiqada Axmadiyada sida: Sheekh Xaamud Sheekh Axmed Siyaar iyo Sheekh Cusmaan Sheekh Cumar Sheekh Daa`uud oo ku magac dheeraa Sheekh Cusmaan-Xidig, iskastoo ay dhanka Suhdiga iyo Tasawufka u janjeereen haddana culumadaa waxay ahaayeen kuwo raad weyn ku leh faafinta cilmiga uu ka mid yahay Fiqiga Shaaficigu.

Sida aannu soo tilmaamney iyada oo aanan la tiro koobi karin dhammaan xirtii ka aflaxdey xalqadihii caalimka weyn ee Sheekh Xuseen-Cadde waxaa kale oo ka mid ahaa: Xasan Cali Calasow (Sheekh Xasan-Cadde), Sheekh Cali Sheekh Maxamuud Dheere, Sheekh Xuseen Faarax Hilowle, Sheekh Maxamed Cusmaan Sheekh Nuur, Sheekh Muuse Marya-cade, Sheekh Nuur Cumar Absuge, Sheekh Xuseen Calasow Baasi, Sheekh Cali Xaaji Axmed, Sheekh Muuse Macallin Xuseen, Sheekh Cali Saciid, Sheekh Maxamed Sheekh Cabdiraxmaan, Sheekh Cusmaan Sariire iyo kuwo kale oo ku kale baahey dhammaan daafaha dalka Soomaaliya iyo wadamada deriskaba.,waxaana la soo wariyey in ay ka mid ahaayeen dadkaa ka qaatey cilmiga Sheekh Xuseen-Cadde rag markii danbe hormuud u noqdey dacwada Islaamka ee geeska Afrika.

Waxay ahaataba Sheekh Xuseen-Cadde raad cilmiyeedka uu ka tagey oo aad u ballaaran waxay ka muuqataa inta badan xalqadaha laga aqriyo Fiqiga oo ay tilmaamaan culumada hormuudka ka ah in Sheekhoodii ay ka soo qaateen cilmiga Fiqiga gaar ahaan kitaabka Minhaajka inuu Sheekh ugu ahaa

Sheekh Xuseen-Cadde Illaahey dhammaan culumadeennii ha u naxariisto.

Geeridii Sheekh Xuseen-Cadde:

Qofku muddo markii uu ku noolaado dunidaan waxaa la hubaa in uu ku imaan doono maalin maalmaha ka mid ah amar xag Alle uga yimaada oo ku astan inuu ka dhaqaaqo adduunkaan, dadkuse xaaladda ay ku jiraan marka ay ka tagayaan dunidatan waa ay kala duwan tahay, Sheekh Xuseen-Cadde waxaa la sheegey in uu geeriyoodey isaga oo ka soo laabtey dhulkii barakeysnaa ee Makkah iyo Madiina isagoo soo gutey cibaadadii Alle ee Xaj iyo Cumro, sideedana waxaa caado u aheyd Sheekha in uu sannad walba Xajiyo waqtiyadii danbena waxaaba la tilmaamaa inay Sheekha u suuro gashey inuu tagey Xaramkii Alle in ka badan labaatan jeer, taa oo tilmaan u ah sida uu u jeclaa cibaadada Illaahey oo lagu yiqiin inuu ahaa nin Salaadaha sunooyinka aan ka tagin oo ugu horeysey Salaadda habeen barkii ee Salaatul Leyl.

Xaaladaa aanu soo sheegney waxaa u wehliyey in uu Sheekh Xusee-Cadde cimrigiisa sida badan uu ku bixiyey sidii uu u faafin lahaa Axkaamta Alle ee Shareecada Islaamka oo u badnaa inuu aqriyo kutubta Fiqiga oo qeybo kale duwan leh. Waxaa uuna Illaahey oofsadey maalin khamiis ah 6dii bishii Muxarram 1415kii hijriyada oo waafaqsan 16kii bishii juun sannadkii 1994tii isaga oo 79 jir ah, waxaana lagu xabaaley qabuuraha magaalada Muqdisho Illaahey ha u naxariistee.

Sheekh Xuseen Maxamed Maxamuud waxaa uu ka tagey 25 carruur ah oo isugu jiray 12 rag ah iyo 13 dumar ah.

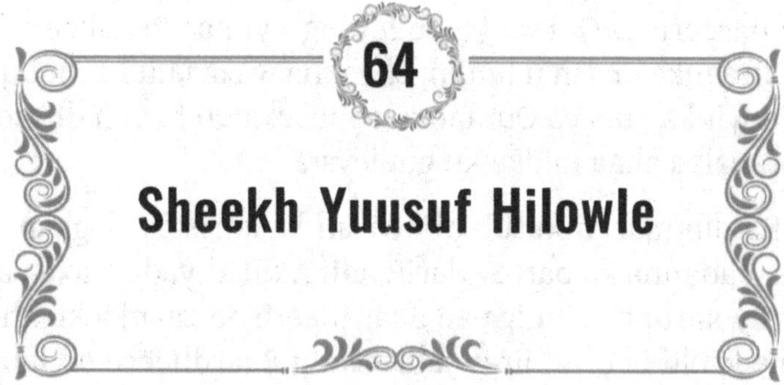

64

Sheekh Yuusuf Hilowle

Sheekh Yuusuf Hilowle Ibraahim Maadey Madluul Geeddi oo ka soo jeedey beesha Hariin ee ka mid ah beelaha sideed ee Raxanweyn, waxaa dhashey hooyo Xabiibo Maxamed Aadan oo isla reerka aheyd, waxaa uu ka soo jeedey qows ahlu diin ah gaar ahaan ku abtirsada dariiqada Axmadiyada ee ku xoogganeyd gobollada koofureed gaar ahaan waxaa uu ka soo jeedey Sheekh Yuusuf Hilowle oo ku dhashey meel xarun u aheyd dariiqada Axmadiyada ee la yiraahdo tuulada Taqaal oo raacsaneyd degaanka Moolmaal ee ku taalley duleedka magaalo madaxda gobolka Baay ee Baydhabo, sidaa darteed waxaa la yaab laheyn in Sheekh Yuusuf yaraantiisa uu ku soo barbaaro diinta Islaamka oo uu Quraanka bartey gaar ahaan degaanada beelaha Raxanweyn ee Baay iyo Bokool waxay

caan ku ahaan jireen barashada Quraanka kariimka oo loo
soo doonan jiray culuumta la xiriirta Quraanka, aqrintiisa iyo
qoraakiisaba oo ay dheer tahay xifdintiisa oo caan ka aheyd
degaanada lagana heli karey boqollaal xifdisan Quraanka ama
ay naadir aheyd in qoyska laga waayo dad xifdisan Qoraanka.
Marka waxaa uu ahaa Sheekh Yuusuf dhalinyaranimadiisii
nin aad u jecel Quraanka oo mar kasta ka qeyb gala Subaca
iyo dareeriska Quraanka oo leysugu yimaado habeennadii
si Quraanka uusan u lumin, Sheekha waxaa uu ka muuqdey
golooyinka Subaca Quraanka oo marka uu tartan dhaco uu
mar walba ahaa midka ku guuleysta.

Ka dib markii kutub dhowr ah ka aqristey degaankiisa
wax badanna ka bartey dariiqadii Axmadiyada waxaa uu u
safrey xaruntii cilmiga ee Baardheere oo caanka ku aheyd
jameecadii la oran jiray jameecadii Baardheere oo laheyd
nidaam iyo kale danbeyn, isla markaana cilmiga Fiqiga laga
soo doonan jiray si uu u sii siyaadsado barashada diinta,
waxaa caan ahaa lana ogaadey iney joogaan Baardheere
culumo aad ugu xeel dheer cilmigaa oo casharro kale duwan
ka wadey magaalada. Waxaase xusid mudan in Sheekh Yuusuf
uu ka talo qaatey aadista Baardheere Sheekhii dariiqada oo
la oran jiray Sheekh Jannaay kaas oo kula taliyey inuu cilmi
u raadsado magaaladaa isla markaana uu sii maro caalim
weyn oo reer Diinsoor ahaa inta aanu gaarin Baardheere.

Runtii Sheekh Yuusuf aad ayuu uga faa`iideystey casharradii
ka socdey Baardheere oo uu markii uu gaarey magaalada uu
ku taxmey, halkaana ku degey muddo shan sano ah isaga oo
raacanaya cilmigii xalqadaha ka socdey habeen iyo maalin
ba. Taana waxay u sahashey inuu meeshaa ka helo aqoon
badan oo la xiriirta Tafsiirka Quraanka, Fiqiga Shaaficiga
iyo daruus kale duwan oo xiriir la leh luqada carabiga sida
Naxwaha iyo Sarfiga.

Culumadii uu cilmiga ka qaatey:

Muddadii shanta sano aheyd ee uu ku sugnaa Sheekh Yuusuf Hilowle magaalada Baardheere waxaa uu la kulmey culumo dhowr ah oo uu ka qaatey cilmi badan oo kale duwan, waayo Baardheere waxay aheyd xarun cilmiyeed laga yaqaanney degaanno badan oo dalka Soomaaliya ka mid ah iyo degaanno kale oo Soomaaliyeed laakiin hoos taga maamulladii Kenya iyo Itoobiya. Inkasta oo ay Baardheere caan ku aheyd cilmiga Figiqa oo meelo fog fog looga soo safri jiray si looga aqristo culumada reer Baardheere, haddana ma ahayn in aanan laga aqrin ama lagu heynin aqoon kale oo dhaafsiisan Fiqiga Shaaficiga, balse waxaa jiray ee aad looga aqrin jiray cilmiga luqada carabiga sida Naxwaha iyo Sarfiga, sidoo kale waxaa laga baran jiray Tafsiirka Quraanka kariinka maadaama ay degaanada ku hareereysan oo idil Quraanka aad looga baran jiray loogana soo safri jiray meelo kale duwan si loo xoojiyo barashada Quraanka oo ay dheereed xifdigiisa. La yaab ma laheyn in Sheekh Yuusuf Hilowle uu culumo badan la kulmey kana qaatey aqoon badan ka dib markii uu ka aqristey kutub kale duwan, waxaana ka mid ah culumadii uu Sheekh Yuusuf Hilowle ka qaatey kutubta:

Sheekh Cali Macallin Muudey oo aad ugu xeel dheeraa cilmiga Fiqiga, isla markaana ka mid ahaa madaxdii u soo talisey jamaacada Baardheere;

Sheekh Xuseen Yarow oo beesha Hariin ka soo jeedey.

Ardadii Sheekh Yuusuf Hilowle:

Dareenka ah in la faafiyo cilmiga waxay aheyd mid kawada guuxeysey dhammaan dadkii cilmiga ka bartey xalqadihii ka socdey dhammaan xarumihii diiniga ahaa oo looga bartey in laga helo cilmi iyo aqoon diineed si markaa horey loo sii wado, culumadii xalqadahana aalaaba waxay xertooda u sheegi jireen in ay ammaano tahay cilmiga ay baranayaan oo looga baahan yahay in ay gudbiyaan, sidaa darteed dadka wax bartey way dareemayeen mas`uuliyaddaas saraan waxayna ku dadaali jireen sidii ay u gudbin lahaayeed. Sheekh Yuusuf Hilowle waxaa uu ka mid ahaa culumada dareenkaa uu ku weynaa sidaa darteed waxaa uu mar walba ku dadaali jiray inuu qabto xalqado uu uga gol lahaa faafinta cilmigii Illaahey barey, dabadeedna waxaa ka faa`idey kutubtii uu aqrin jiray dad aad u tiro badan oo aannu ka tilmaami karno:

Sheekh Cali Xaaji Nuurow iyo Sheekh Maxamed Yarow oo reer Hariin ahaa.

Markii ku soo noqdey degaanadii uu ka tagey Sheekh Yuusuf Hilowle waxaa uu xarun ka dhigtey uu ku faafiyo aqoontiisa degaanka loo yaqaanno Moolimaad oo uu ku hayey xer isagoo ku dadaali jiray inuu tarbiyadeeyo dhallaanka yar yar si iyagana ay mar danbe doorkooda uga soo baxaan.

Dad badan ayaa aad u jeclaa Sheekh Yuusuf Hilowle Ibraahim Maadey ka dib markey arkeen dabeecaddiisa iyo aadaabtiisa wanaagsan, waxaana la sheegaa inuu ahaa nin naxariis badan oo mutawaadic ah oo aanan marnaba dadka iska weyneysiinin. Waxaana lagu xasuustaa inuu ku dadaali jiray inuu ku noolaado waxay gacantiisu tacabtey oo waxaa uu ka shaqeysan jiray beertiisa si uu uga helo nolol maadmeedkiisa.

Sheekh Yuusuf Hilowle waxaa uu dhintey isagoo 72 jir ah Ilaahey ha u naxariisto.

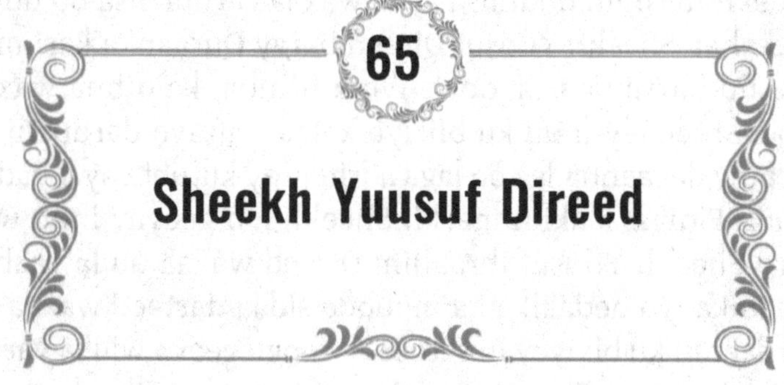

65

Sheekh Yuusuf Direed

Sheekh Yuusuf Sheekh Ibrahim Fiqi Xasan Fiqi Maxamud Fiqi Maxamed oo loo yaqaanno Sheekh Yuusuf Direed waxaa uu ku dhashey baadiyaha tuulada Xiraale oo ka tirsan gobolka Galgaduud ee bartamaha Soomaaliya sannadku markuu ahaa 1910-kii. Sheekh Yuusuf Direed waxaa uu ku barbaaray isla degaannadii uu ku dhashay isagoo helay barbaarin fiican oo ku dhisan diin iyo dhaqan wanaagsan, waxaa uuna yaraantiisa ku biiray dugsiyadii Quraanka kariimka lagu baran jiray, ka dibna waxaa uu ku taxmay goobihii laga marin jiray kutubta ee masaajidda iyo mowlacyada diinta lagu faafiyo. Sheekh Yuusuf Direed waxaa uu ka soo jeeday reer ehludiin ah gaar ahaan qoyskiisa oo ku xeeldheeraa diinta, dhanka hooyadiina waa la mid oo waxay hooyadiis ka soo jeedday qoyska la yiraahdo reer Dhalaw oo reer Dhuusamareeb ahaa.

Inkasta oo uu aabbihii deggenaa meel baadiye ah haddana waxaa uu ahaa nin xoolo, aduunyo iyo carruur badan meesha ku haystay, taana ka ma aysan horjoogsan in uu carruurtiisa ku tarbiyad eeyo diinta Islaamka oo aabbihiis Sheekh Ibrahim qudhiisa ayaa waxaa caruurtiisa oo uu ka mid ahaa Sheekh Yuusuf Direed baray Quraanka kariimka ilaa uu bartey aqris, qoris iyo xifdinba, ka dibna waxaa loo wareejiyey inuu ku biiriyo xalqadihii iyo daruustii ka socotey degaannadaa oo laga aqrin jiray kutubta ay u badan yihiin Fiqiga, laakiin markii Sheekh loo geeyay inuu wax baro Sheekh Yuusuf Ibraahim Direed waxaa uu la yaabey fahamka iyo dedaalka ka muuqda sidaa darteed waxaa uu dardaaran ku bixiyey in si toos ah loogu geeyo wiilka yar oo fahamka fiican Sheekh Cali Samatar oo ahaa Sheekhii ugu weynaa waqtigaa degaannada gobolada dhexe.

Waxaa Sharaf ugu filan Sheekh Yuusuf Direed inuu ka mid noqday xirtii iyo ardaydii la kulantey Sheekh Cali Samatar ee ka qaatey cilmi iyo tarbiyad badan, waxayna ku reebtay raad cilmi iyo tarbiyad aad u sarraysa. Waxaa xusid mudan in Sheekh Yuusuf Direed ay ka aflexeen culumo badan oo hoggaanka diinta ka noqday goobo kala duwan oo dalka Soomaaliya gudihiisa iyo dibaddiisa ah.

Sheekh Yuusuf waxaa uu qayb weyn ka qaatay difaaca diinta iyo dalka oo uu marar badan hor istaagey ujooddooyinkii Istacmaarkii reer Yurub uu la damacsnaa dalka iyo dadka Soomaaliyeed.

Dedaalka Sheekh Yuusuf Ibraahim (sh Yuusuf Direed) waxaa uu gaaray in uu aasaasey xarun diinta lagu faafiyo taa oo uu ka sameeyey degmada Dhuusamareeb, in badanna waxa uu ku dedaaley sidii xaruntaa ay u hormari laheyd oo waxaa uu ku bixiyey maskax, waqti iyo maalba isagoo markaa quudarraynayay sidii uu salka ugu dhigi lahaa xaruntaa diinta lagu barto. Waxaase xusid mudan xarunta cilmiga ee uu Sheekh Yuusuf taagay in aanay ku koobnayn oo keliya dadka degaanka ka ag dhow e, waxaa kale oo ay u furnayd dhammaan dadka ehlucilmiga ah gaar ahaan xerta doonaysa in ay u go'aan barashada cilmiga, sidaa darteed Sheekh Yuusuf waxaa uu ku dedaali jiray sida ay dadkaa u heli lahaayeen meel ay ku hoydaan iyo wax ay cunaan si ay ugu firaaqoobaan waxbarashada, dabadeedna ay u faafiyaan waxa ay barteen.

Sheekhu waxaa uu ahaa nin saahid ah oo aad u cibaado badan, waxaana Sheekha u suuragashay in uu marar badan gutay cibaadada Xajka iyo Cumrada.

Waxaa cilmiga uu aqriyo iyo casharrada uu bixin jiray u weheliyay in Illaahey u furay dhanka Suugaanta oo uu tiriyay qasiidooyin iyo tixo kala duwan oo uu ugu gollahaa amnaanta Ilaaheenna weyn iyo Rasuulkeennii suubbanaa-naxariis iyo nabadgalyo korkiisa ha ahaato.

Geeridii Sheekh Yuusuf Direed:

Sheekh Yuusuf Sheekh Ibrahim Fiqi Xasan Fiqi Maxamud Fiqi Maxamed oo ku magac dheeraa Sheekh Yuuusuf Direed waxaa ay tii Alle u timid isagoo gudanaya cibaadada Alle, isla markaana ku mashquulsan sidii ay u xoogaysan lahayd diinta Islaamku isaga oo jooga magaalada Muqdisho 8-dii bishii Safar, ee sanadkii 1401-dii hijriyada oo waafaqsan 12-kii Diseembar sannadkii 1980k-ii ka dib markii uu xanuunsadey oo la geeyay takhtarka uu ku geeriyoodey. Waxaa Sheekha lagu xabaalay degamada Hoorshe ee gobolka Galgaduud,

gaar ahaan meeshii uu ku duugnaa aabihii Sheekh Ibraahim-
Ilahey ha u wada naxariisto.

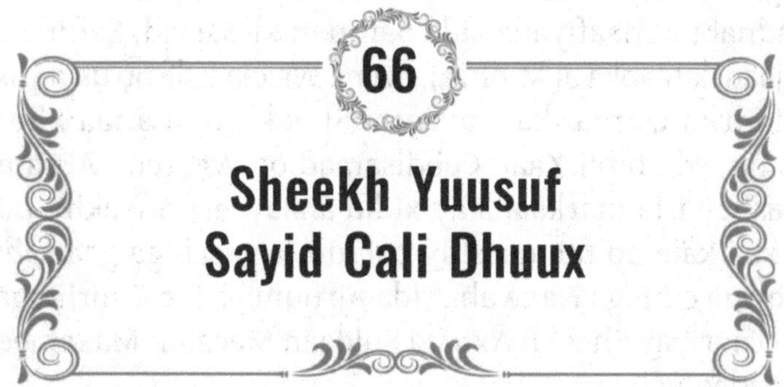

Sheekh Yuusuf Sayid Cali Dhuux Sheekh Axmed Sheekh Maxamed waxaa uu ka mid ahaa culumadii in badan bulshada uga faa'iidaysay cilmigoodii. Waxaa hooyadii la oran jiray Cadar Sheekh Cumar Sheekh Nuur oo ay isku reer ahaayeen, waxaa uuna ku dhashay tuulo la yiraahdo Baarjuun oo laga xukumo magaalada Goday ee Soomaali galbeed, sannadkii 1950-kii, isla goobtaa uu ku dhashay ayuuna ku barbaaray isaga oo nasiib u helay inuu ku ag koro labadii waalid ee dhaley, gaar ahaan aabbihii waxaa uu ahaa Sheekh hoggaamiya koox isku raacday diinta oo uu isagu madax u yahay, taana waxay u fududaysay Sheekh Yuusuf in uu Quraanka kariimkaa uu carruurnimo ku xifdiyo, si fiicanna uu u barto, waxaana macallin u ahaa macallin Axmed Xasan oo Sheekhaal reer Awqudub ahaa iyo macallin Xasan Faarax oo Ogaadeen ahaa gaar ahaan Maxammed Subeyr, ka dibna Sheekh Yuusuf waxaa uu u wareegay daruustii ka socotey mowlacyada iyo masaajidda deegaanka uu ku noolaa oo caan ku ahaa culumo aad ugu xeeldheer culuumta Islaamka isaga oo looga bilaabay kutubtii Fiqiga ee aasaaska u ahayd madhabta Shaafiyada sida Safiinah al-Salaad, Safiinah al-Najaad, kitaabka al Minhaaj, i.w.m. Waxaa kale oo uu aqristay Tafsiirka Quraanka waxaana Sheekh ugu ahaa Sheekh Maxamed Shibil Xaaji Cabdisamad oo Wayteen Absame u dhashey isla markaana ay xidid ahaayeen. Sheekh Yuusuf waxaa kale oo uu aqristay culuumta carabiga gaar ahaan bilowga cilmiga Naxwaha sida Ajruumiga iyo Cimriidiga oo uu u aqriyay Sheekh Axmed Suldaan Macallin Maxamed oo Ogaadeen ahaa.

Dedaalkii waxbarsho intaa kuma uusan joojin e, waxaa uu horay u sii waday waxbarashadii iyo la kulankii culumada degaanka oo uu ka aqristay kutubtii cilmiga ee la xiriiray Quraanka iyo Sunnada taa oo ay u dheer tahay kutubta Suhdiga iyo tarbiyada sida kutubta ay ka mid yihiin: Kifaayah al-Atqiyaa iyo kitaabka Tacliim al-Mutacallim li-aadaab al-Mutacalim, waxaana Sheekh ugu noqday Sheekh Cabdiwahaab Macallin Cali Nuur oo ahaa Ogaadeen isla markaana ku magac dheeraa Haajir, waxaa kale oo uu u aqriyay cilmiga Tajwiidka iyo Siirada Nabigeenna suubban-naxariis iyo nabadgalyo korkiisa ha ahaatee. Waxaa uu kale oo uu tafsiirka ka aqristay Sheekh Cabdiraxmaan Dagaal Faliidh oo Ogaadeen ahaa.

Safarkii Muqdisho

Sheekh Yuusuf Cali Sayid Dhuux markii uu kutub badan aqristay oo uu culumo kala duwan kula kulmay degaannadii ku yiil Soomaali galbeed, waxaa uu u safray caasimaddii dalka Soomaaliya ee Xamar sannadku markuu ahaa 1972-kii, halkaana waxaa uu ka galay macad diini ah oo raacsanaa al-Az-har al-Shariif, sidoo kale waxaa uu ku taxmay duruustii ka socotay meelo badan oo ka mid ah magaalada Muqdisho gaar ahaan xalaqadii iyo daruustii uu bixin jiray Sheekh Yuusuf Xuseen oo Ashraaf ahaa, waxaa uuna ka dhegaystay kitaabka Tajriidu Saxiix al-Bukhaari. Waxaa kale oo uu dhegaysan jiray daruustii uu waday Sheekh Cabdullaahi Cumar Nuur oo Ogaadeen ahaa oo uu ka qaatay kitaabka Buluugq al-Maraam, xalaqadii Sheekh Cumar Faaruuq al-Xasani oo uu ka aqristey kitaabka Riyaadka.

Doorkii Sheekh Yuusuf iyo faafinta diinta

Muddo badan ayuu Sheekh Yuusuf raacanayay cilmi xiriir la leh barashada diinta Islaamka iyo luqadda carabiga oo uu ka soo bilaabay degaannadii uu ku dhashay ee uu kuna soo koray iyo magaalada Muqdisho, laakiin muddo ka dib waxaa uu dareemay in la gaarey waqtigii uu gudbin lahaa cilmigii uu Ilaahay baray, dabadeedna waxaa uu Sheekh Yuusuf u safray Bariga Afriga gaar ahaan dalka deriska nala ah ee Kenya oo uu ka doortay Waqooyi Bari oo ay dadka Soomaalidu leeyihiin, halkaana waxaa uu ka noqday macallin wax ka dhiga dugsiyadii ku yiil, isla markaana waxaa uu qayb weyn ka qaatay faafinta diinta islaamka oo waxaa uu aad iyo aad isugu taxallujiyay inuu daruus joogto ah ka aqriyo masaajidda isaga oo mariyay Axaadiista Nabigeenna -naxariis iyo nabadgalyo korkiisa ha ahaatee oo ay ka mid ahaayeen Tajriid al-Bukhaari, Buluugq al-Maraam iyo Riyaadka, iyo culuumta la xiriirta xadiisyada. Waxaa kale oo daruustiisa ka mid ahaa culuumta carabiga sida cilmiga Sarfiga oo uu aqriyey kitaabka Laamiyah al-Afcaal.

Dhinaca kale, doorka Sheekha iyo kaalinta uu kaga jiray faafinta cilmigu kum aysan koobnayn inta aan soo sheegnay oo kaliya e, waxaa jiray iyana habab kala duwan oo uu Sheekh Yuusuf uga qayb qaatay sidii uu bulshada Soomaaliyeed meel ay joogtaba u gaarsiin lahaa cilmigiisa ha ahaato buugaag uu qoray, muxaadarooyin uu jeediyay, macallinnimadiisii uu goobaha waxbarashada kaga soo qayb qaatey ilaa heer sare oo jaamacadeed iyo inuu aasaasey dugsiyo iyo madaaris wax lagu barto, tusaale ahaan waxaa uu tuulada Holoqo ee hoos timaagda gobolka Gaarisa ee woqooyi bari Kenya imminka ka tirsan uu ka aasaasay dugsi la magac baxay madarasada al-Huda al-Islaamiya oo ahayd dugsi hoose oo afka carabiga wax lagu barto.

Inkasta oo uu Sheekh Yuusuf cilmi badan yiqiin, haddana waxaa uu u baahdey si uu waxbarasho sare uga helo waddammada carabta shahaado u dhiganta midda dugsiyada sare oo caali ah, sidaa darteed Sheekhu waxaa uu safar u aaday dalka Ugaandha gaar ahaan magaalada madaxdiisa Kambala oo uu ku biiray machad la yiraahdo Bilaal al-Islaami, markii uu ka qaadty shahaadada waxaa uu u safray dalka sacuudi Carabiyo oo uu halkaa ka galey jaamacadda Islaamiga ee al-Madiina oo uu deeq waxbarasho ka helay sannadku markuu ahaa 1980-kii, waxaa uuna ka qalinjebiyay kulliyadda Xadiiska sannadkii 1984-tii oo uu dib ugu soo laabtay dalka Soomaaliya gaar ahaa degmada Jalalaqsi ee gobolka Hiiraan.

Degmada Jalalaqsi waxaa uu ka aasaasey dugsi loogu magac darey madarasada al Shaafici ee Islaamiga ah taa oo loogu talagalay xeryihii qaxootiga ahaa ee ku yiil halkaa, waxaa uu arrinkaana ka garab waday dedaalladii uu ku gudbinayay cilmigii uu yiqiin oo wuxuu qaban jiray xalaqaad uu ka mariyo masaajiddada oo ahayd kutub iyo daruus ku saabsan barashada diinta.

Markii uu qarxay dagaalkii sokeeye 1991-kii Sheekh Yuusuf iyo qoyskiisu waxaa ay u soo qaxeen magaalada Goday ee Soomaali galbeed, halkaana waxaa uu ka aasaasey sida caadada u aheyd macadka Cumar bin Khaddaab isaga oo kaashanaya koox u badan wadaaddo doonayay sidii loogu istaagi lahaa faafinta Cilmiga iyo diinta Islaamka, macadkaana waxaa uu ahaa labo marxaladood oo heerka hoose iyo midka dhexe ah.

Sanadkii 1994-kii Sheekh Yuusuf waxaa uu ku soo noqday caasimaddii Soomaaliya ee Muqdisho, halkaana waxaa uu ka sii waday dedaalkii uu ugu jiray faafinta diinta iyo cilmiga oo uu marwalba ka dhex muuqday xalqaadaadkii iyo duruustii ka socotay magaalada oo uu door ka qaadan jiray, isla markaana dedaaladiisa kama aanay marnayn inuu ka qayb qaato waxbarashadii heerka sare ilaa iyo jaamacad, waxaana nasiib u helay in Sheekh Yuusuf aan isku mar ka wada shaqaynay jaamaacah al-Islaamiya oo magaalada Muqdisho ku taal sannad dugsiyeedkii 200-2002.

Kutubtii uu qoray Sheekh Yuusuf

Habka iyo hannaanka uu Sheekh Yuusuf uga qayb qaadan jiray faafinta cilmiga waxaa ka mid ahaa inuu ka tegay kutub dhowr ah oo uu ku cabbirayay aqoontiisa, waxaana ka mid ah kutubta uu Sheekhu qoray oo la daabacay inta hadda la og yahay:

• Nidaal al-Soomaali al-Garbi (Ogaadeen) wa-Admaacu

Ithyoobiya al-Towsicah Cabra al-Taariikh.
Buuggaan waxaa lagu daabacey magaalada Muqdisho sannadkii 1421-dii hijriyada oo waafaqsan 2000m.

- Dowru Ithyoobiya fii al-Soomaal Bacda Suquudi Xukuumatihii

Geeridii Sheekh Yuusuf

Sheekh Yuusuf Cali Sayid Dhuux-Ilaahay ha u naxariistee ,waxaa uu geeriyoodey maalin Sabti ah bishii Shacbaan sannadkii 1436-dii taa oo waafaqsan 23-dii May sannadkii 2015-kii, ka dib markii uu muddo xanuun la jiifay, da'diisuna waxay ahayd 65 jir.

GUNAANAD

Gabagabo, sida aanu hor u soo tilmaannay buuggaan waxaa uu ujeedkiisu yahay in lagu raad raaco taariikhda culumada Soomaaliyeed xilli kasta iyo goob kasta oo ay ku noolaayeen, inkasta oo aanu isku daynay inaannu soo aruurinno culumo badan, haddana waxaa inoo suurageli weyday inaan helno qaarkood taariikhdooda oo waafi ah sababo kala duwan oo ay ka mid tahay xaaladda dalka iyo dadka Soomaaliyeed ay ku jireen xilligii aan ku howlanayn qorista buugga, iyo qoraaga buugga oo muddo badan ku noolaa meel ka fog degaannada ay Soomaalidu asal ahaan ka soo jeeddo ee geeska Afrika.

Si walba, waxaa mahad iska leh Ilaahay oo inoo suuro galiyay in badan oo taariikhda culumadeenna ka mid ah inaan helnay, dabadeedna aan u soo bandhignay habka aynu is lahayn way ku habobonayd oo u qalantay culumadii dedaalka badan ku bixisey faafinta aqoonta diineed iyo dacwada Islaamka. Waxaan rajo badan ka qabnaa in kuwa ka maqan buugga ay buuxin doonaan qorayaasha Soomaaliyeed ee rag iyo dumarba leh, isla markaana awood u leh in ay ka gun gaaraan arrinkaa oo aan u aragno in ay waajib tahay.

Run ahaantii buuggaani waxaa uu noqon doonaa dhaxal xooggan oo u keydsan mustaqbalka muslimiinta gaar ahaan dadka Soomaaliyeed, sidaa darteed waxaan Ilaahay ka baryaynaa inuu inaga cafiyo wixii qaladaad ah oo aan galnay, isla markaana uu naga ajar siiyo wixii uu ina waafajiyay.

TIXRAAC

المصادر والمراجع العربية: المخطوطات
(Tixraaca buugaagta makhtuutka ah Af-Carabiga)

الشيخ أحمد عثمان محمد الشاشي المقدشي : كشف سرّ المخبأ في ترجمة الشيخ أبا ، 12 ورقة، مخطوط.

الشيخ جامع عمر عيسى: تاريخ القرن الإفر يقي عبر العصور، الباب الخامس، الفصل الثاني (مخطوط)

الشيخ جامع عمر عيسى: مقدمة " أجوبة الغيبية لسؤالات الغربية" للشيخ علي عبد الرحمن فقيه. (مخ).

الشيخ رفاعي محمد: دور علماء براوة في نشر الإسلام والثقافة الإسلامية في الصومال،بخط عمر أويس.

الشيخ علي بن حاج بن أحمد بن صديق البكري الصديقي: وردية اللبب في فضل الحبيب، مخطوط.

المصادر والمراجع العربية: الرسائل الجامعية
(Tixraaca Qoraalka-qalinjabinta)

أحمد جمعالة محمد: دور علماء جنوب الصومال في الدعوة الإسلامية (1889–1941 م)، رسالة الدكتوراه في التاريخ، 2008 م، قسم التاريخ بجامعة أم درمان الإسلامية في السودان.

بشير أحمد صلاد: التاريخ السياسي لسلطنة عدل الإسلامي في القرن الإفر يقي (818 ه/ 1415 م 949 ه / 1543 م)، معهد التحوث والدراسات العربية ، بغداد، قسم البحوث والدراسات التاريخية ، ذي الحجة 1407 ه ، أب 1987 م ، رسالة الماجستير في الدراسات التاريخية.

حسّن معلّم محمود سمتر: مَدْرَسَة التصَوفُ الإسْلامِيّ في الصَّوْمَالْ، نشْأتُها- مرَّاكِزهُا ـ أُذوَارهُا-خصائصها- ورُّوَّادُها، بحث مقدّم لنيل الماجستير في جامعة الأحقاف باليمن عام 2011 م/ 2012 م.

صالح علي محمود "دبان": الطرق الصوفية ودورها في الدعوة والثقافة الإسلامية في جنوب الصومال 1889-1960 م دراسة تاريخية حضار ية " ماجستير في التاريخ الحديث والمعاصر بجامعة سنار في السودان.

عبد الباسط شيخ إبراهيم، الدعوة الإسلامية في الصومال من عام 1960 إلى 2010 م، رسالة الدكتوراه في الدعوة، كلية العلوم الإسلامية بجامعة المدينة الإسلامية في ماليز يا، فيراير عام 2014 م.

المصادر
(Tixraaca Guud)

الجندي : أبو عبد الله بهاء الدين محمد بن يوسف : السلوك في تاريخ طبقات الملوك ، تحقيق محمد بن علي الأكوع ، صنعاء ، وزارة الأعلام والثقافة ،

الطبعة الأولى عام 1983 م .

الخزرجي، شهاب الدين اليمني: العقود اللؤلؤ ية في تاريخ الدولة الرسولية، عني بتصحيصه محمد على الأكوع الحوالي ، جزآن ، مركز الدراسات والبحوث اليمنية ، بصنعاء ، 1983 م ، دار لآداب ، بيروت لبنان 2/55.

الزبيدي ، السيد محمود الحسيني الزبيدي : تاد العروس من جواهر القاموس ، تحقيق مصطفى حجازي ، مطبع حكومة ا لكويتية 1977 /1379.

السخاوي ، شمس الدين محمد بن عبد الرحمن : الضوء اللامع لأهل القرن التاسع ، دار مكتبة الحياة ، بيروت ـ لبنان.

السيوطي ، جلال الدين عبدالرحمن) ت 911 ه (: الإتقان في علوم القرآن ، الطبعة الثانية ، القاهرة ، عام 1343 ه/ 1925 م .

الشرخي ، أبو العباس أحمد بن أحمد عبد اللطيف : طبقات الخواصفي أهل الصدق والإخلاص، بيروت ، الطبعة الأولى ، 1986 م .

عبد الرحمن بن أحمد الز يلعي، فتح اللطيق شرح حديقة التصريف، دراسة وتحقيق د. علوي شريف على آدم، د. محمد بن تركي بن حميد، 1429 ه/ 2008 م.

با علوي ، محمد بن أبي بكر الشلبي باعلوي : المشرع الروي في مناقب السادة ا لكرام آل أبي علوي ، صنعاء ، بدون التاريخ .

العيدروسي ، شمس الشموس محي الدين عبد القادر بن شيخ بن عبد الله العيدروسي : تاريخ النور السافر، تحقيق محمد رشيد الصفار ، بغداد ، 1934 م .

با مخرمة ، أبو عبد الله الطيب : ثغر عدن ، دار التنوير للطباعة ، بيروت ، الطبعة الثانية ، 1986 م.

رابعاً: المراجع

الشيخ إبراهيم سيد محمد جوليد: كتاب الدرّة البهية في مناقب مشائخ الطرائق الصالحية الرشيدية الأحمدية.

أحمد جمعالة محمد: التعليم الإسلامي في الصومال، ندوة التعليم في الصومال (الماضي، الحاضر، المستقبل)، 16 - 15 /1997/ 5م تنظيم : مركز السلام الثقافي ، لجنة مسلمي إفريقيا ، مقدشو ـ مكتب الصومال.

الشيخ أحمد عبد الله ريراش : كشف السدول عن تاريخ الصومال ومما لكهم السبعة ، طبع بمطابع الدولة للطباعة بمقدشو 1974 م.

أنور أحمد ميو: نيل الآمال في تراجم أعلام الصومال، دار الز يلع، الطبعة الثانية، عام 2013 م.

توماس ارنولد : الدعوة إلى الإسلام، ترجمة حسن إبراهيم وآخرون ، ط3.

زين العابدين السراج: الحياة الثقافية بالصومال في العصور الوسطى ضمن مجلة البحوث والدراسات العربية ، العدد 1987 ،14، 13، م.

الشيخ عبد الرحمن بن الشيخ عمر العلي الورشيخي: جلاء العينين في مناقب الشيخين.

الشيخ عبد الرحمن بن الشيخ عمر العلي الأبغالي الورشيخي: وكتاب ”راحة القلب المتولع في مناقب الشيخ عبد الرحمن بن أحمد الز يلعيّ“.

الشيخ عبد الله بن معلم يوسف : المجموعة المباركة المشتلمة على كتب خمسة.

علي الشيخ أحمد أبو بكر: الدعوة الإسلامية المعاصرة في القرن الإفر يقي، مطبوعات دار أمية في الر ياضبالسعودية عام 1405 ﻫ / 1985 م.

محمد حسين معلم علي: عباقرة القرن الإفر يقي، دار الفكر العربي، القاهرة، 2017 م.

محمّد عبد الصمد البلعدي: الحدائق النورانيةٌ في أذكار الحلقات الرحمانيةٌ ، مطبعة بنادر: مقديشو، ط/ 3،سنة 2007 م،

محمد عمر أحمد: مذكرات الحركة الإسلامية في الصومال برواية الشيخ عبد القادر نور فارح، القاهرة، 2018 م.

عمر رضا كحالة : معجم المؤلفين، دمشق.

المقالات:

عبد الرحمن إبراهيم عبدي: تاريخ الشيخ حسن يوسف محمد علي، موقع مركز مقديشو للبحوث والدراسات.

محمد عمر أحمد: ترجمة مختصرة عن الشيخ علي صوفي في موقع صومال اليوم.

Tixraaca Buugaagta kale iyo Baraha Bulshada:

Mohamed Haji Mukhtar: Historical Dictionary of Somalia, 2003. Usa. Wargeyska Riyaaq:

Taariikhda Sheekh Cali Cabdiraxmaan Faqi, Garoowe – Soomaaliya.

Baraha bulshada:

Sheekh Suubiye: Taariikhda Sheekh Xuseen Cadde oo kooban. https://www.youtube.com/watch?v=X_I3aUS79tk.

http://www.somaliatodaynews.com/port/2009-05-06-15-01-48/1567-2010-10-18-09-27-22.html

http://somaliatodaynet.com/news/index.php?option=com_content&task=view&i d=272&Itemid=30